구봉 송익필의
학문적 지평

| 龜峯학술논총 제3집 |

구봉 송익필의
학문적 지평

✳ **구봉문화학술원** 편저

책미래

발간사

구봉문화학술총서 제3집 《구봉 송익필의 학문적 지평》의 발간을 충심으로 기쁘게 생각한다. 우리 구봉문화학술원은 기본 재정이 빈약하여 매우 어려운 형편임에도 불구하고, 구봉 송익필 선생을 존숭하는 몇몇 분의 성원으로 학술대회를 하고 또 학술총서를 간행하고 있다. 이 자리를 빌려 감사하게 생각한다.

돌이켜보면 구봉선생이 당대 겪었던 수난과 시대적 간난의 아픔이 오늘날도 이어지고 있는 것 같아, 본 학술원의 책임을 맡고 있는 입장에서 매우 송구스럽게 생각한다. 당대 어깨를 나란히 하고 16세기 조선조 유교사회의 주요 인물이었던 율곡, 우계와 더불어 화려한 학문적 업적을 남긴 구봉 선생의 발자취가 제대로 알려지지도 못하고 평가받지도 못하는 안타까움을 어찌하랴.

율곡이나 우계는 문중이나 학계의 노력으로 그들의 학문과 업적이 온전하게 평가받고 현창되고 있지만, 구봉선생의 경우는 그렇지 못하다.

구봉 송익필 선생은 성리학에 있어서도 율곡이 어려워 할 만큼 상당한 수준에 있었고, 예학에 있어서는 조선예학의 종장이라 일컫는 사계 김장생, 그 아들 신독재 김집을 길러냈을 뿐만 아니라, 그의 예학적 저술은 매우 선구적인 것으로 평가받는다. 또한 그는 경세학에도 조예가 깊어 조선의 제갈량으로 일컬어졌고, 자신이 신분상의 문제로 직접 정치 현실에 참여하지 못하는 한을, 친우인 율곡을 통해 실현하고자 자문 역할을 부지런히 했다. 뿐만 아니라 그는 문장과 시서에도 조예가 깊어 '시의 산림삼걸'이요, '조선의 8문장가'로 명성을 얻기도 했고, 서예에도 일가를 이루어 높이 평가받는다. 이렇게 보면 구봉이야 말로 通儒이자 明儒로서, 그의 학문적 지평이 얼마나 넓고 깊은가를 알 수 있다.

이 책은 구봉을 다방면에서 고찰한 연구 성과들을 모아 책으로 엮은 것이다. 강의와 연구에 바쁘신 중에도, 주옥같은 구봉 연구논문을 보내 주신 여러 교수님들에게 감사의 인사를 드린다. 이 책이 구봉 송익필 선생의 학문과 사상, 그리고 그의 학문적 위상을 조명하는데 조금이라도 도움이 되기 바란다. 그리고 많은 분들이 이 책을 읽고, 잃어버린 유학자 구봉 송익필을 다시 새롭게 알고 배우기를 바란다.

끝으로 이 책이 나올 수 있도록 성원해 주신 후원자에게 감사드리고, 오로지 구봉 현창을 위해 열과 성을 다하는 김창경 박사에게 고마운 인사를 전한다. 아울러 어려운 여건에서도 문화 창달의 일념으로, 이 책을 발간해 주신 책미래출판사 정재승 사장님과 배경태 실장님을 비롯한 출판사 관계자 여러분께 감사드린다.

2020년 3월 10일
구봉문화학술원 원장 황의동

차 례

발간사 (황의동) 6

제1부 구봉의 철학사상

구봉 송익필의 리기심성 이해와 "수파(水波)" 은유 (김경호) 11

구봉 송익필의 성리학(性理學)에 대한 철학적 검토 (김창경) 39

구봉 송익필의 경세사상 (이영자) 85

제2부 구봉 송익필 학문의 비교적 검토

구봉의 묘합적 사유 (김동희) 119

기호예학의 형성과 학풍 (김현수) 185

송익필과 김장생·김집 예학 연구 (고영진) 233

구봉 송익필의 도가사상에 나타난

이상적 인격과 삶의 지평 (이종성) 269

제3부 구봉 문학에 대한 이해

龜峯 宋翼弼의 自得과 知足의 詩世界 (어강석) 307

구봉 송익필 시의 시풍적 특징 고찰 (명평자) 339

부록1.【구봉 송익필 학술연구 자료 목록】 384

부록2. 주요 연보(年譜) 394

구봉詩 감상

달을 바라보며

未圓常恨就圓遲	둥글지 않을 때는 늘 더디 둥근 것이 한스럽더니
圓後如何易就虧	둥근 뒤에는 어찌하여 저다지도 빨리 이지러질까
三十夜中圓一夜	서른 번의 밤중에 둥근달은 단 하룻밤뿐이니
百年心事摠如斯	백년 인생의 마음과 일이 모두 이와 같도다

《구봉집》, 권1, 〈望月〉

제1부 구봉의
철학사상

구봉 송익필의 리기심성 이해와
"수파(水波)" 은유

- "인승마(人乘馬)"·"수기(水器)" 은유와 비교하여1)

김경호2)

1. 들어가는 말

2. 태극음양과 리기에 대한 "수월(水月)"적 사유

3. 심통성과 사단칠정에 대한 "수파(水波)"적 사유

4. 맺음말

1. 들어가는 말

이 논문은 16세기 중후반 조선유학의 역사적 전개 과정에서 학술적으로 특별한 지위를 차지했지만 불우한 삶을 살며 오랫동안 주목되지 않았던 송익필(宋翼弼, 龜峯, 1534~1599)의 리기심성에 대한 사유를 탐구하는데 그 목적이 있다. 송익필의 태극음양을 기초로 한 리기심성에 대한 성리학적 논의는 "수파(水波), 물과 물결" 은유를 통해 제시되고 있는데, 흥미롭게도 그의 오랜 학술적 벗이자 정치적 동지였던 이이(李珥,

---

1) 이 글은 구봉문화학술원 정기학술대회(2019년 10월 19일, 충남대 인문대학 문원강당)에서 발표하고, 충남대학교 유학연구소,《儒學研究》Vol. 50(2020. 2)에 게재되었다.

2) 전남대학교 호남학과 교수

栗谷, 1536~1384)에게서 "수기(水器), 물과 그릇" 은유의 방식이 제안되고 있다는 점이다.

그렇다면 송익필이 제시했던 "물과 물결" 은유의 방식이 어떻게 이이에게는 "물과 그릇" 은유의 방식으로 나타나게 되었을까? 이 논문은 이와 같은 논의의 유사성에 착안하여 송익필의 리기심성에 대한 사유를 이이가 제출했던 "물과 그릇" 은유와 성리학 전래의 "인승마(人乘馬) - 말타기" 은유에 대한 비판적 관점과 비교하여 고찰한다.

송익필은 이이, 성혼(成渾, 牛溪, 1535~1598) 등과 교유하면서 "신교(神交)"라고 할 정도로 절친했던[3] 16세기를 대표하는 성리학자이자 교육자의 한 사람이었다. 그는 이이·성혼과 함께 율곡계열의 학통에서는 "삼현(三賢)"으로 지칭된다. 송익필은 이 두 사람과 주고받았던 편지 글을 모아 후에 그의 아들 송취대로 하여금 한 권의 책으로 묶게 하는데, 그것이 "삼현수간(三賢手簡)"이다. 하지만 한국유학사에서 송익필의 지위는 그가 생존했던 당대의 영향력에 비하여 여전히 미미하다.

송익필은 당대의 명망가들과 교류하며 학술을 토론하고, 또한 시대를 대표했던 김장생(金長生), 조헌(趙憲) 등 기라성 같은 후학들을 양성했음에도 오랜 세월 동안 잊혀졌다. 송익필이 지금까지 저평가된 데에는 여러 이유가 있겠지만, 불우한 가족사에 따른 기구한 삶의 행로와 동서 붕당의 대결 구도 속에서 그의 학술사상이 제대로 조명되지 못했기 때문이다. 그의 학술적 역량에 비하여 상대적으로 적은 저술도 한 원인이기도 하였다.

---

3) 송익필은 성혼을 애도하는 글에서 그들의 사귐을 "神交"라 표현한다.《龜峯集》卷2,〈憶牛溪〉. "一封書到淚漣漣. 病裏情言死後傳. 浩氣平生爭白日. 斯文此夕閉黃泉. 荷傾玉露三更月. 門掩秋江萬里天. 風物却隨人事變. 神交溟漠只依然."

황의동은 송익필에 대해 "기호유학의 산실 파주"에서 활동했던[4] "기호유학의 중심적 위치"에 있었던 인물로, "신분문제로 불우한 역경 속에서 살았고, 태어난 재주와 웅지를 펴보지도 못한 불운의 학자였다"고 평가한다.[5] 김창경은 이처럼 신산한 삶을 살았던 "구봉은 신분적 제약으로 재야의 처사로 살면서도, 율곡과 우계와의 우정 속에 학문을 정진하여 성리학과 예학에 탁월한 면모"를 보였고, "당대 시(詩)의 삼걸(三傑), 팔문장가(八文章家)로 일컬어졌으며, 조선 최초로 관혼상제의 사례(四禮)를 완비한 예학서《가례주설(家禮註說)》을 집필하여 조선의 예학을 개도(開導)"[6]한 인물로 평가하기도 한다.

현재 송익필의 학술사상에 대한 연구는 제한적이지만 주로 철학과 문학 방면에서 이루어지고 있다. 송익필의 리기심성론과 관련한 기존의 대다수 연구들은 주로 그가 구사하고 있는 개념 분석에 치중하고 있다.[7] 이러한 경향은 그의 성리철학 토대 구축 근거가 무엇인지를 해명

---

4) 구봉문화학술원 편저, 《구봉 송익필 학문, 기호유학에서의 위상》, 서울: 책미래, 2018. 179~180쪽.

5) 구봉문화학술원 편저, 《잊혀진 유학자 구봉 송익필의 학문과 사상》, 서울: 책미래, 2016. 13~15쪽. "송익필은 4남 1녀 가운데 3남으로 태어나 서얼의 신분에서 면천되어 정삼품 당상관이 되었던 부친 송사련의 영향력으로 젊은 시절 유복한 사대부의 삶을 살았지만, 부친의 역모에 대한 고변이 조작으로 판명나면서 그의 집안은 몰락하게 된다. 송익필은 노비로 환천(還賤)되는 우여곡절을 겪으며 도피하는 유랑의 삶을 살게 되었는데, 이 과정에서 많은 조력자들이 그와 그의 식솔들을 돕고 강학도 지속된다. 그는 1590년 구속에서 풀려나고 그 이듬해 동생 송한필과 함께 자수하고, 평안도 희천으로 유배되었다가 1593년 해배되었고, 1596년에는 충청도 당진 면천 마양촌에 이거하여 제자들을 가르친다. 1599년(선조32) 66세로 사망하여 당진의 북면 원당동에 묻힌다."

6) 김창경, 〈구봉 송익필의 율곡학설 비판에 대한 연구〉,《한국사상과문화》Vol.93, 한국사상문화학회, 2018.

7) 박학래는 1980년대부터 2016년 5월까지, 송익필에 대한 학계의 관심과 연구성과를 개괄하면서 체계적으로 분석하고 있다. 박학래, 〈구봉 송익필에 관한 연구 현황과 과제〉,《유학연구》Vol36, 충남대학교 유학연구소, 2016. 149~156쪽.

하고, 이를 통해 그가 지향하는 실천철학적 입장, 예를 들어 도학적 실천론이나 예학적 체계를 가시화하는데 기여한 점이 있다.[8]

그러나 성리학적 개념 분석 위주의 탐구는 자칫 개성있는 철학적 사유가 창발적으로 드러나는 과정이나 그 맥락을 사장시킬 우려가 있다. 왜냐하면 개념 자체에 대한 분석은 그와 같은 개념들이 '구축되는 과정'에 대해 크게 의미를 부여하지 않기 때문이다. 따라서 논자는 이 글에서 이와 같은 기존 연구의 한계를 넘어서기 위하여 송익필이 제기하는 리기심성에 대한 "은유적 사유" 방식을 주목한다.

"수파 – 물과 물결" 은유와 같은 논의는 현대적인 관점에서 볼 때 일종의 "개념적 사유"의 방식으로 송익필이 논의하는 성리학 개념들의 지층이 어떻게 구성되었는가를 보여줄 수 있다는 점에서, 사유의 지평을 확장할 수 있는 단서를 제공한다. 논자가 이처럼 '개념적 은유'라고 하는 방법론을 제기하는 것은 송익필의 사유를 관행적인 '개념 분석'과는 다른 방식을 통해 접근하겠다는 것이다.

이러한 "개념적 은유(Conceptual metaphor)" 방식은 은유를 통해 추상적인 개념영역을 경험적인 개념영역을 통해 구조화하여 이해하는 것을 말하는데, 이때 은유는 단지 문학적 수사와 같은 언어의 문제가 아니라 사유행위의 바탕이 되는 것이다. 레이코프와 존슨은 은유의 본질은 곧 "한 종류의 사물을 다른 종류의 사물에 의해서 이해하고 경험하는 것"이라고 간주한다.[9] 이처럼 "개념적 은유"는 추상적이고 관념적일 수밖에

---

8) 김창경, 〈구봉 송익피의 도학사상 연구〉, 충남대학교 철학과 대학원 박사학위논문, 2011; 김창경, 《구봉 송익필의 도학사상》, 서울: 책미래, 2014, 26쪽.

9) M. 존슨,조지 레이코프 (지은이), 노양진·나익주 옮김, 《삶으로서의 은유》(Metaphors We Live By, 1980년), 서울: 박이정, 2006, 23쪽.

없는 논의를 '일상적 경험의 지평'에서 검토할 수 있다는 장점을 갖는다.

특히 성리학의 이론을 '은유'를 통해 보여준다는 것은, 그러한 은유가 곧 "경험세계의 물리적인 체험과 그에 대한 이해를 추상적인 철학적 이론의 구성으로 이어가는 매개의 역할"을 하기 때문이다.[10] 실제로 현대의 경험과학적인 연구 성과들은 우리들의 사유가 무의식의 광범위한 영역에서 은유의 방식으로, 특히 신체적 특성이 반영된 인지적 구도에 의해서, "신체화된 마음(embodied mind)"의 방식으로 구성되고 있다는 것을 알려준다.[11]

이 글에서 살펴보려는 송익필의 태극음양에 대한 관점이나 심통성정과 개념들은 특별하게 돌출된 것은 아니다. 이러한 개념과 이론들은 우리가 알고 느끼는, 그리고 경험하는 일상세계의 다양성은 문화적 기초 위에 형성된다. 우리는 경험의 과정을 통해 우리가 의식적으로 자각하지 못하더라도 무의식적으로 문화를 공유함으로써 추상적 개념을 인지하게 된다. 그 추상적 개념에는 은유에 기초한 이미지가 이미 개입되어 있고, 우리들의 문자 언어 속에 반영되어 있다.[12]

이러한 점에서 우리들은 은유 속에서 생각하며, 우리의 일상적인 생각 속에서의 실재에 대한 인식은 은유 구조의 구체적 이미지에 근거하

---

10) 이향준, 〈인승마 은유의 형성과 변형〉Ⅱ, 《동양철학》 Vol.27, 한국동양철학회, 2005. 4쪽.

11) G. 레이코프·M. 존슨, 임지룡 외 옮김, 《몸의 철학》, 서울: 박이정, 2002. 레이코프와 존슨은 우리의 "마음은 본유적으로 신체화" 되어 있고, "이성은 몸에 의해 형성"되며, "대부분의 사고는 무의식적"이고 "추상적 개념은 대체로 은유적"이라는 점을 경험과학적인 연구를 통해 해명하고 있다.

12) 사라 알란은 "한 문화 안에서 가장 근본적인 가치들은 그 문화의 가장 근본적인 개념들의 은유 구조와 밀접하다"라고 말한다. 사라 알란, 오만종 옮김, 《공자와 노자, 그들은 물에서 무엇을 보았는가》, 서울: 예문서원, 1999.

고 있다.13) 그렇기에 우리들은 은유와 지적 이미지를 사용함으로써 추상적이면서도 상상력이 풍부하게 생각할 수 있다. 이러한 은유적 사유에 대한 논의를 수용할 경우, 우리는 추상적이고 사변적인 성리학 개념과 이론에 대해 경험적인 층위에서 접근할 수 있게 된다.

송익필은 이이에 대하여 "형이 평일에 내가 도체(道體)에 대해 본 바가 있다고 허여하였고, 만년에는 자주 논변하여 점차 견해가 다름이 없게 되었소. 내가 학문에 있어서 혹 새로운 견해가 있으면 여러 사람들은 모두 의심하였으나 오직 형만은 나를 믿어 주었소."라고 기억한다.14) 이이 또한 송익필의 신분적 한계에도 불구하고 "오직 송운장 형제만은 성리에 대해 말할 수 있다"고 하면서15) 그의 학문과 삶의 태도에 대해 존경과 신뢰를 보내고 있다.

이 글에서는 송익필의 저작으로 알려진《태극문》16)과《현승편》17)(혹

---

13) M. 존슨, 조지 레이코프, 노양진·나익주 옮김,《삶으로서의 은유》, 서울: 박이정, 2006.

14) 李珥,《栗谷全書》卷37, 附錄5, 祭文2, 宋翼弼 撰.

15) 李珥,《栗谷全書》卷10,〈答成浩原〉. "惟宋雲長兄弟. 可以語此. 此珥所以深取者也."

16) 곽신환은 태극문에서 송시열, 임영, 한원진, 심조, 이현익 등 5명이 문제 삼아 시비의 대상으로 삼았던 항목이 81개 조항 중 42개 조항 이상이며, 세 사람 이상이 공통으로 지적한 조항이 8개 조항이었다고 밝히고 있다. 그런데 이들이 변석의 대상으로 삼았던 텍스트가 실은《율곡별집》에 수록되었던《태극문답》이었고, 이 과정 자체는《태극문답》이 율곡의 저술인가에 초점을 맞춘 것이며, 송익필의 저작에 대한 관심이 아니었다고 주장한다. 이러한 송시열을 중심으로 하여 진행되었던《태극문(답)》에 대한 변석의 과정과《태극문(답)》에 언급되어 있는 '소옹'에 관한 기술 등을 비추어 볼 때, 곽신환은《태극문》을 송익필의 저술로 확정하기에는 여전히 의문점이 남는다 있다고 제기한다. 곽신환,〈태극문〉논변,《유학연구》Vol.33, 충남대학교 유학연구소, 2015. 244~245쪽.

17) 장유는〈현승편〉에 실려있는 구봉과 율곡, 성혼의 글에 대해서 다음과 같이 평가한다. "玄繩編에 실려 있는 여러 老先生이 주고받은 언론을 보니, 강론하고 문답한 부지런함과 友誼의 돈독함을 모두 상상해 볼 수 있는바, 지금 세상에는 어찌 이러한 일이 있겠는가. 栗谷의 말씀은 솔직하고 평탄하며, 牛溪의 말씀은 온화하고 공손하며 간곡하였다. 그리고 龜峯은 뜻이 氣像이 준엄하고 깨끗하며 몸가짐이 매우 신중하고 언론이 논리적이었으나 왕왕 온당치 못한 부분도 있었다."《龜峯集》卷10, 附錄,〈書宋龜峯玄繩編後谿谷張

은《삼현수간》)을 근간으로 그의 리기심성에 대한 성리학적 사유의 지평을 '수파' 은유를 중심으로 탐구한다. 송익필의 리기심성에 대한 사유를 특히 이이의 '인승마' 은유에 대한 비판과 '수기' 은유에 대한 논의와 함께 살펴보려는 것은, 후대에 기호유학의 종장이 되는 두 사람의 학술적 친연성을 확인하는 것이기도 하다.

2. 태극음양과 리기에 대한 "수월(水月)"적 사유

송익필의 태극음양과 리기에 관한 논의는 그의 〈태극문(太極問)〉에 정리되어 있다. 최영성은 "성리학에서 가장 기본이 되고, 또 성리학사를 통해 일관된 문제라고 하면 그것은 곧 태극론이라 할 수 있다. 주돈이의 태극도설이 나온 뒤로 허다한 학자들에 의해 태극에 대한 논의가 있어 왔으나, 송익필처럼 태극에 대해 심도있게 연구한 사람도 많지 않다. 태극에 대해 간이직절하게 설명하여 후학들의 이해에 도움을 주고자 엮은 것이 〈태극문〉인데, 이것은 조선 성리학사상 상당히 획기적인 업적임에 틀림없다"[18]고 평가한다.

이러한 평가는 〈태극문〉을 송익필의 저작이라는 확신을 전제로 하는 것이다. 그런데 이와 같은 태극음양과 리기 개념에 대한 논의들에 대한 우리들의 이해는 체험을 통한 일상적 경험에 바탕을 둔다. 우리의 신체

維). "玄繩一編. 得見諸老先生往復言論. 其講問之勤. 友誼之篤. 皆可以想見. 今世那有此事耶. 栗谷之言. 眞率坦夷. 牛溪之言. 溫恭懇到. 龜峯則意象峻潔. 自待甚重. 其言辨矣. 其學博矣. 然往往亦有未安處. 略記鄙見于左."

18) 최영성, 〈구봉 송익필의 사상연구〉, 성균관대학교 유학대학원 석사학위논문, 1992. 18쪽.

적 특성에 따른 체험이 세계에 대한 인식과 인지를 구성한다는 점이다. 그러한 사례가 태극음양이나 리기심성과 관련된 성리학 개념에 은유적 표현으로 틈입되어 있다는 사실은 흥미롭다. 그런 점에서 우리는 성리학적 사유에 개입되어 있는 은유를 통해 그러한 논의 과정을 추적해 볼 수 있다. 송익필의 〈태극문〉에도 이러한 은유적 관점이 드러난다.

> 물었다: 진기수의 '달이 수많은 냇물에 비추면 비추는 곳마다 달이 다 둥글다'라는 비유와, 북계 진씨의 '하나의 큰 수은 덩어리가 흩어져 수만 개의 작은 덩어리가 되더라도 하나하나가 다 둥글다'라는 비유에서, 수만 개가 되는 것과 하나가 되는 것 중에서 어느 것이 리가 되면 어는 것이 기가 되는가?

> 답하다: 수만 개가 되고 하나가 되는 것은 기이고, 수만 개가 되고 하나가 될 때 둥근 모양에 아무런 결함이 없는 까닭이 리이다. 기로 보면 비록 큼과 작음, 흩어짐과 모임의 구별이 있지만, 리로 보면 덜어냄과 보탬, 채워짐과 줄어듦의 구분이 전혀 없다.[19]

진기수는 진연이란 송대 인물로 묵당선생이라 불렸는데, 이정에게 배우고 나중에 양시의 사위가 된 신유학자다. 그는 "달이 수많은 냇물에 비추면 비추는 곳마다 달이 다 둥글다"는 은유를 보여준다. 이 은유는 불교 화엄학에서 제기되었던 "월인천강(月印千江)"의 은유와 유사한 점

---

19) 宋翼弼, 《龜峯集》卷3, 〈太極問〉. "問. 陳幾叟月落萬川處處皆圓之譬. 北溪陳氏一大塊水銀. 散而爲萬萬小塊. 箇箇皆圓之譬. 爲萬爲一. 何者爲理. 何者爲氣. 答. 爲萬爲一者. 氣也. 所以爲萬爲一而圓無欠缺者. 理也. 自氣看之. 雖有大小離合之別. 自理看之. 都無損益盈縮之分."

이 발견된다. 북계 진순이 언급하고 있는 "하나의 큰 수은 덩어리가 흩어져 수만 개의 작은 덩어리가 되더라도 하나하나가 다 둥글다"라는 은유도 '일'에서 '다'로의 분화를 보여주는데, 이것도 태극의 분화, 곧 리일분수의 과정을 설명하는데 활용될 수 있다.

진기수와 북계 진순의 말을 인용하고 있는 송익필은 그가 염두에 두지 않았다 하더라도 자연스럽게 태극이란 전체가 어떻게 개개의 존재에 편재할 수 있는지를 보여주고 있다. 따라서 논자는 송익필의 인용하고 있는 이러한 사유 방식을 "수월(水月)" 은유라고 지칭한다. "수월" 은유에서 수월(水月)이란 곧 "물속에 비친 달"을 의미한다.

이 은유는 "물이나 달처럼 밝고 맑은 정신세계"를 상징적으로 보여주는 "수월정신(水月精神)"으로도 사용되지만, 여기에서는 "천강(千江)의 물(水)에 비친 달(月)"을 상징한다. 다시 말하면 이 "수월" 은유는 "월인천강(月印千江)" 은유와 유사한데, 이 은유적 사고는 리일분수(理一分殊)라는 성리학적 사유를 가시적으로 보여준다.

그래서 우리는 송익필이 "천지만물의 리를 총합하여 태극이라 한다. 그러나 일물 가운데 또 일태극(一太極)이 있다. 그러므로 천하공공(天下共公)의 리가 있고, 일물(一物)에 갖추어진 리가 있으니 동일한 리다."[20]라고 했을 때, 그가 말하는 "천지만물의 리를 총합"한 것으로서의 "태극"이 무엇을 말하고, 또 개별적 사물에 존재하는 "일태극"이 무엇인지를 이해할 수 있다. 송익필은 "태극이 곧 리"라고 하는 전제로, "천하공공지리"와 "일물소구지리"가 각기 구별되면서도 그럼에도 불구하고 그 둘이 서로 별개의 것이 아니라 동일한 하나의 리, 곧 "일리(一理)"임을 알려준다.

---

20) 宋翼弼,《龜峯集》卷3,〈太極問〉. "總天地萬物之理. 爲太極也. 然一物之中. 亦有一太極. 故有天下共公之理. 有一物所具之理. 同一理也."

"수월" 은유를 통해서 우리는 통체일태극, 혹은 각구일태극이라는 개념이 어떻게 구성되는지를 상상적으로 이해할 수 있게 된다. 주희는 그래서 "대개 합해서 말하면 만물 전체가 하나의 태극이요, 나누어 말하면 일물이 각기 하나의 태극을 갖추고 있다."[21]라고 하여 총체 혹은 전체가 각각의 만물 속에 각기 하나의 태극이 갖추어져 있다고 한다. 이러한 이해 방식은 이이가 "통체일태극(統體一太極)"을 말하는 것과 다르지 않다.[22]

그렇다면, 태극음양의 관계에서 태극으로서의 리와 음양으로서의 기는 어떻게 존재하는가? 이 문제에 있어 송익필은 "리기불상리(理氣不相離)"라는 성리학적 명제를 강하게 고수한다.

리기는 이미 서로 떨어질 수 없으니 참으로 선후를 가를 수 없다. 그러나 주자는 '형이상하로부터 말하면 어찌 선후가 없겠는가?'라 하였다. 반드시 그것을 말하고자 하면 선후를 역시 생각할 수 있다. 태극은 리고 음양은 기다. 형이상에 어찌 기가 있겠는가? 기에는 리가 일찍이 있지 않은 적이 없고, 리에는 간혹 기가 아직 용사하지 않은 곳이 있다.[23]

송익필은 리와 기는 선후를 나눌 수 없다는 입장을 보여준다. 비록 개

21) 《近思錄》卷1, 〈道體〉. "蓋合而言之. 萬物統體一太極也. 分而言之. 一物各具一太極也."

22) 李珥, 《栗谷全書》卷10, 〈答成浩原〉壬申. "天地之理. 卽…萬物之理. 萬物之理. 卽…吾人之理也. 此所謂統體一太極也."

23) 宋翼弼, 《龜峯集》卷3, 〈太極問〉. "理氣旣不相離. 則固不可分先後. 而然朱子曰 自形而上下者言. 豈無先後? 必欲言之. 則其先後亦可想矣. 太極理也. 陰陽氣也. 形而上. 豈有氣哉? 於氣. 理未嘗不在. 而於理. 或有氣未嘗用事處."

념상으로 리기의 선후를 상상할 수는 있지만 현상계에서 리기는 사물을 구성하는 근본이기 때문에 분리될 수 없다는 것이다. 리와 기는 둘이면서 하나이고 하나이면서 둘인 것이지, 단독으로 존재할 수 있는 것이 아니다. 그래서 송익필은 "리는 기와 더불어 저것이 아니면 내가 없고 내가 아니면 취할 바도 없다. 이른바 둘이면서 하나고 하나이면서 둘인 것이다."24)라고 한다. 이러한 입장은 이이도 공유하는 지점이다.25)

흥미롭게도 태극의 존재방식과 관련하여 주희도 "은유"의 방식을 제안하고 있다. 그것이 태극의 동정에서 리기의 동정 문제와 연결되는 "인승마(人乘馬)-말 타기" 은유다. 주희는 "태극은 리다. 움직임과 고요함은 기다. 기가 유행하면 리도 역시 유행한다. 리와 기는 언제나 서로 의존하면서 분리되지 않는다. 비유하자면 태극은 사람, 움직임과 고요함은 말과 같다. 말은 사람을 태우는 것이요, 사람은 말을 탄다. 말이 한 번씩 드나들면 사람도 역시 말과 함께 한번씩 드나든다. 움직임과 고요함이 반복적으로 전개되면 태극의 오묘함은 언제나 거기에 있는 것이다."26)라고 말한다.

주희는 동정이 타는 바의 기틀(所乘之機)이냐는 물음에 답하면서 태극-동정, 리-기의 관계를 은유적으로 설명한다. 태극과 동정, 리와 기의 관계는 마치 "말 타기"와 같다는 것이다. 주희는 어째서 일상에서 빈번

---

24) 宋翼弼,《龜峯集》卷3,〈太極問〉. "理之與氣. 非彼無我. 非我無所取. 所謂二而一. 一而二者也."

25) 李珥,《栗谷全書》卷10,〈答成浩原〉壬申. "夫理者. 氣之主宰也. 氣者. 理之所乘也. 非理則氣無所根柢. 非氣則理無所依著. 旣非二物. 又非一物. 非一物. 故一而二. 非二物. 故二而一也. 非一物者."

26)《朱子語類》卷94,〈周子之書〉. "太極理也. 動靜氣也. 氣行則理亦行. 二者常相依而未嘗相離也. 太極猶人. 動靜猶馬. 馬所以載人. 人所以乘馬. 馬之一出一入. 人亦與之一出一入. 蓋一動一靜. 而太極之妙未嘗不在焉."

하게 경험하는 "말 타기"를 추상적 개념인 태극-동정, 리-기와 연결하여 논의하는 것일까?

우리는 여기서 태극-동정, 리-기라고 하는 성리학의 추상적 개념이 명확히 무엇을 의미하는지 알 수 없다고 해도, "말 타기"라는 보편적 모델을 통해서 그 의미를 즉각적으로 유추하게 된다. 즉 경험적으로 우리는 "기수"와 "말"의 개별적 관계로부터 기수와 말의 역할을 알고, 또 "말을 탄 사람"의 이미지를 통해 기수와 말이 결합된 "말 타기"의 통합적 상태를 이해한다.

이것을 개념적 은유의 차원에서 이해한다면, "태극은 사람이다"와 "동정은 말이다"라고 기술할 수 있다. 여기서 태극과 동정은 각기 목표영역이고, 사람과 말은 근원영역이다. 주희가 이미 개념적 은유를 이해하고 있었는지 여부는 알 수 없지만, 목표영역과 상응하는 근원영역을 설정하는 것은 신체적 경험과 문화적 체험에 의해서 동기화되어 있음을 보여준다.

우리가 "태극은 사람이다"와 "동정은 말이다"라고 하는 은유적 표현을 통해서 그 의미를 유추할 수 있는 것은 근원영역과 목표영역 사이에 기본적이고 본질적인 개념적 대응, 곧 사상이 이루어지고 있기 때문이다.27) 이 문장에서 또 하나 주목할 점은 "태극은 사람이다"와 "동정은 말이다"라는 두 은유가 혼성되어 있다는 것이다. 그래서 나오는 것이 "사람이 말을 탄다"라는 "인승마-말 타기" 은유가 만들어진다. 이것은 일종의 개념적 통합이라고 할 수 있다.28)

---

27) 커베체쉬, 김동환 옮김, 《은유와 문화의 만남》, 서울: 연세대학교 출판부, 2009. 30~35
쪽.
28) 질 포코니에·마크 터너, 김동환·최영호 옮김 《우리는 어떻게 생각하는가》, 서울: 지

새롭게 혼성된 은유, 곧 "말 타기" 은유는 사람과 말이 연결된 구조를 이루면서 말과 사람이 갖는 속성에 따라 그 의미가 파악된다. 우리가 경험적으로 인식하고 있는 말은 자발적으로 움직일 수 있는 힘을 보유하고, 앞-뒤로 움직이는 운동의 속성을 갖는다. 그러한 면에서 말은 동정-기 개념과 대응한다. 말 위에 탄 사람의 경우는 사람이 운동 속성을 갖고 있기는 하지만 운동 여부는 불분명하다. 왜냐하면 말이 움직인다는 것을 전제로 하기 때문이다.

　그리고 사람은 말 위에 앉아 있어 상대적으로 말보다는 위에 있다는 위치도식과 사람이 말을 타는 과정은 시간적 선후를 예상할 수 있다. 상하의 위치구도와 시간적 선후는 일정한 권력 관계를 은유한다. 경험적으로 높은 것은 낮은 것에, 앞선 것은 뒤의 것보다 상대적으로 힘과 권위를 지닌 것으로 상정된다. 이러한 영상도식은 은유에 기본적으로 사상되어 있다.

　은유의 힘은 바로 추상적 사유를 경험적으로 재구성할 수 있는 단서를 제공한다는 것이다. 우리는 주희가 제시하고 있는 "말 타기" 은유를 통해 태극이나 동정, 리나 기와 같은 추상적인 논점에 접근할 수 있게 된다. "말 타기" 은유는, 사람은 말과 다르지만 말과 분리되어 있지 않고, 움직이거나 움직일 수 있는 말을 타고서 말의 움직임을 제어한다는 것을 암묵적으로 드러낸다. 이것이 주희가 "리-기" "동정"을 "말 타기"로 은유하여 이론적 정당화를 모색하는 이유이기도 하다.

　리-기 개념과 리-기 관계를 경험적 언어로 기술한 "말 타기" 은유는 보다 구체적인 사건적 요소가 부가되어 새로운 의미가 추가된다. 이를

호, 2009. 70~80쪽.

테면, 말의 힘이 너무 강하거나, 아니면 사람의 능력이 부족하여 말을 다룰 수 없는 경우와 같은 사례가 첨가되어 의미가 변형된다. 태극의 동정과 관련한 문제는 곧 리기의 동정과 연결되는데, 이 문제에 있어서 송익필과 이이는 운동성을 기에 부여한다.

따라서 송익필은 "스스로 동정하지 않는 것은 리요, 능히 동정하는 것은 기다. 선은 리요 선악은 기다. 조짐도 없고 견문도 없는 것은 리요, 조짐도 있고 견문도 있는 것은 기다. 기가 비록 움직임이 은미해도 이미 동지미(動之微)라고 말하면 고요함에 속할 수 없는 것이 명백하니, 리의 발현처(發見處)라고 말하는 것이 옳다. 만약 이 리가 있고 이 기가 없다고 말한다면 옳지 않다. 어찌 기가 없으면서 리가 능히 발현(發見)함이 있겠는가?"[29] 라고 한다. 여기서 송익필은 "능동자, 기", "부자동정자, 기", "리지발현처"를 거론하면서 리는 과연 "능발현자인가?"를 묻는다. 이것은 곧 "리발(理發)"에 대한 문제제기다.

우리는 여기서 송익필의 리발에 대한 주요한 관점은 확인할 수 있다. 적어도 그가 "수월" 은유를 사유하고 있다는 점에서 기와 함께 어디에나 편재한다는 것이고, 그러한 편재하는 동력은 능동자이면서 동시에 능정자인 기에 의한 것이다. 따라서 리의 발현처라고 하는 것은 기에 따라 드러나는 것이므로, 리가 기와 떨어져 단독으로 존재할 수 없다는 점에서 리발은 있을 수 없고, 그렇다고 리 없는 기발만도 있을 수 없다.

그렇다면, 이것을 어떻게 포착해야 할까? 이것이 문제이다. 송익필의 이러한 관점을 "리기공발(理氣共發)"로 규정하는 것은 타당할까? 상식적

---

29) 宋翼弼, 《龜峯集》卷4, 〈上閔景初氏書〉. "夫不自動靜者理也. 有能動靜者氣也. 善是理也. 善惡是氣也. 無兆朕無見聞. 理也. 有兆朕可見聞. 氣也. 幾雖動之微. 而旣曰動之微. 則其不可屬靜明矣. 謂理之發見處可矣. 若謂之有是理無是氣. 則不可. 安有無氣而理能發見者乎?"

으로 접근할 때, 적어도 송익필과 이이의 경우, 리를 전제로 한 기를 말하고 있다는 점에서 "기발리수氣發理隨"의 관점이 오히려 적절하지 않을까 한다.

3. 심통성정과 사단칠정에 대한 "수파(水波)"적 사유

송익필은 성리학적 심성 논의의 핵심 개념인 "심통성정(心統性情)"을 설명하면서 "사단칠정"에 대한 논의를 "수파(水波) – 물과 물결" 은유와 연결하여 제기한다.

대저 아직 발동하지 않은 것은 성이고 이미 발동한 것은 정입니다. 그리고 아직 발동하지 않은 것과 이미 발동한 것을 포함한 것이 심입니다. 심은 성과 정을 통섭하는 것입니다. 이것을 물에 비유하면, 심은 물과 같고, 성은 물의 고요함과 같으며, 정은 물의 움직임과 같습니다. 사단은 그 물의 흐름을 단순히 열거한 것이요, 칠정은 그 물결을 아울러 말한 것입니다. 물은 흐르지 않을 수 없는 것이고, 또한 물결도 없을 수 없습니다. 물결이 평지에 있을 때 세차지 않고 조용히 흐르는 것은 물결이 그 올바름을 얻는 것입니다. 물결이 돌에 부딪혀 세차게 흐르는 것은 물결이 그 올바름을 얻지 못한 것입니다.

비록 그러하지만 어찌 조용히 흐르는 것은 물결이 되고, 세차게 흐르는 것은 물결이 되지 않겠습니까? 그러므로 정에는 선·불선이 있다고 하는 것입니다. 평지에서 조용히 흐르는 물결을 끌어다가 도리어 돌로 세차게 흐르게 하는 것은 의(意)입니다. 돌에 부딪쳐 세차게 흐르는 물결을 끌어다가 도리어 평지로 세차게 흐르게 하는 것도 또한 의입니다....사단의 흐름은 잠시도 쉬는 때가 없으니, 정에 불선함이 없다고 이르는 것은 사단을 꼭 집어서 말한 것이고, 정에 선과 불선이 있다고 이르는 것은 칠정을 통틀어 말한 것입니다.30)

이 내용은 송익필이 이이에게 보내는 편지에는 실려 있다. 이 편지의 서두에서는 두 가지 정보를 확인할 수 있는데, 송익필이 성혼과 "정의 순선과 불선 여부"에 대해서 논의 한 적이 있다는 것과 그 시기가 "경신(庚申, 1560년)이라는 것이다.31) 송익필은 이이에게 보내는 답신에서"정의 순선 여부"를 재론하면서 사단칠정에 대한 자신의 견해를 보여주고 있다. 경신년(1560년)은 송익필이 27세, 성혼이 26세, 이이가 25세 되던 해이다.

이 당시 송익필은 과거를 포기하고 성리학에 몰두하였고, 이이는 노경린의 사위(22세)가 되어 경상도 성주에서 처가살이를 하며 대과를 준비하다가(1557~1559년) 서울로 이거하여 파주를 오가던 시기였다.32)

---

30) 宋翼弼, 《龜峯集》卷4, 〈玄繩編上〉, 〈答叔獻書別紙〉. "夫未動是性. 已動是情. 而包未動已動者爲心. 心所以統性情也. 譬之水. 心. 猶水也. 性. 水之靜也. 情. 水之動也. 四端. 單擧其流也. 七情. 竝言其波也. 水不能無流. 而亦不可無波. 波之在平地而波之溶溶者. 波之得其正也. 波之遇沙石而波之洶洶者. 波之不得其正也. 雖然. 豈以溶溶者爲波. 而洶洶者不爲波哉. 故曰情有善不善也. 夫引平地溶溶之波而返走沙石者. 意也. 引沙石洶洶之波而還走平地者. 亦意也. .... 然而四端之流. 無時或息. 情之無不善云者. 拈出四端也. 情之有善不善云者. 統言七情也."

31) 宋翼弼, 《三賢手簡》, 〈贈答叔獻書別紙〉. "浩原以情純善辨之. 時庚申."

32) 李文楗, 《默齋日記》下. 嘉靖三十八年 己未歲, 仲夏四月, 十七日戊午(1559년 4월 17일 무오). "李珥李瑄來見." 《默齋日記》에서 성주에 생활하던 이이에 대한 기록은 이 시기까지 보인다.

26 구봉 송익필의 학문적 지평

이 편지는 약관의 스물일곱 젊은 학자가 두 살 아래의 외우(畏友)에게 성리학의 핵심이론을 전개하고 있는 장면을 상상하게 만드는데, 이들의 학술적 경지가 가늠된다.

송익필이 이 편지에서 제안하는 "수파(水波) – 물과 물결" 은유는 "수월(水月) – 물에 비친 달" 은유와 함께 그의 성리학적 세계의 틀과 지향을 보여준다. 송익필의 편지에 대한 이이의 답서가 확인되지 않아 아쉽지만, 이이는 10여년 후인 1570년부터 성혼과 태극음양을 비롯하여 리기심성에 대해 서신 토론을 하게 된다.

송익필은 심통성정을 설명하면서 그 개념을 "물(水)"에 비유한다. "마음(心)"은 "물(水)"과 같고, "성(性)"은 "물(水)의 고요함(靜)"과 같으며, "정(情)"은 "물(水)의 움직임(動)"과 같다고 전제 한 후, 심통성정이란 그처럼 하나의 물이라는 전체 속에 물의 동(動)과 정(靜)을 포섭하고 있다는 것을 보여준다. 물의 동정에 따라 물 전체의 흐름이 변하게 되고, 그러한 흐름의 변화를 "마음"으로 포착한 것이다.

그런데 흥미로운 것은 이러한 물의 상태에서 그 흐름의 정도에 따라 "사단(四端)"과 "칠정(七情)"을 구분하고 있다는 점이다. 사단이란 단순한 물의 흐름을 보여준다고 하는 점에서 "물의 움직임"에 의해 방해 받지 않는 상태라는 것이고, 칠정은 물의 흐름이 거세져 "물결이 이는 것"을 형상화 하고 있다. 우리가 일상적으로 경험하고 체험하는 시냇물이나 강물의 흐름을 은유적으로 포착하여, 그러한 은유를 통해 자신의 성리학적 개념을 반영하고 있는 것이다. 이렇게 반영된 두 개념이 "심통성정(心統性情)"과 "사단칠정(四端七情)" 개념이다. 비록 단순화한 은유의 형태이지만, 자신의 사유를 은유를 통해 드러낸다는 것은 쉬운 노릇이 아니다. 게다가 송익필은 한 단계 더 나가, 심통성정 개념에 "의(意)" 개

넘까지 확장한다.

송익필의 심통성정(心統性情)과 이를 확장한 심성정의(心性情意)에 대한 은유와 사단칠정(四端七情)에 대한 은유는, 이이에게 아마도 새로운 자극제가 되었을 것으로 예상된다. 이이는 송익필의 논의를 심통성정에 대한 논의에 반영하여 "심성정의일로(心性情意一路)"라는 논의를 이끌어내고33) 주희가 제안하였던 "인승마(人乘馬) - 말 타기" 은유를 확장하여 "수기(水器) - 물과 그릇" 은유를 제안하고 있기 때문이다.

이이의 학술적 선배인 이황은 주희의 "인승마" 은유를 자신의 사칠(四七論)에 대한 리기론적 해석에 적용하고 있는데, 그 논의를 간단히 살펴보자. 이황은 주희가 존재론적 층위에서 태극과 리, 음양과 기를 논의했던 "인승마(人乘馬) - 말 타기" 은유를 심성론의 층위에서 거론한다. 동일한 은유를 다른 영역에 적용한다는 것 자체가 이미 은유의 변형인 셈이다.

이황은 기대승(奇大升)과의 사단칠정에 대한 문제를 토론하면서 이 "말 타기" 은유를 꺼낸다.

> 옛사람이 사람이 말을 타고 출입하는 것으로 리가 기를 타고 가는 것에 비유한 것은 참 좋습니다. 대체로 사람은 말이 아니면 출입하지 못하고, 말은 사람이 아니면 길을 잃게 되니, 사람과 말은 서로 필요로 하면서 떨어지지 않는 것입니다. 이것을 가리켜 말하는 사람이 혹 범범하게 "간다"고 말한다면 사람과 말이 다 그 가운데 있는 것이니, 사

---

33) 李珥, 《栗谷全書》卷14, 〈論心性情〉. "何謂一路? 心之未發爲性. 已發爲情. 發後商量爲意. 此一路也. 何謂各有境界? 心之寂然不動時. 是性境界. 感而遂通時. 是情境界. 因所感而紬繹商量. 爲意境界. 只是一心. 各有境界."

단·칠정을 섞어서 말하는 것이 이것입니다. 혹 "사람이 간다."고 가리
키면서 굳이 말을 함께 거론하지 않더라도 말이 가는 것은 그 가운데
있으니, 사단이 이것입니다. 혹 "말이 간다."고 가리키면서 굳이 사람을
아울러 말하지 않더라도 사람이 가는 것은 그 가운데 있으니, 칠정이
이것입니다.34)

기대승은 "사단"과 "칠정"을 분별(分別)의 관점에서 파악하는 이황의
입장이 불만스럽다. 그래서 이황에게 혼륜(渾淪)의 관점에서도 파악할
것을 제의하는데, 이 문제에 대하여 이황은 자신의 논지가 정당함을 주
희 이래로 전승되어 온 "말 타기" 은유로 설명하고 있다. 이황은 "말 타
기" 은유 모델을 "리가 기를 타고 가는 것(理乘氣而行)"으로 파악한다. 이
황은 "리가 기를 타고 가는 것"이라는 추상성을 경험적 세계로 끌어오기
위해 "사람 – 말"의 은유를 채용하여 설명하고 있다. 여기서 눈여겨 볼
것은 "사람과 말"의 "긴밀성"이다. 이를 이황은 "상수(相須)"로 표현하면
서 "사람과 말"이 "불상리(不相離)"임을 강조한다.

그런데 여기에는 또 다른 은유적 변형이 은폐되어 있다. 이황은 "사람
–말"이라고 하는 "말 타기" 은유 모델을 "사단–칠정" 모델로 변형하고
있기 때문이다. 이미 "말 타기"를 "리가 기를 타고 가는 것"으로 변형했
는데, 이것을 다시 "사단–칠정"의 모델로 재변형하고 있는 것이다. 이
황은 "불상리(不相離)"를 전제로 사단과 칠정을 "의미상" 구분 짓자고 시
도한다. "말 타기"는 "사람을 중점(人行)"에 두고 말할 수 있고, 동시에

---

34) 李滉,《退溪全書》卷16,〈答奇明彦〉. "古人以人乘馬出入. 比理乘氣而行. 正好. 蓋人非馬不
出入. 馬非人失軌途. 人馬相須不相離. 人有指說此者. 或泛指而言其行. 則人馬皆在其中.
四七渾淪而言者. 是也. 或指言人行. 則不須并言馬. 而馬行在其中. 四端是也. 或指言馬行.
則不須并言人. 而人行在其中. 七情是也."

"말을 중심(馬行)"에 두고 말할 수 있다는 것이다.

이황은 "사람 – 말"의 은유 모델을 이미 "사단 – 칠정"의 모델로 변형했기 때문에 "사람을 가리켜 말하는 것" 처럼 "사단"을 말할 수 있고, "말을 가리켜 말하는 것" 처럼 "칠정"을 말할 수 있다는 입장이다. 이러하니, 기대승이 이황의 사단칠정에 대한 견해를 "분별이 심하다"고 하는 지적은 온당하지 않다고 항변한다.

결과적으로 주희의 "말 타기" 은유가 두 번의 은유로 구성되어 있다면, 이황의 "말 타기"는 세 번의 은유가 혼성되는 과정을 거치고 있다. 은유의 합성 과정은 사고의 혼성 과정과 다르지 않다. 이황의 "사단칠정에 대한 리기론적 해석"이 형식론의 관점에서 "리발(理發)", "기발(氣發)"의 두 구조를 이루어 단순하게 보이면서도 제대로 이해될 수 없는 것은, 이러한 복잡한 사유의 과정이 치밀하게 얽혀 있기 때문이다. 이황은 이러한 입장에서 사단과 칠정의 은유모델을 더 세분화하여 "리발이기수지(理發而氣隨之)"와 "기발이리승지(氣發而理乘之)"로 또다시 구분하기 때문에 한층 복잡한 논의구조가 되는 것이다.

그렇다면 이황의 "말 타기" 은유에서 파생된 사단과 칠정에 대한 논의는 무엇을 말하고자 한 것일까? 복잡한 사유의 변형과 혼성을 통해서 이황이 의도하는 바는 무엇일까? 이 점을 확인하기 위해서는 리기와 사칠에 대한 이황의 관점을 더 세세하게 살펴야 하겠지만, 그는 무엇보다 사단을 칠정과 '구분'하고 '차별화'한다는 점이다. 이것을 지지할 수 있는 이론적 논의를 "리발(理發)"로 은유적으로 기술하고 있다.

이황에게 있어 리발(理發)은 "말 타기" 은유처럼 "사람이 말을 완벽하게 조절하고 통제할 수 있는 경우"를 염두에 둔 것이다. "사람의 말에 대한 조절과 통제력"은 리의 "주재(主宰)"로 은유된다. 그런데 리는 추상적인 개념이지 실재가 아니다. 그렇다면 "실재가 아닌 것"에 "발(發)"이라는 동사를 결합한 것은 다른 이유가 있을 것이다. 그것은 무엇 때문이었을까? 이황은 어째서 만년까지 이 문제를 놓지 못했을까?

논자는 이황의 리발에 대한 논의가 결국 "마음이 드러나는 방식"에 대한 "리 주재적 발상의 강화"라고 파악한다. 이 때, "마음"은 리-기 관계에서 본다면, 구조적으로는 "심합리기(心合理氣)"이지만 여기서 "기"는 거의 "리"와 "동실(同實)"이다. 그래서 제안되는 것이 〈심통성정도〉의 중도(中圖) 모델이다. 이황은 "심여리일(心與理一)"이라는 유학적 열망을 이렇게 실현하고자 하였다.

그러나 어쨌든 "리일"의 순일성을 담보한다고 여겨진 사단은 성리학적 전통에서 마음의 작동 방식(기)에 의거할 수밖에 없다는 이론적 한계를 안고 있었다. 그리고 "심여리일"의 관점은 당시 "심즉리"를 테제로 하는 양명학의 혐의에서도 자유로울 수 없는 형편이었다. 그렇기에 이황은 이전과는 다른 논점을 모색한다. 논자가 판단할 때, 그것이 몰년에 기대승의 조력으로 자득한 "리자도(理自到)"의 개념이다.35) "말 타기" 은유가 확장된 이 개념 또한 은유적이기 때문에 메타적으로 해석될 필요가 있다.

이황이 주희의 "말 타기" 은유를 재해석하여 호발설의 논거를 삼고 있지만, 이이는 이 논의를 "성 - 기질" 모델로 변형하면서 새로운 논점을 제기한다. 이이는 "말 타기"의 조건을 세분화 하고 있는데, 그는 "말의

---

35) 기대승과의 사칠논변을 마무리하는 1566년 시기까지 이황은 "리발"을 말하지만, 이 때까지 "리발"은 엄밀하게 "리의 발동"이 아니라 "마음에 의한 리의 발현"이었다. 이 문제를 해결하기 위한 이황의 고민은 1570년까지 이어진다. 그 해 10월, 죽음을 목적에 두었던 이황은 "무극이태극"에 대한 재사유를 통해 "리자도(理自到)"를 깨달았노라고 기대승에게 전한다.

조건"을 문제 삼을 뿐만 아니라 말을 타기 전과 그 이후를 구분한다.36) 말을 타는 시점을 기준으로, 이전과 이후의 시간을 은유화 하는 이 논의 는 일종의 "이동하는 관찰자 은유"로 "호발(互發)"의 불가능성을 주장과 연결된다.

이이가 "말 타기" 은유를 비판하는 것은 그 논의가 "사람과 말의 일체 성"을 근거로 하여"호발"을 정당화 하지만, 사실 "사람과 말의 분리 가능 성"이 있기 때문이다. 이것은 이황의 논의가 "리기불상리(理氣不相離)"라 고 하는 성리학적 관점에 충실하지 못하다는 이이의 인식에서 비롯한 다. 그래서 이이는 리와 기가 "분리될 수 없다"는 관점을 강화하여 "말 타기" 논의 구조를 "물 - 그릇" 은유로 전환한다.37) 이이는 호발설을 정 당화해 주는 "말 타기" 은유의 변형을 통해서는 비판의 한계가 있다고 보아 아예 다른 사유 틀로 전환한 것이다.

"인승마 - 말 타기" 은유를 버리고 "리기불상리:"를 강화한 "수기(水器) - 물과 그릇" 은유는 이렇게 탄생한다. 하지만 이이가 "수기" 은유를 구 성하는 사유 과정에 대해서는 구체적인 언술을 확인할 수는 없다. 그렇 기는 하나 유사한 사유 틀이 전혀 없었던 것은 아니다.

논자는 이이의 "수기" 즉 "물과 그릇"에 대한 은유라고 하는 "관계적 상상력"의 단서를 동시대를 살았던 누군가의 논의에서 "유사성"을 발견 한다. 그 누군가는 바로 이이와 학술을 담론했던 "외우(畏友)" 송익필이

---

36) 李珥, 《栗谷全書》10卷, 〈答成浩原〉. "且以人乘馬喻之. 則人則性也. 馬則氣質也. 馬之性. 或馴良或不順者. 氣稟淸濁粹駁之殊也. 出門之時. 或有馬從人意而出者. 或有人信. 信字與 任字. 同意而微不同. 蓋任字. 知之故任之也. 馬足而出者. 馬從人意而出者. 屬之人. 乃 道心也. 人信馬足而出者. 屬之馬. 乃人心也. 出門之時...馬足而出者. 馬從人意而出者."
37) 李珥, 《栗谷全書》10卷, 〈答成浩原〉. "雖然. 人馬或可相離. 不如譬以器水之親切也. 水亦有 形. 又非理無形之比."

다. 이이의 "수기 – 물과 그릇" 은유는 송익필이 약관의 시기에 제기했던 "수파(水波) – 물과 물결" 은유와 매우 유사한 방식이다.

앞서 살폈지만, 송익필의 "수파 – 물과 물결" 은유는 그가 27세 때에 제출한 것이었고, 이 시기에 25세의 이이는 그와 성리학 이론에 대해 논의하고 있었다.[38] 이이는 이로부터 10여 년 후(1572년 전후), 성혼과 사단칠정과 인심도심에 대해 논의하면서 "수기 – 물과 그릇" 은유를 제기하고 있다. 논자는 이이가 송익필의 "수파 – 물과 물결" 은유를 자신의 사유로 끌어와서 "수기 – 물과 그릇" 은유로 재구성하고 있다고 추론한다.

이이가 제안하는 "물 – 그릇" 은유는 현대의 개념적 은유이론에서 감정의 개념화에 대한 유효한 인식을 제공하는 핵심적이고 기본적인 "그릇(container)" 은유에 속한다. 그만큼 이이가 제기하는 "물 – 그릇" 은유는 사단칠정, 곧 도덕감정과 감정일반을 파악할 수 있는 보편적인 사유 특성을 보여준다. 이이는 "물과 그릇"의 관계를 이렇게 은유한다.

사물 중에 그릇을 떠나지 못하고 쉬지 않고 흐르는 것은 오직 물뿐이니, 그러므로 물만이 리에 비유될 수 있습니다. 물이 본래 맑은 것은 사람의 성이 본래 선한 것과 같고, 물을 담는 그릇의 깨끗하고 더러움이 똑같지 않은 것은 사람의 기질이 각각 다른 것과 같습니다. 그릇이 움직이면 물이 따라서 움직이는 것은 기가 발할 때에 이가 타는 것이요, 그릇과 물이 함께 움직여 그릇이 움직이고 물이 움직이는 차이가 없는 것은 이와 기가 서로 발하지 않는 것과 같습니다. 그릇이 움직이면 물도 반드시 움직이지만 물이 스스로 움직이지 못하는 것은 리는

---

38) 각주28 참조.

무위이고 기는 유위이기 때문입니다.39)

이이는 이황철학의 한계를 "호발설"에서 찾고 있다. 이 때 호발설을
비판하는 이이의 논거가 "물과 그릇" 은유이다. 이 은유는 "그릇 – 물"이
라고 하는 영상도식이 제공하는 내적 논리를 따르게 된다. 즉 그릇의 경
계를 통해 내부와 외부를 나누고 있는 그릇 영상 도식은 "하나의 영역에
서 한층 더 추상적인 다른 영역으로의 심적 투사를 허용하는 구조"40)로
"전체 없이 부분들의 뜻이 이해되지 않는다는 의미에서 게슈탈트 구조"
를 이룬다.41)

아마도 이이는 이와 같은 점에 착안하여 송익필이 제기했던 "수파 –
물과 물결" 은유를 변형하여 "물 – 그릇" 은유를 채택하고 있는 듯하다.
"물 – 그릇"의 구조는 분리되지 않으면서도 "성(리) – 기질"의 구조로 개
념화되고, 운동 변화하는 유위(有爲)의 기의 작용에 따라 무위(無爲)인
리가 운동 가능하게 된다는 이이의 이론과 부합한다. "물을 담고 있는
그릇"이라는 "수기" 은유는 그래서 "마음이나 감정"을 담고 있는 "그릇"
으로 변형될 수 있고, 이 "그릇"은 "마음의 현상 세계로부터 우주"까지
담을 수 있는 "무한대의 그릇(용기(容器))"로 확장될 수도 있다.

여기에는 이이의 은유적 발상과 상상력이 담겨 있다. 즉 "그릇 – 물"
은유는 "마음 – 성" 은유로 변형되는 것이다. 이이에게 "그릇"은 바로 "마

---

39) 李珥, 《栗谷全書》10卷, 〈答成浩原〉. "物之不能離器而流行不息者. 惟水也. 故惟水可以喩
理. 水之本淸. 性之本善也. 器之淸淨汚穢之不同者. 氣質之殊也. 器動而水動者. 氣發而理
乘也. 器水俱動. 無有器動水動之異者. 無理氣互發之殊也. 器動則水必動. 水未嘗自動者.
理無爲而氣有爲也."

40) M. Sandra Pena, 임지룡·김동환 옮김, 《은유와 영상도식》, 서울: 한국문화사, 2006.
84~88쪽.

41) G. 레이코프·M. 존슨, 임지룡 외 옮김, 《몸의 철학》, 서울: 박이정, 2002. 67쪽.

음"이고, "내용물"은 "성"이 된다. 이 구도는 이이의 이론에서 본다면 정합적이다. 이이는 "객관세계의 리"가 "신체성을 통해 육화되는 것"을 "성(性)"으로 보기 때문이다.

하지만 "성"으로 은유된 "내용물"은 자발적으로 실현되는 것이 아니다. 성리철학적 관점에서 성은 "마음"이라는 "그릇"에 의해서 실현된다. "마음으로 은유"된 "그릇"이라고 하는 외형적인 형식(틀)은 인간의 특질을 이루는 성(性)이라는 내용물을 구체화하는 역동적인 힘이자 주체가 되는 것이다.[42]

그러나 이 "물－그릇" 은유는 자발적인 내부 동력을 상정할 수 없다는 한계가 있다. 이이는 "물(水)"이 먼저 움직이는 원리는 없다고 한다. 외부적인 어떤 동인에 의해 "그릇(器)"이 움직여지면 "물(水)"도 따라서 움직인다는 것이 이이의 입장이다. 마음도 마찬가지이다. 이 부분이 이황 철학과의 분기점이기도 한데, 이이는 마음은 외부의 자극을 통해 작동된다고 본다. 이것은 무엇을 시사할까?

"물－그릇" 은유에서 외형적 형식이나 틀은 비가시적인 내용을 실현하는 기본 전제로 설정되고 있다는 것을 감안한다면, 외형적 조건과 틀을 조정하는 것은 무엇보다 중요하게 된다. 이미 내용(성)은 완전하고 절대적이어서 변형될 수 없는 것이라면, 바꿀 것은 이제 정해져 있다. 성이라는 내용물에 맞게 "마음으로 은유된 그릇", 곧 외형적 조건을 바꾸는 수밖에 없다. 그래서 "성을 담고 있는 그릇으로 은유된 마음"의 변화를 요구하는 "교기질(矯氣質)"이 요청되고, "마음의 그릇"이 확장된 사회와 세계의 제도와 규범은 그래서 인간다움을 실현할 수 있는 조건으

---

42) 김경호, 〈율곡학파의 심시기와 철학적 문제의식〉, 《율곡사상연구》 Vol.27, 율곡연구원, 2013. 262~263쪽.

로 변화되어야 한다. 그것이 이이의 "경장(更張)"이다.

그러나 "그릇"이라는 물리성은 비록 기(기질)로 은유되지만 자체 동력을 상상하기에는 제약적이다. "말 타기" 은유가 갖는 역동성이 "물 – 그릇" 은유에서는 배제된다. 따라서 이이는 "말 타기" 은유와 이를 대체했던 "물 – 그릇" 은유를 혼성하여 이전에 없었던 개념을 창출한다. 그것이 이이가 제기하는 "리통기국(理通氣局)"이라는 새로운 은유적 개념이다. 이이는 "리통기국"에 대해서 자신이 "새롭게 창안한 용어"라고 기술하고 있는데, 레이코프의 말처럼, 새로운 프레임(틀)을 구축하고 담기 위해서는 "새로운 언어"가 요구되는 것이다.[43]

"말 타기"가 위상적으로 볼 때, 수직의 층위를 이룬다면, "물 – 그릇" 은유는 위상적으로 수평이다. 수직과 수평이 결합하여 "리통기국"이라는 새로운 차원이 탄생한다. 이 수평과 수직의 두 위상이 만나는 경계의 접점이 우리가 살고 있는 세계이다. 그 경계의 접점이 우리의 마음과 세계라는 그릇이 만나는 지점이기도 하다.

그래서 이이는 "말 타기"와 "물 – 그릇" 은유를 혼성하여 마음과 세계라는 그릇을 고쳐가기 위한 추진력을 리통기국의 새로운 개념을 통해 제안하고 있다. 이와 같은 이이의 리통기국의 새로운 사유를 촉발한 것은 과연 무엇일까? 논자는 그 사유의 시원을 이이의 절친한 벗이자 학술적 동반자였던 송익필의 "수파(水波) – 물과 물결"의 상상력으로부터 찾는다.

---

43) 레이코프, 유나영 옮김, 《코끼리는 생각하지마》, 서울: 삼인, 2004. 18쪽.

4. 맺음말

삶과 죽음의 경계를 넘나들며, 생존을 위한 방편으로 유랑해야 했던 송익필에게 자신을 구원해줄 "참된 학술"은 무엇이었을까? 논자는 송익필의 삶과 그 행적을 통해서, 그리고 성리학의 철학적 사유와 도학적 실천에 전력투구했던 그의 흔적을 새삼스럽게 만나면서 "삶으로서의 철학함"에 대해 다시금 되뇌인다.[44]

논자는 이 글에서 송익필의 태극음양과 리기에 관한 논의를 심성 이해를 위한 "수파(水波) – 물과 물결" 은유와 연관함으로써 그의 성리학적 사유의 규모를 살피면서, 동시에 이황의 "인승마(人乘馬) – 말 타기" 은유와 이 논의에 대한 이이의 비판과 새로운 "수기(水器) – 물과 그릇" 은유를 비교, 검토하였다. 논자가 주목했던 것은 송익필의 리기심성에 대한 이해 방식에서 제기되었던 "수파(水波)" 은유가 그와 도우지교를 맺었던 이이에게 있어서는 "수기(水器)" 은유로 나타나고 있다는 점이었다.

이이의 리기심성에 대한 논의에서 핵심적 사유로 거론되는 "수기(水器)" 은유는 지금까지 이황이 주희의 인승마 은유를 재해석하면서 제기했던 것으로 알려져 있었다. 이황은 인승마 은유를 재해석하여 '호발설'을 제안했고, 이이는 '수기' 은유를 통해 이 논의를 재비판하였다는 것이 기존의 정설이었다. 하지만 논자는 이 글에서 이황이 제안했던 "인승마" 은유의 한계를 이이가 발견하고 "수기" 은유를 제기한 것은 틀림이 없지만, 그러한 "수기" 은유의 시원에는 송익필의 "수파" 은유에 대한

---

44) 논자는 "삶으로서의 철학함"은 결국 "시대와 불화하면서도 구차하게 살지 않으면서 자신의 학술(도학)을 추구하는 것"으로 이해한다. 김경호, 〈고봉 기대승의 낙향과 삶으로서의 철학〉.《한국인물사연구》Vol.17, 한국인물사연구회, 2012. 157~160쪽.

사유가 놓여 있다는 점을 주장하였다.

이이의 "수기" 은유가 송익필이 약관에 제안했던 "수파" 은유 계열에 놓여 있다는 것은, 이들의 리기심성에 대한 사유가 유사한 계열이고, 그러한 점에서 이들이 학술적으로 친연성을 갖고 있다는 것을 알려준다. 이것은 기존의 조선유학사에서 거의 논의되지 않았던 송익필과 이이의 유사한 학술적 지향을 확인할 수 있다는 점에서도 학술사적으로 의미 있는 발견이다.

그러나 여전히 송익필에 대한 연구는 미진하다. 무엇보다도 송익필에 대한 연구의 활성화를 위해서는 17세기에 송시열과 그 후예들에 의해 산삭된 원 저작에 대한 복원이 필요하다. 이는 《구봉집》에 대한 정본화 작업과 연결된다. 송익필의 대표작으로 인정되고 있는 〈태극문〉 조차도 여전히 타인의 저작일 가능성이 상존하고 있다는 것은, 그에 대한 깊이 있는 연구로의 진입을 제한하고 있다. 그의 학술에 대한 체계적인 연구가 누적될 때, 송익필이 지향했던 "참다운 학술"로서의 "예학"의 규모도, 그리고 "실천적인 도학"이라는 이름도 그 빛을 발휘할 수 있을 것이다.

구봉 송익필의 성리학(性理學)에 대한 철학적 검토[1]

김창경[2]

1. 서 론
2. 구봉의 이기론(理氣論)
3. 구봉의 심성론(心性論)
4. 구봉의 수양론(修養論)
5. 결 론

1, 서론

구봉(龜峯) 송익필(宋翼弼, 1534~1599)은 우계(牛溪) 성혼(成渾, 1535~1598), 율곡(栗谷) 이이(李珥, 1536~1584), 의 道友로서 16세기 조선조 성리학 전성시대의 대표적인 유학자의 한 사람이다. 그는 율곡, 우계와 더불어 학문을 강마(講磨)하여 성리학, 예학에 있어 상당한 경지에 이르렀고, 정치적으로는 西人의 중심인물로서 우계, 율곡, 송강(松江) 정철(鄭澈, 1536~1593) 등과 길을 함께 하였다.

그는 특히 예학(禮學)에 能通하여 당대 이 분야의 권위자로서 학계의

---

1) 이 글은 한국사상문화학회,《한국사상과 문화》Vol. 54, 2010에 게재되었다.
2) 충남대학교 교수

정평이 있었고, 더욱이 그의 문하에서 '동방예학(東方禮學)의 종장(宗匠)'으로 일컬어지는 사계(沙溪) 김장생(金長生)이 배출되었으며, 이어 그 문하에서 다시 신독재(愼獨齋) 김집(金集), 우암(尤庵) 송시열(宋時烈), 동춘당(同春堂) 송준길(宋浚吉) 등 기호예학파(畿湖禮學派)를 배출함으로써 조선조 예학의 선구적 위상을 재평가 받기에 이르렀다.

또한 구봉은 이산해, 최경창, 백광훈, 최립,, 이순인, 윤탁연, 하응림과 함께 당대 8文章의 한 사람이었으며,3) 또 후일 매월당 김시습, 추강 남효온과 함께 詩의 '산림삼걸(山林三傑)'로 일컬어졌다.4)

율곡은 구봉에 대해 '성리학을 토론할 사람은 오직 송익필 형제뿐이다'5)라고 하였고, 성혼은 구봉에게 禮에 관한 질문을 많이 하여 그의 자문을 구하기도 하였다. 그리하여 그는 성리학의 대본(大本)이 되는 태극 등 성리에 대한 자신의 학문적 견해를 요약 정리하여《태극문(太極問)》을 지었고, 禮에 관한 저술로는《가례주설(家禮註說)》과《예문답(禮問答)》을 남겨 성리학, 예학 양 분야의 입장을 후세에 남겼다. 아울러 그의 아들인 취대(就大)가 구봉과 율곡, 우계 세 사람의 왕복 편지의 일부를 모아 편찬한《현승편(玄繩篇)》《三賢手簡)은 이들의 학문과 철학사상 그

---

3)《宋子大全》, 卷172, 〈龜峯先生宋公墓碣〉: "首與友善而推許者 李山海 崔慶昌 白光勳 崔岦 李純仁 尹卓然 河應臨也 時人號爲八文章"
《孤竹遺稿》에서는 李珥, 宋翼弼, 崔岦, 白光勳, 尹卓然, 李山海, 李純仁과 함께 武夷洞에서 酬唱하며 우의를 맺으니 사림이 '八文章契'라 하는 등, 문헌마다 팔문장가의 이름이 조금씩 다르다.(《孤竹遺稿》, 孤竹詩集後叙, 叙, 〈孤竹詩集後叙 朴世采〉: "少與玉峯白光勳. 游學松川梁公 , 靑蓮李公之門. 未弱冠. 同栗谷李先生 , 龜峯宋翼弼東鼻崔岦諸才子. 唱酬洲于武夷洞. 世號八文章稧.")

4) 南龍翼,《壺谷詩話》: "金梅月 南秋江 宋龜峯 山林三傑."

5)《栗谷全書》, 卷之十, 書二, 〈答成浩原〉: "今之所謂窮理者. 少有可語此者. 怪且非之者. 固不足道. 見之而自謂相合者. 亦不可信其有見也. 惟宋雲長兄第. 可以語此. 此珥所以深取者也. 兄亦不可輕此人也."

리고 도의지교(道義之交)를 맺은 세 유학자의 우정을 알 수 있는 소중한 자료가 된다.

이와 같이 구봉은 학문적 위상으로 보나 학문의 내용으로 보나 마땅히 깊이 있는 연구가 이루어져야 했음에도 불구하고 학계에서 소외되어 온 것이 사실이다. 여기에는 그가 서얼출신이라는 신분적 제약이 크게 작용했고,6) 김장생, 조헌을 비롯한 율곡, 우계, 구봉의 문인들이 세 문하를 자유롭게 드나들었음에도 불구하고 율곡이나 우계에 줄을 잇고 있어서, 구봉은 사승(師承)계열에서 소외되어 온 감이 없지 않다. 이러한 관점에서 구봉에 대한 깊이 있는 연구의 필요성이 제기된다.

본고는 구봉의 성리학을 검토해 보는데 목적이 있다. 그동안 구봉의 성리학에 대한 연구 성과를 통해서 볼 때, 그의 이기론(理氣論)에 대한 이견(異見)이 존재하고7) 또 심성론에 있어서도 인심도심론(人心道心論)의 경우 이에 대한 깊이 있는 연구가 필요할 뿐 아니라, 그의 수양론에서도 직(直)사상의 의의에 대한 재검토가 필요하다고 생각되기 때문이다. 이에 기존 연구 성과를 참고하면서 구봉의 성리학을 체계적으로 검토해 보고자 한다.

---

6) 송익필은 宋祀連의 3남으로 태어났는데, 그의 조모가 安敦厚의 婢妾(重今) 소생인 甘丁이라는데서 천민출신이라는 한계를 가지고 있었다. 그의 외숙은 安塘이었고 安塘은 중종초의 현상으로 己卯名賢을 구하는데 앞장 선 도학자였다. 그런데 출세욕이 강했던 宋祀連이 신분상 제약으로 출세의 길이 막히자, 1521년 安處謙의 獄事(辛巳誣獄)를 일으켜 자신은 그 공으로 출세를 하였다. 이로 인해 安塘의 가문이 滅門의 禍를 당하자, 宋祀連 일가는 사림의 증오 대상이 되었고, 마침내 1566년 安塘의 官爵이 회복되고 1575년에는 宋祀連은 追罪되고 宋翼弼 또한 수배되어 유랑생활을 하고 유배되기에 이르렀던 것이다.

7) 기존의 연구 성과에서 구봉의 理氣說을 高峰의 '理氣共發說'과 같다고도 하고, 또 牛溪의 '理氣一發說'과 같다고도 하는 등 이에 대한 이론이 분분하다.(자세한 것은 본 논문 3절 구봉의 심성론에서 살펴보기로 하겠다.)

2, 구봉의 이기론(理氣論)

구봉은 율곡도 인정할 만큼 성리학에 조예가 깊었다. 그는 배우는 사람들이 성리를 쉽게 이해하도록 하기 위해 《태극문(太極問)》을 썼다. 《태극문》은 태극(太極), 음양(陰陽), 이기(理氣), 심성정(心性情) 등, 성리학 전반의 문제를 문답의 형식으로 총 81문항으로 서술한 것이다. 이는 이언적(李彦迪)이 태극 문제에 대한 논쟁을 벌인 이후[8] 태극 문제에 대한 체계적 해석을 했던 선구적인 업적이라고 할 수 있다.[9] 구봉은 《태극문》을 짓게 된 배경에 대해 굴원(屈原)의 천문(天問, 《楚辭》의 일편)[10]을 모방하여 만든 것이며, 일문일답의 형식으로 깨치기 쉽고 알기 쉽게 하기 위한 것이라 하였다.[11] 이제 《태극문》을 중심으로 하고 그 밖의 글들을 참고하여 구봉의 이기론을 검토해 보기로 하겠다.[12]

구봉은 "器 또한 道이며, 道 또한 器이다. 理가 아니면 氣도 없고, 氣가 아니면 道도 없다."[13]고 한다. 정명도의 '器亦道 道亦器'를 원용하고[14], 理가 아니면 氣도 없고 氣가 아니면 道도 없다고 하였다. 물론 여기서

---

8) 晦齋 李彦迪 (1491~1553)이 1517년에 忘齋(孫叔暾)와 忘機堂(曺漢輔)의 無極太極說에 대하여 비판하였다.(《晦齋集》, 卷5, 雜著, 〈書忘齋 , 忘機堂 無極太極說後〉)

9) 금장태, 〈구봉 송익필의 인간과 사상〉, 원광대종교문제연구소, 《한국철학종교사상사》, 1990, 596쪽.

10) 굴원 (屈子): 기원전 343~177. 중국 전국시대 楚나라 詩人. 이름은 平, 자는 原, 호는 靈均이다.

11) 《龜峯集》, 卷3, 雜著, 〈太極問〉: "余倣屈子天問. 設太極問. 以觀後學所答如何. 後患答者多不合理. 略成答說以便看."

12) 구봉은 朱子나 栗谷과 같이 '太極陰陽論'을 그대로 理氣論으로 해석하고 있다. 본고에서는 지면관계상 부득이 '太極陰陽論'은 생략하고 구봉의 理氣論만을 다루고자 한다.

13) 《龜峯集》, 卷3, 雜著, 〈太極問〉: "答. 器亦道也. 道亦器也. 非理無氣. 非氣無道."

14) 《二程集》, 〈遺書〉, 권4: "形而上爲道 形而下爲氣 須著如此說 器亦道 道亦器 但得道在不論今與後 己與人."

道는 理로, 器는 氣로 대체되어도 무방하다. 구봉은 理 없는 氣도 없고 氣 없는 理도 없다고 하여, 이 세계가 이기의 유기적(有機的) 구조임을 분명히 하였다. 이는 구봉이 程 · 朱와 마찬가지로 이 세계가 '형이상자(形而上者)로서의 理'와 '형이하자(形而下者)로서의 氣'로 이루어진 세계임을 말한 것이다. 따라서 이 세계, 모든 사물은 반드시 理가 있어야 하고 또 氣도 반드시 있어야 한다. 理 홀로서는 부족하고 氣 홀로서도 부족하다. 이기가 충족될 때만이 하나의 존재, 하나의 세계는 성립된다. 이렇게 이기의 유기적 구조로 이 세계를 보는 것은 성리학자들의 일반적 견해라고 볼 수 있다.15)

여기서 구봉이 理 없는 氣도 없고, 氣 없는 理도 없다는 말에서 理나 氣는 그 홀로서는 불완전한 것이요 반쪽임을 알 수 있다. 理는 氣를 통해 자기의 부족함을 보완할 수 있고, 氣는 理를 통해 자기의 부족함을 보완하게 된다. 자신의 부족함을 상대방의 보구(補救)를 통해 비로소 채우는 논리라고 할 수 있다. 이처럼 구봉은 이기를 상보적(相補的)으로 인식하였다. 이러한 구봉의 상보적이고 유기적인 이기론은 다음 글에서도 나타난다.

---

15) 배상현은 "구봉이 理氣二元論에 반대하고, 율곡의 主氣的 二元論을 지지하고 있으나 율곡의 학설을 그대로 따른 것은 아니라 하고, 율곡이 이론을 중시한데 비해 행동적인 실천을 중시하는 구봉의 학문은 예학으로 기울어 김장생, 김집 등 제자를 길러 예학의 뿌리를 내리게 한데 공헌이 있다"고 하였다.(배상현, 〈조선조 기호학파의 예학사상에 관한 연구〉, 고려대대학원 박사학위논문, 1991, 69쪽) 그런데 구봉의 理氣觀은 '理氣二元論'이라고 보는 것이 타당하다. 구봉은 형이상자로서의 理와 형이하자로서의 氣로 이루어진 세계를 상정하고 있기 때문이다. 아울러 율곡의 '主氣的 二元論'을 지지하고 있다는 것도 재론의 여지가 있다. 율곡의 理氣觀이나 성리학적 입장은 理보다 氣를 더 중시한 것이 아니다. 율곡은 理 없는 氣도 없고 氣 없는 理도 없다고 보고, 이 세계는 理와 氣의 묘합적 구조라고 보았다.(《栗谷全書》, 卷10, 書2, 〈答成浩原 壬申〉: "夫理者. 氣之主宰也. 氣者. 理之所乘也. 非理則氣無所根柢. 非氣則理無所依著. 旣非二物. 又非一物. 非一物. 故一而二. 非二物. 故二而一也. 非一物者. 何謂也. 理氣雖相離不得. 而妙合之中.")

"理와 氣는 저가 아니면 나라는 것도 없고, 나가 아니면 저라는 것도 없다. 그러므로 둘이면서 하나이고, 하나이면서 둘이라고 하는 것이다. 저의 動과 靜이 곧 나의 動과 靜으로서, 저가 動하면 나도 動하고 내가 靜하면 저도 靜하여서 일찍이 조금도 떨어진 적이 없다."16)

여기서 理와 氣는 彼此의 상보적 관계가 되고, 또 둘이면서 하나요, 하나이면서 둘인 '一而二 二而一'의 관계가 된다. 理와 氣는 서로 떨어질 수 없는 하나의 존재양상으로 있다. 시간적으로 선후(先後)가 없고, 공간적으로도 이합(離合)이 없는 불가분의 관계 하에 있다. 그렇다고 理가 氣이고, 氣가 理인 것은 결코 아니다. 하나의 존재양상으로 있지만 理는 理이고 氣는 氣이어서 서로 섞일 수 없다. 주자는 이를 '이기불상리(理氣不相離)'와 '이기불상잡(理氣不相雜)'으로 표현하기도 했다.17) 이와 같이 이기는 서로 떨어질 수 없는 하나의 모습으로 있지만, 그런 가운데에서도 理는 형이상자로서, 氣는 형이하자로서 자기 정체성을 잃지 않는다. 구봉은 주자의 이러한 견해를 충실히 계승하고 있고, 도우인 율곡의 입장이나 견해와도 같다18)고 볼 수 있다.

구봉은 동정(動靜)에 있어서도 氣가 동정하면 理에도 동정이 있다고

---

16)《龜峯集》, 卷3 雜著,〈太極問〉: "答. 理之與氣. 非彼無我. 非我無所取. 所謂二而——而二者也. 彼之動靜. 即我之動靜也. 動則動靜則靜. 何嘗少離."

17)《朱子大全》, 卷46, 頁32,〈答劉叔文〉: "所謂 理與氣此決是二物. 但在物上看 則二物渾淪不可分開各在一處. 然不害二物之各爲一物也. 若在理上看 則雖未有物而已有物之理. 然亦但有其理而已 未嘗實有是物也."

18) 율곡은 정명도의 논리와 주희의 논리를 종합하여 이 세계의 존재구조를 '理氣之妙의 유기적 관계'라고 말하였다.(《栗谷全書》, 卷20,〈聖學輯要2〉: "有問於臣者曰. 理氣是一物. 是二物. 臣答曰. 考諸前訓. 則一而二. 二而一者也. 理氣渾然無閒. 元不相離. 不可指爲二物. 故程子曰. 器亦道. 道亦器. 雖不相離. 而渾然之中. 實不相雜. 不可指爲一物. 故朱子曰. 理自理. 氣自氣. 不相挾雜. 合二說而玩索. 則理氣之妙. 庶乎見之矣.")

하였다. 이는 理 자체가 동정한다는 말이 아니라 이기가 유기적으로 있기 때문에 氣의 동정에 따라 理도 그 영향을 받게 됨을 말한 것이다. 아울러 理에 동정의 이치가 있으므로 氣의 動靜이 가능한 것도 물론이다. 이처럼 이기는 불가분의 관계로 있지만, 이기를 혼동할 수 없는 것이다.

구봉은 또 "형이상은 道가 되고 형이하는 器가 된다. 器는 또한 道이며, 道 또한 器이다. 道는 器로 분리된 적이 없었다."[19]고 하여, 마찬가지로 정명도의 말을 인용하여 道器의 유기적 관계를 말하고 있다. 여기서 '器 또한 道'요 '道 또한 器'라는 말은 道와 器가 동일물이라는 의미가 아니다. 형이상자로서의 道와 형이하자로서의 器가 不可分의 유기적 관계 즉 하나의 존재양상으로 있음을 언표한 것이다. 따라서 '道器不相離'는 곧 '이기불상리'로 환언되는 것이라 할 수 있다.

그러면 구봉은 이기를 어떻게 설명하고 있는지를 《태극문》의 설명을 통해 살펴보기로 하겠다.

"形而上을 道라 하고 形而下를 氣라 하는데, 道는 매우 微妙하고 氣는 매우 顯著한 것이다. 天地는 形而下요 乾坤은 形而上이다. 日月·星辰·風雨·霜露는 形而下인데, 그 이치는 形而上이다. 君臣父子는 形而下인데, 어질고 충성하고 자애하고 효도함은 形而上이다. 한 몸의 얼굴과 몸은 形而下이고 心性의 이치는 形而上이며, 귀와 눈은 形而下이고, 聰明한 이치는 形而上이다. 또 물건 한 가지 그릇 한 개는 形而下인데, 그 이치는 形而上이다. 燈燭은 形而下인데, 물건을 비추는 이치는 形而上이다. 심지어 屈伸·往來·消長·盈虛·春秋·寒暑·終

---

19) 《龜峯集》, 卷3, 雜著, 〈太極問〉: "答. 形而上爲道. 形而下爲器. 器亦道也. 道亦器也. 道未嘗離乎器."

始·晦明·奇遇 같은 것도 모두 形而下인데, 이치는 形而上이다. 무릇 形象이 있어서 보고 들을 수 있는 것으로 氣가 아닌 것이 없다. 아무리 廣大하고 드러나더라도 도리어 작다 하며, 소리도 없고 냄새도 없고 들을 수도 볼 수도 없는 것은 理이다."20)

구봉 스스로의 물음 속에 형이상자로서의 理와 형이하자로서의 氣에 대한 설명이 잘 나타나 있다. 그리고 그는 氣는 限量이 있고, 理는 限量이 없다21)고 하였다. 그리고 物이 형체도 있고 이름도 있는 것은 氣로써 형체가 이루어졌음이며, 物이 그 형체는 없고 그 이름만 있는 것은 理로서 태극은 理의 높임말이라고 하였다. 또 형체가 없으면 어떻게 大小와 方圓이 있겠느냐고 하였다.22)

또한 구봉은 動하지도 않고 靜하지도 않으면서 動과 靜을 포함한 것이 태극이고, 動과 靜의 두 끝이 循環하여 그치지 않는 것은 氣라 하였다. 대개 動하고 靜하는 것은 氣이고, 動하고 靜하도록 하는 所以가 태극이라 하였다.23) 구봉은 또 태극이 動하고 靜하는 것은 곧 天命대로 流行하는 것이다. 무릇 태극에는 動하고 靜하는 이치가 있다. 그러므로

20) 《龜峯集》, 卷3, 雜著, 〈太極問〉: "問. 形而上爲道. 形而下爲器. 道甚微妙. 器甚著現. 天地. 形而下也. 乾坤. 形而上也. 日月星辰風雨霜露. 形而下也. 其理. 卽形而上也. 君臣父子. 形而下也. 仁忠慈孝. 形而上也. 如一身之形體. 形而下也. 心性之理. 形而上也. 耳目. 形而下也. 聰明之理. 形而上也. 又如一物一器. 形而下也. 其理. 形而上也. 燈燭. 形而下也. 照物之理. 形而上也. 交椅. 形而下也. 可坐之理. 形而上也. 至如屈伸往來消長盈虛春秋寒暑終始晦明奇偶. 皆形而下也. 其理則形而上也. 凡有形有象可覩可聞者. 無非氣也. 如許其廣大著現而反以爲小. 無聲無臭不可聽不可見者. 理也."

21) 《龜峯集》, 卷3, 雜著, 〈太極問〉: "答. 氣有限量. 而理無限量故也."

22) 《龜峯集》, 卷3, 雜著, 〈太極問〉: "答. 物之有其形有其名者. 氣以成形者也. 物之無其形有其名者. 理也. 太極. 理之尊號也. 無形則何方圓大小之有."

23) 《龜峯集》, 卷3, 雜著, 〈太極問〉: "答. 不動不靜. 而含動靜者. 太極也. 動靜兩端之循環不已者. 氣也. 蓋動靜者. 氣也. 所以動靜者. 太極也."

陰과 陽도 動하고 靜할 수 있는 것이다. 動하고 靜하는 것은 陰과 陽이다. 動하고 靜하도록 하는 것은 태극[24] 이라고 하였다.

　구봉에 의하면 理는 비록 미세하나 더욱 드러나고, 氣가 비록 왕성하나 변화 시킬 수 있는 것이다. 또 무릇 생겨나는 것은 氣지만 생겨나도록 하는 이치는 理인 것이다.[25]

　"또 스스로 동정하지 않는 것은 理요, 능히 동정함이 있는 것은 氣다. 善은 理요 善惡은 氣다. 兆朕도 없고 見聞도 없는 것은 理요, 兆朕도 있고 見聞도 있는 것은 氣다. 氣가 비록 움직임이 은미해도 이미 동지미(動之微) 라고 말하면 靜에 속할 수 없는 것이 명백하니, 理의 發見處라고 말하는 것이 옳다. 만약 이 理가 있고 이 氣가 없다고 말한다면 옳지 않다. 어찌 氣가 없으면서 理가 능히 發見함이 있겠는가?"[26]

　이상 구봉의 이기에 대한 설명을 종합해 보면, 먼저 理는 형이상자, 氣는 형이하자로 규정된다. 理가 형이상자라 함은 無形이기 때문이다. 理는 볼 수도 없고 들을 수도 없고 만질 수도 없기 때문이다. 理는 없는 것 같지만 있는 것이다. 氣가 형이하자라 함은 有形이기 때문이다. 크고 작고 모나고 둥글고 하듯이 천태만상의 모양을 갖기 때문이다.

　그런데 理는 형상이 없으므로 한량(限量)이 없다고 설명되고, 氣는 형

---

24) 《龜峯集》, 卷3, 雜著, 〈太極問〉: "答. 太極之有動靜. 是天命之流行也. 蓋太極有動靜之理. 故陰陽能動靜也. 動靜者. 陰陽也. 所以動靜者. 太極也."

25) 《龜峯集》, 卷3, 雜著, 〈太極問〉: "答. 理不微氣不盛. 則聖賢又何爲敎. 理雖微而益著. 氣雖盛而可變. 此聖賢之所以無不可爲之時. 無不可化之人."

26) 《龜峯集》, 卷4, 〈上閔景初氏書〉: "夫不自動靜者 理也. 有能動靜者 氣也. 善是理也. 善惡是氣也. 無兆朕無見聞 理也. 有兆朕可見聞 氣也. 幾雖動之微 而旣曰動之微 則其不可屬靜 明矣. 謂理之發見處可矣. 若謂之有是理無是氣則不可 安有無氣而理能發見者乎."

상이 있으므로 한량이 있다고 설명된다. 理는 시간과 공간으로부터 벗어나 있다. 理는 보편적이며 영원하다. 반대로 氣는 시간과 공간에 제약된다. 따라서 氣는 한정적이고 제한적이고 특수성을 갖게 된다. 구봉에 의하면 만물이 생겨나는 것은 氣이지만 그것이 생겨나도록 하는 이치는 理라고 한다. 이처럼 만물의 생성변화 그 자체는 氣의 소위(所爲)다. 그러나 그 氣로 하여금 생성변화 하도록 주재하는 것은 理다.

구봉은 自問에서 "사람마다 태극이 하나씩 있고, 物마다 태극이 하나씩 있다고 했다. 그렇다면 걸(桀)과 척(跖)에게도 역시 태극을 볼 수 있고, 나무와 돌에서도 역시 태극을 볼 수 있는가" 묻고,[27] 이에 대한 답에서 "걸과 척도 이 性이 있기 때문에 역시 敎化할 수 있는 이치가 있다." 하고, 정이천의 "천하에는 性 이외의 物이 없다"[28], "말라버린 物도 性이 있음은 바로 이 理가 있는 까닭이다", "그 物이 되는 이치는 일찍이 갖추어지지 않은 것이 없다"[29]는 말을 인용하여 理는 폭군 걸주(桀紂)나 도척(盜跖)에게도 있고, 말라버린 나뭇가지에도 있다고 하였다.[30]

구봉은 또 말하기를, "萬이 되고 하나가 되는 것은 氣이고, 萬으로도 되고 하나로도 되면서 둥근 형체에 결함이 없게 하는 것은 理"라고 하였다. "氣에서 보면 비록 크고 작고 분리되고 합치는 구별이 있으나, 理로서 보면 줄고 더해지고 가득차고 축나는 구분이 도무지 없다"고 하였

<hr>

27) 《龜峯集》, 卷3, 雜著, 〈太極問〉: "問. 人人有一太極. 物物有一太極云. 則於桀跖亦可見太極. 於木石亦可見太極耶."

28) 《二程集》, 遺書, 〈劉元承手編〉: "天下無性外之物."

29) 《朱子語類》, 卷68: "未有事物之時 此理已具."

30) 《朱子大全》, 권59, 〈答余方叔書〉: "以爲枯槁有理."
《龜峯集》, 卷3, 雜著, 〈太極問〉: "答. 桀跖有是性. 故亦有可化之理. 朱子曰. 天下無性外之物. 又曰. 枯槁之物. 亦有性."

다.31) 또 "그 모습이 천 가지 백 가지로 다른 것은 氣이고, 동일한 데에 通하는 것은 理"라고 하였다.32)

이로 보면 구봉은 氣는 온갖 차별상을 갖는 특수성으로, 理는 언제 어디서나 항상 변함없는 보편성으로 보았다. 이는 마치 율곡이 '理를 通한다' 하고 '氣를 局한다' 하여 '이통기국(理通氣局)'으로 본 것33)과 비슷하다.

구봉은 또 動하고 靜하는 것은 氣이고, 氣로 하여금 동정하게 하는 소이(所以)가 理라고 하였다. 태극 내지 理의 동정이나 發은 조선조 성리학에서 많은 논란이 있었던 문제였다. 특히 퇴계(退溪)는 사단(四端)을 설명하면서 '理가 발함에 氣가 따르는 것' 즉 '이발이기수지(理發而氣隨之)'로 언표하고,34) 또 理를 用의 측면에서 활물시(活物視)하였다.35) 이로 인해 퇴계는 理의 발용을 인정하는 이기호발설(理氣互發說)을 주장하게 되었고, 이에 대한 율곡의 비판이 뒤따랐던 것이다.

율곡은 형이상자인 理는 발할 수 없고, 오직 발하는 것은 氣36) 뿐이

---

31) 《龜峯集》, 卷3, 雜著, 〈太極問〉: "答. 爲萬爲一者. 氣也. 所以爲萬爲一而圓無欠缺者. 理也. 自氣看之. 雖有大小離合之別. 自理看之. 都無損益盈縮之分."

32) 《龜峯集》, 卷3, 雜著, 〈太極問〉: "答. 千百其狀者. 氣也. 貫乎一者. 理也."

33) 《栗谷全書》, 卷10, 書, 〈答成浩原〉: "自以爲得干聖不盡傳之妙. 而殊不知向上更有理通氣局一節. 繼善成性之理. 則無物不在. 而湛一淸虛之氣. 則多有不在者也. 理無變而氣有變."

34) 《退溪全書》, 卷7, 箚, 〈第六心統性情圖〉: "如四端之情. 理發而氣隨之. 自純善無惡. 必理發未遂. 而掩於氣. 然後流爲不善. 七者之情. 氣發而理乘之. 亦無有不善."

35) 《退溪全書》, 卷18, 〈答奇明彦別紙〉: "無情意 造作者 此理本然之體. 其隨寓發見而無不到者 此理至神至用也. 向也 但有見於本體之無爲 而不知妙用之能顯行 殆若認理爲死物 其去道不亦遠甚乎?"

36) 《栗谷全書》, 卷10, 書, 〈答成浩原〉: "非若互發之說或理發或氣發而大本不一也. 大抵發之者. 氣也. 所以發者. 理也. 非氣則不能發. 非理則無所發. 發之以下二十三字. 聖人復起. 不易斯言. 無先後. 無離合. 不可謂互發也."

라고 보았다. 만약 理가 發하는 것이라고 본다면 이는 형이상하(形而上下)를 혼동하는 것으로 문제가 있다고 보아 자신의 이발불가론(理發不可論)을 철저하게 고수하였다.

이러한 理의 발용 문제에 대해 구봉은 율곡과 같이 理의 발용을 반대하고, 理는 그 스스로는 동정하지 않지만 氣의 동정을 주재하고 그 원인이 되는 것37)이라고 보았던 것이다.

이렇게 볼 때, 구봉의 태극음양론(太極陰陽論)이나 이기론은 주자의 설이나, 함께 道學을 강마했던 율곡의 설과 크게 다르지 않다. 이 세계를 이기이원(理氣二元)의 존재관으로 본 입장과, 형이상자인 理와 형이하자인 氣의 유기적 세계로 인식한 점과, 이기에 대한 개념과 관계에 대한 설명 등에서도 거의 같다고 볼 수 있다. 더욱이 이기의 관계를 하나이면서 둘이요, 둘이면서 하나의 관계 즉 '一而二 二而一'의 관계로 본 것38)도 마찬가지이다.

우리는 이를 통해 구봉의 이기론에 대한 해박한 식견을 알 수 있고, 특히 성리학의 원두처(源頭處)라 할 수 있는 태극의 문제를 중심으로 自問自答의 형식을 빌어서《태극문》을 저술한 것은 커다란 의미가 있다고 하겠다. 전체적으로 볼 때, 구봉의 독창적인 이기론은 보이지 않지만 태극음양론, 이기론 전반에 대한 폭넓은 견해와 식견을 알 수 있다.

---

37) 《龜峯集》, 卷4, 〈上閔景初氏書〉: "夫不自動靜者 理也. 有能動靜者 氣也. 善是理也 善惡是氣也. 無兆朕無見聞 理也. 有兆朕可見聞 氣也. 幾雖動之微 而旣曰動之微 則其不可屬靜明矣. 謂理之發見處可矣. 若謂之有是理無是氣則不可 安有無氣而理能發見者乎."

38) 《栗谷全書》, 卷10, 書2, 〈答成浩原〉: "夫理者. 氣之主宰也. 氣者. 理之所乘也. 非理則氣無所根柢. 非氣則理無所依著. 旣非二物. 又非一物. 非一物. 故一而二. 非二物. 故二而一也. 非一物者. 何謂也. 理氣雖相離不得. 而妙合之中. 理自理氣自氣. 不相挾雜. 故非一物也. 非二物者. 何謂也. 雖曰理自理氣自氣. 而渾淪無間. 無先後無離合. 不見其爲二物. 故非二物也."

런데 김용식은 구봉의 이기론은 퇴계류(退溪類)의 이기설보다 주기적 (主氣的)인 경향이 특색이라 말하였는데,[39] 그 이유는 구봉이 주자의 '이선기후설(理先氣後說)'을 부정하여 理와 氣를 동등한 입장에서 보았고, 사단(四端)을 '理의 發'로만 보지 않았기 때문이라 하였다.[40] 이처럼 구봉의 이기론을 주기적이라고 보는 것은 재론의 여지가 있다. 김용식이 구봉의 이기론을 '주기론'으로 보려는 논거로서 구봉이 주자의 이선기후설을 부정하고 理와 氣를 동등하게 보았으므로 주기론으로 볼 수 있다고 하였는데, 이는 다음 글에서 보듯이 그렇지 않다.

> "答: 理와 氣가 이미 서로 분리하지 않는 것이므로 결코 그 先後를 구분할 수 없는 것이다. 그러나 朱子가 말하기를 "形而上과 形而下로 말한다면 어찌 선후가 없겠는가." 하였다. 굳이 말하고자 하면 그 선후를 상상할 수도 있다. 太極은 理이고 陰陽은 氣인데 形而上에 어찌 氣가 있겠는가? 氣에 理가 없던 적이 없으나, 理에는 혹 氣가 작용한 적이 없다."[41]

이처럼 구봉은 이기가 서로 불가분의 관계에 있으므로 그 선후를 말할 수 없다고 말하면서도 朱子의 이선기후를 상정(想定)해 이해하고 있는 것이다. '理에는 氣가 작용한 적이 없다고 보면 理가 氣보다 먼저라고 볼 수도 있다'고 한다. 따라서 이 말을 가지고 구봉의 이기론을 주기

39) 김용식, 〈구봉 송익필의 심성관에 대한 연구〉, 고려대대학원 석사학위논문, 1981, 13쪽.
40) 김용식, 〈구봉 송익필의 심성관에 대한 연구〉, 고려대대학원 석사학위논문, 1981, 39쪽.
41) 《龜峯集》, 卷3, 雜著, 〈太極問〉: "答. 理氣旣不相離. 則固不可分先後. 而然朱子曰. 自形而上下者言. 豈無先後. 必欲言之. 則其先後. 亦可想矣. 太極. 理也. 陰陽. 氣也. 形而上. 豈有氣哉. 於氣. 理未嘗不在. 而於理. 或有氣未嘗用事處."

론이라 규정하는 것은 옳지 않다. 더구나 구봉이 理와 氣를 동등하게 보았다고 보는데 어떻게 주기라고 볼 수 있겠는가? 아울러 구봉이 사단을 '理의 發'로만 보지 않았으므로 주기론이라 한 것도 재론의 여지가 있다. 뒤에 심성론에서 다루어야 할 문제지만, 사단이나 칠정(七情)이나 인간의 감정인 한에 있어서는 모두가 發하는 것은 氣요, 發하는 소이는 理라고 할 수 있다. 문제는 사단은 理를 주로해서 드러난 감정이고, 칠정은 氣를 주로 해서 드러난 감정이라는데 차이가 있을 뿐이다. 그러므로 구봉의 주기론적 입장을 이런 이유로 주기론으로 단정하는 것은 옳지 않다.

3, 구봉의 심성론(心性論)

구봉의 인간 심성관을 검토하기 전에 먼저 心. 性. 情. 意 등 심성론의 기초개념에 대한 구봉의 견해를 검토해 보기로 하겠다. 다음 글은 구봉이 이에 대한 설명을 종합적으로 한 것이다.

"未動이 性이요, 已動이 情입니다. 그리고 未動·已動을 포함한 것이 心입니다. 心이 性과 情을 통괄하는 것입니다. 물에 비유하자면, 心은 물이고, 性은 물이 고요한 것이고, 情은 물이 움직이는 것입니다. 四端은 그 물살을 단순히 열거한 것이요, 七情은 그 파도를 아울러 말한 것입니다. 물은 흐르지 않으면 안 되고, 또한 물결이 없어서도 안 됩니다. 파도가 평지에 있을 때 파도가 세차지 않고 조용히 흐르는 것은 파도가 그 올바름을 얻는 것입니다. 파도가 돌에 부닥쳐 파도가 세차게 흐르는 것은 파도가 그 올바름을 얻지 못한 것입니다. 그렇지만 어찌 조용히 흐르는 것은 파도가 되고, 세차게 흐르는 것은 파도가 되지 않는단 말인가? 그러므로 情에는 善·不善이 있다고 말합니다. 평지에서 조용히 흐르는 파도를 끌어다가 도리어 돌에 달리도록 하는 것은 意입니다. 돌에 부딪쳐 세차게 흐르는 파도를 끌어다가 도리어 평지로 달리도록 하는 것도 또한 意입니다."[42]

구봉은 아직 움직이지 아니 한 것이 性이고, 이미 움직인 것이 情이고, 미동(未動)과 이동(已動)을 포함한 것이 心이라 하였다. 이는 朱子가 미동을 性, 이동을 情으로 보고 心은 동정을 관통해 거기에 있지 아니함이 없다고 한 것과 같다.[43] 구봉은 이를 물에 비유해 설명한다. 心은 물이고, 性은 물이 고요한 것이고, 情은 물이 움직이는 것이라 한다. 그리고 평지에서 조용히 흐르는 파도를 끌어다가 도리어 돌에 달리도록 하는 것도 意이고, 돌에 부딪쳐 세차게 흐르는 파도를 끌어다 도리어 평지로 달리도록 하는 것도 意라고 하였다.

이제 구봉의 사단칠정론(四端七情論)에 대해서 검토해 보기로 하겠다. 중국에서는 별로 문제시 되지 않았던 사단칠정의 문제가 조선조 유학사에서 중요한 과제로 등장한 것은 퇴계와 고봉(高峰)의 논변에서 이 사단칠정의 문제가 주요 쟁점이 되었기 때문[44]이다. 이제 구봉의 사단칠정

---

42) 《龜峯集》, 卷4-1, 玄繩編上, 〈答叔獻書別紙〉: "夫未動是性. 已動是情. 而包未動已動者爲心. 心所以統性情也. 譬之水. 心. 猶水也. 性. 水之靜也. 情. 水之動也. 四端. 單擧其流也. 七情. 竝言其波也. 水不能無流. 而亦不可無波. 波之在平地而波之溶溶者. 波之得其正也. 波之遇沙石而波之洶洶者. 波之不得其正也. 雖然. 豈以溶溶者爲波. 而洶洶者不爲波哉. 故曰情有善不善也. 夫引平地溶溶之波而返走沙石者. 意也."

43) 《性理大全》, 卷33, 〈性理5〉: "未動爲性 已動爲情. 心則貫乎動靜而無不在焉."

44) 배종호, 《한국유학사》, 연세대학교출판부, 1997, 72~76쪽

에 대한 견해는 어떠한지 검토해 보기로 하겠다.

> "四端은 理에서 發하고 七情은 氣에서 發한다는 말은 매우 온당치 못
> 하다. 四端과 七情이 어찌 理氣의 發이 아니겠는가? 단지 한 쪽만을 말
> 하면 四端이고, 전체로 말하면 七情이다. 四端은 주로 理 一邊으로 한
> 쪽만 말한 것이요, 七情은 理氣를 겸하여 전체를 말한 것이다."45)

이 글은 구봉의 사단칠정에 대한 견해를 알 수 있는 가장 대표적인 것
이다. 위에서 구봉은 사단은 理에서 發하고 칠정은 氣에서 發한다는 퇴
계의 호발설은 매우 온당치 못하다고 하여, 구봉도 율곡과 같이 퇴계의
이기호발설에 반대하고 있음을 알 수 있다.

또한 구봉은 사단과 칠정이 어찌 '理氣의 發'이 아니겠느냐고 하였는
데, 이는 구봉의 사단칠정론의 가장 중요한 의미를 갖는다. 물론 위에서
퇴계의 호발을 분명히 반대한 것으로 보면, 구봉이 '사단칠정이 모두 理
氣의 發'이라고 한 것이 퇴계 互發의 의미와는 다른 것임은 분명하다.
즉 구봉이 '理의 發'과 '氣의 發'을 주장한 것이 결코 아님을 알 수 있다.
특히 율곡에 의해 많은 논란을 불러 왔던 '理의 發'을 구봉도 인정하고
있지 않음을 알 수 있다. 그러면 구봉이 말하는 사단칠정이 모두 '理氣
의 發'이라는 진의는 무엇일까?

우선 구봉은 사단은 情의 한 쪽만을 말한 것이고, 칠정은 情의 전체로
말한 것이라 하여, 율곡과 같이 칠정 속에서 사단을 보고 있다46)고 할

---

45) 《龜峯集》, 卷4, 〈答許公澤問〉: "四端發於理 七情發於氣之說 甚未穩. 四端七情 何莫非理
氣之發 但偏言則四端 全言則七情 四端重向理一邊而偏言者也. 七情兼擧理氣而全言者
也."
46) 《栗谷全書》, 卷9, 書1, 〈答成浩原壬申〉: "四端七情. 正如本然之性氣質之性. 本然之性. 則

수 있다. 즉 인간의 전체적인 情을 통틀어 말하면 칠정이지만, 그 가운데 善한 情만을 가리켜 말하면 사단이라는 것이다. 아울러 사단은 주로 理의 一邊으로 한 쪽만을 말한 것이라면, 칠정은 이기를 겸하여 전체를 말한 것이라 하였다. 그러나 구봉이 사단을 理의 一邊이라 했다고 해서 사단을 氣가 배제된 理만으로 보는 것은 결코 아니다. 사단이나 칠정 모두가 이기를 겸한다. 그것은 情 자체가 이기를 함께 하기 때문이다. 따라서 구봉이 사단과 칠정을 모두 이기의 發이라고 한 의미는 이기가 떨어질 수 없는 하나의 情이지만 사단은 理가 主가 되어 발현된 것이고, 칠정은 氣가 主가 되어 발현된 것이라는 의미로 해석된다. 따라서 구봉이 사용한 發의 의미는 퇴계가 사용한 發과는 다르게 보아야 할 것 같다. 왜냐하면 근본적으로 구봉은 퇴계의 호발설을 부정하고 있기 때문이다. 또 퇴계처럼 '근원처에서부터 主理, 主氣의 發'[47]을 말하지 않고 구봉은 '이기묘합(理氣妙合)'을 전제로 發하는 것은 氣요 發하게 하는 所以는 理'라고 본다. 다만 이 때 그 드러나는 사단의 情은 理의 드러남이요 칠정은 氣의 드러남이라고 본 것이라 생각된다. 즉 구봉의 理氣之發의 發은 '성발위정(性發爲情)'의 發이 아닌가 해석된다. 이에 대해 최영성이 구봉의 이기의 '發'을 牛溪의 '理氣一發'과 흡사하다고 본 것은 공감이 간다.[48]

우계는 율곡과의 논변에서 心이 아직 발하기 전에는 칠정 속에서 사

不兼氣質而爲言也. 氣質之性, 則却兼本然之性. 故四端不能兼七情, 七情則兼四端."

47) 《退溪全書》, 卷16, 書, 〈答奇明彦論四端七情第二書〉: "蓋渾淪而言, 則七情兼理氣, 不待多言而明矣. 若以七情對四端, 而各以其分言之, 七情之於氣, 猶四端之於理也, 其發各有血脈. 其名皆有所指. 故可隨其所主而分屬之耳雖滉亦非謂七情不干於理. 外物偶相湊著而感動也. 且四端感物而動, 固不異於七情, 但四則理發而氣隨之, 七則氣發而理乘之耳."

48) 최영성, 〈구봉 송익필의 사상 연구〉, 성균관대유학대학원 석사학위논문, 1992, 58쪽.

단을 보아 사단칠정을 구별할 수 없다고 하였다. 이때의 이기구조가 이기묘합을 전제함은 물론이다. 그러나 發하기 시작할 때에는 의욕(意欲)이 理에서 發하게 되고 氣에서 發하게 되는데, 理에서 발한 것이 사단이요 道心이며, 氣에서 발한 것이 칠정이요 人心이라고 한다.49) 여기서 主理, 主氣의 다름이 있을 수 있다고 보았으나, 퇴계가 '아직 발하기 전의 근원처에서부터 이기의 소종래(所從來)에 따라 發하여 사단칠정이 생긴다'고 한 것과는 다르다. 결국 아직 발하기 전에 있어서의 '七包四'의 구조는 율곡의 설과 상통하고, 이미 발한 이후에 있어 사단칠정을 主理, 主氣로 대거(對擧)해 보는 것은 퇴계의 설과 상통한데서 절충적 성격이 짙다.50) 따라서 우계에게서도 理의 發은 '性發爲情'의 의미이지 퇴계의 '理發'은 아니라고 생각된다.51)

　이렇게 볼 때, 구봉의 理氣之發은 牛溪의 '理氣一發'과 같은 의미로 보아야 되지 않는가 생각된다. 다만 문제는 구봉의 이에 대한 구체적인 설명이 미흡하다는 점에서 성리(性理) 해석의 어려움이 있고, 구봉의 진의가 무엇인지 분명한 이해가 어렵다. 구봉은 사단칠정을 물에 비유해서 다음과 같이 설명하였다.

---

49) 《牛溪集》, 卷4, 簡牘1, 〈第六書〉: "吾兄必曰. 氣發理乘. 無他途也. 渾則必曰. 其未發也. 雖無理氣各用之苗脈. 纔發之際. 意欲之動. 當有主理主氣之可言也. 非各出也. 就一途而取其重而言也. 此則退溪互發之意也. 卽吾兄馬隨人意人信馬足之說也. 卽非性命則道心不發. 非形氣則人心不發之言也."

50) 황의동, 《율곡학의 선구와 후예》, 예문서원, 1999, 234~235쪽.
　《牛溪集》, 卷4, 簡牘1, 〈第四書〉: "只於纔動之際 而便有主理主氣之不同 非元爲互發 而各用事也. 人之見理見氣 各以其重而爲言也."

51) 황의동은 우계의 '理發'이 퇴계의 '理發'과 같은 것으로 보았는데, 이는 재론의 여지가 있는 것 같다. 우계는 퇴계의 '互發說'을 자의적으로 해석하고 사단칠정은 어디까지나 氣發理乘의 구조인데, 다만 발하는 즈음에는 主理, 主氣의 구분에 따라 사단칠정의 구별이 가능하다고 본 것이다.(황의동, 《율곡학의 선구와 후예》, 예문서원, 1999, 224~229쪽)

"물에 비유하자면, 心은 물이고, 性은 물이 고요한 것이고, 情은 물이 움직이는 것이다. 四端은 그 물살을 단순히 열거한 것이요, 七情은 그 파도를 아울러 말한 것이다. 물은 흐르지 않으면 안 되고, 또한 물결이 없어서도 안 된다. 파도가 평지에 있을 때 파도가 세차지 않고 조용히 흐르는 것은 파도가 그 올바름을 얻는 것이다. 파도가 돌에 부딪쳐 파도가 세차게 흐르는 것은 파도가 그 올바름을 얻지 못한 것이다. 그렇지만 어찌 조용히 흐르는 것은 파도가 되고, 세차게 흐르는 것은 파도가 되지 않는단 말인가? 그러므로 情에는 善·不善이 있다고 말한다. 평지에서 조용히 흐르는 파도를 끌어다 도리어 돌에 달리도록 하는 것은 意다. 돌에 부딪쳐 세차게 흐르는 파도를 끌어다 도리어 평지로 달리도록 하는 것도 또한 意다. 이런 까닭에 聖人의 情에는 파도가 돌에 부딪쳐 세차게 흐를 때가 없다. 顔子의 情은 세차게 흐르다가도 석 달이 지난 후에는 역시 세차게 흐르는 것을 조용히 흐르도록 만든다. 보통사람의 정은 한 번은 세차게 흐르고, 한 번은 조용히 흐른다. 그리고 세차게 흐르게 만들 수도 있고, 조용히 흐르게 만들 수도 있다. 盜跖의 情은 이미 돌멩이에 있는데도 또 돌멩이를 끌어와 세차게 흐르니, 짧은 시간이라도 조용히 흐를 때가 없다. 그러니 四端의 흐름은 잠시라도 쉼이 없다. 情이 선하지 않음이 없다고 하는 것은 四端만을 끄집어냈기 때문이다. 情에 善·不善이 있다고 하는 것은 七情까지 통틀어 말했기 때문이다."52)

---

52) 《龜峯集》, 卷4-1, 玄繩編上, 〈答叔獻書別紙〉: "譬之水. 心. 猶水也. 性. 水之靜也. 情. 水之動也. 四端. 單擧其流也. 七情. 竝擧其波也. 水不能無流. 而亦不可無波. 波之在平地而波之溶溶者. 波之得其正也. 波之遇沙石而波之洶洶者. 波之不得其正也. 雖然. 豈以溶溶者爲波. 而洶洶者不爲波哉. 故曰情有善不善也. 夫引平地溶溶之波而返走沙石者. 意也. 引沙石洶洶之波而還走平地者. 亦意也. 是以. 聖人之情無沙石洶洶之時. 顔子之情. 雖或洶洶. 於三月之後. 而能使洶洶者溶溶焉. 常人之情. 一洶洶一溶溶. 而可使爲洶洶. 可使爲溶溶.

구봉은 여기에서 心은 물이고, 性은 물이 고요한 상태이고, 情은 물이 움직인 것이라 하였다. 그리고 사단은 그 물살을 단순히 열거한 것이요, 칠정은 그 파도를 아울러 말한 것이라 하였다. 구봉은 물은 흐르지 않으면 안 되고, 또한 물결이 없어서도 안 된다고 하였다. 인간의 감정이란 현실적으로 대상에 따라 다양한 모습으로 나타난다는 것을 말해준다. 그리고 인간의 마음은 대상에 따라 늘 변화하고 움직인다는 것을 말해준다. 이런 점에서 구봉은 사단이나 칠정은 모두 氣가 발해 드러나는 감정이고, 그 氣로 하여금 發하게 하는 것이 理라고 본다. 다만 發할 때에 이기 가운데 무엇이 주가 되어 드러난 감정이냐에 따라 사단과 칠정의 구분이 있게 된다고 보았다.

그런데 이러한 구봉의 '理氣之發'에 대한 학계의 견해는 이견이 분분하다. 그것은 구봉의 자세한 설명이 부족한데서 기인한다. 배상현은 "구봉의 사단칠정론은 이기공발설(理氣共發說)에 가깝다" 하였고,[53] 최영성도 "이는 이황의 이기호발설을 반대하는 것임과 아울러, 李珥의 이른바 사단칠정이 모두 기발이승(氣發理乘)이라는 설과도 다르다. 오히려 이기공발설에 가깝다." 하였다.[54] 그러면서 李珥의 설과 차이가 나게 되는 근본 원인은 '發'자의 의미를 다르게 해석한 데 있다 하고, 李珥가 '發'의 의미를 '발동(發動)'으로 보았다면, 그는 '발현(發顯)'으로 본 듯하다.[55]고 하였다.

盜跖之情. 旣在沙石. 又引沙石. 汹汹焉. 無溶溶之少間. 然而四端之流. 無時或息. 情之無不善云者. 拈出四端也. 情之有善不善云者. 統言七情也."

53) 배상현, 〈구봉송익필과 그 사상에 대한 연구〉,동국대학교 경주대학,《논문집 제1집 》, 1982, 18쪽.

54) 최영성,《한국유학통사》, 중, 심산, 2006, 119쪽.

55) 최영성,《한국유학통사》, 중, 심산, 2006, 120쪽.

또 금장태도 "사단칠정이 모두 理와 氣의 발동이라 하여 사칠이기공발설(四七理氣共發說)의 입장을 취함으로써, 李滉의 '互發說'은 물론 李珥의 '一途說'과도 차이를 보여주고 있다."56)고 하였다. 김용식도 "구봉은 '칠정포사단(七情包四端)'의 논리를 가지고 外延의 총괄적 입장에서 四七說의 특색을 파악하고 있다. 이런 점에서 그의 사단칠정설은 奇高峰의 주장을 연상케 한다."57)고 하였다.

이와 같이 대부분의 선행연구들이 구봉의 '理氣之發'을 고봉(高峰)의 '이기공발(理氣共發)'과 같은 것으로 보고 있는데 대해 검토해 볼 필요성이 있다.

먼저 고봉(高峰)의 理氣共發說에 대해 살펴보겠다. 高峰은 退溪의 '四端 理發而氣隨之 七情 氣發而理乘之'를 '或理動而氣俱 或氣感而理乘'이라고 바꾸어 보고자 했는데,58) 이것이 소위 高峰의 理氣共發說이라 하는 것이다.

그런데 고봉(高峰)은 분명히 退溪式의 '理發'을 다음 글처럼 부정하고 있다.

"氣가 理를 따라 발하여 조금의 막힘도 없다면 이것은 바로 理가 發한
것이다. 그런데 이것을 도외시하고 다시 理가 發하는 것을 찾는다면,
나는 헤아리고 모색하는 것이 심할수록 더욱 찾을 수 없을 것으로 생

---

56) 금장태, 〈구봉 송익필의 인간과 사상〉, 원광대종교문제연구소, 《한국철학종교사상사》, 1990, 600쪽.

57) 김용식, 〈구봉(송익필)의 심성관에 대한 연구〉, 고려대대학원 석사학위논문, 1981, 25쪽.

58) 《高峰集》, 四七理氣往復書 下, 〈第1書改本〉: "四則 理發而氣隨之 七則 氣發而理乘之 兩句亦甚精密. 然鄙意以爲此二箇意思. 七情則兼有 而四端則只有理發一邊爾. 抑此兩句 大升欲改之曰 情之發也. 或理動而氣俱 或氣感而理乘 如此下語 又未知於先生意如何."

각한다. 이것은 다름 아니라 바로 너무 理氣를 나누어 말하는 병폐이다."59)

여기에서 고봉(高峰)은 理의 發이란 다름 아닌 氣가 理를 따라 發하여 털끝만큼의 막힘도 없는 것이라 하였다. 理氣가 분리될 수 없는 하나의 관계 속에서 氣가 理의 주재에 따라 조금도 막힘없이 順理로 發하는 것을 '理發'이라 했던 것이다. 따라서 고봉(高峰)이 말하는 '이발'이란 退溪式의 '이발'이 아니다.60) 고봉(高峰)은 이를 다시 보완해 설명하였다. 즉 "측은수오(惻隱羞惡)도 어찌 氣의 자연한 발현(發現)이 아니겠는가? 그러나 그렇게 되는 까닭은 理이다. 그러므로 理에서 發한다고 하는 것뿐이다."61) 이처럼 고봉(高峰)은 분명히 이발을 반대하는 것이고,62) 그가 말하는 이발의 의미는 '氣가 理에 맞게 순응해 발하는 것'을 의미하는 것이었다. 그러므로 고봉(高峰)의 학설을 이기공발설이라고 말하는 것

59) 《高峰集》, 四七理氣往復書 下, 〈第1書改本〉: "氣之順理而發 無一毫有碍者 便是理之發矣 若欲外此而更求理之發 則吾恐其揣摩模索愈甚 而愈不可得矣 此正太以理氣分說之弊."

60) 최영찬, 〈고봉의 심성론〉, 《高峰 奇大升 硏究》, 고봉학술원 편저, 이화出 , 2009, 61쪽에서 최영찬은 고봉은 퇴계의 사단칠정에 대한 근본입장을 시인하고 받아들인 것이라고 할 수 없다고 하면서, 사단은 칠정과 그 소종래가 같은 것으로서 사단을 리로 말한다면 '발하여 절도에 맞는 것'이고, 기로 말하면 '발하여 過나 不及이 없는 것'이 된다. 이런 의미에서 고봉은 사단의 '所指'를 따진다면 發於理라고 할 수 있다고 수긍한 것이라고 밝히고 있다.

61) 《高峰集》, 四七理氣往復書, 〈高峰答退溪論四端七情書(第10節)〉: "且如惻隱羞惡亦豈非氣之自然發見者乎. 然其所以然者則理也 是以謂之發於理爾."

62) 이종성, 〈고봉과 율곡의 사상적 연계성〉, 한국동서철학연구회논문집, 《동서철학연구》제52호, 2009, 282쪽. 이종성은 이글에서 고봉은 퇴계의 리발은 불가하다는 듯을 분명히 했는데, 이는 퇴계가 존재와 개념의 차이를 혼동한 경우이기도 하고, 존재적 범주를 도덕적 범주로 확대 적용한 범주적 착오를 범하고 있다고 한 점을 인식했기 때문이라고 밝히고 있다.

은 옳지 않다고 생각된다.[63]

이처럼 볼 때, 구봉의 사단칠정론은 칠정 속에서 사단을 보는 '칠포사(七包四)'라고 하는 측면에서는 고봉(高峰), 율곡과 궤를 함께 하지만, 發하는 측면에서 主理, 主氣에 따라 사단과 칠정을 구분함은 퇴계의 정신을 담고 있다고 생각된다. 아울러 구봉은 고봉(高峰), 율곡과 마찬가지로 퇴계식의 '理發' 내지 '互發'을 반대하고, 또 근원처에서부터 이발과 기발을 나누어 말하는 것은 동의하지 않았다고 보아진다. 문제는 구봉의 이에 대한 보다 상세한 설명이 부족한데서 다양한 이견이 존재하게된다.

다음은 구봉의 인심도심설(人心道心說)에 대해 검토해 보기로 하겠다. 구봉은 김장생의 질문에 답한 글에서 다음과 같이 자신의 견해를 밝힌다.

"답: 二說은 모두 미진하다. 理는 본래 은미하지 않다. 氣속에 있으므로 隱微하여 보기가 어렵다는 것은 일반적인 사람들의 하설이다. 聖人에 있어서는 어찌 은미함이 있겠는가? 氣質의 종류는 천차만별 같지 않다. 성인 이하로 道心이 은미한 사람이 있고, 은미한 가운데 더욱 은미한 사람이 있고, 더욱 은미한 가운데 더 더욱 은미한 사람이 있다. 비록 지극히 은미하더라도 끝내는 泯滅될 이치는 없다. 진실로 도심을 확충시킨다면 도리어 위의 성인과 함께 도심이 드러난다. 이것이 주자가 말한 '微者著也'이다. 성인은 은미하게 여기지 않음을 더욱 알 수 있다. 성인은 그 드러난 것을 온전히 하는 사람이다. 학자는 그 드러난

---

63) 황의동,《율곡학의 선구와 후예》, 예문서원, 1999, 212~213쪽.

것을 추구해야 한다. 微에서 著까지 나는 더하거나 덜 수도 없으니 이 것이 과연 은미한 것인가? 理에 나타나지 않음이 없으나 氣 속에 있으므로 은미하게 된다. 叔獻은 "理는 소리나 냄새가 없다."고 했는데, 理가 본래 은미하다고 본 것이다. 公도 또한 드러난 것이 은미하고 작은 것을 말하였지, 은미하고 작게 된 원인을 말하지 않았으니 모두 잘못이 있다. 또 道心의 微著와 人心의 安危는 서로 소멸하면서 성장하고 있다. 人心이 위태로운 것은 道心이 은미하기 때문이다. 道心이 드러나면 人心이 편안하다."⁶⁴⁾

김장생은 스승인 율곡의 人心道心에 대한 견해에 불만을 표하였다. 즉 율곡이 '道心惟微'에 대해 "오직 理는 소리와 냄새가 없다. 은미하고 보기 어려워 微라고 한다. 마치 눈이 어두운 사람이 보면 희미한 것이 더욱 희미해지고, 눈이 밝은 사람이 보면 희미한 것이 뚜렷해진다."고 설명한데 대해, 김장생은 "道心이 나타나는 것은 마치 불이 처음 불붙고 샘물이 처음 흘러나오는 것과 같다. 드러나는 것이 작으므로 은미하여 보기 어렵다. 다스리는 방법을 알지 못하므로 은미한 것은 더욱 은미해진다. 人心을 항상 道心의 명령을 듣도록 한다면 은미한 것이 또렷해진다. 이것이 소위 확충(擴充)이다."라고 비판하였다.⁶⁵⁾

------

64)《龜峯集》, 卷4, 玄繩編上, 〈答希元心經問目書〉: "二說皆未盡. 理本不微. 在氣中故微而難見. 此在衆人說. 在聖則何嘗有微. 氣質之品. 千萬不同. 自聖以下之道心有微者. 有微而又微者. 有又微而又微者. 雖或至微. 而終無泯滅之理. 苟能充之. 還與上聖同其著. 此朱子之所謂微者著也. 聖人之不微. 蓋可知也. 聖人全其著者也. 學者求其著者也. 自微至著. 我無加損. 則是果本微者乎. 莫著乎理. 而以在氣中故微. 叔獻以理無聲臭. 而云理本微. 公亦只言所發之微少. 而不言所以微小之故. 皆有所失. 且道心之微著與人心之安危. 相爲消長. 人心之危者. 道心微. 道心之著者. 人心安."

65)《龜峯集》, 卷4, 玄繩編上, 〈答希元心經問目書〉: "道心惟微. 朱子曰. 微妙而難見. 栗谷先生云. 惟理無聲臭可言. 微而難見. 故曰微. 譬如此遠山. 本微而難見. 目暗人見之. 則微者

이에 대해 구봉은 율곡, 김장생 두 사람의 설이 모두 미진하다고 평가한 것이다. 氣 속에 있으므로 은미(隱微)하여 보기 어렵다는 것은 일반적인 사람들의 학설이라 하고, 성인의 경우에는 어찌 은미함이 있겠느냐고 하였다. 기질은 사람에 따라 다르다는 것이다. 예를 들면 聖人이 하는 道心이 은미한 사람이 있고, 은미한 가운데 더욱 은미한 사람이 있고, 더욱 은미한 가운데 더더욱 은미한 사람이 있다는 것이다. 비록 지극히 은미할지라도 그것이 마침내 없어질 까닭은 없다고 한다. 따라서 진실로 도심을 확충하면 도리어 성인과 같이 도심이 드러난다는 것이다. 이것이 주자가 말한 '미자저야(微者著也)'의 뜻이라는 것이다. 성인의 경우는 은미하게 여기지 않고, 성인은 그 드러난 것을 온전하게 하는 사람이라 하였다. 그러므로 학자는 마땅히 그 드러난 것을 추구해야 한다. 理에 나타나지 않음이 없으나 氣 속에 있기 때문에 은미하게 된다는 것이다.

구봉은 율곡이 理는 소리도 없고 냄새도 없다고 하여 理가 본래 은미하다고 보았고, 또 김장생도 드러난 것이 은미하고 작은 것은 말하였지만, 은미하고 작게 된 이유를 말하지 않았으니 모두 잘못이라고 보았던 것이다.

이런 관점에서 구봉은 도심의 은미하고 드러남과 인심의 편안함과 위태함은 서로 消滅하면서 성장한다고 보았다. 도심과 인심의 관계를 상대적인 소장(消長)의 관계로 본 것이다.[66] 그러므로 인심이 위태로운

　　愈微. 明者見之. 則微者著. 愚見則不然. 道心之發. 如火始然. 如泉始達. 所發者小. 故微而難見. 不知所以治之. 則微者愈微. 使人心常聽命於道心. 則微者著. 所謂擴而充之也."

66) 이병도, 《한국유학사》, 아세아문화사, 1987, 258쪽.
　　김용식, 〈구봉(송익필)의 심성관에 대한 연구〉, 고려대대학원 석사학위논문, 1981, 29쪽.

것은 도심이 은미하기 때문이고, 도심이 드러나면 인심은 편안하게 된
다고 보았다.

　다음 김장생의 질문에 대한 구봉의 답변을 검토해 보기로 하자.

　　"답: 그대가 發할 때를 논한 설은 옳지 않으므로 未發의 경지를 범한
　　듯하다. 叔獻이 人心·道心은 모두 一事에서 드러난다고 말 한 것은
　　무슨 뜻인지 모르겠다. 인심·도심은 다만 一心에서 나타나므로 '雜'이
　　라고 한다. 聲色臭味가 나오므로 人心이라 하고, 仁義禮智가 나오므
　　로 道心이라 한다. 마음을 다스리면 公이 私를 이겨 道心이 주가 되
　　고, 마음을 다스리지 못하면 私가 公을 이겨 人心이 주가 된다. 바뀌
　　어 人慾이 되므로 막을 수가 없다. 지금의 《心經》은 善惡을 없애고
　　다만 道心과 人心이 나타나는 것을 공공연히 말하였을 뿐이다. 어찌
　　이 같은 설을 옳다고 할 수 있겠는가? 또 그대는 叔獻의 인심에서 나
　　타나 도심이 된다고 하는 설을 옳다고 여겼는데 역시 옳지 않다. 人心
　　역시 聖賢도 함께 가지고 있는 마음이다. 무엇 때문에 변하여 道心이
　　되겠는가? 그렇다면 聖人은 人心이 없다는 것인가?"[67]

　김장생은 율곡의 人心이 道心이 될 수도 있고 道心도 人心이 될 수 있
다는 '인심도심상위종시설(人心道心相爲終始說)'에 대해서 인심에서 나

---

67) 《龜峯集》, 卷4, 玄繩編上, 〈答希元心經問目書〉: "吾賢所論發之之時等說不可. 故似犯未發
之境. 叔獻所言二者皆發於一事. 殊不可知. 二者. 只一心之發. 故謂之雜. 聲色臭味之爲.
謂之人心. 仁義禮智之出. 謂之道心. 能治則公勝私而道心爲主. 不能治則私勝公而人心爲
主. 轉爲人慾則莫之禁焉. 今心經則去善惡. 而只公言道心人心之發爾. 何可如此說. 且賢以
叔獻之發於人心而爲道心之說爲可云. 亦不可. 人心. 亦聖賢合有底心. 何必變爲道心也. 然
則聖人無人心耶."

와 도심이 된다는 것은 옳지만, 도심에서 나와 인심이 된다는 것은 온당치 못하다고 하였다. 만약 도심이 바뀌어 인심이 된다면 즉 '인욕(人欲)'이라 하고, 일반적으로 인심을 말할 때는 인욕을 겸해서 말한다고 하였다. 이처럼 사계는 스승의 설에 대해 불만을 표시하고 이를 비판하였다.

이에 대해 구봉은 인심 역시 성현도 함께 가지고 있는데 무엇 때문에 변하여 도심이 되겠느냐 하였다. 만약 그렇다면 성인은 인심이 없다는 말이냐고 반문하였다.

이와 같이 구봉은 율곡의 인심도심상위종시설을 비판할 뿐 아니라, 김장생이 인심의 도심화(道心化)를 인정한데 대해서도 비판하고 있다. 그것은 성현도 중인과 마찬가지로 인심을 가지고 있기 때문이라 하였다.

구봉에게 있어서는 주기론적인 성리학자들처럼 인심을 곧바로 인욕시(人欲視)하는 경향이 보이지 않는다. 즉 인심을 지나치게 도심과 대비하여 인심을 악한 것으로만 보려고 하지 않는다. 바로 인심이란 선악이 섞여 있다고 보았다.[68]

그러면 구봉은 인심과 도심을 어떻게 설명하고 있는가? 위에서 설명한대로 인심도심은 일심(一心)에서 나타나므로 '雜'이라 한다 하였다. 성색취미(聲色臭味)가 나오므로 인심이라 하고, 仁義禮智가 나오므로 도심이라 한다고 한다. 마음을 다스리면 公이 私를 이겨 도심이 主가 되고, 반대로 마음을 다스리지 못하면 私가 公을 이겨 인심이 主가 된다 하였다. 또 인심이 바뀌어 人欲이 되므로 막을 수 없다 하였다.

---

68) 김용식, 〈구봉(송익필)의 심성관에 대한 연구〉, 고려대대학원 석사학위논문, 1981, 30쪽.

이와 같이 인심도심의 개념정립에서 율곡은 '意'를 결부시켜 파악[69]하였으나, 구봉의 경우 意는 '치심(治心)'의 단계에서 논의되어야 할 성질의 것으로 본 듯하다. 치심의 여하에 따라 일심(一心)의 主가 인심 또는 도심일 수 있다고 보았던 것이다.[70]

이렇게 볼 때, 구봉의 인심도심설은 인심과 도심을 상대적인 消長관계로 파악하였고, 인심도심은 일심에서 나오는 것으로 보아서 마음을 다스리느냐 다스리지 못하느냐 하는 치심의 문제로 보았으며, 성현도 인심이 없을 수 없다는 관점에서 구봉은 주자나 율곡과는 달리 도심의 인심화는 물론 인심의 도심화도 반대하고 있다.

이처럼 구봉의 인심도심론은 "인심도심상위소장설(人心道心相爲消長說)"이라 이름 할 수 있는데, 인심을 인욕의 가능성으로 보면서도 중인과 성현까지도 가지고 있는 '인간의 보편심(普遍心)'으로 보고 있는 점에서 주자나 율곡에 비해 보다 더 인심에 대한 긍정적인 견해를 반영한 것이 구봉 인성론의 특징이라고 하겠다.

4. 구봉의 수양론(修養論)

성리학(性理學)은 궁극적으로 '인간되어짐'을 목표로 한다. 이기심성론(理氣心性論)이나 격물치지론(格物致知論)도 모두가 수기(修己)를 위한 한 방편이요, 군자(君子)가 되기 위한 공정이라고 할 수 있다. 구봉의 경우도 수기는 매우 중요한 과제였지만, 이에 관한 전문적인 저술은 보

---

69) 《栗谷全書》, 卷9, 書1, 〈答成浩原, 壬申〉: "蓋人心道心. 兼情意而言也. 不但指情也."
70) 최영성, 《한국유학통사》, 중, 심산, 2006, 123쪽.

이지 않는다. 그의 문집 전반에 보이는 수기론적 언급들을 모아 체계를
세워보고자 한다.

먼저 '직(直)'을 중심으로 구봉의 수기론을 검토해 보기로 하겠다. 구
봉의 직사상은 〈김은자직백설(金檗字直伯說)〉에 잘 나타나 있는데, 구
봉이 사계 김장생의 아들인 은(檗)[71]의 字를 '직백(直伯)'으로 지어 주면
서 쓴 글이다. 원문을 통해 구봉의 直사상을 검토해 보면 다음과 같다.

> "모든 사람의 태어남이 直이다. 直은 하늘이 준 바요 物이 받은 것이
> 다. 이것이 소위 천지사이에 亭亭堂堂하여 상하가 모두 곧은 正理이
> 다. 혹 不直한 것이 있음은 氣稟物欲이 그렇게 시킨 때문이다."[72]

여기서 구봉은 《論語》의 말을 인용하여[73] 백성의 태어남이 直하다고
말한다. 이는 인간은 누구나 이 세상에 태어난 그대로가 곧고 바르고 정
직하다는 언표다. 유학의 성선(性善)을 달리 直이라고 말한 것이라고 볼
수 있다. 구봉에 의하면 直은 하늘이 준 바요 物이 받은 것이다. 이는
《中庸》의 '천명지위성(天命之謂性)'에 대한 해석에서 정이천이 "天이 준
것이 命이요 物이 받은 바가 性이다"[74] 라고 한 말과 같은 맥락이다. 구
봉은 天이 준 것이 直이고 그것을 物이 받은 것이 直이라고 하여, 성명
(性命)과 같은 뜻으로 보았다. 그러므로 直은 천지간에 정정당당하고 위

---

71) 《愼獨齋遺稿》, 卷11, 行狀, 〈皇考沙溪先生行狀〉: "……先妣生不與榮. 卒後四十年乙丑.
追封貞夫人. 生三男三女. 男長檗早夭. 次集持平. 次槃典翰. 女長適監察徐景霈……" 김장
생의 조졸한 맏아들인 金檗이다.

72) 《龜峯集》, 卷3, 〈金檗字直伯說〉: "民之生也直. 直者 天所賦 物所受者也. 此所謂天地之間
亭亭堂堂直上直下之正理也. 有或不直者 氣稟物欲之使然也."

73) 《論語》, 〈雍也篇〉: "人之生也直. 罔之生也 幸而免."

74) 《二程集》, 〈遺書〉, 권19: "性稟於天. 才出於氣."

와 아래가 곧고 바른 正理라고 하였다. 따라서 만약 어떤 것이 '不直' 즉 곧지 못한 것이 있으면 그것은 기품(氣稟)과 물욕(物欲)에 의한 것이라고 보았다.

그러면 直하는 道는 무엇인가? 이에 대한 구봉의 견해를 검토해 보기로 하자.

"直하지 아니하면 道가 드러나지 않는다. 진실로 直하고자 하면 直하는 道는 그것이 蘗에 있지 아니한가? 蘗은 무엇인가? 九容은 그 모습이 直한 것이고, 九思는 그 思가 直한 것이다. 敬以直內는 그 속마음이 直한 것이요, 義以方外는 그 겉 행동이 直한 것이다. 청소하고 應對하는 것으로부터75) 盡心知性에 이르기까지 한 가지 일도 直 아닌 것이 없다. 어린 아이가 항상 보아도 속임이 없는 것이 直의 시작이요, 칠십에 법도에 어긋남이 없는 것이 直의 끝이다."76)

구봉에 의하면 道는 直하지 않으면 드러나지 않고 실현되지 않는다. 이는 마치 《中庸》의 '불성무물(不誠無物)'과도 상통한다. 《中庸》에 의하면 誠은 物의 終始로서 誠이 아니면 物도 없다. 이 때 誠은 진실무망(眞實無妄)으로 참, 진실의 뜻이다.77) 참은 모든 존재가 그것으로 존립할 수 있고 드러날 수 있는 근본이다. 참되지 아니하면 그 어떤 존재도 존

---

75) 《大學章句》, 〈序〉: "人生八歲 則自王公以下 至於庶人之子弟 皆入小學 而敎之以灑掃應對進退之節 禮樂射御書數之文."

76) 《龜峯集》, 卷3, 〈金蘗字直伯說〉: "不直則道不見 苟欲直之 直之之道 其不在蘗乎 蘗之如何九容直其容也. 九思 直其思也. 敬以直內 直其內也. 義以方外 直其外也. 自灑掃應對 以至盡心知性 無一事非直也. 幼子常視毋誑 直於始也. 七十不踰矩 直於終也."

77) 《中庸》제25장: "誠者物之終始. 不誠無物. 是故 君子誠之爲貴." 에 대한 주자의 해석

재로서 성립할 수 없다. 마찬가지로 直은 모든 존재가 그것으로 드러날 수 있고 道가 실현될 수 있는 기반이요 조건이다. 여기서 直은 誠과 상통한다. 곧음은 진실한 것이요 바른 것이요 참된 것이기 때문이다.

구봉은 直의 방법으로 '구용(九容)'과 '구사(九思)'78)를 말한다. 구용은 《禮記》, 〈玉藻篇〉의 '足容重, 手容恭, 目容端, 口容止, 聲容靜, 頭容直, 氣容肅, 立容德, 色容莊'을 말한다. 또 九思는 《論語》〈季氏篇〉의 '視思明, 聽思聰, 色思溫, 貌思恭, 言思忠, 事思敬, 疑思問, 忿思難, 見得思義'를 말한다. 구봉에 의하면 구용은 그 모습이 直한 것이고, 구사는 그 생각이 直한 것이다. 그리고 '경이직내(敬以直內)'는 그 안이 直한 것이고, '의이외방(義以方外)'은79) 그 밖이 直한 것이라 하였다. 청소하고 응대하는 것으로부터 진심지성(盡心知性)에 이르기까지 어느 한 가지 일도 直 아닌 것이 없다. 아울러 어린 아이가 항상 속임이 없는 그 진실함에서 直의 시작을 볼 수 있고, 孔子가 말하는 소위 "칠십에 내 마음이 하고자 하는 바를 좇아서 행동을 해도 법도에 어긋남이 없다"80)는 데서 直의 끝맺음을 알 수 있다 하였다.

여기서 直은 '내직(內直)'과 '외직(外直)'으로 나누어 볼 수 있는데, 내

---

78) 九容: 발의 걸음걸이는 가볍게 올려 옮기지 않으며, 손의 모양은 공손하게 움직여 함부로 느슨하게 하지 않으며, 눈의 시선은 단정하여 곁눈질을 하지 않는다. 또 입의 모양은 함부로 움직이지 않으며, 목소리를 내는데 있어 거만스럽게 헛기침 따위를 하지 않으며, 머리의 모양은 곧게 하여 한쪽으로 비뚤지 않으며, 호흡할 때에는 숨을 쉬지 않는 것처럼 한다. 선 모양은 엄연하여 한 쪽에 치우치지 않으며, 얼굴빛은 엄숙하게 하는 것. 九思: 군자는 9가지의 일을 생각해야 한다는 것으로, 볼 때에는 밝기를 생각하고, 들을 때는 총명하기를 생각하고, 안색은 온화하기를 생각하고, 태도는 공손하기를 생각하고, 말할 때에는 성실하기를 생각하고, 일할 때에는 공경하기를 생각하고, 의심스러울 때에는 묻기를 생각하고, 분할 때는 어려움을 생각하고, 이익을 보면 옳은가를 생각하라는 것이다.

79) 《주역》, 〈坤卦〉, 〈文言〉: "君子敬以直內. 義以方外. 敬義立而德不孤."

80) 《論語》, 〈爲政〉: "七十而從心所欲 不踰矩."

직의 방법으로 구사가 제시되고, 외직의 방법으로 구용이 제시되었던 것이다. 또한 내면의 直은 경(敬)을 통해서, 외면의 直은 의(義)를 통해 이루어진다.

이와 같이 구봉은 직화(直化)의 방법을 '내면의 直化'와 '외면의 直化'로 파악하고 있다. 먼저 '直內'의 측면을 살펴보면, '경이직내'를 근본으로 하여 내면의 상태인 九思가 直할 때 진심지성이 가능하고 호연지기(浩然之氣)가 충만해 질 수 있다고 한다. 또 直外의 측면에서 '의이방외'를 근본으로 하여 행동의 측면인 구용이 直할 때 외면의 直이 실현된다는 것이다.81) 구봉의 직화란 먼저 그 內心을 바르게 하는 直內의 상태와 외면의 행동이 中節한 '直外'의 상태가 실현될 때 直이 가능하다는 것이다.82) 요컨대 內直과 外直은 결코 둘이 아니라 內直의 功效는 外直으로 나타나게 되는 것이다.

또한 구봉은 일원지기(一元之氣)가 直하지 않으면 끊어지고, 호연지기가 直하지 않으면 주리게 된다고 하였다. 군자의 도에서 直을 행하는 것은 참으로 위대하다 하고, 直의 공정은 작게는 《소학》에 갖추어 있고, 크게는 《대학》에서 다 했으니, 希元은 大小二學으로써 날마다 자식을 가르치고자 한다면 이름은 㙨으로써 字는 直伯으로 함이 또한 마땅하지 않겠느냐 하였다.83) 여기서 구봉은 일원지기가 直하지 않으면 단절되고, 호연지기가 直하지 아니하면 말라 시들게 된다고 하여, 直이 일원지기, 호연지기의 존망을 좌우하는 중요한 요소임을 분명히 하였다. 이는

---

81) 김용식, 〈구봉 송익필의 심성관에 대한 연구〉, 고려대학원 석사학위논문, 1981, 36쪽.
82) 김용식, 〈구봉 송익필의 심성관에 대한 연구〉, 고려대학원 석사학위논문, 1981, 37쪽.
83) 《龜峯集》, 卷3, 〈金㙨字直伯說〉: "一元之氣 不直則絶. 浩然之氣 不直則餒 . 直之於君子之道 大矣哉. 直之功程 小而小學書備矣. 大而大學書盡之 希元以大小二學 日敎其子 則名以㙨而字以直伯 不亦宜乎."

맹자가 호연지기를 설명하면서 "直으로써 길러 해침이 없으면 천지의 사이에 꽉 차고, 그 氣의 됨은 義와 道를 짝하니, 이 도의가 없으면 주리게 되고 시들어 말라 버린다."[84]고 한 말과 상통한다.

구봉은 直의 공정은 작게는 《소학》에 갖추어 있고 크게는 《대학》에서 다 했으니, 이 두 책으로써 날마다 자식을 훈육할 것을 사계에게 당부하였다. 이렇게 볼 때, 구봉사상의 요체는 直의 체현에 있다. 구봉이 자신의 신명뿐만 아니라 일족의 생사를 방기(放棄)하면서 고수한 것이 바로 直의 실천이다.[85]

후일 김장생, 송시열을 거쳐 강조되어 전승된 直의 이념은 구봉에게서 연원하는 것이라고 볼 수 있다.[86] 구봉의 사상적 핵심은 直의 체현인데, 내적으로는 直心을, 외적으로는 直行으로 발현하는 것을 좌표로 삼는다. '直心', '直言', '直行'으로 일관된 구봉의 생활철학은 禮라고 집약할 수 있다.[87] 이처럼 구봉의 예학적 바탕이 되는 直의 사상은 김장생에게 전승되어 기호예학(畿湖禮學)으로 전개되었던 것이다.

다음은 구봉의 욕망관(欲望觀)을 중심으로 그의 수기론을 검토해 보기로 하겠다. 수기에 있어 욕망에 대한 이해는 매우 중요하다. 동서양의 많은 사상과 종교가 저마다 수기론을 말하고 마음공부를 말하는데, 그

---

84) 《孟子》, 〈公孫丑上〉: "其爲氣也. 至大至剛 以直養而無害 則塞于天地之間 其爲氣也. 配義 與道 無是餒也."

85) 배상현, 〈구봉송익필과 그 사상에 대한 연구〉, 동국대학교 경주대학, 《논문집 제1집》, 1982, 20~21쪽.

86) 김문준, 〈기호유학에서의 우암송시열의 위상〉, 충남대학교 유학연구소, 《유학연구》제16집, 2007, 203쪽에서 김문준은 孔孟과 朱子를 이어 直의 철학을 수립한 송익필의 사상은 김장생에게 전수되었고, 直을 이어받은 김장생은 마음을 세우는 요체로 삼았으며, 이러한 直의 정신은 송시열에게 전수되었다고 말하고 있다.

87) 배상현, 〈조선조 기호학파의 예학사상에 관한 연구〉, 고려대대학원 박사학위논문, 1991, 76쪽.

핵심적 과제는 '욕망'에 대한 입장이다. 이제 구봉의 욕망관을 통해 그의 수기론을 살펴보면 다음과 같다.

"人欲을 영원히 끊는 것도 또한 異術입니다. 우리 儒者들의 합리적인 일이 아닙니다. 天理대로 움직일 수 없다면 形氣에서 나오는 욕망은 따르고, 胸臆에서 나오는 욕망은 제거한다면 합리적인 듯합니다. 食은 또한 色과 같습니다. 食 또한 억지로 노력하는 것이 아니라 알맞게 되는대로 맡겨둘 따름입니다. 걱정은 부족한 곳에 있지 않고 많은 곳에 있습니다."88)

이 글은 구봉의 욕망관을 알 수 있는 매우 중요한 글이다. 여기서 구봉은 인욕을 영원히 끊는 것은 이술, 즉 이단의 방법론으로 우리 儒家의 합리적인 방법은 아니라고 하였다. 즉 '禁欲', '絶欲'은 유가의 방법론은 아니고 저 노장이나 불교의 방법론으로서 옳지 않다는 것이다.

유가는 본래 인간의 순수욕구 그 자체는 善하다고 보았다. 즉 맹자는 "가히 하고 싶은 것은 善"89)이라 하였고, 주자는 "사람이 배고파 먹고 마시는 것은 天理요, 보다 맛있는 것을 요구하는 것은 人欲"90)이라 하였다. 율곡은 맹자의 말을 인용하여 "형색은 天性이라 하고, 인심 또한 어찌 불선함이 있겠느냐"91)고 말하였으며, 또 "聖人의 혈기는 보통 사람

---

88) 《龜峯集》, 卷4-23, 玄繩編上, 〈與浩原書〉: "天理人慾分界. 亦甚分明. 而未能一任天理. 可畏也已. 且永斷. 亦異術也. 非吾儒合理事也. 旣不能動以天理. 則慾之出於形氣者從之. 慾之生於胸臆者克去. 庶乎合理. 食亦同色. 食亦不須勉加. 任其適宜而已. 患不在不足而在於多."

89) 《孟子》, 〈盡心 下〉: "孟子曰 可欲之謂善."

90) 《朱子語類》, 卷13: "曰飮食者 天理. 要求美味 人欲也."

91) 《栗谷全書》, 卷10, 書2, 〈答成浩原〉: "夫形色天性也. 人心亦豈不善乎."

들과 같을 뿐이며, 성인도 주리면 먹고 목마르면 마시므로 성인도 인심이 없을 수 없다"[92]고 하였다.

그런데 맹자는 마음을 기르는 방법으로 '과욕(寡欲)'보다 더 좋은 것은 없다고 하였다.[93] 과욕이란 욕심, 욕망을 적게 하라는 말로 욕구의 알맞은 절제를 의미한다. 도가나 불교에서 욕망을 끊으라고 한다든지 욕망을 금지하여 절욕(絶欲), 금욕(禁欲)을 말하는 것과는 다르다. 유학은 욕망 그 자체를 惡으로 보지 않는다. 오히려 生의 활력으로 보기도 한다.[94] 다만 지나친 욕구와 욕망은 악으로 갈수 밖에 없으므로 절제가 반드시 필요하다고 보는 것이다.

따라서 구봉은 天理대로 움직일 수 없다면 '형기(形氣)'에서 나오는 욕망은 따르고, 다만 '흉억(胸臆)'에서 나오는 욕망을 제거한다면 그것이 현실적으로 합리적인 修己가 될 것이라 하였다. 이는 구봉이 매우 현실적 입장에서 욕망의 문제를 접근한 것으로 어떤 어려움이 있더라도 天理를 지켜야 한다고 주장하는 主理的 수기론과는 구별되는 것이다. 구봉은 현실적으로 온전하게 天理대로 살 수 없을 바에는 차라리 形氣에서 나오는 욕망은 좇고, 사사로운 마음에서 생기는 욕망만은 절제하는 것이 합리적인 수기의 방법이라고 보았다. 이런 맥락에서 먹는 것, 異性에 대한 욕망의 경우에도 억지로 노력하는 것보다 알맞게 되는대로 맡겨두는 것이 좋다고 하였다. 문제는 부족한데 있는 것이 아니라 지나친데 있다고 보았다.

---

92) 《栗谷全書》, 卷10, 書2, 〈答成浩原〉: "聖人之血氣 與人同耳. 飢欲食 渴欲飮....故聖人不能無人心."

93) 《孟子》, 〈盡心 下〉: "養心 莫善於寡欲."

94) 《與猶堂全書》, 2卷, 39章, 〈心性總義〉: "按吾人靈體之內 本有願欲一端. 若無此欲心 卽天下萬事 都無可做."

여기서 구봉이 욕망의 문제를 억지로 노력하는 방법이 아니라 '알맞게 되는대로 맡겨둔다'고 한 것은 시사하는 바가 매우 크다.[95] 이는 인위적인 욕망의 절제보다는 인간의 자연스런 감정과 욕구의 조절을 이상적인 수기론으로 본 것이라고 할 수 있다. 이러한 구봉의 수기론은 매우 현실적인 것으로 天理의 높은 경지만을 쳐다보다 가깝고 쉬운 작은 욕망의 절제 하나도 못하는 이상론의 허구를 반성하는데 의미가 있다.

儒家는 사실 지나친 도덕주의 내지 이상론으로 치달아 실천의 측면에서 보면 오히려 관념과 명분에 흐른 감이 없지 않다. 이 같은 관점에서 구봉의 이러한 욕망관과 수기론은 매우 현실적 접근방법이며, 보다 솔직한 인간의 지평에서 욕망의 해법을 찾은 것이라 할 수 있다.

이에 연관하여 구봉의 君子論을 통해 天道에 좇아 자족(自足)하는 그의 실천적 修己의 경지를 살펴보기로 하겠다. 구봉은 어려서부터 詩에 뛰어났는데,[96] 〈낙천(樂天)〉이라는 詩에서 다음과 같이 天道에의 自足한 경지를 읊고 있다.

---

95) 구봉문집의 현승편 후미에서 계곡장유는 구봉의 의론들에 대하여 이 역시 명언이라 하여 높게 평하고 있다.(《龜峯先生集》, 卷之十, 〈附錄〉, 〈書宋龜峯玄繩編後谿谷張維〉: "又曰. 欲之生於形氣者從之. 生於胸臆者去之. 亦好. 又曰. 食亦同色. 患不在不足. 而在於多. 此亦名言. 大抵觀此等議論. 此老胸襟. 殊不草草.")

96) 강구율은 구봉 송익필 한시의 시풍적 특징은 盛唐의 情調와 宋詩의 理趣를 겸하고 있는데, 특히 盛唐에서 李白의 시풍과 宋시풍에서 성리학적 도학적기풍이 강한 濂洛풍의 시를 겸하고 있다고 보았다.(강구율, 〈구봉송익필의 시세계와 시풍연구〉, 경북대학교 박사학위논문, 2000, 174~176쪽)

《象村稿》, 卷36, 題跋 四十九首, 〈書龜峯詩後〉: "所謂一唱三嘆而有遺音者也. 才高而意曠. 趣逸而調絶. 出於性情而不侈以文也. 根於天得而不絢以色也. 紓乎其餘也. 泰乎其放也. 和平寬博之旨. 不失於羈窮流竄之際. 優游涵泳之樂. 自適於風花雪月之間. 其庶乎安時處順. 哀樂不能入者矣. 竹西云. 才取盛唐故其響淸. 義取擊壤故其辭理."

《梅泉集》, 卷四, 詩, 丁未稿, 〈讀國朝諸家詩〉: "白首欸奇黨籍中. 十年關塞感萍蓬. 宋儒理窟唐詩調. 屈指東方有此翁. 〈龜峯〉"

"오직 天은 지극히 仁하여 天은 본래 私가 없네. 天에 따르는 자는 편안하고 天에 거역하는 자는 위태롭네. 고질병과 福祿은 天理 아님이 없으니, 이것을 근심하면 小人이고 이것을 즐기면 君子라네. 군자는 즐거움이 있으니, 깊숙한 곳에서도 부끄러울 것 없이 몸을 닦고 기다릴 뿐이니, 의심도 하지 않고 꺾이지도 않는다네. 내게 더할 것도 덜 것도 없으니, 天이 어찌 후하고 박하리오? 誠을 간직하고 天을 즐겨 구부리고 우러름에 부끄러움이 없게 하리."97)

이처럼 구봉은 天은 지극히 仁하여 사사로움이 없다고 한다. 그래서 天道에 순응하는 자는 편안하고 이를 어기는 자는 위태롭다고 한다. 군자는 天理로서의 길흉화복을 즐기지만, 소인은 길흉화복을 욕심내고 이를 얻지 못할까 걱정한다. 군자는 天道를 즐기니 자신의 노력에 최선을 다하고 운명을 기다릴 뿐이다. 그러므로 君子는 항상 誠을 간직하고 天道를 즐겨 하늘을 우러러도 부끄러움이 없고 땅에 굽어도 부끄러움이 없이 당당하게 살아야 하는 것이다.

다음은 구봉의 〈天〉이라는 시인데, 군자가 天道를 즐기는 修己의 경지가 잘 드러나고 있다.

"군자와 소인은 오직 같은 하늘을 이고 살건만, 군자는 또 군자가 되어 만고에 똑같은 하늘로 여기네. 소인은 하늘을 천 만 개로 여겨서 하늘을 하나하나 사사로이 여기기에, 사사롭게 하려 하다 끝내 얻지 못하

---

97)《龜峯集》, 卷1, 賦 詩上, 〈樂天〉: "惟天至仁 天本無私. 順天者安 逆天者危. 痼癢福祿 莫非天理. 憂是小人 樂是君子. 君子有樂 不愧屋漏 修身以俟. 不貳不天 我無加損. 天豈厚薄 存誠樂天 俯仰無怍."

면, 도리어 그 하늘을 속이려 하네. 하늘을 속이려도 하늘 아니 속으니, 하늘을 우러르다 도리어 원망하나, 사심이 없는 것이 군자의 하늘이고, 지극히 공평함도 군자의 하늘이네. 곤궁해도 그 하늘 잃지 않고 영달해도 그 하늘 어기지 않아, 잠시도 하늘을 떠나지 아니하니, 그러므로 하늘을 섬길 수가 있노라. 듣고 또 공경하여 生死간에 오직 그 하늘뿐이니, 이미 나의 하늘을 즐길 수가 있다면, 남들과도 함께 하늘을 즐기리라."98)

구봉은 군자의 天과 소인의 天을 구분해 말한다. 군자는 私心없이 하늘을 대하고 天의 공평무사(公平無私)함을 믿는다. 그러므로 곤궁해도 그 하늘을 잃지 않고 영달해도 그 하늘을 어기지 않아 잠시도 그 하늘을 떠나지 않으며 섬긴다. 그러나 소인은 하늘을 사사롭게 여겨 내 것으로 여긴다. 하늘을 얻지 못하면 하늘을 속이려 하고 하늘을 원망하기까지 한다. 여기서 구봉은 天道를 믿고 天道에 순응하여 스스로 만족하는 수양의 경지를 보여주고 있다.

이어서 구봉의 〈족부족(足不足)〉이라는 시를 통해 자족(自足)과 안분(安分)의 마음공부를 살펴보면,

"군자는 어찌 길이 스스로 만족하고, 소인은 어찌하여 길이 부족해 하나? 부족해도 족해 하면 항상 여유가 있으나, 족한데도 부족해 하면 늘 부족하다네. 즐거움이 남음이 있으면 부족함이 없게 되나, 부족함을

<hr />

98) 《龜峯集》, 卷1, 賦 詩上, 〈天〉: "君子與小人 所戴惟此天. 君子又君子 萬古同一天. 小人千萬天 一一私其天. 欲私竟不得 反欲欺其天. 欺天天不欺 仰天還怨天. 無心君子天 至公君子天. 窮不失其天 達不違其天. 斯須不離天 所以能事天. 聽之又敬之 生死惟其天. 旣能樂我天 與人同樂天."

걱정하면 언제나 足하리오? 安時處順하면 다시 무슨 걱정이랴만, 하늘을 원망하고 남을 탓하면 부족함을 슬퍼하리. 내게 있는 것을 구하면 부족함이 없을 것이나, 밖에 있는 것을 구하니 어떻게 足하리오?"99)

구봉은 군자와 소인의 다름을 족(足), 부족(不足)에서 찾았다. 부족해도 족할 줄 알면 항상 여유가 있으니 이가 곧 군자요, 족해도 부족하다고 여기면 항상 부족해 불만이니 이가 곧 소인이다. '안시처순(安時處順)'100)하면 문제가 없지만, 부족함을 하늘을 원망하고 남을 탓한다면 참으로 슬픈 일이다. 내 자신 속에 있는 것을 구하면 부족함이 없지만, 밖에 있는 것을 구하니 만족할 수 없는 것이다.

이상의 詩를 통해 구봉이 그리는 天道에 순응하여 안분자족하는 군자의 修己를 짐작해 보았다. 인간 본래의 욕구욕망이나 물질적 욕심에서 벗어나 천도를 즐기며 안시처순하는 군자의 경지에서 구봉의 수기론을 읽을 수 있다.

이렇게 볼 때, 구봉의 수기론은 程·朱의 수기론에서 크게 벗어나지 않는다. 무엇보다 체계적인 수기론이 보이지 않는 아쉬움이 있지만, 直化의 수기론, 구봉의 욕망관의 수기론을 통해 그의 수양과 공부에 대한

---

99) 《龜峯集》, 卷1, 賦 詩上, 〈足不足〉: "君子如何長自足 小人如何長不足. 不足之足每有餘 足而不足常不足. 樂在有餘無不足 憂在不足何時足. 安時處順更何憂 怨天尤人悲不足. 求在我者無不足 求在外者何能足."

100) 《莊子》, 〈養生主〉에 "마침 그때에 태어난 것은 선생이 올 때가 되었기 때문이요, 마침 이때에 세상을 떠난 것은 선생이 갈 때가 된 것이니 도리상 순응해야 할 일이다. 자기에게 닥친 시운을 편안히 여기고서 그 도리를 이해하여 순순히 받아들인다면, 슬프고 기쁜 따위의 감정이 들어올 수 없을 것이다.(適來 夫子時也. 適去 夫子順也. 安時而處順. 哀樂不能入也.)"라는 말이 나온다.

견해를 어느 정도 짐작할 수 있다.

특히 그가 〈김은자직백설〉이라는 작은 글에서 밝힌 直에 대한 이론은 매우 중요한 의미를 갖는다. 물론 대부분의 선행 연구자들이 이 直을 禮와 연관하여 구봉의 중핵적 사상으로 특성화하고, 이 直사상이 김장생, 송시열로 전승되어 기호예학을 창출 전개했다고 높이 평가하고 있다.101) 〈김은자직백설〉속에 담긴 直에 대한 구봉의 설명은 매우 논리정연하고 철학적으로도 의미가 크다.

5. 結語

이상에서 구봉의 성리학을 이기론, 심성론, 수양론으로 나누어 살펴보았는데, 이를 요약 정리함으로써 결론을 삼고자 한다.

구봉의 이기관(理氣觀)을 보면 그는 理 없는 氣도 없고 氣 없는 理도 없다고 하여, 이 세계가 이기의 유기적 구조임을 분명히 하였다. 이는 구봉이 程·朱와 마찬가지로 이 세계가 형이상자로서의 理와 형이하자로서의 氣로 이루어진 세계임을 말한 것이다. 구봉은 율곡과 같이 理의 발용을 반대하고, 理는 그 스스로는 동정하지 않지만 氣의 동정을 주재하고 그 원인이 되는 것이라고 보았다.

구봉의 이기론은 주자의 설이나 道友 율곡의 설과 크게 다르지 않다.

---

101) 배상현, 〈龜峯 宋翼弼과 그 思想에 대한 研究〉, 동국대학교 경주대학, 《논문집 제1집》, 1982, 21쪽.
최영성, 《한국유학통사》, 中, 심산, 2006, 126쪽.
김문준, 〈기호유학에서의 우암송시열의 위상〉, 충남대학교유학연구소, 《유학연구》제16집, 2007, 203쪽.

이 세계를 이기이원의 존재관으로 본다든지, 형이상자인 理와 형이하자인 氣의 유기적 세계로 인식한 것이라든지, 이기에 대한 개념과 관계에 대한 설명 등에서도 거의 같다고 볼 수 있다. 더욱이 이기의 관계를 하나이면서 둘이요 둘이면서 하나의 관계 즉 '一而二 二而一'의 관계로 본 것도 마찬가지이다.

구봉의 사단칠정에 대한 견해를 검토해 보면, 구봉은 사단은 理에서 發하고 칠정은 氣에서 發한다는 퇴계의 호발설(互發說)은 매우 온당치 못하다고 하여, 구봉도 율곡과 같이 퇴계의 이기호발설에 반대하고 있음을 알 수 있다.

또한 구봉은 사단과 칠정이 어찌 '理氣의 發'이 아니겠느냐고 하였는데, 이는 구봉의 사단칠정론의 가장 중요한 의미를 갖는다. 물론 위에서 퇴계의 호발설을 분명히 반대한 것으로 보면, 구봉이 '사단칠정이 모두 理氣의 發'이라고 한 것이 퇴계 호발의 의미와는 다른 것임은 분명하다. 즉 구봉이 理의 發과 氣의 發을 주장한 것이 결코 아님을 알 수 있다. 특히 율곡에 의해 많은 논란을 불러 왔던 理의 發을 구봉도 인정하고 있지 않음을 알 수 있다. 구봉은 사단은 情의 한 쪽만을 말한 것이고, 칠정은 情의 전체로 말한 것이라 하여, 율곡과 같이 칠정 속에서 사단을 보고 있다고 볼 수 있다. 즉 인간의 전체적인 情을 통틀어 말하면 칠정이지만, 그 가운데 善한 정만을 가리켜 말하면 사단이라는 것이다. 아울러 사단은 주로 理 一邊으로 한 쪽만을 말한 것이라면, 칠정은 이기를 겸하여 전체를 말한 것이라 하였다.

그러나 구봉이 사단을 理 一邊이라 했다 해서 사단을 氣가 배제된 理만으로 보는 것은 결코 아니다. 사단이나 칠정 모두가 이기를 겸한다. 그것은 情 자체가 이기를 함께 하기 때문이다. 따라서 구봉이 사단과 칠정을 모두 이기의 發이라고 한 의미는 이기가 떨어질 수 없는 하나의 情이지만 사단은 理가 주가 되어 발현된 것이고, 칠정은 氣가 주가 되어 발현된 것이라는 의미로 해석된다. 따라서 구봉이 사용한 發의 의미는 퇴계가 사용한 發과는 다르게 보아야 할 것 같다.

왜냐하면 근본적으로 구봉은 퇴계의 호발설을 부정하고 있기 때문이다. 또 퇴계처럼 근원처에서부터 主理, 主氣의 發을 말하지 않고 구봉은 理氣妙合을 전제로 發하는 것은 氣요, 發하게 하는 所以는 理라고 본다. 다만 이 때 그 드러나는 사단의 情은 理의 드러남이요, 칠정은 氣의 드러남이라고 본 것이라 생각된다. 즉 구봉의 理氣之發의 發은 '性發爲情'의 發이 아닌가 해석된다. 이렇게 볼 때, 구봉의 理氣之發은 牛溪의 理氣一發과 같은 의미로 보아야 되지 않는가 생각된다. 다만 문제는 구봉의 이에 대한 구체적인 설명이 미흡하다는 점에서 性理 해석의 어려움이 있고, 구봉의 진의가 무엇인지 분명한 이해가 어렵다.

그런데, 대부분의 선행연구들이 구봉의 '理氣之發'을 高峰의 '理氣共發'과 같은 것으로 보고 있는데, 이는 재고의 여지가 있다. 高峰은 '理의 發이란 다름 아닌 氣가 理를 따라 發하여 털끝만큼의 막힘도 없는 것'이라 하였다. 理氣가 분리될 수 없는 하나의 관계 속에서 氣가 理의 주재에 따라 조금도 막힘없이 順理로 發하는 것을 '理發'이라 했던 것이다. 따라서 高峰이 말하는 '理發'이란 退溪式의 '理發'이 아니다. 그러므로 구봉 송익필의 학설을 高峰이 주장한 '理氣共發說'과 같다고 말하는 것은 옳지 않다.

다음은 구봉의 인심도심설을 정리해 보기로 하겠다. 구봉은 도심의 은미하고 드러남과 인심의 편안함과 위태함은 서로 소멸하면서 성장한다고 보았다. 도심과 인심의 관계를 상대적인 소장(消長)의 관계로 본 것으로 구봉의 '인심도심상위소장설'이라 이름 할 수 있다. 그러므로 인심이 위태로운 것은 도심이 은미하기 때문이고, 도심이 드러나면 인심은 편안하게 된다고 보았다. 또한 구봉은 율곡의 '인심도심상위종시설'을 비판할 뿐 아니라, 김장생이 '人心의 道心化'를 인정한데 대해서도 비판하였다. 그것은 성현도 중인과 마찬가지로 인심을 가지고 있기 때문이라 하였다. 구봉에게 있어서는 주기론적 성리학자들처럼 人心을 곧바로 人欲視하는 경향이 보이지 않는다. 즉 인심을 지나치게 도심과 대비하여 인심을 악한 것으로만 보려고 하지 않는다. 바로 인심이란 선악이 섞여 있다고 보았던 것이다.

다음으로 구봉의 수양론을 요약해 보면, 구봉 수양론의 중핵적 과제가 '直'이다. 이 直의 사상은 그의 〈김은자직백설〉에 잘 나타나 있는데, 구봉이 김장생의 장남인 은(隱)의 字를 '직백(直伯)'으로 지어 주면서 쓴 글이다.

구봉은 天이 준 것이 直이고 그것을 物이 받은 것이 直이라고 하여, 性命과 같은 뜻으로 보았다. 그러므로 直은 천지간에 정정당당하고 위와 아래가 곧고 바른 正理라고 하였다. 따라서 만약 어떤 것이 不直 즉 곧지 못한 것이 있으면 그것은 기품과 물욕에 의한 것이라고 보았다. 구봉에 의하면 道는 直하지 않으면 드러나지 않고 실현되지 않는다. 直은 모든 존재가 그것으로 드러날 수 있고 道가 실현될 수 있는 기반이요 조건이다. 여기서 直은 誠과 상통한다. 곧음은 진실한 것이요 바른 것이요 참된 것이기 때문이다. 구봉은 直의 방법으로 '구용'과 '구사'를 말한다. 구용은 그 모습이 直한 것이고, 구사는 그 생각이 直한 것이다. 그리고 '경이직내'는 그 안이 直한 것이고, '의이방외'는 그 밖이 直한 것이라 하였다. 청소하고 응대하는 것으로부터 진심지성에 이르기까지 어느 한

가지 일도 直 아닌 것이 없다. 이와 같이 直은 '內直'과 '外直'으로 나누어 볼 수 있는데, 내직의 방법으로 구사가 제시되고, 외직의 방법으로 구용이 제시되었던 것이다. 또한 내면의 直은 敬을 통해서, 외면의 直은 義를 통해 이루어진다. 또한 구봉은 일원지기가 直하지 않으면 끊어지고, 호연지기가 直하지 않으면 주리게 된다 하였다. 군자의 도에서 直을 행하는 것은 참으로 위대하다 하고, 直의 공정은 작게는 소학 책에 갖추어 있다 하였다. 후일 김장생, 송시열을 거쳐 강조되어 전승된 直의 이념은 구봉에게서 연원하는 것이고, 또 이 直이 기호예학의 이념적 기초가 되었다.

끝으로 구봉의 욕망관을 통해 그의 수기적 입장을 정리해 보겠다. 구봉은 인욕을 영원히 끊는 것은 이술, 즉 이단의 방법론으로 우리 儒家의 합리적인 방법은 아니라고 하였다. 즉 금욕, 절욕은 유가의 방법론은 아니고 저 도가나 불교의 방법론으로서 옳지 않다는 것이다. 구봉은 天理대로 움직일 수 없다면 形氣에서 나오는 욕망은 따르고, 다만 흉억에서 나오는 욕망을 제거한다면 그것이 현실적으로 합리적인 수기가 될 것이라 하였다. 이는 구봉이 매우 현실적 입장에서 욕망의 문제를 접근한 것으로 어떤 어려움이 있더라도 天理를 지켜야 한다고 주장하는 主理的 수기론과는 구별되는 것이다. 구봉은 현실적으로 온전하게 天理대로 살 수 없을 바에는 차라리 形氣에서 나오는 욕망은 좇고, 사사로운 마음에서 생기는 욕망만은 절제하는 것이 합리적인 수기의 방법이라고 보았다.

또한 〈樂天〉, 〈天〉이라는 詩를 통해 天道에의 自足한 수양의 경지를 볼 수 있다. 구봉은 天은 지극히 仁하여 사사로움이 없다고 한다. 그래서 天道에 순응하는 자는 편안하고 이를 어기는 자는 위태롭다고 한다.

君子는 항상 誠을 간직하고 天道를 즐겨 하늘을 우러러도 부끄러움이 없고, 땅에 굽어도 부끄러움이 없이 당당하게 살아야 하는 것이다. 구봉에 의하면 군자는 私心없이 하늘을 대하고 天의 公平無私함을 믿는다. 그러므로 곤궁해도 그 하늘을 잃지 않고, 영달해도 그 하늘을 어기지 않아 잠시도 그 하늘을 떠나지 않아 섬긴다. 그러나 小人은 하늘을 사사롭게 여겨 내 것으로 여긴다. 하늘을 얻지 못하면 하늘을 속이려 하고 하늘을 원망하기까지 한다. 여기서 구봉은 天道를 믿고 天道에 순응하여 스스로 만족하는 수양의 경지를 보여주고 있다.

구봉은 또 〈足不足〉이라는 詩를 통해 自足과 安分의 마음공부를 강조하였다. 구봉은 君子와 小人의 다름을 足, 不足에서 찾았다. 부족해도 족할 줄 알면 항상 여유가 있으니 이가 곧 군자요, 족해도 부족하다고 여기면 항상 부족해서 불만이니 이가 곧 소인이다. 安時處順하면 문제가 없지만, 부족함을 하늘과 남을 원망한다면 참으로 슬픈 일이다. 내 자신속에 있는 것을 구하면 부족함이 없지만, 밖에 있는 것을 구하니 만족할수 없는 것이다.

이상에서 살펴본바, 구봉의 성리학은 대체로 程·朱의 입장을 따르고 있다고 볼 수 있고, 또 그의 性理에 대한 해박하고 정밀한 식견을 짐작할 수 있다. 다만 사단칠정을 설명하면서 理氣의 發을 주장한 입장과, 인심도심설에서 율곡과 견해를 달리하여 "인심도심상위소장설"을 주장한 점과, 수양론에서 보이는 현실적인 욕망관, 直化의 修己체계, 自足의 修己論 등은 구봉 송익필 철학의 思想的 특성을 보여주는 것이라 하겠다. 또한 이는 기존의 한국 성리학에 대한 관념적이고 비현실적이라는 인식에서 벗어나 유가 본래의 현실적이면서 인간다움의 학문이라는 본

질성에 한걸음 더 다가서 있는 구봉 송익필의 철학사상이라는 점에서
한국 성리학에 대한 이해의 폭을 넓힐 수 있는 계기가 되며, 그 현대적
의의는 자못 크다고 하겠다.

구봉 송익필의 경세사상[1]

이영자[2]

1. 들어가는 말
2. 사상적 배경
3. 경세사상
4. 나오는 말

1. 들어가는 말

구봉(龜峯) 송익필(宋翼弼, 1534~1599)은 성리학과 예학은 물론 문장으로 널리 알려져 사림의 존경을 받은 인물이다. 송익필이 활동한 16세기는 국가의 문물제도 정비로 학문과 문화적으로는 비교적으로 안정된 시기였다. 그러나 사회적으로는 신분제 확립으로 인한 서얼의 차별이 더욱 심화되던 시기였다. 때마침 부친 송사련(宋祀連, 1496~1575)이 부당하게 안당(安瑭, 1461~1521)을 고변한 대가로 작록을 얻어 번창하였다가, 후에 안당가의 무고가 밝혀짐에 따라 부친은 관직이 삭탈되고, 송익필은 종모법(從母法)에 따라 서얼신세로 전락하였다. 서얼 출신은 아

1) 이 글은 구봉문화학술원 정기학술대회(2018년 9월 7일, 충남대 인문대학 문원강당)에서 발표하고, 한국철학사연구회,《한국철학논집》Vol. 59호, 2018에 게재 되었다.
2) 한밭대학교 교수

구봉 송익필의 경세사상 85

무리 뛰어나도 입신할 수 없었던 신분제의 한계로 그는 평생 출사할 수 없었다. 그러나 그는 이러한 사회적, 가정적 제약에도 학문과 인품으로 크게 성취하고 널리 인정받는 삶을 살았다.3)

이것은 송강(松江) 정철(鄭澈, 1536~1593)의 평가에서 확인할 수 있다. 정철은 그의 아들 정홍명(鄭弘溟, 1582~1650)에게 송익필에게 취학케 하는 이유를 다음과 같이 밝히고 있다.

> 지금 너를 송익필의 글방에 취학시키고자 한다. 그는 반드시 《근사록(近思錄)》으로 학문을 권하는 사람인데, 어찌 공연히 그러겠느냐? 장차 사람이 되는 이치의 까닭을 강론해서 너로 하여금 착한 사람이 되게 하고자 하는 것이다. 얼마간의 버슬과 이익을 생각하며 과거공부에 힘써서 이를 성취하고자 한다면 내가 하필 너를 송익필의 문하에서 배우도록 권하겠으며, 송익필 또한 어찌 네게 의리의 학문을 힘써 권하겠느냐? 너는 이 애비가 너의 스승을 특별히 선택한 뜻이 어디에 있는가를 잘 생각하고 너의 스승이 선도하는 바의 진실됨을 그대로 본받으며, 오직 매일 사람이 되는 이치의 까닭을 명백하게 강구하고 그 밖의 다른 것은 생각함이 없도록 하여라. 스승으로 다른 사람을 구함도 없이, 일체의 옛것을 배움으로써 어진 사람이 되는 것을 자기의 임무로 삼고 바란다면 역시 유쾌하지 않겠느냐?4)

3) 이상미, 〈송구봉의 삶과 시세계〉, 《한문고전연구》, 한국한문고전학회, 2000, 175~178쪽.

4) 《松江原集》, 卷2, 雜著, 〈戒子帖〉: "今汝之遊宋塾也 宋必以近思錄勸學者 豈徒然哉 將以講夫所以爲人之理 而使汝爲善人也 若干祿蹈利是念 而專心擧業 致力纂組 則余何必勸汝遊宋之門 而宋亦豈強汝以義理之學乎 爾其念汝父所以擇師之意 體汝師所以善導之誠 惟日講明於所以爲人之理 而無慕乎外 無求乎人 一切以學古希賢爲己任 不亦快哉."

이와 같이 송익필의 인품과 학문지향은 출세를 위한 위인지학(爲人之學)이 아닌 인의(仁義)를 바탕으로 한 수양을 중시하는 위기지학(爲己之學)에 있음을 알 수 있다. 정철은 송익필의 이러한 면모를 높이 사고, 그의 아들에게도 이를 적극적으로 배울 것을 권면하였던 것이다.

물론 송익필도 어려서부터 부친 송사련의 적극적인 지원으로 성현을 목표로 한 수기치인을 유학자의 사명(使命)이자 본령(本領)이라 여기고 학문에 매진하였다. 그는 특히《소학(小學)》을 통해 수신의 대법을 익히고,《근사록》을 통해 도학의 의리를 체득하였으며, 과업에도 힘써 치인할 수 있는 바탕을 마련하였다. 그러나 가정환경과 신분상의 한계로 이미 27세에 김장생을 제자로 받는 등5) 저술과 후진양성, 의리 중심의 수신에만 매진하였던 것이다.

정철 외에도 송익필의 절친한 도우(道友)가 율곡(栗谷) 이이(李珥, 1536~1584), 우계(牛溪) 성혼(成渾, 1535~1598) 등이며, 그 제자가 김장생(金長生, 1548~1631), 김집(金集, 1574~1656) 부자뿐만 아니라, 승평부원군(昇平府院君)을 지낸 김류(金瑬, 1571~1648) 등이었다는 것은 그의 인품과 학문 위상을 짐작케 한다. 그밖에도 그는 서기(徐起, 1523~1591), 이지함(李之菡, 1517~1578), 김계휘(金繼輝, 1526~1582), 이산보(李山甫, 1539~1594), 홍가신(洪可臣, 1541~1615), 안민학(安敏學, 1542~1601) 등과도 교류하였다.

더불어 송익필은 신분적 한계로 치인에 대한 염원, 자기 정체성과 신념에 대한 심각한 회의와 갈등, 그리고 그 격정을 시를 통해 표출하였다. 특히 이러한 치인의 가능성이 원천적으로 불가능한 현실을 인식하고 다시 수기의 세계로 나아가 한 차원 높게 자신을 승화시킨 측면을 그

---

5)《沙溪遺稿》, 卷57,〈年譜〉

의 시문(詩文) 속에 잘 형상화하여 조선시대 8대 문장가로 칭해진다.6)

그는 비록 출사하지는 못했지만 누구보다 수기치인(修己治人)을 통한 왕도정치(王道政治)의 실현에 대한 염원이 강하였다. 왕도정치의 실현에 대한 염원이 컸던 만큼 경세사상에 대해서도 문집 속에 여러 편린을 남기고 있다. 그러나 최근에 이르러 송익필에 대한 많은 연구가 진행되었음에도,7) 그의 경세사상에 대한 연구는 거의 없는 실정이다. 그나마 경세사상을 다루고 있는 김창경과 배상현의 연구물에서도 소략하게만 다뤄지고 있는 상황이다.8)

이에 본고에서는 송익필과 도우들의 문집 속에 나타난 자료들을 중심으로 그의 경세사상을 본격적이고 체계적으로 연구해 보고자 한다. 먼저 경세사상의 사상적 배경으로서 경세의 목표, 원칙, 방법 등에 대해 간략히 살펴보고, 구체적인 경세사상으로서 민본정치론, 사회개혁론, 국방정책론, 공직윤리 등을 중심으로 논의하고자 한다.

2. 사상적 배경

1) 경세의 목표, 지치(至治)

경세(經世)란 국가나 사회를 올바르고 윤택하게 경영하기 위해 제시

---

6) 강구율, 〈구봉 송익필의 생애와 시세계의 한 국면〉,《동방한문학》, 제19집, 동방한문학회, 2000, 120~121쪽.

7) 2011년 이전의 연구성과는 최영성, 〈구봉 송익필의 생애와 위상〉,《구봉 송익필의 학문과 사상》(문경공 구봉 송익필 선생 선양 학술 강연회, 2011) 16쪽과 김창경,《구봉 송익필의 도학사상》(책미래, 2014, 부록Ⅱ. 연구동향과 목록) 395~405쪽에 자세히 제시되어 있으므로 참조하기 바란다.

8) 김창경,《구봉 송익필의 도학사상》, 책미래, 2014, 360~376쪽; 배상현, 〈구봉 송익필과 그 사상에 대한 연구〉,《동국대 경주대학 논문집》, 제1집, 1982, 99~103쪽.

되는 동양의 전통적 사회사상을 말한다. 경세라는 말은 원래 인간 세상을 경륜·경영하는 일정한 기준이나 원칙을 의미한다. 특히 유학에서는 흔히 '경세제민'(經世濟民)이라는 말을 통해 국가와 사회를 바르게 경영하고 백성을 구제하는 정치적·경제적·사회적·문화적 제 방면에 걸친 구체적 실천의 궁극적 과제와 원리를 제기한다.

'경세'(經世)가 '제민'(濟民)을 위한 기본적 원리에 적용된다면, 제민은 경세의 구체적 목적에 해당한다고 볼 수 있다. 일반적으로 유학의 기본 원리를 '수기치인'(修己治人)이라 할 때 유학의 경세사상은 '치인'(治人)에 해당되어 정치·경제·사회·문화 등 여러 방면에 걸친 왕도정치의 구현 방안 내지 세상을 경륜하는 논리적 사유 체계로 풀이되는 것이다.[9]

그도 여타 유학자와 마찬가지로 학문이나 경세의 기본원리는 수기치인에 있으며, 그 구체적 목표는 모두 수기치인을 통한 왕도정치(王道政治)의 실현에 있다고 할 수 있다. 특히 그의 왕도정치는 정암(靜菴) 조광조(趙光祖, 1482~1519)가 주장한 '지치주의(至治主意)'에 기반하고 있다. '지치'란 사림(士林)의 목표로 요·순(堯舜) 같은 성왕(聖王)들이 펼쳤던 지극한 정치, 지극한 다스림을 뜻한다.

그가 경세의 목표를 지치(至治) 즉, 삼대(三代)의 지치 실현에 둔 것은 조광조에 대한 사숙과 존경의 영향으로 보인다. 송익필의 학통이나 사상적 계보를 밝히는 데는 한계가 있으나, 그가 조광조를 무척 흠모하고 사숙하였음은 상현서원(象賢書院) 봉심(奉審)에서 확인할 수 있다. 상현서원은 평안북도(현 양강도) 희천에 있던 김굉필(金宏弼)과 조광조 양현을 모신 서원이다. 그는 1593년 희천에서 해배된 뒤 상현서원을 봉심한

---

9) 한국학중앙연구원,《한국민족문화대백과》인용.

일이 있다. 그는 양현을 제사하는 글을 지어 학덕을 다음과 같이 추모하였다.

> 태산처럼 높음이여! 일월같이 밝음이여! 생사화복이 뜬구름처럼 일어났다 사라지는구나. 세상이 변하여 천 번 바뀌더라도 생존은 오직 한 번 뿐이다. 천추(千秋)가 일조(一朝)요 일조가 곧 춘추라. 천도에는 합하나 인간에는 어긋나니, 무엇을 원망하고 무엇을 탓하랴. 산주(홍범구주)가 아득히 멀어졌구나! 고증할 문헌이 없으니 두 분 선생 아니었다면 누가 이 도(道)를 넓혔겠는가(…) 왕업이 더욱 어려워지고 나의 도(道)가 매우 위태로우나 멸망하지 않는 것이 있으니, 내가 또 무엇을 슬퍼하리오.10)

여기에서 송익필은 요순이래의 사상이 김굉필과 조광조로 인해 조선의 도학으로 계승되었음을 칭송하고 있다. 또한 비록 나의 길이 위태로우나 송익필 자신이 영원히 멸하지 않을 도학정신을 계승, 발전시키겠다는 의지 또한 표명하고 있다.

특히 그는 조광조에게 많은 사상적 영향을 받았다. 그 근거는 앞서 정철의 글에서 인용했듯이 《소학》과 《근사록》을 특히 중시한 점이나, 출사할 수 없음에도 경세에 대한 관심과 의지가 각별하였다는 점에서 찾을 수 있다. 또한 지치의 이념을 계승해 삼대의 이상 정치를 실현시키고자 했던 점, 그리고 삼대지치의 성패여부가 근본적으로 군왕의 일심(一心)

---

10) 《龜峯集》, 卷3, 雜著, 〈祭寒暄靜庵兩先生文〉: "崒乎泰山 昭乎日月 生死禍福 浮雲起滅 世變千換 存者惟一 千是一朝 一乃千秋 合天違人 何怨何尤 邈矣箕疇 文獻無徵 靡二先生 此道誰弘(…)王業益艱 吾道逾危 不泯者存 我又何悲."

에 달려 있다고 여긴 점11) 등에서 특히 그러하다.

이와 같이 송익필은 조광조의 뜻을 받들어 왕도정치의 실현을 위해 지치를 목표로 경세사상을 논의하고 있다. 따라서 그는 이이가 대제학이 되었을 때 서한을 보내, 삼대의 사업으로 책임을 삼을 것을 다음과 같이 강력히 권면하였다.

형께서 이미 문형(대제학)을 맡았고, 또 장차 정승이 될 것이라 들었습니다. 문형의 책임은 유학(斯文)을 뿌리내리게 하는 데 있으니, 어찌 사화(詞華)만 숭상하여 세상의 풍조에 응할 뿐이겠습니까? 삼대(三代) 이래 유자로서 정승이 된 사람이 없었으니, 이 때문에 삼대 이하로 다시 삼대의 치(治)가 없었던 것입니다. 유자가 만약 정승이 된다면 어찌 삼대의 다스림이 없겠습니까? 유자에게 귀한 것은 한번 행하고 그침이 반드시 그 도로써 해야 하고, 한 터럭이라도 이익을 꾀하고 공을 계산하는 생각이 없어야 하는 것입니다. 삼대의 사업으로 자기의 책임을 삼지 않는다면 감히 그 자리에 있어서는 안 됩니다.12)

이와 같이 송익필은 이이를 통해 간접적으로나마 유자를 통한 지치 (至治)의 실현을 도모하였다. 그는 대제학의 책임은 삼대의 지치를 목표로 유학을 뿌리 내리게 하고 모든 일을 도로써 하여 이익을 꾀하고 공을 계산하려는 생각이 없어야 한다는 것이다. 여기서 삼대지치는 결국 조

---

11) 최영성, 〈구봉 송익필의 사상연구〉, 《구봉 송익필의 사상연구》, 성균관대 유학대학원 석사학위논문, 1993, 22~25쪽.

12) 《龜峯集》, 卷5, 玄繩編下, 〈答叔獻書〉: "聞吾兄旣典文衡 又將卜相 文衡之任 重在扶植斯文 豈但尙詞華應世求而已 且三代以下 未見以儒作相者 三代以下 更無三代之治故也 儒若作相 則豈無三代之治 所貴乎儒者 一行一止 必以其道 無一毫謀利計功之念 不以三代事業 爲己任 則不敢在其位."

광조가 표방한 요순의 지극한 정치를 의미하는 동시에 전통유학의 왕도
정치를 의미하는 말이다.13) 이와 같이 송익필은 삼대지치에 기반한 왕
도정치의 실현을 목표로 경세사상을 주장하고 있는 것이다.

2) 경세의 기본원칙, 처변위권(處變爲權)

송익필은 치인의 구체적 방법론으로서 '처변위권(處變爲權)' 즉, '변화
된 상황에 처해서 임시방편책을 쓴다'는 원칙에 따른다. 그는 45세(1578
년) 때 성혼으로부터 편지로 하늘의 이치에 대해 질문 받은 바 있다. 여
기서 그는 처변위권에 대해 이야기하는데, 이것은 그의 경세론에 대한
기본원칙이라고 할 수 있다.

> '예부터 이르기를, 성인과 하늘은 덕이 합치된다는데, 하늘의 일에 참
> 으로 의심되는 게 많습니다. 치세가 항상 있지 않고, 성인이 지위를 얻
> 지 못하며, 오래 살지도 못하니 하늘의 이와 같음은 어쩐 일입니까? 깊
> 이 의혹되는 바가 있습니다.'라고 하셨는데, 상도로써 변화에 응할 수
> 없는 경우에는 권도(權道)로써 대처해야 하는데, 성인에 있어서는 변
> 화된 상황에서 권도를 쓰지만 하늘은 그렇지가 않습니다. 하늘은 만물
> 에 두루 공평해서 어느 것에 특별히 마음을 쓰지 않기 때문입니다.14)

성혼은 하늘은 왜 잘 다스려지는 치세(治世)를 항상 있게 하지 않고,
인격이 훌륭한 성인들에게 지위와 장수의 복을 주지 않는 것인지, 성인

---

13) 김창경,《구봉 송익필의 도학사상》, 책미래, 2014, 363~364쪽.

14)《龜峯集》, 卷4, 玄繩編上,〈答浩原別紙〉: "古云聖人與天合德 而天多可疑 治亂之不常 聖
人之不得位不得壽 天之如是 何也 深有惑焉云云." 不得其常爲變 處變爲權 在聖人 有處變
之權 而天則無是 天普萬物而無心故也 別來."

과 그 덕이 합치된다는 하늘이 도대체 왜 그런 것인지 원망스럽고 알 수가 없다는 것이다. 이에 송익필은 성인이 아무리 덕이 높더라도 결국 인간이므로 상황의 변화에 따라 처변위권을 잘 할 뿐이라고 답하고 있다.

사실 '처변위권'이라는 말은 《맹자》 이루(離婁)장의 내용으로, 맹자가 제 나라를 찾았을 때, 순우곤이 이런 질문을 한 바 있다.

> 순우곤이 말하기를, "남녀가 친하게 물건을 주고받지 않는 것이 예입니까?" 맹자 대답하길, "예입니다."라고 하였다. 순우곤이 "형수가 물에 빠지면 손으로 건져 지켜야 합니까?"하고 물으니, 맹자 "형수가 물에 빠져 죽게 생겼는데 돕지 않으면 이는 짐승이니, 남녀가 물건을 친히 주고받지 않는 것은 예이나, 형수가 물에 빠졌을 때 손을 내밀어 돕는 것은 권도입니다."라고 하였다.15)

상도(常道)의 예절로는 시동생이 형수의 손을 잡지 않는 것이 맞지만, 형수가 익사하는 것을 방지하기 위해서는 손을 잡는 권도(權道)를 발휘하는 것이 예절에 맞다는 것이다. 상도, 즉 떳떳한 도리를 가지고 사는 것이 세상에서 보편적으로 존중되는 사람 사는 바른 길이다. 그러나 그것만으로는 상황을 해결할 수 없는 돌발사태가 갑자기 발생하기도 한다. 송익필은 그런 경우에는 임기응변의 융통성 있는 방책이 사용될 수 있다고 보는 것이다.16)

이것은 송익필의 경세활동에도 적용된다. 그는 어려서부터 수기치인

---

15) 《孟子》, 〈離婁上〉, 第17章: "淳于髡曰 男女授受不親 禮與 孟子曰 禮也 曰 嫂溺則援之以手乎 曰 嫂溺不援 是豺狼也 男女授受不親 禮也 嫂溺援之以手者 權也."

16) 이종호, 《구봉 송익필》, 일지사, 1999, 78~80쪽.

을 목표로 공부하였으나, 뜻밖의 금고로 직접 경륜을 할 수 없게 되었다. 그러나 그는 경륜을 포기하기 보다는 처변위권의 원칙에서 간접 경륜이라는 권도를 발휘하여 참여하는 방법을 택했다. 또한 사회질서를 유지하기 위해서는 신분제를 엄격히 지켜야 하나 전시와 같은 응급상황에서는 서얼공사천(庶孼公私賤)에게도 군역을 부담시켜 군정(軍丁)의 숫자를 늘리는 것이 현명한 대처라는 주장도 하였다. 이와 같이 그는 자신의 처신이나 경세론에 있어서도 세상의 이치와 같이 처변위권의 입장에서 접근하고 있다. 이에 대해서는 경세사상에서 자세히 논고하고자 한다.

3) 경세의 방법, 간접 경륜

위에서 보았듯 송익필은 누구보다 경세에 대한 염원은 강했으나 신분적 제약 때문에 직접 국정에 참여할 수 없었다. 그러나 그는 '처변위권'의 원칙에 따라 이이나 정철, 성혼과 같은 지기와 조헌, 이귀 등의 후생을 통해 간접적으로나마 국리민복(國利民福)에 도움을 주는 방식으로 경륜을 실천해 나갔다.

실제로도 이이, 정철, 성혼 등은 출처에서 국방정책 등에 이르기까지 다양한 측면에서 송익필에게 조언을 구한 바 있다. 송익필은 이이에게 "능히 그 일을 할 수 있다면 나가야 합니다. 그러나 일을 할 수 없으면서 왕의 부름에 응해서 가는 일은 한낱 소민(小民)으로도 하지 않는 바입니다."[17]라고 하기도 하고, "형이 잘 헤아려 하겠지만, 한번 나가고 한 번 들어오며, 공이 있거나 없거나 간에 출처는 그 마땅함을 얻어야 하는데,

---

17) 《龜峯集》, 卷4, 玄繩編上, 〈答叔獻書〉: "能當其役 則可以出矣 不治役而赴其召 在小民亦不爲也."

이는 나의 어리석은 소견으로 미칠 바가 아닙니다."18)라고도 하였다. 즉, 때에 따라 의에 합당한 진퇴를 이이에게 권면한 것이다.

또한 성혼은 진작부터 수차에 걸쳐 왕으로부터 관직에 나오라는 명이 있었으나 허약한 몸 때문에 한사코 나가지 않던 상황이었다. 이에 송익필은 성혼에게 "의는 무겁고 생명은 가볍습니다."19)라고 조언하였다. 지금 왕의 좌우에 바른 말로 왕을 이끌어가는 신하가 없고, 지금 이 기회에 나가서 왕을 잘 보좌하여 세상을 바로잡는 일이 시급하기 때문이었다. 그래서 그는 성혼에게 생명을 위협받더라도 의를 위해 관직에 나갈 것을 적극적으로 권유하였다. 송익필이 직접 경륜할 수 없었기에 자신의 입장에서 도우들에게 간접적 경륜을 권면하였던 것이다.

특히 송익필은 이이에게 거는 기대가 자못 커서 자신의 입장에서 경륜하다보니 이이와 마찰을 빚기도 하였다. 1579년 이이가 대사간(大司諫)에 임명되었을 때 이이는 취임 거부의사를 밝히며 동서붕당의 문제점과 그것을 타파해야 한다는 상소(辭大司諫兼陳洗滌東西疏)를 올린다. 이에 송익필은 이이를 걱정하며 충고하기를, "세상 구제하는 일을 자신의 임무로 삼았던 주자 같은 인물도, 상소를 올리려다가 불태워 없애기도 한 것은 목적 달성은커녕 화를 불러올까 우려했기 때문입니다."20)라고 하였다. 이에 이이는 "형은 이번 상소가 임금의 마음을 바로잡는 것과 상관이 없어 유자의 일이 아니라고 하나, 이는 그렇지가 않습니다. 임금의 마음을 바로잡는 것은 진실로 신하된 사람이 해야 할 제1의 의

---

18) 위의 글, 〈答浩原書〉: "實在吾兄自度 一出一入 有功無功 處得其中 此非愚見之所及."

19)《龜峯集》, 卷5, 玄繩編下, 〈答浩原書〉: "重義輕生."

20)《龜峯集》, 卷4, 玄繩編上〈答叔獻書〉: "朱子以天下爲己任 而章奏相望 亦或焚草不達者 爲其不可救而禍有甚也."

리입니다. 그렇다고 이 밖의 것은 비록 위망(位望)의 화가 있더라도 말을 해서는 안 됩니까? (…) 형은 자질이 뛰어나지만, 사리를 보는 것이 정밀하지 못해 항상 남의 입장에서 남을 보지 않고 형의 입장에서 남의 처지를 관찰하기 때문에 늘 말을 하지 않는 것으로 의리를 삼게 되는 것입니다."[21]라는 다소 격정적인 화답을 보내기도 하였다.

이와 같이 송익필은 직접적인 경세정책을 펼 수 없었기에 주변 지인들과 갈등을 겪으면서도 간접적으로만 경세에 참여할 수밖에 없었다. 그마저도 자신을 대신할 기대주인 이이가 49세의 젊은 나이에 사망하고 성혼의 경륜이 기대에 미치지 못함에 안타까움은 더욱 커졌다. 게다가 동서분당으로 인한 도망자 신세가 되자 송익필은 경세에 간접적으로 참여하는 것도 어렵게 되었다.

천자(天資)가 고명(高明)하여 식견이 명투(明透)하고 지략이 굉달(宏達)하여 제갈량보다 뛰어나다는 평가를 받는 송익필이었다.[22] 그런데 그의 애국애민의 충심이 붕당정치로 인해 이이, 성혼, 정철, 이귀 사인(四人)의 모주(謀主)라는 지칭과 함께 선조로부터 간귀(奸鬼)라고 미움을 받기까지 하였다.[23]

이러한 악조건 속에도 그는 체제에 대한 불만대신 국가에 대한 애국충정의 마음을 잃지 않는다. 그는 체제와 지배층에 대한 불만으로 따지면 누구보다 많았을 것이나, 그래도 그의 마음은 한결 같아, 신하된 자

---

21) 《栗谷全書》, 卷11, 書3, 〈答宋雲長〉: "吾兄又以疏非格君心 爲非儒者事 此亦不然 格君心固是第一義也 除此外 雖有危亡之禍 亦不可言乎 (…) 大抵老兄資稟超詣 而窮理未精 不以鄙人觀鄙人 而以兄身觀鄙人 故每以不言爲義."

22) 《龜峯集》, 卷4, 玄繩編上, 〈答叔獻書〉: "如兄資高見明 可以大進."

23) 배상현, 〈구봉 송익필과 그 사상에 대한 연구〉, 《동국대 경주대학 논문집》, 제1집, 1982, 99쪽.

로서의 충성된 마음을 버리지 않았다.24) 이렇듯 송익필은 직접 경륜이 불가능한 상황에서도, 나라와 백성을 위한 우국충정과 국리민복(國利民福)의 염원은 그 누구보다 강렬하여 여러 경세사상을 제시하고 있다.

3. 경세사상

경세의 목표가 수기치인에 바탕한 삼대지치의 재현에 있었음은 앞서 제시하였다. 유학의 목표는 수기와 치인의 실천에 있다고 하겠다. 수기에 큰 노력을 기울였던 송익필 또한 치인에 해당하는 경세에 관심이 많았다. 여기서는 송익필의 구체적인 경세사상을 민본정치론, 사회개혁론, 국방정책론과 공직윤리를 중심으로 살펴보도록 하겠다.

1) 민본정치론

송익필이 경세의 목표로 삼은 삼대지치는 왕도정치의 다른 이름이다. 다만 왕도정치는 왕을 중심으로 하는 정치사상이다. 따라서 송익필도 유학의 천명사상과 민본주의에 바탕한 왕도정치를 중시한다. 그래서 그는 "하늘과 임금은 같은 리(理)이다. 먼저 천명으로써 깨우치게 하고, 군명(君命)과 부명(父命)이 따라야 한다."25)라고 하였다. 즉, 천명(天命)은 곧 천리(天理)이므로 군명은 천리에 어긋나지 않아야 한다. 군명이 천명에 맞지 아니하면 그것은 천리에 반한 정치요, 민심에 반한 정치이다.

---

24) 이종호,《구봉 송익필》, 일지사, 1999, 66, 132, 206쪽.

25) 《龜峯集》, 卷3, 雜著, 〈答人說〉: "夫天也君也 同一理也 先以天命爲喩 而繼以君命父命焉."

그러면 민심을 잃고 그 권위를 상실하게 된다.26) 천명미상(天命靡常)이므로 천은 궁극적으로 민의, 민심에 따라 이동한다. 따라서 군명은 천명에 맞을 때 민심을 얻을 수 있고, 천의와 민심에 맞을 때 정치적 정당성을 확보할 수 있다는 것이다. 결국 그의 정치사상의 핵심은 천명에 바탕한 민본주의 정치사상임을 알 수 있다.

또한 송익필은 같은 맥락에서 백성이 겪는 재난 또한 왕의 수양부족에서 기인한다고 보고 왕의 검소와 사천(事天)을 중시하였다.27) 이러한 그의 견해는 동중서의 재이설(災異說)이나 전통유학의 천명사상에 기반한 것으로, 현실의 재화(災禍)는 도덕적인 괴리(乖離)에서 오는 것으로 천리에 복귀함으로 천인과 조화로 자연 질서가 회복된다고 보는 관점이다. 그래서 그는 삼대지치 즉, 왕도정치의 성패여부가 근본적으로 군왕의 일심(一心)에 달려 있으므로, 이이에게도 "임금의 마음을 바로 잡는 일(格君心)이야말로 제일 먼저 할 일이다."28)라고 하였던 것이다. 이러한 그의 견해는 모두 유덕자의 덕치(德治)를 중시하는 왕도정치사상과 상통한다.

더불어 왕도정치는 현실의 백성들을 위한 민생안정을 기반으로 하고 있다. 송익필 또한 누구보다 백성들의 편에서 민생안정을 추구하던 애민의식이 투철한 경세가였다. 따라서 그의 문집 곳곳에서 그의 애민의식을 엿볼 수 있다. 예컨대 그는 "바닷물이 넘치고 산이 무너지고 계곡에서 죽거나 몸을 다친 사람이 원근에 이어져 있습니다. 재앙을 일으킨 자는 백성이 아닌데, 재앙을 당하는 자는 불쌍한 백성이 앞서니 슬픕니

---

26) 김창경,《구봉 송익필의 도학사상》, 책미래, 2014, 365쪽.

27)《龜峯集》, 卷5, 玄繩編下, 〈答叔獻書〉 요약(주31 참조)

28)《龜峯集》, 卷5, 玄繩編下, 〈答叔獻書〉: "大人格君心 此固在吾兄第一事之後."

다."[29]라고 하기도 하고, "금년 수재(水災)에 백성들이 딱한데 어떻게 그들을 구제해야 할는지 모르겠습니다. 밭의 벼는 모두 모래와 자갈에 쓸려가고, 강 근처 논은 여러 날 물에 잠겨 가을 추수를 기대할 수 없습니다.[30]"라며 늘 백성들을 걱정하고 있다. 특히 그는 이이에게 보낸 편지에서 애민의식을 자세히 표출하고 있다.

다만 농촌을 보니 거듭 흉년을 당해 도망친 사람이 반이 넘습니다. 정월 보름에 달을 보고 점을 치니 "나이든 농부도 역시 매우 흉하다"라는 괘가 나왔습니다. 금년이 비록 풍년이라고는 하였지만, 햇곡식을 보기도 전에 백성들은 도랑에 쓰러져 거의 죽을 것입니다. 만약 또 가을이 되어도 곡식이 여물지 않으면 남아 있는 사람이 거의 없을 터이니, 나라는 무엇으로써 나라를 다스리겠습니까? (…) 아! 어려운 생활 속에 굶주림을 견디고 운명대로 처신하며, 남을 원망하지도 않고 남을 탓하지도 않는 사람이 몇 명이나 되겠습니까? 죽기가 싫어 도적이 되었다면 모두 다 죽일 수는 없습니다. 그리고 외부의 도적도 기회를 엿볼 것이니 형세상 방법을 찾기도 어렵습니다. 백성의 부모가 되어서 마음을 쓰지 않을 수가 있겠습니까?[31]

---

29) 《龜峯集》, 卷4, 玄繩編上, 〈答浩原書〉: "海溢山崩 沈壓死傷 遠近相望 致災者非民 而當災者小民爲先 可哀也已."

30) 《龜峯集》, 卷4, 玄繩編上, 〈答浩原書〉: "今年水災 民生可哀 未知何以攸濟也 田禾皆卷沙石 濱江累日沈沒 無望於西成."

31) 《龜峯集》, 卷5, 玄繩編下, 〈答叔獻書〉: "第目見農家 疊遭飢荒 流亡過半 上元占月 老農亦以極凶爲報 今歲雖登 未見新穀之前 民將塡壑殆盡 若又逢秋不稔 則餘存無幾 國何以爲國 (…) 噫 蚩蚩之中 能守飢處命 不怨不尤者幾人 厭死爲盜 則不可盡誅 而外寇乘釁 則勢將罔措 爲民父母 可不動心."

이와 같이 송익필은 백성의 부모 된 마음으로 당시 민생의 절박한 상황을 이이에게 소상하게 전하며, 조정에 나아가 이를 시정하고 개혁해야 한다고 전하고 있다. 가난한 백성들이 결국 도적이 되었다면 그들은 모두 처벌할 수는 없는 것이며, 이 기회를 틈타 외환의 우려가 있으니 이에 대비하지 않으면 안 된다는 안타까움도 전한다.32) 이것은 당시의 국제정세와 현실을 정확히 판단한 혜안이 빛나는 대목이기도 하다. 이러한 혜안도 민생안정을 통한 지치의 왕도정치를 실현하고자 하는 그의 백성에 대한 관심과 애정에서 도출된 것이라 하겠다. 이와 같이 그의 정치사상은 천명사상, 덕치에 바탕한 민본주의가 핵심임을 확인할 수 있다.

2) 사회개혁론

송익필의 애민의식에 바탕한 민본정치는 현실에 대한 비판과 개혁의 목소리로 이어질 수밖에 없었다. 더욱이 당시는 계속되는 흉년에 임진왜란이 터지기 직전이었던 만큼 대내외 상황이 더욱 좋지 않았다. 이에 송익필은 애민의식에 바탕해 구체적인 사회개혁안을 다음과 같이 제시하였다.

"농사를 망친 여러 고을은 진상(進上)할 물품을 줄인다 할지라도, 임금이 드시는 음식 가지 수는 많이 줄어들지 않았습니다. 세금은 감면한다 할지라도 나라의 경상적인 지출 이외에도 경비 절약을 해야 합니다. 옛날의 제왕이 흉년을 만났을 때 수양하고 반성하는 방법은 다음과 같습니다. 임금의 음식에는 맛있는 음식을 올리지 않고, 대사(臺榭)

---

32) 김창경, 《구봉 송익필의 도학사상》, 책미래, 2014, 360~362쪽.

는 도료를 칠하지 않고, 임금을 맞이할 때 벽제(辟除)를 하지 않고, 모든 관리는 직무에 충실할 뿐 토지를 따로 주지 않고, 귀신에게는 기도만 드리지 제사를 지내지 않고, 재물을 나누어 주고, 세금을 작게 매기고 형벌을 완화하며, 부역을 줄이며, 시장(市場)의 세금을 없애고, 번거로운 예를 줄이고, 슬픈 일은 줄이고 즐거운 일은 쌓아두고, 혼례를 장려하고, 귀신을 찾으며, 도적을 제거하고, 지켜야 할 항목이 많더라도 대개는 줄여서 실행하며, 자신에게 책임을 돌리면서 하늘을 섬기고, 쓸데없는 낭비는 막고 백성을 구제할 계책을 많이 세울 뿐입니다. 또 부자에게는 쌀을 풀어서 가난한 사람을 도와주라고 권합니다. 주자(朱子)도 역시 하지 않을 수 없던 일입니다. 지금은 하나도 실행하지 않고 있습니다. 이것은 어린 아이가 우물에 들어가는 것을 보고서도 측은한 마음이 없는 것과 같습니다. 한심한 일입니다. 대인(大人)은 임금의 마음을 바로 잡아야 합니다."[33]

위에서 제시했듯 송익필은 천명사상에 바탕한 민본주의에 따라 민생안정을 위해 왕실의 생활을 검소화하고 현실에 대한 자책을 통해 반성하고 수양해야 함을 밝히고 있다. 결국 올바른 정치로 천도에 순응하며 다방면에 걸쳐 진휼책을 실시해야 한다. 혹 부민들에게 미곡의 헌납케 권장하여 부족, 보충할 것을 권하고 있다.[34] 이와 같이 민생안정을 위한

---

33) 《龜峯集》, 卷5, 玄繩編下, 〈答叔獻書〉: "失稔等郡 進上雖減 而八珍之設 所靉不多 租賦雖除 而經費之外 節用則可給 古昔帝王遇凶修省之道 如君食不兼味 臺榭不塗 弛候迎道不除 百官修而不封 鬼神禱而不祀 散貨利 薄征緩刑 弛力舍禁 去幾省禮 殺哀蓄樂 多婚 索鬼神 除盜賊 節目雖多 大槪貶損自奉 責己事天 杜絶無用之費 多設賑救之策而已 又如勸富民獻米補賣 在朱子 亦不得不爲者也 今不一設 是見幼子入井 而無惻隱之心也 可不寒心 大人格君心."

34) 배상현, 〈구봉 송익필과 그 사상에 대한 연구〉, 《동국대경주대학 논문집》, 제1집, 1982,

사회개혁을 위해서도 임금의 백성을 측은히 여기는 마음과 자기 성찰이 중요하다. 결국 측은지심의 마음을 가지고 하는 정치, 즉 인정(仁政)과 덕치(德治)를 역설한 것이다.

또한 송익필은 당시 상황에서 반드시 개혁해야 할 네 가지 과제를 이이에게 피력하기도 하였다. 그것은 시사(時事)를 돕고, 나라의 명백을 연장하며, 사림을 보호하고, 백성들의 고통을 해결하는 것이다.[35] 여기서 사림보호를 제외하면 개혁의 핵심은 결국 민생의 안정이요 부국강병에 있다. 사실 사림보호 또한 진정한 지치를 위해서는 사림이 정치를 해야 하며, 유학자가 정치의 주체가 되어야 하기 때문인 것으로 민생안정과 멀지 않다. 이와 같이 송익필은 덕치를 위해 임금이 덕을 베풀고, 지치를 위해 유학자가 민생을 안정화하게 되면 왕도정치가 실현되는 만큼, 임금의 수양과 유학자의 민생 안정책을 펴기 위해 현실사회를 개혁할 것을 주장하였던 것이다.

3) 국방정책론

송익필은 당시 임진왜란 발발을 앞두고 국방강화책에 대해서 피력하고 있다. 그는 과연 지금처럼 국민들의 불만은 많고 살기가 어려운 상태에서 난리라도 난다면 과연 백성들이 나라를 위해서 싸울 것인가가 늘 걱정이었다. 이에 이이에게 "천한 몸이 산야에 있으나, 하늘을 보고 땅을 살피며 걱정한 지가 오래됩니다. 만일 혹 외적이 침입해 오기라도 한다면 해마다 굶주리던 백성들이 능히 위를 위해서 적과 싸울까요?"[36]라는

100~101쪽.

35) 《龜峯集》, 卷4, 玄繩編上, 〈答叔獻書〉: "苟能有補時事 延國脈扶士林 解民倒懸."

36) 위의 글: "鄙人身雖山野 仰觀俯察 憂已深矣 如或外冠乘時 終歲饑餒之民 其能爲上死敵

고민을 털어놓기도 하였다. 이 말의 의도는 민생안정을 통해 애국심을 증진시켜야 자주 국방할 수 있다는 뜻이다. 실제로 송익필과 이이의 예상과 우려대로 그로부터 15년 후 과연 임진왜란(1592)이 발생하였고, 적잖은 백성들이 적과 내통하여 배반한 것은《선조실록》에 기록되어 있다.

전쟁이 발발하자 송익필은 전쟁에 대한 소회를 시를 통해 밝히고 있다. 그는 전쟁에 쓰이는 군대를 화기(禍器) 즉, 재앙을 부르는 도구라고 하여 힘써 사용할 것은 못 된다고 보았다. 다만 국제 정세가 돌아가는 기미를 잘 살펴서 위기가 없도록 해서 나라를 보존하는 것이 귀중한 것이라고 표현하고 있다.37) 전쟁을 당해서 승리하는 것보다 전쟁을 미연에 방지함으로써 평화를 지키는 것이 더욱 중요하다는 뜻이다. 따라서 송익필은 국방이나 안보는 든든한 자주 국방력을 갖춤으로써 적국이 함부로 침략할 의도를 가지지 못하도록 하는 것이 중요하며, 그렇게 해서 나라의 평화를 지키는 것이 국방정책의 핵심이라는 것이다. 공격을 위해서가 아니라 평화를 유지하기 위한 것이 군대의 진정한 존재 가치라는 것이다.38)

한편 이이는 1583년 송익필에게 군사정책의 결의과정의 문제점과 해결방안에 대해 조언을 구하길,

"변성(邊城)이 함락을 당했으니 나라의 수치가 큽니다. 문무(文武) 관원(官員)이 안일과 유희에 젖어온 지가 100년이 넘는 탓으로 군사도 없고 먹을 것도 없어 백 가지로 꾀해보아도 계책이 나오지 않으니 참

耶."

37)《龜峯集》, 卷3, 七言排律, 〈閑中有感〉: "兵爲禍器何勞用 貴在先幾保未危."
38) 이종호,《구봉 송익필》, 일지사, 1999, 227~228쪽.

으로 이른바 '잘하는 이가 있더라도 어찌 할 수 없다.'는 격입니다. (…)
이런 때에 계책이 있으면 진언할 수 있으니 형은 갖고 있는 생각을 모
두 말해주기 바랍니다. 나라의 일은 이루어지기만 하면 되는 것이지
나한테 나왔건 남에게서 나왔던 무엇이 다를 게 있겠습니까?"39)

　　라고 하였다. 이와 같이 이이는 당시 조선 국방정책의 문제와 개혁의
시급함을 역설하며 지략가로 통하던 송익필에게 그 해결책을 제시해 달
라 청하였다. 이에 대해 송익필은 부방(赴防; 조선시대 다른 지방의 병사가
서북 변경의 국경지대에 파견되어 방위임무를 맡은 일)의 어려움을 말하였
다. 그리고 양천종부종모법(良賤從父從母法)을 실시하여 서얼공사천(庶
孼公私賤)에게 군역을 부담시킴으로서 부족한 군정(軍丁)을 충족시키고
동시에 고질적인 폐단인 신분해방을 시킬 수 있는 일석양조의 실효를
거둘 수 있다고 하였다. 또한 부족한 군마를 증가시키기 위하여 무인도
에 방목시키는 일을 제시하여 이이를 감탄케 하였다.40)
　　이에 이이는 답장을 통해, 송익필의 견해를 일부 수용하여 임금에게
정치를 도모하고 군사를 기르는 여섯 가지 방책(任賢能, 養軍民, 足財用,
固藩屏, 備戰馬, 明敎化)을 올렸으며, 군사 모집책으로 서얼에게 벼슬길을
열어주고 천인을 면하게 해주는 길을 제시했는데 양사(兩司, 사헌부, 사
간원)에서 공격함을 개탄스러워 하고 있음을 전하고 있다.41) 여섯 가지

---

39)《栗谷全書》, 卷21, 書3,〈與宋雲長〉, 癸未(1583): "邊城被陷 國恥大矣 文恬武嬉百有餘年
　　無兵無食 百計無策 眞所謂善者無如之何矣 (…) 此時有策 則可以進言 顧兄整示所懷也 天
　　下事得成爲幸 出於己出於人 何異哉."

40)《栗谷全書》, 卷11, 書3,〈答宋雲長〉: "以良賤從父從母之法雖好 豈能行乎 島馬事 省官事
　　使其主鈔啓其奴事 皆良策也 深思至此."

41)《栗谷全書》, 卷11, 書3,〈答宋雲長〉: "因上圖治養兵之策凡六條 大目則曰任賢能 曰養軍
　　民 曰足財用 曰固藩屏 曰備戰馬 曰明敎化 若自上盡用此策 則東方萬世之幸也 (…) 募兵

방책 중 '군사와 국민을 기를 것(養軍民)', '변방을 굳게 지킬 것(固藩屛)', '전시에 쓸 말을 준비할 것(備戰馬)', '서얼공사천'은 송익필의 견해가 반영된 것으로 추측할 수 있다. 그러나 이러한 방안은 결국 변혁을 싫어하는 타성에 젖은 양사(兩司)의 공격으로 좌절되고 말았다.

그러나 그는 시시각각으로 다가오는 국가의 위기를 좌시할 수만은 없어 국가와 더불어 운명을 같이 하겠다는 결의를 보인다. 그래서 병든 몸에 백발이 뒤덮인 노구임에도 불구하고 전진(戰陣)에 나아가 용맹을 떨치고 싶다는 적극적인 소원을 시로 술회하기도 하였다.[42] 그러나 그마저도 서출이라는 신분제의 한계로 그의 열정은 막히고 만다. 결국 그는 유학자로서 투철한 애민정신에 바탕을 둔 정치혁신과 국방강화책 등을 제시하고 간접적으로 경륜하며 삼대지치를 실현한다는 신념만을 변함없이 불태울 수밖에 없었다.[43]

4) 공직윤리

송익필은 친구 이산해(李山海, 1539~1609)의 친척 동생인 이산보(李山甫, 1539~1594)가 경상도 관찰사로 가게 되었을 때, 목민관으로서 준수해야 할 열 가지 조목을 제시한 바 있다. 이 조항들은 공직자의 태도와 기강확립 등 공직윤리를 담고 있어 조목별로 그 내용을 살펴보기로 한다.

無他策 只有通庶孽免賤隷一策 而兩司方攻擊不已是欲棄六鎭也 可嘆可嘆."

42) 《龜峯集》, 卷5, 玄繩編下, 〈答關北按使鄭季涵書〉: "…某白首垂盡 身在病席 雖欲一試戰陣之勇 亦末由也已."

43) 배상현, 〈구봉 송익필과 그 사상에 대한 연구〉, 《동국대 경주대학 논문집》, 제1집, 1982, 103쪽.

① "백성들을 교화시키는 것은 정치의 근본으로 나의 마음속 지극히 가까운 곳에 있다. 고을 수령은 조심하고 두려워하며 착하지 못할까 걱정한다. 나에게 있지 아니한가? 남을 다스림은 자신을 다스림에 기초를 두고 있으니, 남을 바르게 하고자 함은 자신을 바르게 함에 힘쓸 뿐이다."[44]

정치와 교화는 공직자의 마음에 있고 치인의 근본은 자치(自治)에 있으므로, 공직생활을 위해서는 항상 자신을 바르게하기 위해 최선을 다해야 함을 제시하고 있다.

② "술과 여자, 두 가지 일은 모두 행동의 적이다. 술은 선왕(先王)이 종일토록 마셔도 취하지 않는 것으로 법도를 하였으며, 여자는 선대의 올바른 신하들이 짐승과 같이 되지 않도록 훈계를 하셨다."[45]

주색은 공직생활뿐 아니라 모든 생활에서 지켜야 할 계율인 만큼 도를 잃어서는 안 된다고 말하고 있다.

③ "감사와 수령, 수령과 아전에서 하급 관리에 이르기까지 등급이 분명하며, 각자 해야 할 일이 엄정해야 공적을 이룰 수 있다."[46]

---

44) 《龜峯集》, 卷5, 玄繩編下, 〈答李仲擧別紙〉: "一 風化政刑之源 在吾方寸至密之地 邑宰震惕 惟恐不善 其不在我乎 治人本於自治 正物務在正己."

45) 같은 글: "一 酒色二事 百行之賊 酒以先王之終日不醉爲度 色以先正之禽獸不若爲戒."

46) 같은 글: "一 監司而邑宰 邑宰而吏胥 以至里正 等數分明 條約嚴正 可以成績."

행정 관리들의 위계를 분명히 하고 직무 한계를 규정하여 준수해야, 행정의 실효를 얻을 수 있다고 논하고 있다.

④ "여러 고을 가운데서 세워야 되는데 세우지 않은 규칙과 혁파해야 되는데 혁파하지 않은 폐단은 고을 수령이 일일이 생각해서 직접 기록해야 한다. 또 각 읍, 각 면, 각리에서 에워야 할 규칙과 혁파해야 할 폐단은, 해당되는 면과 리로 하여금 크고 작거나 귀천없이 제각각 일일이 일체 의논하도록 해야 한다. 향장(鄕長)과 유사(有司) 그리고 훗날 방문하는 사람이 있더라도 응대할 수 있을 정도로 사무에 밝은 사람은 제각각 서명을 하여 중앙에 보내어야 한다. 절박하고 급한 사항을 우선 문서로 알리고 시행한다. 나머지 모든 건의는 감사를 영접해 명을 받을 때 모두 결정한다. 큰 일은 역(驛)을 통해서 알리고, 작은 일은 변고에 대한 대책을 세운다. 최선을 다하지 않거나 개인적으로 누락시키는 자는 적발시에 죄를 준다."[47]

새로 필요한 법제와 혁제하여야 할 법을 위해 민의(民意)를 수람(隨藍)해야 함을 언급하고 있다. 당시 개정해야 될 폐법을 조종(朝宗)의 구법(舊法)은 가벼이 고쳐서는 안 된다(不輕改)라는 원칙에 따라 시변(時變)에 따라 변통치 못하게 되면서 여러 폐단이 발생하였다. 이에 당시 이황, 이이 등이 유교이념의 보급을 위하여 향약(鄕約)을 만들어 지역공동체를 조직하였으나 지배층이 권익을 옹호하고 유교규범의 보급이란

47) 같은 글: "一 列邑之可立而未立之規 可革而未革之弊 令邑宰——自思而自錄之 又各邑各面各里 可立規可革弊 令其面其里大少貴賤 各自——齊議 鄕長有司及凡民之曉事可應對他日訪問者 令各押名署以呈 擇其切急 先馳文相報答以施焉 餘則咸議定於迎命之時 大則驛聞 小則立變 凡不盡心及或私漏不盡者 摘發治罪."

명분하에 서민에 대한 지배권을 강화하고 경제적 수탈을 위한 수단으로 악용하기도 하였다. 송익필은 누구보다 민의를 중시하는 민본정치를 지향했던 경세가였던 만큼 이를 개선할 방안을 제시했던 것이다. 그래서 그는 관민이 협동하여 실시해 폐단을 보완하고 실효를 거둘 수 있는 발전된 안을 주장하였던 것이다.

> ⑤ "여러 고을에 있는 지학자(志學者), 은일자(隱逸者), 유행자(有行者), 유재자(有才者)는 수령이나 각 면 단위로 하여금 소소한 일이라도 반드시 기록하여 감사에게 보고하고 감사의 조치를 기다린다. 지학(志學)은 도학(道學)에 뜻을 둔 사람이다. 은일(隱逸)은 재주와 덕을 갖고 있으면서도 밖으로 드러내지 않는 사람이다. 유행(有行)은 효자, 순손(順孫), 열녀, 효부(孝婦)가 우애하고 충신함이다. 유재(有才)는 기이한 계책과 원대한 책략을 품고, 문장(文章)에 뛰어나고 활과 말 타는데 뛰어난 사람이다. 데려올 만한 사람은 조정에 데려가고, 그렇지 못한 사람은 감사가 직접 방문한다."[48]

송익필은 인재를 도학에 뜻을 둔 지학자, 잠재적 인재인 은일자, 가정 윤리에 모범적인 유행자, 문무에 특별한 재능을 가진 유재자로 나누어 설명한다. 그리고 다양한 인재를 지방관들이 자세히 살피고 관리하여 적재적소에 추천 활용해야 한다는 인재 활용의 중요성을 피력하였다. 이것은 일종의 인재천거제로서 중국 한대의 향거리선제(鄕擧里選制)를

---

48) 같은 글: "一 列邑之志學者隱逸及有行者有才者 各其守令各面 雖小必錄 卽報監司 以待監司之處置 志學 志于道學也 隱逸 抱才德不出也 有行 孝子順孫烈女孝婦友愛忠信也 有才 畜奇謀遠略能文章善射御也 可致者 當致于公 不可致者 監司親往訪問焉."

본뜬 것이다. 군의 태수가 여론을 참작하여 덕망 있는 인재를 중앙에 추천하여 관료를 선발하는 제도이다. 이와 같이 송익필은 국가의 발전을 위해서는 당시 과거제의 폐단에서 벗어나 봉건사회의 신분적 폐쇄성을 타파해야 한다는 혁신적 주장을 하고 있다.49)

⑥ "각 고을로 하여금 남녀 70살 넘은 노인과 환(鰥, 홀아비), 과(寡, 과부), 고(孤, 고아), 독(獨, 늙어서 자식 없는 사람), 그리고 병이 들었거나 추위에 굶주려 돌아갈 곳 없거나 의탁할 곳 없는 자, 그리고 혼기가 지난 20살 넘은 처녀를 찾아서 방문하게 하고, 그리고 이미 죽은 진유(眞儒), 은사(隱士), 명환(名宦), 충신(忠臣), 의사(義士), 효자(孝子), 열부(烈婦)의 자손과 처첩들의 무덤이 있는 곳을 연대의 멀고 가까움을 따지지 말고 일일이 상세히 기록해서 보고 한다. 그리고 혹은 제수를 차려 제사지내 주고, 혹은 때때로 구호품을 주어 구제해 주고, 혹은 예물을 도와주어 혼인을 하도록 장려하고, 혹은 술과 음식을 보내주고, 혹은 부역을 면제하여 표창해 주고, 혹은 제사에 올릴 술과 음식을 준비하여 끊어진 제사를 잇게 해 주는데 이 모든 것을 등급에 따라 알맞게 한다. 계속해서 빠뜨린 것이 있고 진실하지 못할 경우에는 죄를 준다."50)

---

49) 배상현, 〈구봉 송익필과 그 사상에 대한 연구〉,《동국대 경주대학 논문집》, 제1집, 1982, 102쪽.

50)《龜峯集》, 卷5, 玄繩編下,〈答李仲擧別紙〉: "一 令列邑 採訪老人男女七十以上及鰥寡孤獨 癈疾飢寒無所歸無所養及處子年二十以上過時未婚及已死眞儒隱士名宦忠臣義士孝子烈婦 子孫及妻妾及墳塋所在 不拘年代遠近 ──詳實錄呈 而或設燕尊享之 或以時賑救之 或助 禮物勸婚嫁 或送酒食除徭役 表章之 或具酒饌奠祀 而修其廢 等差隨宜 連上有遺不實 有 罪."

여기에서 송익필은 궁민의 대표격인 환과고독 사민(四民)의 구휼과 명인유행자들의 가족이나 후손들에 대한 보호, 포상, 분묘까지도 조사 보고하며 보호하자는 주장을 하고 있다. 사회적 약자계층에 대한 관심 은 민생안정을 위한 인정(仁政)의 필수적인 요소이고, 사회적 명인들인 진유, 은사, 명환, 충신, 의사, 효자, 열부들에 대한 장려는 의리와 도학을 선양하고자 하는 의도이다. 결국 그는 민생 안정을 통한 유학의 도가 바로 실현되는 지치의 왕도사회 실천방법을 구체적으로 제시하고 있는 것이다.

⑦ "정치란 백성들의 마음을 꿰뚫어 보는데 뜻을 두어야 한다. 그러나 오직 공평해야만 살필 수 있다."[51]

정치를 하는 데는 민정파악이 핵심인 만큼 목민관으로서의 철저한 마음가짐을 가지고 시정이 통할 수 있도록 해야 함을 역설하였다. 이 조항은 목민관뿐 아니라 위정자들에게도 공통된 사항이다. 다스리는 자가 사사로운 마음을 갖거나 측근 주위에 가리어 공평성을 잃게 되면 객관적인 민심 파악이 어렵다는 것이다. 이는 왕도정치를 실천하기 위해서는 다스리는 자의 마음이 공평하고 사사로움이 없어야 한다는 것이다[52]

⑧ "지극한 정성이면 감복하지 않음이 없다. 그러므로 옛말에 이르기를 "소인을 막으려면 자신을 수양하는 데 주도면밀해야 한다."고 하였

51) 같은 글: "一 爲政 通下情爲急 然惟公可以察之."
52) 김창경,《구봉 송익필의 도학사상》, 책미래, 2014, 374~375쪽.

다.53)

목민관이 지성으로 백성을 대하면 백성은 복속하지 않는 바가 없는
만큼 공직자는 수양을 철저히 해야 한다. 치인의 전제는 수기에 있음을
언급한 것이다.

⑨ "관청 아전들로 재능이 있는 자들은 통상적으로 방자한 사람이 많
으니 그들을 엄하고 분명하게 대우해야 당연하다. 설문청공(薛文淸公,
중국 명나라 때 철학자 薛瑄, 1392~1464)이 말하기를 '졸병 한 사람이
민첩하면 그를 부지런히 일하도록 해야 한다. 하인으로 권세를 따르는
자들은 내가 곧 내쫓아 버린다. 관직에 있는 자는 광명정대(光明正大)
해야지 터럭 한 올만큼이나 편향된 마음이 있어도 안 된다.'고 하였는
데 이것을 법도로 삼아야 한다."54)

관리로서 유재자가 횡포하는 자가 많으므로 엄명하게 대하고 떳떳하
고 정당하여 편향하지 말 것을 당부하고 있다. 결국 엄정한 근무 기강확
립과 함께 공명정대한 공직윤리의 확립을 강조한 조항이다.

⑩ "부지런하면서 청렴하고 지혜로우면 일을 수행할 수 있다. 청렴하
고 지혜로운 요점은 사사로운 마음이 없는 데 있다."55)

---

53) 《龜峯集》, 卷5, 玄繩編下, 〈答李仲擧別紙〉: "一 至誠宜無不服 故古語云 防小人 密於自
修."
54) 같은 글: "一 營吏之有才能者 例多恣橫 待宜嚴明 薛文淸公曰 一卒頗敏捷 使之稍勤 下人
卽有趨重之意 余遂逐去之 當官者當正大光明 不可有一毫偏向 此可爲法."
55) 같은 글: "一 勤而廉明 可以濟事 廉明之要 在無私心."

업무를 근면, 청렴, 지혜로서 수행하며, 청렴과 지혜는 사심의 제거가 요점임을 밝히고 있다.

그러면서 그는 말미에 "이상의 10가지 조목은 그대의 능력 안에 있다고 생각합니다. 간절한 부탁을 어기기가 어려워 감히 기록하여 드립니다. 제1조의 '재방촌(在方寸)'과 끝의 '무사심(無私心)', 이 두 가지 일은 제가 남이 보지 않는 곳에서도 노력을 기울였지만 잘 되지 않았습니다. 옛 친구에게 올리니 힘쓰시기를 바랍니다. 사람들이 할 수 없는 일을 가지고서 도리어 사람에게 요구하는 경솔한 짓을 하지 말기를 바랍니다.(…)56)"라고 마무리 짓고 있다.

이와 같이 송익필은 이산보에게 당시 지방 관료들의 자질개선을 위해 필요한 조항을 구체적으로 제시해 주고 있다. 그리고 자신이 직접 수기해 본 결과 '마음에 있다'는 '재방촌(在方寸)'과 '사심을 제거하고 마음에 최선을 다한다'는 무사심(無私心)'이 가장 어려우므로 집중해야 할 수양임을 권하고 있다.

결국 공직기강 및 공직윤리를 확립하기 위해서는 개인적으로는 사심을 제거하고 근면, 청렴, 지혜를 발휘하여 공평무사한 업무처리를 위해 마음에 최선을 다해야 한다는 것이다. 또한 대외적으로 인재관리와 활용에 적극적으로 임하면서, 궁민구휼이나 명인유행자들에 대한 관심과 관리도 필요하다. 결국 이것은 인정(仁政)이나 덕치에 바탕한 민생안정으로 지치라는 왕도정치에 도달하고자 하는 구체적 방법론이라 할 수 있다.

---

56) 같은 글: "右十條 想在明公度內 重違勤敎 敢錄呈 第一條在方寸及末端無私心二事 僕方致功於屋漏而未得者 獻於故人而求勉焉 幸勿以人所未能而反求他人爲忽也 弊寓荒凉 草樹茂密 高軒遠臨 無以爲謝."

그 외에도 송익필은 공직자의 부정문제에 있어서도 엄격한 법적용을 제시하고 있다. 그는 44세 때 이이로부터 〈격몽요결(擊蒙要訣)〉의 초고를 받고 수정을 요청받은 바 있다. 그 중 '거가(居家)'편에서 이이는 '내가 어려운 때에 지방관인 수령으로부터 생활에 필요한 물자를 받으면 안 된다. 왜냐하면 수령들은 개인적인 수입이 없으므로 결국 공금에 의해서 이루어지는 불법적인 것이기 때문이라는 것이다. 그렇다고 모든 것을 물리쳐야 하는 것은 아니고, 술이며 고기, 음식은 괜찮다. 그러나 쌀과 콩 등은 받아서는 안 된다'라고 밝히고 있다. 반면 송익필은 술과 고기, 음식도 나라의 법이 금하는 것이라면 동일하게 죄이므로 받아서는 안 된다고 지적하였다. 그러나 합법적인 차원에서 수령이 주는 것으로 내가 궁한 입장이라면 쌀과 콩 등도 받아 무방하다는 것이다. 결국 물품이 불법적인 방법으로 생긴 것이냐 아니냐가 중요한 것이지 그 종류를 가지고 따질 필요는 없다는 것이 송익필의 생각이다.57) 이것은 이이가 인간생활에서의 정리(情理) 및 현실적인 입장을 중심으로 생각한 것이라면, 송익필은 공무관계에서는 정리보다는 직법여부로 판단해야 한다는 공직윤리를 제시하고 있다고 할 수 있다. 그만큼 송익필은 공과 사는 엄격하게 구분해야 한다는 엄격한 법적용에 바탕한 공직윤리를 고수하고 있다고 하겠다.

이와 같이 그가 이산보에게 목민관의 공직윤리를 세세하게 전한 것

---

57) 《龜峯集》, 卷6, 禮問答, 〈答叔獻書(論叔獻所述擊蒙要訣非是)〉: "居家章云 我國守令 別無 私捧 受守令之饋 乃是犯禁也 守令之饋 除酒肉飲食之外 若米菽之類 不可受也 此論亦偏 若以國法所禁言之 飲食與米菽 同一罪也 不可分辨也 若以時弊言之 守令之善事人者 必多 費米菽 以致珍邪異味者比比有焉 一啓此門 爲宰相者 托此論濫受而不辭 爲守令者 托此論 巧捧而無避 是敎猱升木也 甚似未穩 酒食米菽 咸不可受 而或有分厚邑長之能守法者 有所 贈遺 則勿論米菽 窮則或可受也."

은 치인, 즉 경세에 대한 염원이 누구보다 강하기 때문일 것이다. 그렇
기에 그의 공익중심의 엄격한 공직윤리는 시공을 초월하여 현재의 공직
윤리로도 손색이 없어 보인다.

4. 나오는 말

지금까지 송익필의 경세사상을 자세히 살펴보았다. 그는 삼대지치
즉, 왕도정치를 실현하기 위해 몸소 정치할 수 없는 신분의 제약으로
'처변위권'이라는 원칙에 따라 지우나 후생을 통한 간접적 경륜을 펼칠
수밖에 없었다. 그럼에도 그는 천명사상에 바탕한 민본주의 정치사상을
주장하였고, 애민의식에 입각하여 왕실의 검소화와 진휼책을 제시하기
도 하였다. 또한 민생안정을 통해 애국심을 증진시키고 양천종부종모법
을 실시하여 서얼공사천의 군역부담으로 국방강화정책을 주장하기도
하였다. 또한 이산보에게 준 편지에서는 개인적으로는 사심을 제거하고
근면, 청렴, 지혜를 발휘하여 공평무사한 업무처리를 위해 최선을 다하
고, 대외적으로 인재관리와 활용에 적극적으로 임하면서, 궁민구휼이나
명인들에 대한 관리도 필요하다는 공직윤리를 제시하기도 하였다. 결국
송익필의 경세사상은 인정(仁政)이나 덕치에 바탕한 민생안정을 통해
지치라는 왕도정치에 도달하고자 하는 구체적 방법론을 제시한 것이라
고 할 수 있다.

천부적 자질과 지략으로 제갈량에 비유되기도 하고, 이이, 성혼, 정철,
이귀 사인(四人)의 모주로, 혹은 간귀로 악평될 만큼 뛰어난 경세 능력
을 가지고 있던 그이다. 그러나 그의 경세사상은 신분상의 제약으로 미

완으로 끝날 수밖에 없었다. 누구보다 백성들을 사랑하였고, 민생 안정을 위한 혁신적인 개혁안을 꾸준히 제기하였으며, 실천할 능력 또한 소유하였던 그였다. 그러나 지치라는 이상은 꿈으로밖에 남을 수 없는 안타까운 상황이었다.

만약 송익필이 신분제의 차별 없는 세상에 태어나서 떳떳하게 경륜 활동을 할 수 있었다면 누구보다 훌륭한 경세가가 되었을 것이다. 비록 송익필의 경세로 지치의 향기가 신명을 감동시키는(至治馨香 感于神明) 대동사회에는 이르지 못하였으나, 그의 애민에 바탕한 민본의 경세정책들과 충심은 우리에게 강한 향기를 남기고 있다. 자신이 소유한 경륜과 능력을 발휘할 수 없는 현실 앞에서 심각하게 내적 갈등하였을 그의 모습을 생생하게 담아낸 시의 진한 향기를 끝으로 글을 마친다.

관청의 일이 금년 가을에 급박하니
세금 독촉하는 아전이 밤에 지나가네.
연이은 둔덕에는 풀빛이 아득한데
홀로 선 나무는 뉘 집을 기억하는가?
죽음으로 왕사를 지킬 사람은 적은데
허점을 탈 오랑캐의 계책은 많다네.
속절없이 허리 아래의 칼만 만지고서
외로이 귀밑 털 가의 세월만 저버리네.[58]

---

58) 《龜峯集》, 卷2, 五言律詩, 〈有友來自新溪 次邑守韻以贈 敢次〉: "官事今秋急 徵租吏夜過 連阡迷草色 獨樹記誰家 守死王事少 乘虛虜計多 空將腰下劍 孤負鬢邊華."

구봉詩 감상

산중에서

山上洽洽水	산위엔 맑은 물이 졸졸 흐르지만
出山爲濁泉	산을 나가면 흐린 샘물이 되고.
山中鹿爲友	산속에선 사슴으로 벗을 삼으나
山外塵滿天	산 밖은 먼지가 천지에 가득하네.
功利聲何及	공리(功利)와 성명(聲名)이 어찌 미치리요
琴樽道自玄	거문고와 술 있으니 도(道)는 절로 깊어지네.
草閑朝露濕	한가로운 풀 위에는 아침 이슬 촉촉하고
花靜午禽眠	고요한 꽃 위에는 낮 새가 잠을 자네.
怳忽人間夢	황홀한 인간사는 한바탕의 꿈이니
逍遙物外仙	속세 밖 선계에서 유유자적 한다네.
身生秦漢後	몸은 비록 진한(秦漢)의 뒤에 생겼으나
神合禹湯先	정신만은 우탕(禹湯) 이전에 합한다네.

《구봉집》, 권1, 〈山中〉

제2부 구봉 송익필 학문의
비교적 검토

구봉의 묘합적 사유
-퇴계와 율곡의 묘합적 사유와의 비교-[1]

김동희[2]

1. 여는 말
2. 선행 연구에 대한 비판적 검토
3. 퇴계 율곡 구봉의 리기묘합적 사유
4. 퇴계 율곡 구봉의 리기묘합적 사유의 구조 및 전개과정
5. 퇴계 율곡 구봉의 리기묘합적 사유에 입각한 사단칠정의 사상체계
6. 닫는 말

1. 여는 말

본고는 구봉(龜峯) 송익필(宋翼弼, 1534~1599)의 묘합적 사유를 퇴계 (退溪) 이황(李滉, 1501~1570)과 율곡(栗谷) 이이(李珥, 1536~1584)의 묘 합적 사유와 비교 연구한다. 연구 과정에서 그들 각자의 독자적인 묘합 적 사유와 그 구조가 규명될 것이다. 이를 위해 먼저 한국철학사상을 묘 합적 사유로 연구한 선행연구를 비판적으로 검토한다. 그리고 퇴계, 구 봉, 율곡의 리기묘합적 사유를 존재론적 차원(본체론적 차원)과 우주론

---

1) 이 글은 구봉문화학술원 정기학술대회(2019년 10월 19일, 충남대 인문대학 문원강당)에 서 발표한 논문이다.

2) 전주대학교 교수

적 차원(유행과 생성의 차원)으로 분석하고 그 사유의 구조를 밝힌 후, 그
들이 자신의 묘합적 사유와 구조에 입각하여 어떻게 사단칠정론을 전개
하는지를 탐구하고자 한다.

2. 선행 연구에 대한 비판적 검토

일반적으로 식민지 시기와 냉전 시대는 물론 현재까지도 퇴계와 율
곡의 철학적 사유와 그 사상체계는 대립적 구도로 연구되어왔다. 그 대
표적인 연구는 다카하시 토오루(高橋亨)의 조선유학사연구와 북한의 조
선철학사연구가 있다.3) 다카하시의 연구는 배타적 실체인 리와 기에 입
각하여 퇴계와 율곡의 철학을 각각 주리파와 주기파로 규정한다. 그리
고 이러한 퇴율철학은 주자학의 리선기후의 이원론적 사상체계에 기초
했기 때문이라고 한다.4) 이후 다카하시의 연구를 계승하여 아베 요시오
(阿部吉雄)는 주리와 주기의 이분법적 관점에서 동아시아적 차원의 비

---

3) 다카하시의 연구 이외의 식민지 시기의 유학연구에 대해서는 장지연, 《조선유교연원》, 명
   문당, 2009과 현상윤, 《조선유학사》, 심산, 2010 참조. 그들의 연구도 주자학적 전통을
   중시하지만, 다카하시의 연구와 달리, 장지연의 연구는 주자학적 전통의 계승사적 측면
   에서 한국유교의 특성을 논술하여 민족의식을 고취하기 위한 것이었으며, 현상윤은 장지
   연의 연구를 계승하였다; 다카하시의 연구에 대해 윤사순은 〈高橋亨의 한국 유학관 검토
   〉(《한국학》12집, 중앙대 한국학연구소, 1976)라는 논문에서 그의 조선유학의 이해는 주
   자학에 대한 고착성과 종속성, 그리고 학파와 당쟁을 연계시키는 당파성에 기초한다고 비
   판하였다; 윤사순의 학문적 성과에 기초하여 리기용은 〈타카하시 토오루(高橋亨) 조선유
   학 이해의 허와 실〉(《율곡학과 한국사상의 심층연구: 태암 황의동교수 정년기념 논총》, 책
   미래, 2014, 1000~1029쪽)에서 타카하시의 조선유학의 이해에 대한 사상적 배경을 헤
   겔과 신칸트주의적 근대 서양철학과 사회진화론으로 논증한다.

4) 高橋亨(著), 川原秀城, 金光來(編譯), 《高橋亨朝鮮儒学論集》, 知泉書館, 2011, 36/227쪽.

교연구를 행하였다.[5]

북한의 조선철학사연구는 맑스의 배타적 실체개념인 물질과 관념을 리와 기의 관계에 도식적으로 대응시키는 연구방법을 통해 조선유학사를 연구한다. 북한의 연구는 먼저 주자학을 리선기후의 이원론에 입각한 객관적 관념론으로 규정한다; 그리고 퇴계철학은 주자학을 철저히 대변하는 교조적 관점을 가진 객관적 관념론이고, 율곡철학은 주자학을 비판적으로 계승한 소박한 유물론적 입장의 객관적 관념론이라고 논술한다.[6] 이후 주홍성·이홍순·주칠성이 공저한《한국철학사상사》는 북한의 조선철학사 연구방법을 크게 벗어나지 못한 것 같다.[7]

위에서 검토한 바와 같이 다카하시와 북한의 조선유학사연구 경향은 근대 서구의 배타적 실체개념에 입각한 이분법적인 이원론에 깊게 뿌리내리고 있다.[8] 실제 근대 서구의 배타적 실체개념에 착안한 퇴율철학연구는 이상익의 〈理氣一元論과 理氣二元論의 哲學的 特性〉이라는 논문이다.[9] 이상익은 이 논문에서 데카르트의 실체개념 ― 존재하는 어떤 것이 존재하기 위해서 다른 어떤 것을 필요로 하지 않는 것 ―을 분석하여 리와 기를 이해하려고 시도한다.

그리고 퇴계는 리와 기를 독립적 실체로 이해한 반면, 율곡은 리와 기

5) 이에 대해서는 阿部吉雄,《日本朱子學と朝鮮》, 東京大學出版會, 1965와 배종호,《韓國儒學史》, 연세대학출판부, 1974 참조.

6) 정진석, 정성철, 김창원 공저,《조선철학사》(상), 과학원출판사, 1960, 102~131쪽.

7) 주홍성·이홍순·주칠성 공저, 김문용·이홍용 (역),《한국철학사상사》, 예문서원, 1993.

8) 이에 대한 상세한 논의는 김동희, 〈율곡 이이의 '리기지묘(理氣之妙)' 사유에 대한 재고찰〉,《유학연구》32, 충남대 유학연구소, 2015, 38~44쪽;〈退溪思想體系研究를 위한 小考〉,《한국사상과 문화》80, 한국사상문화학회, 2015, 213~216쪽 참조.

9) 이상익, 〈理氣一元論과 理氣二元論의 哲學的 特性〉,《退溪學報》제91집, 퇴계학연구원, 1996, 43~102쪽. 이 논문은 퇴율철학연구에서 율곡철학을 리기 일원적 사상체계로 연구한 채무송을 따른 것이다. 채무송,《퇴계 율곡 철학의 비교연구》, 성대출판부, 1985 참조.

를 독립적 실체로 보지 않았기 때문에, 퇴계와 율곡의 철학적 사유를 각각 리기 이원론과 리기 일원론으로 논한다.[10] 이상익이 서양의 원자론적 실체개념에 입각하여 퇴계와 율곡의 철학적 사유를 연구하여, 퇴계철학에 리기 '불상잡(不相雜)'의 원리를 적용하고 율곡철학에 리기 '불상리(不相離)'의 원리를 적용하였을 때, 그러한 연구 결론은 마땅하고 타당하다. 문제는 퇴율의 묘합적 사유에서 리와 기는 원자론적 실체개념이 아니고, 또한 리기 '불상잡'과 '불상리'는 그들의 묘합적 사유를 구성하는 두 원리라는데 있다. 그러므로 데카르트의 배타적 이원론을 극복하기 위한 기획과 시도로 환원적 일원론이 나타나듯,[11] 퇴계와 율곡철학의 관계를 그 동일선상에서 보아서는 안된다.

그런데 퇴계와 율곡의 대립적 연구풍토는 한국철학사상의 특징을 묘합적 사유로 규명하는 연구에서도 나타난다. 한국철학사상의 특징을 묘합적 사유로 이해한 선행연구는 이을호를 선구로 하여, 유승국, 황의동, 송재국 등으로 전승되어왔다.

그런데 유승국과 송재국은 '묘합' 또는 '묘합성'을 한국 고유한 정신적 특질로 추출하여 문헌학적 고증에 주목하였고,[12] 이을호와 황의동

---

10) 사실 배종호는 최근 연구에서 서양의 본체개념을 분석하여 이상익과 유사한 결론에 도달한다. 그러므로 율곡의 철학적 입장을 고려할 때 다카하시의 리기 이원론에 기초한 주리파와 주기파의 견해는 철폐되어야 한다고 주장한다. 배종호, 〈퇴율성리학의 현대적 의의〉,《율곡학연구총서》(총류: 논문편1), 율곡학회, 2007 참조.

11) 스피노자(Baruch Spinoza, 1632~1677)의 신적 실체(Divine Substance) 개념에 입각한 단일론 혹은 이와 유사한 영적 실체(Monad)에 기초한 라이프니쯔(Gottfried Wilhelm Leibniz, 1644~1716)의 다원론이 그 대표적인 예이다. 이에 대해서는 Frederick Copleston, History of Philosophy 4, Westminster, Maryland : The Newman Press, 1960 참조.

12) 유승국,《동양철학연구》, 근역서재, 1983 및 송재국, 〈한국 사상의 철학적 특성〉,《율곡학과 한국사상의 심층연구: 태암 황의동교수 정년기념 논총》, 책미래, 2014 참조.

은 묘합적 사유에 기초해 한국철학사상의 특징을 규명하는데 주안점을 둔다. 본 연구는 연구의 목적상 이을호와 황의동의 묘합적 사유에 대한 이해를 비판적으로 검토한다.

이을호는 '회삼귀일(会三帰一)' 및 '이이일(二而一)'의 묘합적 사유에 기초한 '한사상'을 한국철학사상의 특징으로 논술한다.13) 이을호의 묘합적 사유에 대한 이해에 있어서 숫자 삼(三) · 이(二) · 일(一)은 모두 '대수(対数: 대립적 유한수)'가 아니라 '원수(圓数: 무한수)'에 기초하는데, 삼(三)은 다양성을 나타내는 원수이고, 이(二)는 이원론의 대립적 상극의 실체(対数)가 아니라, 원수로서 상호 내함하는 상생의 실재, 일(一)은 다양성의 수렴처로서 하나이다. 그리고 수렴처로서 일(一)을 '한사상'의 묘합적 사유의 특징으로 보고, '한사상'을 "변증법적 부정의 논리나 음양론적 대칭의 세계관을 극복한 또 다른 제3의 철학"으로 논구한다.14) 그런데 이을호는 조선유학에서 고봉(高峯) 기대승(奇大升, 1527~1572)을 시작으로 다산(茶山) 정약용(丁若鏞, 1762~1836) 및 동무(東武) 이제마(李濟馬, 1837~1900)로 이어지는 묘합적 계보에 율곡을 수렴시키지만 퇴계를 배제한다.15)

황의동은 율곡의 '리기지묘'를 율곡철학의 기본원리로 이해하고 율곡학을 연구한다. 그는 '리기지묘'의 연원을 역리(易理), 송대 성리학, 한국 성리학적 전통에서 고찰하고, 이를 존재론, 인성론, 가치론, 입체적 사유

---

13) 본고에서는《이을호전서》(4, 5)를 주로 참고 하였고, 또한 김형찬과 이향준의 다음 논문도 참고자료로 삼았다. 김형찬, 〈현암 이을호의 탈주자학·탈중국적 자주성과 한국사상 연구의 시각〉,《한국사상과 문화》54, 한국사상문화학회, 2010, 485~509쪽 참조; 이향준, 〈이을호의 한사상 현대 한국철학사의 한 풍경〉,《공자학》19, 한국공자학회, 2010, 219~225쪽 참조.

14) 이을호,《이을호전서》4, 예문서원, 2000, 386쪽.

15) 이을호,《이을호전서》5, 예문서원, 2000, 27~28쪽.

및 존재와 당위의 일치 등의 측면에서 그 현대적 의미를 규명한다.16) 게다가 타카하시와 북한의 조선철학사 연구에서는17) 미진한 율곡의 수양론과 경세사상을 '리기지묘' 사유에 입각하여 체계적으로 이해하려고 시도했다.18) 특히 황의동은 율곡 철학을 주자학에서만 그 연원을 찾는 타카하시와 북학의 연구와는 달리, 율곡의 묘합적 사유를 퇴계의 주리적 경향과 화담의 주기적 경향의 대립적 사유를 지양하고 조화를 추구하는 한국 성리학의 독창적 학풍으로서 고찰하였다.19)

그런데 이을호와 달리 황의동은 리와 기를 '분할할 수 없는 독립된 단위'라고 하는 원자론적 실체개념으로 파악하고,20) 각각 정신과 물질의 대립관계로 이해했다.21) 황의동은 퇴계와 율곡의 철학을 주리와 주기의 대립으로 연구경향을 퇴계와 화담으로 전환시키지만, 이을호와 마찬

---

16) 황의동, 〈栗谷哲學의 根本問題와 理氣之妙의 淵源的 考察〉, 《논문집》18, 청주대학, 1985, 31~57쪽; 황의동, 〈율곡'理氣之妙'의 현대적 의미〉, 《유학연구》12, 충남대학, 2005, 177~188쪽.

17) 다카하시의 연구에서는 조선유학사에 나타난 사단칠정을 논하기에 앞서 예비적 서술로서 《聖學十圖》에 나타나는 퇴계의 '주경'적 수양론을 설명하고 그 연속선 상에서 율곡의 성경사상을 이해했다. 高橋亨(著), 川原秀城, 金光來(編譯), 같은 책, 83~92쪽. 이에 대해 아베 요시오는 조선과 일본의 수양론을 비교하면서 '기를 강하게 하는' 율곡의 수양법은 일본에서는 발전하지 않았다고 논술한다. 阿部吉雄, 같은 책, 528쪽. 그리고 북한의 철학연구에서는 경세적 관점에서 율곡의 성경사상이 조선후기의 실학사상에 미친 영향에 대해서는 간략히 언급하면서 율곡 사상의 진보적 성격을 부각시킨다. 정진석, 정성철, 김창원 공저, 같은 책, 169쪽 ; 정성철, 《실학파의 철학사상과 사회정치적 견해》(평양: 사회과학출판사, 1974)을 참조.

18) 황의동, 《율곡사상의 체계적 이해(2)》(서울: 서광사, 1998); 다만 황의동이 율곡의 수양론을 성과 경을 이분하여 퇴계의 '주경'에 대립시켜 '주성'을 강조하는 경향성과 율곡의 '무실(務實)'적 경세사상을 상세하게 분석한다. 그러나 율곡의 경세사상이 서양의 근대적 사회를 지향하는 실학사상으로 해석하고 있는 점에 대해서는 재검토가 필요하다고 생각한다.

19) 황의동, 〈율곡'理氣之妙'의 현대적 의미〉, 179~180쪽.

20) 황의동, 〈율곡'理氣之妙'의 현대적 의미〉, 《유학연구》12, 충남대학, 2005, 182쪽.

21) 황의동, 〈지은이의 말〉, 《율곡사상의 체계적 이해》1, 서광사, 1998.

가지로 묘합적 사유에서 퇴계를 배제한 율곡만의 독자적 사유로 이해하고 있다.

본 연구에서는 이을호와 황의동의 한국철학에 나타난 묘합적 사유에 대한 이해의 폭을 확대하여 율곡은 물론 퇴계와 구봉의 철학에도 묘합적 사유와 그 구조를 갖추고 있음을 논증할 것이다. 이를 위해 이을호와 황의동의 묘합적 사유에 대한 연구를 두 가지 점에서 비판적으로 계승한다.

첫째, 한국철학에 나타난 묘합적 사유를 구성하는 기초개념과 그 구조에 대한 것이다. 본 연구는 리기를 원자론적 실체개념이 아닌 형성 과정 속에 있는 원수(圓数) 개념으로 파악한다. 또한 리와 기의 구조를 이원론적인 배타적 대립구조가 아니라, 내함적 상수(相須: 존재하기 위해서 서로를 필요로 함) 구조로 이해한다. 그러므로 리와 기는 본래부터 배타적인 이원적 실체로서 이분되지 않으면서 각각 서로 다른 속성이 어느 하나로 환원되지 않는다. 다만 그 구조를 어떠한 형태로 구성하는가에 따라 황의동이 율곡을 이해한 것처럼 퇴계 율곡 구봉의 독창적인 묘합적 사유가 드러날 것이다.

둘째, 묘합적 사유의 전개방식에 관련된다. 본 연구는 묘합적 사유의 개념과 그 구조를 형성하는데 있어서 이을호를 계승하지만, 그 전개방식에 있어서의 일방성을 비판한다. 이을호의 묘합적 사유의 전개방식은 묘합적 사유의 구성인자가 내함구조를 가지고 있으므로 존재론적 차원에서부터 시공간적 분리나 선후가 없는 묘합상태에 있고 우주론적 차원으로 분절없이 전개된다. 이는 구성인자의 배타적 대립을 전제한 변증법적 부정 논리나 음양대립의 이원론을 지양하는 '회삼귀일(会三帰一)' 및 '이이일(二而一)'의 묘합적 전개방식이다. 이와 같은 묘합적 전개방식은 삼(三)과 이(二)는 일(一)로 수렴되므로 본연의 측면에 있어서 동일성이 확보된다.

그런데 그 일(一)은 우주론적 실존상황에서 다양한 실재를 간과하는 환원적 일원론에 함몰될 수 있다. 본 연구에서 퇴계 구봉 율곡의 묘합적 사유의 전개는 삼(三)에서 일(一) 또는 이(二)에서 일(一)로의 회귀의 동일적 과정뿐만 아니라, 일(一)에서 삼(三) 또는 일(一)에서 이(二)로의 다양성으로 확장되는 창조(유행 · 분수)적 전개과정을 포함한다. 퇴계 구봉 율곡은 그들의 독창적인 묘합적 사유를 이이일(二而一)뿐만 아니라 일이이(一而二)의 원리에 입각하여 전개하고 있기 때문이다. 이상의 묘합적 사유에 대한 두 가지 비판적 계승은 본고에서 논증될 것이다.

3. 퇴계 율곡 구봉의 리기묘합적 사유

퇴계 율곡 구봉은 묘합적 사유를 공유한다. 그러나 각각 독창적인 묘합적 사유를 전개한다. 본장에서는 그들의 리기묘합적 사유를 존재론적 차원과 우주론적 차원으로 분석 고찰한다.

1) 퇴계의 리기묘합적 사유
(1) 존재론적 차원
퇴계의 리기묘합적 사유는 존재론적 차원과 우주론적 차원으로 전개된다. 퇴계는 그 존재론적 차원을 '능발능생(能發能生)'의 '지묘지용(至妙之用)'으로, 우주론적 차원을 '능현행(能顯行)'의 '지신지용(至神之用)'으로 논한다.

본고에서는 각각의 차원을 '능발지묘용(至妙之用)'과 '현행지묘용'으로 축약하여 사용할 것이다. 또한 본고에서 퇴계의 술회에 따라 '능발지묘용(至妙之用)'과 '현행지묘용'과 같이 리의 능동성을 나타내는 '리발(理發)'과 '리동(理動)' 또는 '리행(理行)'은 모두 수사학적인 표현임을 미리 밝혀둔다. 퇴계는 일생 리의 무형과 무위의 속성을 고수했기 때문이다.22)

존재론적 차원에 관한 한, 《聖學十圖》의 第一圖인 〈太極圖〉에 잘 나타나 있다. 이는 주렴계의 《太極圖說》과 주회암의 《太極圖解》에 기반을 둔 것이다. 주회암은 《太極圖說》의 무극이면서 태극인 리와 음양의 기를 '불상리(不相離)'와 '부상잡(不相雜)' 원리로 다음과 같이 도해했다.

○은 소위 무극이면서 태극으로, 동해서 양이고 정해서 음인 것의 본체이다. 그러나 음양을 떠난 적이 없으므로, 음양에 나아가 그 본체를 가리키면, 음양과 뒤섞이지 않는다는 말일 뿐이다.23)

이에 대해 퇴계는 다음과 같이 이해했다.

○은 소위 무극이면서 태극이다. 음양에 나아가 그 본체를 가리키면, 음양과 뒤섞이지 않는다는 말일 뿐이다.24)

---

22) 《退溪集》, 卷一八, 〈書〉, 〈答奇明彦(別紙)〉, "前此滉所以堅執誤說者.只知守朱子理無情意, 無計度, 無造作之說, 以爲我可以窮到物理之極處, 理豈能自至於極處, 故硬把物格之格, 無不到之到, 皆作己格己看." 이 서신을 고봉 기대승에게 보낸 때는 1570년이다.

23) 《周敦頤集》, 卷一, 〈太極圖解〉, "○, 此所謂無極而太極也, 所以動而陽, 靜而陰之本體. 然非有以離乎陰陽也, 卽陰陽而指其本體, 不雜乎陰陽而爲言耳."

24) 《退溪集》, 卷七, 〈箚〉, 〈進聖學十圖箚〉(第一太極圖), "○, 此所謂無極而太極也, 卽陰陽而指其本體, 不雜乎陰陽而爲言耳."

퇴계는 주회암의 도해에서 "동해서 양이고 정해서 음인 것의 본체이다"와 "그러나 음양을 떠난 적이 없다"는 '불상리' 원리를 삭제하고, 후반부의 "음양과 뒤섞이지 않는다"고 하는 '부상잡'의 원리는 그대로 싣는다. 삭제한 이유를 생각해보면, "동해서 양이고 정해서 음인 것의 본체이다"의 동정의 주체가 애매하기 때문이다. 문장 전체로 보면, 주어는 태극이지만, 그렇다면 음양의 존재론적 차원의 실재가 불분명해 진다. 이를테면 태극과 음양의 시공간적 선후와 동정 문제가 발생할 수도 있다.

그러나 퇴계에게 있어서 태극은 "음양을 떠난 적이 없다"고 하는 '불상리' 원리는 삭제해도 될 만큼 당연한 것으로 여긴 것 같다. 그의 〈太極圖〉의 문장을 보면 쉽게 이해할 수 있다. 그 문장을 읽어보면, 동정 주체의 애매함도 사라지고 이미 음양이 태극과 더불어 실재한다. 그러므로 퇴계의 〈太極圖〉는 주회암의 《太極圖解》를 잘못 옮긴 실수가 아니다. 오히려 이는 의도적인 편집으로 자신의 묘합적 사유에 상응한 존재론적 차원의 논리적 전개로 보는 것이 타당할 것이다.

퇴계의 편집 의도는 이양중(李養中, 1549~1592)의 물음에 대한 퇴계의 답서(1570년)에 잘 나타나 있다. 이양중은 "태극이 동해서 음을 낳고 정해서 양을 낳는다"는 《太極圖說》의 문구에 의문을 갖고, 퇴계에게 태극의 '능생(能生)'의 문제에 대해 묻는다.

《太極圖說》의 "태극이 동해서 양을 낳고 정해서 음을 낳는다"는 말해 대해 주자(朱子)는 "리에는 정의(情·意)도 조작도 없다"고 하였습니다. 이미 정의도 조작도 없다면 음양을 낳을 수 없을 것입니다. 만약 낳을 수 있다면(能生), 당초에 본래부터(존재론적 차원에) 기가 없다가 태극이 음양을 낳은 연후에 비로소 기가 있게 되는 것이 아닙니까?"
황면재는 "양을 낳고 음을 낳는 것 또한 오히려 양이 발생하고 음이 발
생하는 것과 같다"고 하였는데 조작이 너무 심한 것을 싫어해서가 아
니겠습니까?[25]

이양중의 의문은 두 가지다. 하나는 태극의 동정문제이다. 주회암의
말처럼 리가 무위이고 황면재의 말처럼 음양이 자연 발생한다면 태극은
음양을 '능생(能生)'할 수 없다. 또 하나는 리기의 선후 문제이다. 만약
태극이 음양을 낳는다면 존재론적 차원에 기가 없다가 있게 되기 때문
이다. 이에 퇴계가 답한다.

주자(朱子)는 일찍이 "리에 동정이 있기 때문에 기에 동정이 있다. 만
약 동정이 없다면 기가 어찌 스스로 동정이 있겠는가?"라고 하였습니
다. 이를 알면《太極圖說》을 이해하는데 있어서 의문이 없을 것입니다.
생각해 보건데, 주회암이 '리에는 정의(情·意)가 없다'고 말한 것은 본
연지체(本然之體)이고 능히 발하고 능히 낳는 것(能發能生)은 지묘지
용(至妙之用)입니다. 황면재의 설 또한 반드시 그와 같은 것만은 아닙
니다. 왜냐하면 리 자체가 발용하므로, 주렴계가 스스로 그렇게(自然)
'동해서 양을 낳고 정해서 음을 낳는다'고 하였을 것이기 때문입니
다.[26]

---

25)《退溪集》, 卷三十九,〈書〉,〈答李公浩〉, "太極動而生陽, 靜而生陰. 朱子曰, '理無情意無造
作,' 旣無情意造作, 則恐不能生陰陽. 若曰能生, 則是當初本無氣, 到那太極生出陰陽, 然後
其氣方有否. 勉齋曰, '生陽生陰, 亦猶陽生陰生', 亦莫是惡其造作太甚否."
26)《退溪集》, 卷三十九,〈書〉,〈答李公浩〉, "朱子嘗曰, 理有動靜, 故氣有動靜, 若理無動靜, 氣
何自而有動靜乎. 知此則無此疑矣. 蓋無情意云云, 本然之體, 能發能生, 至妙之用也. 勉齋
說, 亦不必如此也. 何者, 理自有用, 故自然而'生陽生陰'也."

퇴계의 리기묘합적 사유의 존재론적 차원을 엿볼 수 있다. 그 존재론의 특징은 리의 능동성에 있다. 퇴계는 리의 본체와 그 용의 능동성을 통전적으로 진술하여 리가 '스스로 그렇게(自然)' 우주 만물의 근원과 생성의 근거라는 것을 말하고 있다. 퇴계의 리기묘합적 사유의 존재론적 차원에서, 태극은 정의(情·意)가 없는 본체의 리이면서 '능발능생(能發能生)'하는 '지묘지용(至妙之用)'이다.

그런데 여기에서 '능생(能生)'에 대한 수사학적 표현을 세밀히 읽어야 한다. 퇴계는 이양중의 질문의 핵심인 "본래부터 (존재론적 차원에) 기가 없다가, 태극이 음양을 낳은 연후에 비로소 기가 있게 되는 것이 아닙니까?"에 대해서 직접적으로 답하지 않고 있다. 오히려 퇴계는 리 자체(본체의 리)에 발용의 동인이 있어 '능발(能發)'하므로 주렴계가 태극이 스스로 그렇게 "동해서 음을 낳고 정해서 양을 낳는다"고 하였을 것이라고 완곡어법으로 말하고 있다. 비록 퇴계는 황면재의 음양의 자연발생설을 부정하지만, 그렇다고 그 존재론적 차원에서 태극이 본체의 기가 없이 존재하지 않는다고 말하고 있지 않다.

퇴계는 주렴계의 "태극이 동해서 음을 낳고 정해서 양을 낳는다"는 《太極圖說》의 문구를 리기묘합의 존재론적 차원으로 이해하고 있다. 그러므로 태극의 본체의 리와 본연지체의 기는 본래부터 합해 있다. 퇴계는 그 기를 담일(湛一)한 기라고 하였다.

담일은 기의 본체입니다. 이 즈음에는 이 기를 아직 악이라고 할 수 없습니다. 그러나 기가 어찌 순선(純善: 선 그 자체)할 수 있겠습니까? 생각해 보건대, 그 기가 아직 용사하지 아니할 때(未用事時)에는 리가 위주하기 때문에 순선할 뿐입니다.[27]

담일(湛一)은 본래 맑고 깨끗하여 텅 빈 것 같다는 의미를 가진 담일청허(湛一淸虛)이다. 퇴계는 이를 기의 본체라고 하였다. 만약 퇴계가 존재론적 차원에서 기의 본체를 설명을 하지 않았다면, '리발이기수지(理發而氣隨之)'라는 사단의 이론적 근거는 빈약해졌을 것이다. 다만 퇴계에게 있어서 본체의 기의 동정은 리의 '능발지묘용(能發之妙用)' 하에 있기 때문에, 이때를 리가 주재하는 기의 '미용사(未用事時)'라고 하였다. 퇴계에게 있어서 이 존재론적 시간이 사단의 소종래를 추론할 수 있는 근거가 된다.

그러므로 리기의 묘합적 사유의 존재론적 차원에서 보면, 담일청허(湛一淸虛)의 기는 본래부터 본체의 리와 실재하니, 리와 기를 선후로 분리할 수 없다. 이를테면 퇴계철학을 리선기후의 이원적 사상체계로 규정하는 연구는 지양되어야 한다. 또한 본체의 리와 기의 동정은 구별할 수 있는 바, 존재론적 차원의 기의 동정은 리의 '능발지묘용(能發之妙用)'의 주재를 받는다는 의미에서 '미용사시(未用事時)'이다. 이러한 의미에서, 퇴계는 주회암의 말에 의거하여 "리와 기가 결단코 이물이다(理與氣決是二物)"고 하였다.28)

이상에서 논의한 것처럼 퇴계는 리기의 존재론적 차원에서 리와 기

---

27) 《退溪集》, 卷三十九, 〈書〉, 〈答李公浩〉, "湛一氣之本, 當此時未可謂之惡. 然氣何能純善, 惟是氣未用事時, 理爲主, 故純善耳."

28) 《退溪集》, 卷三十九, 〈雜書〉, 〈非理氣爲一物辨證〉, "今按朱子平日論理氣許多說話, 皆未嘗有二者爲一物之云. 至於此書, 則直謂之理氣決是二物. 又曰, '性雖方在氣中, 然氣自氣性自性, 亦自不相夾雜.' 不當以氣之精者爲性, 性之粗者爲氣, 夫以孔周之旨旣如彼." 참조. 이하 인용구의 밑줄은 인용자의 것이다. 이 변증서에서 퇴계는 화담(花潭) 서경덕(徐敬德,1489~1546)과 정암 나흠순(整庵 羅欽順, 1465~1547)은 리와 기를 일물로 보고 있다고 비판하고 있다.

를 이분하지도 않고, 또한 그 동정에 있어서 일원으로 환원하지 않는 묘합적 사유를 전개하고 있다.

(2) 우주론적 차원

퇴계는 리기묘합적 사유의 우주론적 차원에서 리를 '현행지묘용(顯行之妙用)'으로 논한다. 그 의미는 리기가 유행하여 우주만물을 생성하는 리기의 우주적 차원에로의 전개를 뜻한다. 이에 대해서는 기고봉에게 보낸 퇴계의 서한에 잘 나타나 있다.

> 정의조작(情意造作)이 없다고 하는 것은 리의 본연지체를 이해한 것입니다. 그 발현에 따라 이르지 않는 곳이 없는 것은 리의 지신지용(至神之用)인데, 이전에는 리의 본체의 무위만을 알고, 그 묘용(妙用)은 능히 현행(能顯行)할 수 있다는 것을 알지 못한 채, 거의 리를 사물(死物)로 여기어 왔던 것 같습니다. 이는 도로부터 떠나도 어찌 심히 멀리 떠난 것이 아니었겠습니까?[29]

주회암의 말에 전거한 "정의조작이 없다"는 말은 본체인 리의 존재론적 차원이고, 그 존재 양태는 무위이다. 그러나 그 무위의 체에 '능발지묘용(能發之妙用)이 있으니, 이를테면 체용일원(體用一源)이다.[30] 퇴계는 그 '능발지묘용(能發之妙用)이 유행하여 발현하는 것을 '현행지묘용

---

29) 《退溪集》, 卷一八, 〈書〉, 〈答奇明彦(別紙)〉, "是知無情意造作者, 此理本然之體也, 其隨寓發見而無不到者, 此理至神之用也. 向也, 但有見於本體之無爲, 而不知妙用之能顯行, 殆若認理爲死物. 其去道不亦遠甚矣乎."

30) 《退溪集》, 卷二十五, 〈書〉, 〈鄭子中與奇明彦論學〉, "易序體用一源, 顯微無間注, 朱子曰, 自理而言, 則卽體而用在其中, 所謂一源也. 自象而言, 則卽顯而微不能外, 所謂無間也."

(顯行之妙用)'이라고 했으니, 이를테면 현미무간(顯微無間)이다.31) 말하자면 '능발지묘용(能發之妙用)과 '현행지묘용(顯行之妙用)'은 모두 리가 존재론적 차원에서 우주론적 차원으로 분절없이 전개되는 '묘용(妙用)'이지만, 그 차원을 달리한다.

또한 상술했듯이 본체의 리의 '능발지묘용(能發之妙用)은 본체의 기의 '미용사시(未用事時)'을 주재하는 묘용(妙用)이나, '현행지묘용(顯行之妙用)'에 있어서 음양의 기가 발하여 우주 만물로 변화되고 생성하며, 그 기에 타고 리가 유행하는 묘용이다. 그러므로, 퇴계는 '현행지묘용(顯行之妙用)'을 리기묘합적 사유의 '기발이리승지(氣發而理乘之)'로 이론화되고, 이를 칠정(七情)의 이론적 근거로 삼는다.

2) 율곡의 리기묘합적 사유

(1) 존재론적 차원

율곡에 따르면 리기묘합적 사유는 이해하기도 설명하기도 어렵다.32) 다만 "원불상리(元不相離)'와 '실불상잡(實不相雜)'의 두 원리를 합해서 깊이 음미해보면 그 의미를 거의 알 수 있다"고 하였다.33) 율곡은 그 요

---

31) 《退溪集》, 卷二十五, 〈書〉, 〈鄭子中與奇明彦論學〉, "易序體用一源, 顯微無間注, 朱子曰, 自理而言, 則卽體而用在其中, 所謂一源也. 自象而言, 則卽顯而微不能外, 所謂無間也."

32) 《栗谷全書》, 卷十, 〈書〉二, 〈答成浩原〉, "理氣之妙, 難見, 亦難說."

33) 《栗谷全書》, 卷二十, 〈聖學輯要〉二, 〈修己〉上, "有問於臣者曰, '理氣, 是一物, 是二物.' 臣答曰, 考諸前訓, 則一而二, 二而一者也. 理氣, 渾然無間, 元不相離, 不可指爲二物. 故程子曰, '器亦道, 道亦器.' 雖不相離, 而渾然之中, 實不相雜, 不可指爲一物. 故朱子曰, '理自理, 氣自氣, 不相挾雜,' 合二說而玩索, 則理氣之妙, 庶乎見之矣......此是窮理氣之大端也." 정명도의 문구는 《二程全書》, 卷一, 〈二程先生語錄〉, "形而上爲道, 形而下爲器, 須著如此說, 器亦道, 道亦器."을 참조; 주회암은 문구는 《朱子語類》, 卷五, 〈性理〉二, "性猶太極也, 心猶陰陽也. 太極只在陰陽之中, 非能離乎陰陽也. 然至論太極, 則太極自是太極, 陰陽自是陰陽. 惟性與心亦然, 所謂一而二, 二而一也.";《朱子語類》, 卷四, 〈性理〉一, "雖其方寸中, 然氣自是氣, 性自是性, 亦不相挾雜."을 참조. 율곡이 인용한 주회암의 문구는 심성사상을

령으로 '리기본합(理氣本合)'과 '리기지묘용(理氣之妙用)'을 제시한다. '리기본합'은 묘합적 사유의 존재론적 차원이라면, '리기지묘용'은 그 우주론적 차원이라고 할 수 있다. 이에 대해서는 율곡이 우계에게 보낸 〈理氣詠〉에 상세하다.

원기는 어찌 처음과 끝이 있을까, 무형이 유형에 실재하도다. 본원을 궁구해 리기의 본합(本合)을 알고(리와 기는 본래부터 합해 있기 때문에, 처음으로 리와 기가 합하는 때가 있지 않다. 리기를 이분시키고자 하는 자는 모두 도를 알지 못하는 자이다), 갈래(派)에 따라 다양한 정(精)을 알수 있다. (리와 기는 본래부터 하나(理氣原一)이지만, 나뉘어 음행오행의 정(精)이 된다).34)

위 인용구에서 '원기(元氣)'부터 '알고'까지가 우주만물의 근원을 궁구하는 리기묘합적 사유의 존재론적 차원이다. 그리고 '갈래'부터 '알 수 있다'까지가 리기가 유행하여 우주만물의 생성하는 과정인 리묘합적 사유의 우주론적 차원이다. 우선 리기묘합적 사유의 존재론적 차원을 자세히 살펴보면, '리기본합(理氣本合)'의 '본(本)'자와 '리기원일(理氣原一)'의 '원(原)'자는 '원불상리(元不相離)'의 '원(元)'자와 통한다. 그 의미

논할 때 사용한 문구를 응용한 것 같다. 문맥상 율곡은 〈性理〉一에서 본연지성과 기질지성을 논한 두 번째의 문구를 응용한 것 같다.
34)《栗谷全書》, 卷十,〈書〉二,〈理氣詠呈牛溪道兄〉, "元氣何端始, 無形在有形. 窮源知本合 (理氣本合也, 非有始合之時. 欲以理氣二之者, 皆非知道者也), 沿派見羣精(理氣原一, 而分爲二五之精). 水逐方圓器, 空隨小大甁 (理之乘氣流行, 參差不齊者, 如此. 空甁之說, 出於釋氏, 而其譬喩親切, 故用之). 二岐君莫惑, 黙驗性爲情." 괄호내의 문구는 율곡자신의 할주이다. 정(精)은 우주만물로 분수된 리기로 보는게 좋을 것 같다. 율곡은 음양과 오행의 리를 건순(健順)과 인의예지신(仁義禮智信)으로 본다.《栗谷全書》, 卷十九,〈聖學輯要〉一,〈統說〉, 12b, "健是陽之理, 順是陰之理, 五常之德, 乃仁義禮智信, 是五行之理也."

는 모두 '본래부터'이므로 '존재론적 차원으 로 부터'라고 해석할 수 있다. 그러므로 '리기본합(理氣本合)'은 리와 기가 본래부터 합해 있다는 뜻이다.

또한 율곡은 '리기본합(理氣本合)'을 다시 '묘합지중(妙合之中)'으로 표현하여, 리와 기는 본래부터 '혼륜무간'하므로 그 선후가 없으니 '리합(離合)'할 수 없다고 논하였다.35) 리와 기는 존재론적 차원으로부터 서로 떠나지 않기 때문에, 시간적으로 처음 합할 때도 없을 뿐만 아니라 각각 다른 공간을 차지하다가 합해진 것도 아니다. 존재론적 차원에서 엄격히 말하면, 시공간의 구분 자체가 아직 없으므로 주객으로 나누어 인식할 수 없다.

그렇다면 리의 본원도 하나일 뿐이요, 기의 본원도 또한 하나일 뿐이므로,36) '리기원일(理氣原一)'이다. 이는 리와 기가 일물(一物)이라는 뜻이 아니다. 리와 기는 배타적 이원의 실체가 아닌 존재론적 차원에서 '묘합(妙合)' 상태에 있다는 뜻이다. 때문에, 그 근본을 미루어 보면 리와 기는 근원 및 발원도 하나이고, 이는 리기묘합적 사유의 존재론적 차원에 있어서 '원불상리' 원리를 가리킨다고 볼 수 있다.

이와 같이 존재론적 차원의 '리기본합'과 '리기원일'의 리와 기가 본체의 리와 기이다. 본체의 리는 소위 '리일분수'의 리는 하나인데, 본래부터 기울거나 바른 것에, 통하거나 막힌 것에, 맑거나 탁한 것에, 순수하거나 잡스러운 것에 차이가 없다.37) 또한 본체의 기는 본래 맑고 깨

---

35)《栗谷全書》, 卷十, 〈書〉二, 〈答成浩原〉, "非一物者何謂也. 理氣雖相離不得, 而妙合之中, 理自理, 氣自氣, 不相挾雜, 故非一物也. 非二物者何謂也. 雖曰, 理自理, 氣自氣, 而渾淪無間, 無先後, 無離合, 不見其爲二物, 故非二物也."

36)《栗谷全書》, 卷十, 〈書〉二, 〈答成浩原〉, "夫理之源, 一而已矣, 氣之源, 亦一而已矣."

37)《栗谷全書》, 卷十, 〈書〉二, 〈答成浩原〉, "夫理一而已矣, 本無偏正·通塞·淸濁·粹駁之

끗하여 텅 빈 것 같은 '담일청허(湛一淸虛)'의 기일뿐이다.38) 이는 '원기
(元氣)'의 형용이라고 할 수 있다.

그러나 존재론적 차원에서 '실불상잡'의 원리에서 보면, 본체의 리는
본체의 기에 따라 맑고 깨끗하다고 하지만, 그 리 자체가 원래 맑고 깨
끗한 성질을 가지고 있다고 할 수는 없다. 맑고 깨끗한 것은 기이지 리
가 아니다. 다만 리는 맑은 기에도 깨끗한 기에도 있지 않은 곳이 없고
그 본연에는 변함이 없다. 리가 맑거나 깨끗한 성질에 국한된다면, 탁하
고 더러운 곳에 있는 리는 더 이상 맑거나 깨끗할 수 없으므로 본연이
자약하다고 할 수 없을 것이다. 율곡이 리를 무형으로서 무소부재를 논
한 것은 이러한 맥락에서 이해해야 한다.39)

그러나 엄밀하게 말해서 리는 탁하고 더러운 것에도 맑고 깨끗한 것
에도 있지만, 탁하고 더러운 것도 맑고 깨끗한 것도 리의 본연이라고 할
수 없다. 다만, 리는 기와 함께 어울리나 동일화되지 않기 때문에, 그 자
약한 본연은 기의 어떠한 성질에도 뒤섞이지 않은 순선(純善)인 것이
다.40) 이와 같이 '담일청허'의 본체의 기에 본체의 리가 실재하는 리기
묘합적 사유의 존재론적 차원의 설명이 가능하기 때문에, 율곡은 '통체
일태극(統體一太極)'으로서 우주 만물의 '본연지성'을 논할 수 있었다.41)

異, 而所乘之氣, 升降飛揚, 未嘗止息, 雜糅參差, 是生天地萬物, 而或正或偏, 或通或
塞, 或淸或濁, 或粹或駁焉"

38) 《栗谷全書》, 卷十, 〈書〉二, 〈答成浩原〉, "氣之本, 則湛一淸虛而已."

39) 《栗谷全書》, 卷九, 〈書〉一, 〈答成浩原〉, 39a, "理無所不在, 而在淸淨, 則理亦淸淨, 在汚
穢, 則理亦汚穢. 若以汚穢者, 爲非理之本然, 則可, 遂以爲汚穢之物無理, 則不可也."

40) 《栗谷全書》, 卷九, 〈書〉一, 〈答成浩原〉, "夫理之本然, 則純善而已. 乘氣之際, 參差不齊, 淸
淨至貴之物, 及汚穢至賤之處."

41) 《栗谷全書》, 卷十, 〈書〉二, 〈答成浩原〉, "天地人物, 雖各有其理, 而天地之理, 卽萬物之理,
萬物之理, 卽吾人之理也. 此所謂'統體一太極'也. 雖曰一理, 而人之性, 非物之性, 犬之性,
非牛之性. 此所謂'各一其性'也." '통체일태극(統體一太極)'은 주회암의 《太極圖說解》에

(2) 우주론적 차원

위에서 인용한 율곡이 우계에게 보낸 〈理氣詠〉에서 '갈래(派)에 따라 다양한 정(精)' 이나 '음행오행의 정(精)'은 리기묘합적 사유의 우주론적 차원의 진술이다. 율곡은 우주적 차원을 '리기지묘용(理氣之妙用)'으로 논하는데, 이는 우주 만물의 생성과 변화의 과정을 뜻한다.

> 하나의 리가 혼연히 이루고(一理渾成)하고 두 기가 유행합니다. 천지 만물의 생성과 변화에 리기의 묘용(理氣之妙用)이 아닌 것이 없습니다. 42)

'일리혼성'은 본체의 리와 기의 '본합'으로 율곡의 리기묘합적 사유의 존재론적 차원이다. 이제 존재론적 차원의 리기가 유행하여 우주 만물로 분수된다. '리기지묘용(理氣之妙用)'인데, 율곡의 리기묘합적 사유의 우주론적 차원이다. '실불상잡'의 원리에서 '리기지묘용'을 보면, 유행하고 분수하는 기이고 그 기에 탄 것이 리인데 그 리를 율곡은 '유행지리'43) 또는 '만수지리'44)라고 하였다. 이는 기가 유행하여 만물의 형체를 갖추고 리 또한 부여되는 리인데, 그 리는 만물 각각의 성이 된다는 뜻이다.

그러나 만물의 형체를 갖추고 리가 부여된다는 것은 리와 기에 시간

보이는데, "蓋合而言之, 萬物統體一太極也, 分而言之, 一物各具一太極也"을 참조.

42) 《栗谷全書》, 卷十四, 〈雜著〉一, 〈易數策〉, "一理渾成, 二氣流行, 天地之大, 事物之變, 莫非理氣之妙用也." '玅(묘)'는 '妙(묘)'의 이체자이다.

43) 《栗谷全書》, 卷九, 〈書〉一, 〈答成浩原〉, 39a, "夫本然者, 理之一也, 流行者, 分之殊也. 捨流行之理, 而求本然之理, 固不可."

44) 《栗谷全書》, 卷十二, 〈書〉四, 〈答安應休〉, "有体用固也. 一本之理, 理之体也, 萬殊之理, 理之用也."

적 선후가 있다는 말이 아니고, 그들이 본래부터 서로 떠나지 않는다.45) 리기묘합적 사유의 '원불상리' 원리이다. 이와 같이 율곡의 리기묘합적 사유의 우주론적 차원은 유행하고 분수하는 기를 타고 리가 유행하고 분수하여 천차만별의 우주 만물을 생성하는 과정이다. 율곡은 이 차원을 통해 우주 만물의 '각일기성(各一其性)' 또는 '기질지성'을 논할 수 있었다. 46)

(3) 구봉의 리기묘합적 사유
가. 존재론적 차원

퇴계와 율곡과 마찬가지로 구봉의 리기묘합적 사유도 두 가지 구성 원리를 갖는다.

리와 기는 저것이 아니면 이것이 없고 이것이 아니면 취할 바가 없다.
이른 바 둘이면서 하나(二而一)이고 하나이면서 둘이다(一而二). 저것

---

45) 《栗谷全書》, 卷十九, 〈聖學輯要〉一, 〈統說〉, "理氣元不相離, 卽氣而理在其中. 此承陰陽化生之言, 故曰'氣以成形, 理亦賦焉,' 非謂有氣而後, 有理也. 不以辭害意可也."; '氣以成形, 理亦賦焉'은 주회암의 《中庸章句》에서 보이는데, 원문은 "以陰陽五行, 化生萬物, 氣以成形, 而理亦賦焉"이다. 율곡이 주회암의 원문에서 '이(而)'자를 삭제한 이유는 리기에 시공간적 선후가 있는 것으로 해석할 우려가 있기 때문일 것이다. 이는 율곡이 리기 '원불상리' 원리에 얼마나 투철한가를 볼 수 있는 대목이다.

46) 《栗谷全書》, 卷十, 〈書〉二, 〈答成浩原〉, "天地人物, 雖各有其理, 而天地之理, 卽萬物之理, 萬物之理, 卽吾人之理也. 此所謂'統體一太極'也. 雖曰一理, 而人之性, 非物之性, 犬之性, 非牛之性. 此所謂 '各一其性'也."; '각일기성(各一其性)'은 주렴계의 《太極圖說》에 보이는데, "五行, 一陰陽也, 陰陽, 一太極也, 太極, 本無極也. 五行之生也, 各一其性"을 참조. '人之性, 非物之性, 犬之性, 非牛之性'은 고자와 맹자의 성에 대한 논쟁에서'생지위성(生之謂性)'에 대한 맹자의 부정에 가까운 의문문을 염두해 두고 율곡이 사용한 것 같다. 《孟子》, 〈告子〉, "告子曰, 生之謂性. 孟子曰, 生之謂性也, 猶白之謂白與. 曰, 然. (孟子曰), 白羽之白也, 猶白雪之白, 白雪之白, 猶白玉之白與. 曰, 然. 然則犬之性, 猶牛之性, 牛之性, 猶人之性與.

이 동정하면 곧 이것이 동정한다. 동하면 동하고 정하면 정하니 어찌 잠시라도 떨어진 적이 있었겠는가? 47)

리와 기가 서로를 필요로 한다. 일발(一發)·상수(相須)관계이다. 그러므로 저것이 아니면 이것이 없고 이것이 아니면 취할 바가 없고, 저것이 동정하면 곧 이것이 동정한다. 구봉은 이러한 리기의 상수관계를 리기묘합적 사유의 두 구성원리인 이이일(二而一)의 불상리 원리와, 일이이(一而二)의 불상잡 원리로 논하고 있다. 리와 기는 묘합적 일발·상수관계에 있으니, 잠시도 떨어진 적이 없고 한가지로 동정한다.

구봉은 이와 같은 두 구성원리를 전제로 리기묘합적 사유를 존재론적 차원과 우주론적 차원으로 전개한다. 그 존재론적 차원은 "태극은 동정을 머금고 있다(太極含動靜)"는 문구로, 우주론적 차원은 "태극은 동정을 지니고 있다(太極有動靜)"는 문구로 표현하고 있다. 이는 주회암의 말에 전거한 것이다.

문: "태극은 동정을 머금고 있다(太極含動靜)"고 말하고 "태극은 동정을 지니고 있다(太極有動靜)"고도 말하는데, '머금고 있다'의 함(含)'과 '지니고 있다'의 '유(有)'는 그 뜻이 같은 것인가?

답: '함(含: 머금고 있다)'은 본체로써 말한 것이고, '유(有): 지니고 있다'는 유행으로써 말한 것이다. '함(含)'과 '유(有)': 뜻에 있는 바, 주자

---

47)《龜峯集》, 卷三, 〈雜著〉, 〈太極問〉, "理之與氣, 非彼無我, 非我無所取. 所謂二而──而二者也. 彼之動靜, 卽我之動靜也, 動則動靜則靜, 何嘗少離."

(朱子)가 이에 대해 말한 것이 정밀하다.⁴⁸⁾

　구봉의 '태극함동정(太極含動靜)' '함(含)'과 '태극유동정(太極有動靜)'
의 '유(有)'에 대한 대답은 주회암의 할주에 의거한다. 말하자면 구봉은
"태극함동정(太極含動靜)"을 주회암의 할주를 따라 그의 묘합적 사유의
존재론적 차원으로 삼았다. 이는 본체의 리와 기의 묘합상태를 언명한
것으로, 이후 구봉의 리기묘합적 사유의 구조를 분석하는 단서가 된
다.⁴⁹⁾ 또한 구봉은 "태극유동정(太極有動靜)"을 주회암의 할주를 따라
그의 리기묘합적 사유의 우주론적 차원으로 삼았다. 구봉은 그 차원의
다름이 '含'과 '有'가 각각 뜻하는 바라고 논술한다.
　그런데 구봉의 리기묘합적 사유의 존재론적 차원에서 퇴계와 율곡과
같이 본체의 기에 대한 직접적인 논술은 찾아볼 수 없다. 그러므로 구봉
의 리기사상에서 존재론적 차원의 리기묘합적 사유를 논증하기는 쉽지
않다. 다행히도 그의 수양론적 진술에서 본체의 기에 대한 단서를 찾을
수 있다.

　　정(靜)으로 근본을 삼으면 치우치나, 경(敬)은 동정을 관통한다. 그러
　　나 반드시 정을 근본으로 하여, 평소 담연허정(湛然虛靜:맑고 고요함)에
　　거해야 하는데, 마치 가을과 겨울이 만물을 고요히 감춘 것(秘藏)과 같
　　다. 바야흐로 만사에 응해서는 착오가 나지 않으니, 마치 봄과 여름에

---

48)《龜峯集》, 卷三,〈雜著〉,〈太極問〉, "問: 謂太極含動靜, 謂太極有動靜, 含之與有, 其一義
　　耶. 答: 含以本體而言, 有以流行而言. 含之與有, 義有所在, 朱子下語之精密處也." 주자의
　　'太極含動靜' 과 '太極有動靜'에 대해서는《朱子大全》, 卷四十五,〈答楊子直〉, "太極含動
　　靜(以本體而言), 太極有動靜(以流行而言)."을 참조할 것.
49) 이후 "太極含動靜"은 리기묘합적 사유구조를 논할 때 상세히 다룰 것이다.

만물이 발생(發生)하여, 각각 그 자리를 얻는 것과 같다. 50)

정(靜)을 근본으로 삼고 동정을 관통하는 경(敬)의 수양학이다. 구봉은 정(靜)의 때를 가을과 겨울의 비장으로, 동(動)의 때를 봄과 여름의 발생으로 묘사한다. 구봉에게 있어서 성인은 경을 통해 동정의 덕에 부합하나, 수도(修道)에 있어서 항상 정(靜)을 근본으로 한다.51) 성인이 정을 근본으로 한다고 할 때, 정(靜)은 마음의 적연부동한 고요함인데, 그 고요함이 본체가 '담연허정(湛然虛靜)'이다. '담연허정'은 화담이 태허(太虛)를 형용한 말인데, 이는 기의 본체로서, 그 크기는 한이 없고 그 이전에는 시작이 없고, 그 후를 궁구할 수 없다."52) 말하자면 구봉의 '담연허정'은 퇴계와 율곡의 담일청허(湛一淸虛)와 같은 존재론적 차원의 본체의 기를 가리킨다고 하겠다.

또한 구봉은 리기묘합적 사유의 존재론적 차원인 "태극함동정"을 "태극생음양(太極生陰陽)"과 연관시킨다.

문: 사물의 현상적 측면으로 보면 음양 가운데 태극이 있는데(陰陽中有太極,),《太極圖說》은 도리어 태극이 음양을 낳는다(太極生陰陽) 하였으니, 무슨 까닭인가?

---

50)《龜峯集》, 卷三,〈雜著〉,〈太極問〉, "問: 周子則說靜字, 程子則說敬字. 二說之不同, 何耶. 亦有詳略之可論耶. 答: 靜則偏, 而敬乃通貫動靜. 然必以靜爲本, 平居湛然虛靜. 如秋冬之祕藏. 應事方不差錯, 如春夏之發生, 物物得所." 밑줄은 필자의 것.

51)《龜峯集》, 卷三,〈雜著〉,〈太極問〉, "聖人合動靜之德, 而常本於靜, 主修道而爲言也."

52)《花潭集》, 卷二,〈雜著〉,〈原理氣〉, "太虛湛然無形, 號之曰先天. 其大無外, 其先無始, 其來不可究, 其湛然虛靜, 氣之原也." 실제 구봉은 태허(太虛)라는 용어를 사용하여 "태허에는 기가 충만하여 조금도 결여한 곳이 없다"고 했다.《龜峯集》, 卷三,〈雜著〉,〈太極問〉, "太虛之間, 便有氣克塞無欠缺處."

답: 음양의 발생 근원으로 올라가 궁구하면 태극이 음양을 낳는 것이고, 그 나타나 있는 단서를 살펴보면 음양이 태극을 머금고 있는 것이다.《太極圖說》은 발생을 위주로 하였으므로, 태극이 음양을 낳는다고 말한 것이다. 53)

사물의 현상적 측면으로 볼 때 음양 가운데 태극이 있다. 온 우주만물이 각각 태극을 갖추고 있는 형상이다. 물음의 '음양중유태극(陰陽中有太極)'이다. 대답으로 말하면 "음양함태극(陰陽涵太極)"이다. 그러나 그 존재론적 차원에서 보면 태극은 음양을 낳는다. 구봉의 말로하면, "태극생음양(太極生陰陽)"이다. 이는《太極圖說》의 "태극은 동해서 양을 낳고, 동이 지극하면 정하고, 정해서 음을 낳고, 정이 지극하면 동하는데, 일동일정(한번 동하고 한번 정하는 것)은 상호 그 근본이 된다."54)는 말을 축약한 것이다.《太極圖說》에 나타난 태극 일원의 발생론적 사고이다. 이 문장을 문자 그대로 따르면 태극은 동정하고, 그 일동일정에 따라 음과 양이 생성된다. 그럼 태극의 동정의 문제와 리기의 선후문제가 동시에 발생한다.

구봉은 이러한 문제를 염두해 두고 '태극함동정'의 리기의 존재론 차원을《太極圖說》의 "무극이면서 태극이다(無極而太極)"를 통해 해명한다.

---

53)《龜峯集》, 卷三,〈雜著〉,〈太極問〉, "問: 以事物看之, 陰陽中有太極, 而圖却謂太極生陰陽, 何也. 答: 原其生出之初, 則太極生陰陽也, 觀其見在之端, 則陰陽涵太極也. 圖主生出, 故云太極生陰陽."

54)《周敦頤集》, 卷一,〈太極圖說〉, "太極, 動而生陽, 動極而靜, 靜而生陰, 靜極復動. 一動一靜, 互爲其根."

문: 《漢書》〈律曆志〉에서는 "태극이 셋(三才)을 포함하면서 하나이다." 라고 하였고, 《莊子》〈大宗師〉에서는 "도(道)가 태극에 선재한다."라고 하였으며, 《老子》25장에서는 "혼연히 이루어진 물(物)이 있는데 천지보다 먼저 생겼다." 라고 하였고, 《易》은 "역에 태극이 있다."라고 하였다. 이 네 가지 주장과 《太極圖說》의 이른바 태극은 그 같고 다름을 분별할 수 있는가?

답: 《漢書》〈律曆志〉에서 "태극이 셋(三才)를 포함한다"고 한 것은 형기가 이미 갖추어져 있으니 《太極圖說》이 말한 태극이 아니다. 《莊子》〈大宗師〉에서 "도(道)가 태극에 선재한다."고 한 것은 태극을 도라 여기지 않았고 도(道) 또한 태극 위에 일개 공허한 물건이니, 《太極圖說》이 말한 태극이 아니다. 《老子》25장에서 "천지보다 먼저 생겨났다"고 한 것은 얼핏 이 리(태극)을 가리키는 것 같으나 노자는 진실로 리를 알고 있는 사람이 아니다. 《易》에서 말한 바 "역에 태극이 있다"는 태극은 음양의 변화 가운데 나아가 그 리가 있음을 말한 것으로, 그 표현이 《太極圖說》과 같지 않으나 말한 리는 동일하다. 《太極圖說》이 말한 "무극이면서 태극이다(無極而太極)"은 음양을 섞지 않고 말한 것이다. 생각해 보건데, 《漢書》〈律曆志〉의 태극과 《莊子》〈大宗師〉의 태극은 음양을 섞어 말한 것이고, 《老子》25장 의 (천지보다 먼저 생겨났다는) 혼연히 이루어진 물(物) 또한 리의 묘를 깨닫고 말하지는 못했다. 55)

---

55) 《龜峯集》, 卷三, 〈雜著〉, 〈太極問〉, "問: 漢志謂太極函三爲一, 莊子謂道在太極之先, 老子云有物混成先天地生, 易云易有太極. 此四說與周子所謂太極同異, 可分耶: 答: 漢志謂函三則形氣已具, 非周子所謂太極也. 莊子謂道先太極, 則不以太極爲道, 而道又太極上一箇空底物, 非周子所謂太極也. 老子云先天地生, 似指斯理, 而老子實非知理者也. 易所云易有太極, 就陰陽變化中言有此理, 下語又與周子不同. 然所謂理則一也. 周子所謂無極而太極, 不雜乎陰陽而爲言者也. 蓋漢志之太極, 莊子之太極, 雜陰陽而爲言者也. 老子之有物混成,

구봉에게 있어서 《太極圖說》의 '무극이태극(無極而太極)'은 리기묘합의 존재론적 차원이 또 다른 언명이다. 구봉에 따르면 이 구절에 본체의 음양의 기를 섞어서 말하지 않았을 뿐이지 실재한다. 그러나 《漢書》의 태극이 포함한 셋(三才)은 형기이므로 본체의 기(氣)일 수 없다. 또한 '무극이태극'의 문구에서 '이(而)'자는 그 의미가 점차적인 의미를 가진 접속사가 아니다. 오히려 가벼운 의미로 무극과 태극 시공간의 선후나 구별을 나타내지 않는다.56) 무극도 태극도 동일한 리인데, 태극은 리의 존칭일 뿐이다.57) 그럼에도 불구하고 주렴계가 무극이라 한 것은 태극인 리를 일개 사물로 여겨 만물과 그 조화의 근원이 되기에 부족한 것으로 될까 염려한 까닭으로, 무극(無極)의 '무(無)'자와 태극(太極)의 '태(太)'는 보태거나 뺄 수가 없는 글자이다. 그러므로 태극 위에 도(道)가 선재한다는 《莊子》, 〈大宗師〉의 태극은 존재론적 차원의 리(理)일 수 없다. 《老子》 25장의 '혼연히 이루어진 물(物)'은 우주 만물의 근원이 되는 리기묘합의 존재론적 차원을 말하는 것 같으나, 구봉은 《老子》는 리를 모른다고 판단했다. 구봉에게 있어서 리기의 존재론적 차원에 태극의 리와 음양의 기는 묘합적 실재이다. 그러므로 음양의 기없는 태극의 리가 홀로 허공에 매달려 있을 수 없다. 그럼 구봉에게 있어서 태극은 실제로 동정하는가?

亦不得言理之妙."

56) 《龜峯集》, 卷三, 〈雜著〉, 〈太極問〉, "問: 無極而太極, 此而字, 重耶輕耶, 抑有積漸之義耶. 旣曰無, 又曰太, 何也. 無極太極, 孰先孰後, 亦有方位耶. 答: 無太二字, 添減不得者也. 而字輕, 無積漸, 無先後, 無方位. 因不知一而字之輕, 便生陸氏議論." 구봉은 '이(而)'자의 가벼운 의미를 알지 못하여 주륙논쟁이 발생했다고 보고 있다.

57) 《龜峯集》, 卷三, 〈雜著〉, 〈太極問〉, "太極理之尊號也."

문: 천지 간에 다만 동(動)과 정(靜) 두 개의 단서가 있을 뿐이다. 태극은 그 동인가? 그 정인가? 그렇지 않으면 이 동정 간에 실재하는가? 그렇지 않으면 동정 밖에 실재하는가? 그렇지 않으면 동정하는 것이 태극인가? 그 동정의 소이(所以)가 태극인가?

답: 동하지 않고 정하지 않으면서 동정을 머금고 있는 것이 태극이다. 동정 두 개의 단서는 순환불이(循環不已: 순환하여 그치지 않음)하는 것이 기이다. 생각해 보건데 동정하는 것이 기이고, 동정의 소이(所以)는 태극이다.[58)]

구봉에게 있어서 태극은 동(動)도 아니고 정(靜)도 아니며, 동정의 사이에 실재하는 것도 아니다. 그렇다고 동정 밖에 실재하는 것도 아니다. 태극은 동정의 소이(所以)인데, 이는 동정하게 하는 것이 아니라 동정의 근본이 된다는 말이다. 그러므로 태극의 소이는 최초의 작동인(作動因) 혹은 부동의 동자(Unmoved Mover)라는 뜻이 아니다. 동정은 음양이고, 동하고 정하는 것은 음양의 기로, 끊임없이 순환불이(循環不已)한다. 말하자면 음양의 기는 한번 동하고 한번 정하여 상호 그 근본이 된다는 뜻이다. 태극이 실제로 동정하여 음과 양을 낳는 것이 아니다.

이와 같이 구봉의 리기묘합적 사유의 존재론적 차원에서 본체의 리와 기는 묘합상태에 있어 선후동정의 문제가 없다. 그런데 구봉에게 있어서 본체의 기가 본체의 리의 순선(선 그 자체)에 작용하지 않은 때가

---

58)《龜峯集》, 卷三,〈雜著〉,〈太極問〉, "問: 天地之間, 只有動靜兩端. 太極其動耶, 其靜耶, 抑在此動靜之間耶, 抑在此動靜之外耶, 抑動靜者, 太極耶. 其所以動靜者, 太極耶. 答: 不動不靜, 而含動靜者, 太極也. 動靜兩端之循環不已者, 氣也. 蓋動靜者, 氣也, 所以動靜者, 太極也."

있다.

> 문: 태극은 형이상자이고, 음양은 형이하자이다. 형이하에 또한 태극
> 이 있다고 할 수 있다면, 형이상에도 또한 음양이 있다고 할 수 있는
> 가? 음양 태극에 필경 선후를 말할 수 없는가?

> 답: 리와 기가 원래 서로 떨어지지 않는다(旣不相離)면 본래부터 선후
> 로 나눌 수 없다. 그러나 주자(朱子)가 "형이상과 형이하로부터 말하
> 면, 어찌 선후가 없겠는가?"라고 하였으니, 만약 그것을 말하고자 하
> 면, 그 선후 또한 생각할 수 있다. 태극은 리이고, 음양은 기이다. 형이
> 상에 어찌 기가 있겠는가? 기에 리가 있지 않은 적이 없지만, 리에 혹
> 기가 작용하지 않은 경우(未嘗用事處)가 있다.59)

리와 기는 본래부터 둘이면서 하나이다. '기불상리(旣不相離)'이다. 그
러므로 선후로 나눌 수 없다. 그러나 형이상에는 형이하인 기질적 형기
가 있을 수 없다. 형이상자는 형이상자이고 형이하자는 형이하자이다.
리와 기는 하나이면서 둘이다. 리와 기는 서로 뒤섞을 수 없다. '불상잡
이다(不相雜).' 다만 그 존재론적 차원에서 형이상자인 리에도 본체의 기
는 있다. 구봉이 말한 존재론적 차원의 담연청허((湛然虛靜)의 원기(元
氣)이다. 이 본체의 기는 본체의 리와 묘합상태에 있다. 다만 구봉에게

---

59)《龜峯集》, 卷三,〈雜著〉,〈太極問〉, "問: 太極, 形而上者也, 陰陽, 形而下者也. 形而下, 亦
可謂有太極, 則形而上, 亦可謂有陰陽耶. 陰陽太極, 竟無先後之可言歟. 答: 理氣旣不相離,
則固不可分先後. 而然朱子曰, 自形而上下者言, 豈無先後, 必欲言之, 則其先後, 亦可想矣.
太極, 理也, 陰陽, 氣也. 形而上, 豈有氣哉, 於氣, 理未嘗不在, 而於理, 或有氣未嘗用事處."
주자의 말은《朱子語類》, 卷一,〈理氣上〉, 10조목 참조.

있어서 그 리의 순선(선 그 자체)에 작용하지 않은 때가 있다. '미상용사처(未嘗用事處)'이다. 이는 퇴계의 미용사시(未用事時)에 해당하는 것으로, 사단의 이론적 근거가 된다.

나. 우주론적 차원

구봉은 리기묘합적 사유의 우주론적 차원은 "태극에 동정을 가지고 있다(太極有動靜)"는 말로 표현되는데, 천명의 유행을 뜻한다.

> 문: 동정은 태극의 동정인가? 음양의 동정인가? 동정을 논할 때 모두 음양을 가리키는데,《太極圖說》은 "태극이 동해서 양을 낳고, 정해서 음을 낳는다(太極生陰陽)"는 다고 하였다. 그렇다면 태극 또한 동정이 있는가?

> 답: "태극에 동정을 가지고 있다(太極有動靜)"는 것은 천명의 유행이다. 생각해 보건데 태극은 동정의 리(理)이기 때문에 음양이 능히 동정한다. 동정하는 것은 음양이고, 동정하는 소이(所以)는 태극이다.[60]

인용한 문과 답은 잘 어울리지 않는다. 질문은 리기의 존재론적 차원을 "태극생음양(太極生陰陽)"을 묻는데, 오히려 리기의 우주론적 차원인 "태극유동정(太極有動靜)"으로 대답하고 있기 때문이다. 다만 구봉에게 있어서 존재론적 차원이든 우주론적 차원이든 동정하는 것은 음양이고,

---

60)《龜峯集》, 卷三,〈雜著〉,〈太極問〉, "問: 動靜是太極動靜乎, 是陰陽動靜乎. 論動靜皆指陰陽, 而圖曰太極動而生陽, 靜而生陰. 然則太極亦能動靜乎. 答: 太極之有動靜, 是天命之流行也. 蓋太極有動靜之理, 故陰陽能動靜也. 動靜者, 陰陽也, 所以動靜者, 太極也."

동정하는 소이, 곧 동정의 리(理)가 태극임을 확인할 수 있다. 이 우주론적 차원의 동정하는 기와 그 소이인 리의 자기전개가 바로 천명의 유행이다. 다시 말해 우주론적 차원에서 리기는 유행하여 우주 만물을 생성한다.

구봉은 리기가 유행하여 우주 만물을 생성하는 과정을 '기화(氣化)'와 '형화(形化)'의 단계로 설명한다. 그 전거는《易》과《太極圖說》이다.

> 문:《易》〈序卦〉에서는 "천지가 있고 난 연후에 만물이 있고, 만물이 있고 난 연후에 남녀(男女)가 있다"고 전하고,《太極圖說》에서는 "건도는 남(男)을 이루고 곤도는 여(女)를 이루어, 두 기가 서로 교감하여 만물을 생성한다." 두 전거의 말이 같지 않음은 무슨 까닭인가?

> 답:《易》과《太極圖說》은 모두 천지가 있고 난 연후에 기화(氣化)가 있고, 기화가 있고 난 연후에 형화(形化)가 있음을 전한다.《易》〈繫辭下〉에서 "천지 음양의 두 기가 왕성하게 어우러져 만물이 응취된다"는 말은 기화이고, "남녀가 정기를 교합하여 만물이 생성된다"는 것은 형화이다.《太極圖說》에서 "양의는 섰다" 것은 천지이고, "건도는 남(男)을 이루고 곤도는 여(女)를 이룬다"는 것은 기화이고, "두기가 교감하여 만물을 생성한다"는 것은 형화인데 무엇이 같지 않음이 있겠는가?[61]

---

61)《龜峯集》, 卷三,〈雜著〉,〈太極問〉, "問: 易云有天地然後, 有萬物, 有萬物然後, 有男女. 圖曰乾道成男, 坤道成女, 二氣交感, 化生萬物. 二說之不同, 何也. 答: 易與圖皆言有天地然後, 有氣化, 有氣化然後有形化. 易繫辭天地絪縕, 萬物化醇, 氣化也, 男女構精, 萬物化生, 形化也. 圖之兩儀立, 天地也, 乾道成男, 坤道成女, 氣化也, 二氣交感, 化生萬物, 形化也, 何不同之有."

질문은《易》과《太極圖說》은 만물과 남녀의 생성순서의 다름에 있는 것 같다.《易》은 만물이 먼저고 남녀가 뒤에 있는데,《太極圖說》은 남녀가 먼저고 만물이 뒤에 있다. 대답을 자세히 보면《易》의 남녀는 만물을 형화하는 부모의 기로, 단순히 사람의 남자와 여자가 아니라 이미 어떤 종류의 사물이 있고 난 후에 그 종을 생성하고 번식하는 암수(牝牡)를 뜻한다.[62] 또한《太極圖說》의 남녀는 아직 어떤 종류의 사물이 있기 이전에 기화하는 천지 음양의 기이다.[63] 다시 말해 기화는 천지의 기의 변화이고, 형화는 부모의 기의 변화인데, 천지의 기가 아무리 왕성하게 어우러져도 부모의 기가 없이는 만물이 생성할 수 없다. 그러므로 천지의 기가 없이는 천명이 유행할 수 없고, 부모의 기 없이는 만물이 생성되는 형화의 이치는 끊긴다. 김창경은 이와 같은 구봉의 기화와 형화를 "태극음양, 이기의 묘합을 통해 전개되는 현상세계라 하였다.[64]

이상에서 볼 때 구봉의 리기묘합적 사유의 우주론적 차원인 "태극유동정(太極有動靜)"은 천명의 유행이고, '기화'와 '형화'를 통해 전개된다는 것을 알 수 있다.

4. 퇴계 율곡 구봉의 리기묘합적 사유의 구조 및 전개

퇴계 율곡 구봉의 리기묘합적 사유는 존재론적 차원에서 우주론적

---

62)《龜峯集》, 卷三, 〈雜著〉, 〈太極問〉, "旣有種類之後, 牝牡之形配而生之謂形化."

63)《龜峯集》, 卷三, 〈雜著〉, 〈太極問〉, "未有種類之初, 陰陽之氣合而生之謂氣化."

64) 김창경,《구봉 송익필의 도학사상》, 책미래, 2014, 134쪽. 김창경은 기화와 형화는 구봉의 독창적인 사유는 아니지만, 구봉이 그 단계를 나누고 개념에 대해 명료하게 설명하고 있다는 점에서 철학적 의의를 찾고 있다. 이에 대해서는 위의 글 134~138쪽 참조.

차원으로 분절없이 전개된다. 이에 대해서는 퇴계 율곡 구봉의 리기묘합적 사유의 구조를 분석하면 쉽게 이해할 수 있다. 논의 전개상 율곡의 묘합적 사유구조를 먼저 살펴본다.

1) 율곡의 경우

율곡의 리기묘합적 사유의 존재론적 차원과 우주론적 차원은 '리재기중(理在氣中)'이라는 단일한 구조내에서 전개된다.

> 주회암은 "하늘이 음양오행으로 만물을 화생(化生)하고, 기로 그 형체를 갖추면 리 또한 부여된다"고 하였습니다. (리와 기는 본래부터 서로 떠나지 않고, 기에 즉해서 리는 그 기에 실재(理在其中)한다. 주회암의 말은 음양의 화생이라는 문구를 받은 것이기 때문에 '기가 형태를 이루면 리 또한 부여된다'고 한 것이지 기가 먼저 있고 후에 리가 있다고 말하는 것이 아닙니다. 말로써 뜻을 해쳐서는 안 됩니다).[65]

율곡은 우주 만물의 생성과정을 '리재기중(理在氣中)'이라는 리기의 묘합적 구조를 통해 논술하고 있다. 그런데 리기 '원불상리(元不相離)'를 문장의 첫머리에 두고 있기 때문에 '리재기중(理在氣中)'은 '원불상리' 원리의 구조적 진술이라고 할 수 있다. 말하자면 리와 기가 우주만물을 생성하기 이전의 존재론적 차원에서도 서로 떠나지 않는다는 뜻이다.

---

65) 《栗谷全書》, 卷十九, 〈聖學輯要〉一, 〈統說〉, 12b, "朱子曰, '天以陰陽五行, 化生萬物, 氣以成形, 理亦賦焉. (理氣元不相離, 卽氣而理在其中. 此承陰陽化生之言, 故曰氣以成形, 理亦賦焉, 非謂有氣, 而後有理也, 不以辭害意可也)."주회암의 문구는 《中庸章句》에 보인다. 그리고 괄호안은 율곡 자신의 할주이다. '理在其中'의 其는 氣를 가리키는 대명사이다. 인용구에서 화생(化生)은 구봉이 말하는 기화(氣化)에 해당한다.

나아가 리와 기가 우주만물을 생성할 때에도, 리기가 시공간적 선후(리선기후 또는 기선리후)가 있을 수 없음을 율곡은 명백히 밝히고 있다. 조금 더 세밀히 말하자면 '음양오행'이 우주만물로 기화될 때에도 우주만물이 그 형체를 갖추는 형화의 때에도 리는 그 기를 떠나지 않는다.

그런데 리기의 묘합적 구조인 '리재기중'은 '원불상리'의 구조적 진술일 뿐만 아니라 '실불상잡(實不相雜)' 원리의 구조적 진술이기도 하다.

원기는 어찌 처음과 끝이 있을까, 무형이 유형에 실재하도다.[66]

'리재기중'의 구조를 그 양태로 말하면 무형이 유형에 실재하는 '무형재유형(無形在有形)'이고, 그 기능적 속성으로 말하면 무위가 유위에 실재하는 '무위재유위(無爲在有爲)'라고도 할 수 있다. 이는 '리와 기는 진실로 서로 뒤섞이지 않는다'고 하는 리기묘합적 사유의 '실불상잡'의 원리이다. 그러므로 리기묘합적 사유는 구조적으로 보면 '리재기중'이고, '원불상리'와 '실불상잡' 원리는 '리재기중'의 구조적 진술이다. 합해서 그 의미를 말하자면, 리와 기는 본래부터 배타적 이원으로 분리되지 않으면서 각각 무형·무위와 유형·유위의 서로 다른 속성이 하나의 속성으로 환원되지 않는다고 해석할 수 있다. 그러므로 '리재기중'의 구조적인 측면에서 볼 때 리기묘합적 사유는 배타적 이원론이나 환원론적 일원론으로 이해하는 연구는 지양되어야 한다. 또한 리기의 묘합적 사유는 '리재기중'의 구조를 갖추고 있기 때문에 리와 기가 존재론적 차원에서 우주론적 차원으로 분절없이 전개된다.[67]

---

66) 《栗谷全書》, 卷十, 〈書〉二, 〈理氣詠呈牛溪道兄〉, 22a, "元氣何端始, 無形在有形."
67) 《栗谷全書》, 卷十, 〈書〉二, 〈與成浩原〉, "本體之中, 流行具焉, 流行之中, 本體存焉."

2) 퇴계의 경우

율곡과 마찬가지로 퇴계의 묘합적 사유도 기본적으로 '리재기중(理在氣中)'의 구조를 갖추고 있다. 그래서 리가 기밖에 형이상학적 실체로 독립되어 실재하는 것이 아니다. 이는 고봉 기대승이 "인간을 포함한 우주만물에 있어서 리와 기를 구별해도 해가 없다"는 말에 대한 퇴계의 답변에 잘 나타나 있다.

> 내 생각으로는 인간을 포함한 우주 만물에서 보더라도 리가 기밖에 실재하지 않지만, 리와 기를 분별하여 말할 수 있습니다.[68]

'리가 기밖에 실재하지 않는다(非理在氣外)'는 말은 리기묘합적 사유의 구조인 '리재기중'을 가리킨다. 그러므로 리와 기는 서로 분리할 수 없다. 그럼에도 불구하고 '리와 기를 분별하여 말할 수 있다'는 것은 리와 기가 서로 뒤섞이지 않음을 암시한다.

> 리와 기를 구별하여 둘로 보더라도 미상리(未嘗離: 일찍이 분리된 적이 없다)에 해가 없게 하고, 합해서 하나로 보더라도 불상잡(不相雜: 서로 뒤섞이지 않는다)으로 귀착해야 비로소 두루 세밀하게 알아 편벽됨이 없습니다.[69]

---

68) 《退溪集》, 卷一六, 〈書〉, 〈答奇明彦(改本)〉, "辯誨曰, 就天地人物上, 分理與氣不害. 就性上論, 理墮在氣中, 若論情, 則性墮在氣質,兼理氣, 有善惡, 分屬未安.; 滉謂就天地人物上看, 亦非理在氣外, 猶可以分別言之, 則於性於情, 雖曰理在氣中, 性在氣質, 豈不可分別言之."

69) 《退溪集》, 卷一六, 〈書〉, 〈答奇明彦〉, "分而爲二, 而不害其未嘗離, 合而爲一, 而實歸於不相雜, 乃爲周悉而無偏也."

인용문의 '미상리(未嘗離)'와 '불상잡(不相雜)'의 원리는 '리재기중'의 구조적 진술이다. 이는 율곡의 '원불상리(元不相離)'와 '실불상잡(實不相雜)'과 일치하고, 이를 논리적 명제로 하면, "一而二, 二而一"이다.70)

그런데 율곡과 달리 퇴계에게 독자적인 묘합적 구조가 보이는데, 호발(互發)·상수(相須)의 '호재기중(互在其中)'의 구조이다.

> 생각해 보건데 사람의 몸은 리와 기가 합해서 생성되기 때문에 리와 기는 상호 발하지만, 서로 발하는 것(互發)은 또한 서로를 필요로 합니다(相須). 서로 발하므로 각각 위주하는 바(各有所主)를 알 수 있고, 상수하므로 상호 그 가운데 실재하는 호재기중(互在其中)을 알 수 있습니다. 호재기중하기 때문에, 혼륜해서 말하여 (리와 기가) 본래부터 있다고 할 수 있고, 각각에 위주하는 바(各有所主)가 있기 때문에, 분별해서 말하는 것도 무방합니다.71)

'호재기중(互在其中)'은 '리재기중(理在氣中)'뿐만 아니라 '기재리중(氣在理中)'의 구조를 포함한다. 이는 '리발이기수지(理發而氣隨之)'와 '기발이리승지(氣發而理乘之)'를 전개하기 위해 퇴계가 고안한 독자적인 묘합구조로 호발(互發)·상수(相須)하는 '호재기중'의 내함적 구조라 할 수 있다. 말하자면 퇴계는 '리재기중' 구조 가운데 '기재리중'의 구조를 두는 중층적 구조를 구상한다. 이 구조는 심의 심연에 있는 순선한 리를

---

70) 《栗谷全書》, 卷二十, 〈聖學輯要〉二, 〈修己〉上, "有問於臣者曰, '理氣, 是一物, 是二物.' 臣答曰, 考諸前訓, 則一而二, 二而一者也."

71) 《退溪集》, 卷一六, 〈書〉, 〈答奇明彦(改本)〉, "蓋人之一身, 理與氣合而生, 故二者互有發用, 而其發又相須也. 互發, 則各有所主可知, 相須, 則互在其中可知. 互在其中, 故渾淪言之者, 固有之, 各有所主, 故分別言之, 而無不可."

궁구하기 위한 틀이라고 할 수 있다. '리재기중'은 기에 따라 리가 가리는 구조라면, '기재리중'에서는 리가 기를 주도하는 구조이다.

그러나 '호재기중'의 구조에서 리는 독행(獨行)할 수 없다.[72] 서로 발하는 것은 또한 서로를 필요로 하는 구조이기 때문이다. 그러므로 호발과 상수는 이율배반적인 것이 아니고, 묘합적 사유의 '호재기중'의 내함적 구조에서는 논리 정연한 어법이다.

그러므로 퇴계의 묘합적 사유의 독자적 구조인 '호재기중'은 '호발'이면서 '상수'이고(二而一), '상수'이면서 '호발'이다(一而二). 이러한 의미에서 "호재기중(互在其中)하기 때문에, 혼륜해서 말하여 (리와 기가) 본래부터 있다고 할 수 있고, 각각에 위주하는 바(各有所主)가 있기 때문에, 분별해서 말하는 것도 무방하다"고 퇴계는 말할 수 있었다. 또한 상수의 혼륜가운데 호발의 각각 위주 하는 바(各有所主)를 알 수 있으므로, "사단과 칠정의 소종래(所從來)를 분별할 수 있다"고도 말할 수 있었다.[73] 결국 퇴계에게 있어서 각각 위주하는 바(各有所主)와 소종래(所從來)는 '리발이기수지'와 '기발이리승지'를 가리키는데, 이는 호발(互發)·상수(相須)하는 '호재기중의 내함적 구조에서 전개되고, 사단칠정의 근거가 된다.

3) 구봉의 경우

퇴계와 율곡과 마찬가지로 구봉의 묘합적 사유는 '리재기중(理在氣中)'의 구조를 갖추고 있다.

---

72) 《退溪集》, 卷三十六, 〈書〉, 〈答禹景善〉, "蓋理不能独行."
73) 《退溪集》, 卷一六, 〈書〉, 〈答奇明彦(改本)〉, "論情, 而性在氣質, 獨不可各就所發, 而分四端七情之所從來乎."

문: 남헌(南軒)이 이르기를, "무극이면서 태극(無極而太極)"은 무위이면서 유위"라고 말했다. 그 말은 과연 믿을 만한 것인가? 그렇지 않으면 옳지 못한 곳이 있는가?

답: 무위를 무극으로 이해하고 유위를 태극으로 이해하는 것은 무극과 태극을 둘로 여기고 보는 것이다. 또한 하물며 유위는 기이고, 리는 본래부터 무위이지만 유위의 소이(所以)인 리가 기 가운데 있으니(理在其中), 남헌 장식의 말은 옳지 않다. 74)

  남헌(南軒) 장식((張栻, 1133~1180)은 무극과 태극을 무위와 유위로 이해했다. 이에 대해 구봉은 무극과 태극은 리이고, 그 리는 무위의 속성으로 가졌으며 유위적 속성을 가진 동정하는 기의 소이(所以)라고 논한다. 그리고 '리재기중(理在氣中)'이라고 하는 리기묘합적 사유의 구조를 제시한다.75) 또한 '리재기중'의 묘합적 구조에서 태극인 리와 음양동정의 기를 체와 용으로 나눌 수 없다. 그러면 태극과 음양동정은 시공간적으로 분리되고 선후를 갖게 된다. 그러므로 구봉은 주회암의 말을 빌어, 태극은 음의 정에도 양의 동에도 변함없이 무소부재하는 본연의 묘이고 음양의 동정은 타는 기(機)라고 하였다.76)

---

74) 《龜峯集》, 卷三, 〈雜著〉, 〈太極問〉, "問: 南軒曰, "無極而太極, 言莫之爲而爲之." 其果信然耶, 抑有不是處耶.答: 以莫之爲, 釋無極, 以爲之, 釋太極, 是以無極太極, 爲二說看也. 又況爲之氣也, 理固莫之爲, 而所以爲之之理在其中, 此說非是." 장남헌의 말에 대해서는《朱子語類》, 卷九十四, 〈周子之書〉, 〈太極圖〉를 참조할 것.

75) 위 인용문에서는 '理在其中'으로 되어 있으나, '其'자는 기를 가리키는 대명사이기 때문에 '理在氣中'이라고 하였다.

76) 《龜峯集》, 卷三, 〈雜著〉, 〈太極問〉, "問: 朱子嘗以太極爲體, 動靜爲用, 以太極陰陽分體用. 抑何義耶. 又曰, 太極者, 本然之妙, 動靜者, 所乘之機. 二說同耶異耶.答: 後說是, 不可分體用, 前說未穩." 주자(朱子)의 말은《朱熹集》, 卷四十五, 〈答楊子直〉참조.

이처럼 율곡과 퇴계의 경우에서도 보았듯이, '리재기중'의 묘합적 구조에서는 리와 기는 이미 서로 떨어져 있지 않고 본래부터 시간적 선후로 나눌 수 없다.[77] 이러한 의미에서 리와 기는 둘이면서 하나(二而一)이니, 리와 기를 배타적 이원으로 나눌 수 없다. 또한 리는 무위이고 기는 유위로 서로 다른 속성을 가지고 있으니, 뒤섞어 어느 하나의 속성으로 환원시킬 수도 없다. 이러한 의미에서 리와 기는 하나이면서 둘(一而二)이니, 일원론으로 환원시키는 것도 불가능하다.

그런데 '리재기중'의 구조에서 구봉의 독특한 사유전개를 볼 수 있다. 리기묘합적 사유의 존재론적 차원인 "태극함동정(太極含動靜)"으로부터 이를 추론할 수 있다. 구봉은 〈太極問〉의 81조목에서 "태극함동정(太極含動靜)"을 통해 자문자답한 내용이 4개 조목이 있다.[78] 그리고 "태극함동정(太極含動靜)"을 함의하는 다수의 조목이 있을 만큼 리기의 존재론적 차원에 철두철미하려고 했다. 태극이 동정을 머금고 있는 "태극함동정(太極含動靜)"을 구조화시키면, '기재리중'이다. 퇴계는 '기재리중'을 구조화하여 '리재기중'과 더불어 '호재기중'의 내함적 구조를 구축했다.

그런데 구봉은 '기재리중'을 구조화하지 않았다. 대신에 "태극함동정(太極含動靜)"의 존재론적 차원의 리를 퇴계보다 더 강력하게 운용시키는 수사학적 표현을 사용했다.

동정하는 것은 기이고, 동정하나 동정이 없는 것이 리이다. 동정이 그 리에 반한 사람은 걸(桀)과 척(跖)이고, 동정이 그 리에 합한 사람은 요

---

77)《龜峯集》, 卷三, 〈雜著〉, 〈太極問〉, "理氣旣不相離, 則固不可分先後."
78) 4개 조목은 10, 24, 28, 54 조목이다.

(堯)와 순(舜)이다.**79)**

구봉의 리기묘합적 사유에서 존재론적 차원으로부터 우주론적 차원에 이르기까지 동정하는 것은 기이고, 동정하는 소이(所以)는 리이다. 그리고 그 사유의 구조인 '리재기중'을 지속적으로 유지했다.

그러나 그 단일한 구조 내에서 '동정하나 동정이 없는 리'를 수사학적으로 표현하고 있다. 리가 실제로 동정하면 그 무위의 속성을 잃고 기의 속성으로 환원된다. 그러므로 비유나 은유와 같은 레토릭으로 표현한다. 걸과 척 그리고 요와 순이 '동정하나 동정이 없는 리'의 수사학에 등장한다. 리에 반한 사람은 걸과 주로, 그 리에 합한 사람은 요와 순이다. 그는 "태극함동정(太極含動靜)"의 존재론적 차원을 현저하게 드러내고 있다.

> 리는 본래 미미하지 않은데, 기 가운데 있으므로(理在氣中) 미미해서 보기 어렵다고 하는 것은 뭇 사람들이 하는 말입니다. 성인에게 있어서 어찌 일찍이 미미함이 있겠습니까?......리보다 더 잘 드러나는 것은 없는데, 리가 기 가운데 있기 때문에 미미합니다. 이숙헌이 "리에 소리도 냄새도 없다"고 한 것은 리가 본래부터 미미하다고 말한 것입니다. 공(公)도 또한 다만 발현된 것이 미미하고 작다고 말했지 미미하고 작게 발현된 연유를 말하지 않았으니, 모두 미진한 바가 있습니다.**80)**

---

79) 《龜峯集》, 卷三, 〈雜著〉, 〈太極問〉, "動靜者, 氣也, 動靜而無動靜者, 理也. 動靜之反其理者. 桀跖也. 動靜之合其中者, 堯舜也."

80) 《龜峯集》, 卷三, 〈雜著〉, 〈太極問〉, "二說皆未盡. 理本不微, 在氣中, 故微而難見, 此在衆人說. 在聖則何嘗有微. 氣質之品, 千萬不同, 自聖以下之道心有微者, 有微而又微者, 有又微而又微者. 雖或至微, 而終無泯滅之理. 苟能充之, 還與上聖同其著. 此朱子之所謂微者著

위 인용문은《心經》의 '도심유미(道心惟微)'라는 문구에 대한 사계(沙溪) 김장생(金長生, 1548~1631)의 물음에 구봉이 답한 서신이다. 구봉에게 있어서 리는 본래 미미하지 않다. 오히려 리보다 더 잘 드러나는 것이 없다. 리가 본래 미미하다고 한 것은 율곡의 미진한 점이다.

또한 구봉은 리가 미미하게 된 까닭을 '리재기중'의 구조에서 찾는다. 이 구조에서 리는 기에 가려져 있다. 사계의 미진한 점이 여기 있다. 리가 미미하게 발현된 것만 보고 그 까닭을 말하지 않았기 때문이다. 구봉의 존재론적 시간 미상용사처(未嘗用事處)는 기에 가리지 않은 리의 순선이 현저하게 드러나는 때이다. 성인은 우주론적 차원에서도 존재론적 시간을 사는 사람이다. 요와 순이다.

5. 퇴계 율곡 구봉의 리기묘합적 사유에 입각한 사단칠정의 사상체계

1) 퇴계의 경우

퇴계는 호발(互發) · 상수(相須) '호재기중'의 리기묘합적 중층구조에 입각하여 심성체계를 정합하게 구축한다. 그리고 그 사유에 기초하여 사단칠정을 전개한다.

> 내 생각으로는 인간을 포함한 우주만물에서 보더라도 리가 기밖에 실
> 재하지 않으나 리와 기를 분별하여 말할 수 있다. 그러면 성(性)에 있
> 어서도 정(情)에 있어서도 리가 기에 실재(理在氣中)하고 성이 기질에

也. 聖人之不微. 蓋可知也, 聖人全其著者也. 學者求其著者也. 自微至著, 我無加損, 則是果本微者乎.莫著乎理, 而以在氣中故微. 叔獻以理無聲臭. 而云理本微. 公亦只言所發之微少, 而不言所以微小之故, 皆有所失. 且道心之微著與人心之安危, 相爲消長, 人心之危者, 道心微, 道心之著者, 人心安. 밑줄은 필자의 것.

실재(性在氣質)하더라도, 어찌 분별하여 말할 수 없겠습니까?81)

성으로 논하자면 리재기중(理在氣中)인데, 자사와 맹자는 본연지성을 말하였고, 정이천과 장횡거는 기질지성을 말하였다. 정으로 논하자면 성이 기질에 실재하는 것(性在氣質)인데, 각각 발한 바에 나아가(各就 所發) 사단과 칠정의 소종래(所從來)를 구별하는 것이 어찌 불가한 가?82)

인용문에서 퇴계는 '리재기중(理在氣中)'을 '성재기질(性在氣質)'의 본연적 구조로 논한다. '성재기질(性在氣質)'을 심성 구조로 말하면, '성재 심중(性在心中)'인데, 심에 리가 갖추어진 것이 성이기 때문이다. 그러므로 '성재심중'은 리기묘합의 '리재기중' 구조에 입각한 심성묘합의 구조라고 할 수 있다. 퇴계에 따르면 우주 만물은 물론 성과 정도 총론하면 '리재기중'의 리기묘합 구조를 갖추고 있다.

그러나 이를 분별하여 말할 수 있다. 성은 본연지성과 기질지성으로, 정은 사단과 칠정으로 나누어 볼 수 있다. 말하자면 사단과 칠정의 소종래를 추구하여 각각 그 발처인 본연과 기질의 성을 나누어 보고 있는 것이다. 그러므로 퇴계의 사단과 칠정의 분별은 평면적 분별이 아니다. '리재기중'의 심층구조인 '기재리중'을 통해 보는 수직적 분별이다.

81) 《退溪集》, 卷一六, 〈書〉, 〈答奇明彦(改本)〉, "況謂就天地人物上看, 亦非理在氣外, 猶可 以分別言之. 則於性於情, 雖曰理在氣中, 性在氣質, 豈不可分別言之."

82) 《退溪集》, 卷一六, 〈書〉, 〈答奇明彦(改本)〉, "蓋人之一身, 理與氣合而生, 故二者互有發 用, 而其發又相須也. 互發, 則各有所主可知, 相須, 則互在其中可知. 互在其中, 故渾淪言 之者, 固有之, 各有所主, 故分別言之, 而無不可. 論性, 而理在氣中, 思孟猶指出本然之性, 程張猶指論氣質之性. 論情, 而性在氣質, 獨不可各就所發, 而分四端七情之所從來乎." 밑 줄은 필자의 것.

퇴계는 리기묘합적 사유에 있어서 '리재기중' 구조 가운데 '기재리중'의 구조를 두는 '호재기중'의 중층적 구조를 구축했듯이, 사단칠정을 분별하여 그 소종래에 따라 심성묘합의 '성재심중' 구조에 '심재성중(心在性中)'의 구조를 구상하고 있는 것이다. '심재성중'은 '성재심중'의 심층 구조이고, 사단은 이 구조에서 발한 것이다. 이때는 기질이 본연지성인 리에 작용하지 않는 때이다. 말하자면 '기재리중'과 이에 입각한 '심재성중'은 '리발' 또는 '성동'이 사단의 구조적 근거이다.

> 심이 선동(先動)하거나 성이 선동(先動)한다는 말은 분명 그렇지 않다고 생각합니다. 생각해 보건데 심이 리를 갖추어 능동정(能動精)하기 때문에 성과 정의 이름이 있고, 성과 정은 심과 더불어 상대하여 이물(二物)이 되는 것이 아닙니다. 이미 이물이 아니라고 한다면 심동(心之動)은 곧 성이 그러한 것(所以然)이고, 성동(性之動)은 곧 심이 그리할 수 있는 바(所能然)입니다. 그러면 어찌 심과 성을 선후로 분리할 수 있겠는가? 심은 성이 아니면 말미암아 동함이 없기에 심이 선동(先動)한다고 할 수 없고, 성은 심이 아니면 스스로 동하는 것은 불가능하기 때문에 성이 선동(先動)한다고 할 수 없습니다.[83]

리와 기와 마찬가지로 심과 성은 그 동정에 선후가 없다. 성은 심에 갖추어진 리로 '성재심중'의 구조를 갖추고 있기 때문이다. 또한 심과 성은 본래부터 서로 떠난 적이 없으므로 서로 상대하는 배타적 이원론

---

83) 《退溪集》, 卷二十九, 〈書〉, 〈答金而精(別紙)〉, "心先動性先動之說, 竊恐未然. 心具此理而能動靜, 故有性情之名, 性情非與心相對, 而爲二物也. 旣曰非二物, 則心之動, 卽性之所以然也, 性之動, 卽心之所能然也, 然則何以不可分先後耶. 心非性, 無因而爲動, 故不可謂心先動也, 性非心, 不能以自動, 故不可謂性先動也."

적 실체가 아니다. 그러므로 심과 성은 이물이 아니다. 심성의 '불상리(不相離)'를 가리킨다.

그런데 심과 성은 이물이 아니면서 일물도 아니다. 성은 심동의 소이연(所以然)이고 심은 성동의 소능연(所能然)이다. 심성의 '불상잡(不相雜)'이다. 심과 성은 어느 하나의 속성으로 환원되어 일원으로 동일화되지 않는다. 종합하면 '성재심중'은 심성묘합의 구조이고, '불상리'와 '불상잡'은 그 사유의 구조적 진술이다. 다음은 퇴계의 언술이다.

> (심이) 동하는 근저는 성이다. 이른 바 동하는 근저란 심이 동하는 소이입니다. 그러므로 심 이외에 따로 성동(性之動)이 있는 것이 아닙니다.[84]

인용문은 리기묘합적 사유의 존재론적 차원에서 리의 '능발'과 '능현행'이 수사학적 표현임을 명증해 준다. 동정하는 것이 기이고 그 동정의 소이가 리이듯이, 동정하는 것은 심이고 그 동정의 소이가 성이다. 리기묘합에 입각한 심성묘합의 체계가 정합하다. 또한 퇴계는 '호재기중'의 리기묘합 구조에서 리기의 호발을 전개하듯이, '호재기중'의 심성묘합 구조에서 성심호발을 논한다.

> 생각해 보건데 심(心)은 리기의 합으로 성정을 통섭하는 사물입니다. 그러므로 의(意)가 심의 발일 뿐만 아니라, 정(情)이 발한 것도 또한 심이 하는 것입니다. 리는 형상이 없으나 심에 깃들어 실려 있는 것이 성

---

84)《退溪集》, 卷二十九,〈書〉,〈答金而精(別紙)〉, "動底是性. 所謂動底者, 卽心之所以動之. 故非外心而別有性之動也."

(性)이고, 성은 형상이 없으나 심에 의거하여 발용하는 것이 정(情)이고, 정의 발에 의거하여 계획하고 헤아려 이렇게 하도록 주장하고 저렇게 하도록 주장하는 것이 의(意)입니다. 선유는 정이 저절로 발하므로 성발(性發)이라 했고, 의는 이렇게 하도록 주장하기 때문에 심발(心發)이라고 했는데, 각각 그 중한 곳(重處)에 나아가 말한 것입니다.85)

실제 정과 의는 심의 발이다. 그러나 퇴계는 그 중한 바에 따라 성발(性發)과 심발(心發)을 말한다. 호발(互發)이다. 그러나 그 호발도 서로를 필요로 한다. 상수(相須)이다. 그러므로 리기묘합적 사유의 호발·상수의 '호재기중'의 구조처럼, 심성묘합의 호발·상수의 '호재기중'의 구조를 연역할 수 있다. 그러나 리기묘합의 리처럼 '성발' 또는 '성동'은 수사학적 표현이다.

고봉은 퇴계의 사단칠정론 전개에 반론한다. 그 반론은 날카롭니다. 그러나 호발·상수의 '호재기중'의 구조에 입각한 퇴계의 대응은 노련하다. 고봉은 사단은 "기와 무관하게 리로부터 발출한 별도의 하나의 정이 아니다"는 반론에, 퇴계는 "사단의 발에 분명히 기가 없는 것이 아니다"고 답한다.86) 또한 "칠정은 심에 리가 없이 이 심이 바깥 사물에 우연히 감응하여 발한 정이 아니고, 바깥 사물에 감응하여 발하는 것은 사단도 또한 그러하다"는 반론에, 퇴계는 "분명히 그렇다"고 답한다.87) 리기

85)《退溪集》, 卷三十六,〈書〉,〈答李宏仲問目〉, 16a-16b, "蓋心是合理氣, 統性情底物事, 故非但意爲心之發, 情之發亦心所爲也. 理無形影, 而盛貯該載於心者, 性也, 性無形影, 而因心以敷施發用者, 情也, 因情之發, 而經營計度, 主張要如此, 主張要如彼者, 意也. 先儒以情是自然發出, 故謂之性發, 意是主張要如此, 故謂之心發, 各就其重處言之."

86)《退溪集》, 卷一六,〈書〉,〈答奇明彦(改本)〉, "辯誨曰, 非別有一情, 但出於理, 而不出於氣. 滉謂四端之發, 固曰非無氣."

87)《退溪集》, 卷一六,〈書〉,〈答奇明彦(改本)〉, "辯誨曰, 非中無是理, 外物偶相感動, 感物而

묘합에 입각한 심성묘합의 호발·상수의 '호재기중'의 구조에 토대한 퇴계의 응대는 견고하고 흔들림이 없다. 이윽고 퇴계는 '리발이기수지(理發而氣隨之)'와 '기발이리승지(氣發而理乘之)'라는 호발론에 입각한 자신의 사단칠정설을 개진한다.

생각해 보건데, 혼륜해서 말하면 칠정은 리기를 겸하니 더할 나위없이 명백하나, 칠정을 사단과 대대해서 각각 구분해서 말하면, 칠정에 있어서 기는 역시 사단에 있어서 리와 같습니다. 그 발에 각각 혈맥(血脈)이 있고, 그 이름 모두에 가리키는 바(所指)가 있기 때문에 그 위주하여 발동하는 바에 따라서 분속할 수 있을 뿐입니다. 나도 또한 칠정이 리와 무관하게 외물과 우연히 접하여 느껴 발한 정이라고 생각하지는 않습니다. 또한 사단도 외물에 접하여 느껴 발동한(感物而動) 정이라는 점에서는 분명 칠정과 다르지 않습니다. 다만 사단은 리발이기수지(理發而氣隨之)이고, 칠정은 기발이리승지(氣發而理乘之)일 뿐입니다.[88]

퇴계는 고봉의 반론에 먼저 상수(相須))의 '호재기중'의 묘합적 구조를 통해 사단칠정을 논하고 있다. '혼륜해서 말한다'는 것이다. 그러면 사단과 칠정은 모두 리와 기가 상수(理氣相須)하여 "감물이동(感物而動)"의 과정에서 발생한 경험이다.

動, 四端亦然. 滉謂此説固然."

[88] 《退溪集》, 卷一六, 〈書〉, 〈答奇明彦(改本)〉, 31b-32a, "蓋渾淪而言, 則七情兼理氣, 不待多言而明矣. 若以七情對四端, 而各以其分言之, 七情之於氣, 猶四端之於理也. 其發各有血脈, 其名皆有所指, 故可隨其所主, 而分屬之耳. 雖滉亦非謂七情不干於理, 外物偶相湊著而感動也. 且四端感物而動, 固不異於七情, 但四則理發而氣隨之, 七則氣發而理乘之耳."

그런데 상수(相須))의 '호재기중'의 묘합적 구조에서 말할 수 있다. '대대해서 각각 구분해서 말한다'는 것이다. 혈맥(血脈)과 소지(所指), 이를테면 그 소종래(所從來)에 따라서 사단칠정의 경험을 추론한다. 이와 같은 논리적 추론은 사단과 칠정의 경험을 자료로 삼아 그 경험이 갖는 서로 다른 의미를 규명하는 작업이다. '리발이기수지(理發而氣隨之)'와 '기발이리승지(氣發而理乘之)'는 이러한 추론과정에서 도출된 이론이다. '기발이리승지'는 칠정의 경험적 사실을 자료로 하여 그 의미를 추론한 이론이라면, '리발이기수지'는 사단의 경험적 사실을 자료로 하여 그 의미를 추론한 이론이다.

이에 대해서는 고봉이 "거슬러 올라가 그 근원을 추론해보면, 본래 사단과 칠정에 두 가지 의미가 있는 것이 아닙니다"는 변론에, 퇴계가 "동일한 곳에 나아가 논하면, 사단과 칠정에 두 가지 의미가 있는 것이 아니다'는 말은 그럴 듯하나, 만일 사단칠정을 대거해서 거슬러 올라가 근원을 추론해보면, 진실로 리기의 분기가 있으니, 어찌 다른 뜻이 있지 않다고 말하는가?"라는 대답에서 명증된다.89) 그러므로 퇴계는 "사단의 발현은 순리이기 때문에 불선이 없고, 칠정의 발현은 기를 겸하기 때문에 선악이 있다"고 리기호발의 의미를 규명할 수 있었다.

사단과 칠정이 발현되는 소종래에 관한 한, 리기묘합적 사유의 존재론적 차원인 '능발지묘용(能發之妙用)'과 우주론적 차원이 '현행지묘용(顯行之妙用)'과 연관시켜 고찰하면, 퇴계의 논리적 일관성과 사상체계의 정합성을 알 수 있다. 다음은 퇴계가 그 연관성을 고심하면서 자신의

---

89)《退溪集》, 卷一六, 〈書〉, 〈答奇明彦(改本)〉, "辯誨曰, 推其向上根源, 元非有兩箇意思. 滉謂就同處論, 則非有兩箇者似矣. 若二者對擧, 而推其向上根源,則實有理氣之分, 安得謂非有異義耶."

글을 개정하여 고봉에게 보낸 서신이다.

> 어떻게 심에 실재하는 것은 순리(純理)인데 막 발하여(才發) 기와 뒤섞
> 이겠습니까? 바깥 사물에 감응하는 것이야말로 형기인데, 그 발용이
> 도리어 리라 하고 기가 아니라고 하겠습니까? ('도리어 리라 하고' 이
> 하는 이전의 서신에 '리의 본체라고 하겠는가' 하였던 것을 이번에 개정하
> 였습니다) 사단은 모두 선하기 때문에 맹자는 '사단이 없으면 사람이
> 아니다'고 하였습니다.[90]

성은 심에 실재하는 리인데, 이때 리는 기질지성이다. 그런데 퇴계는
순리(純理)라 하였으니, 기질을 뒤섞지 않은 본연지성을 가리켜 말한 것
이다. 퇴계는 이 순리(純理)와 본연지성의 발을 사단의 소종래로 보고,
맹자의 말을 예로 들어 논증한다. 말하자면 사단의 근원을 태극의 '능발
지묘용(能發之妙用)'이라는 리의 존재론적 차원에서 찾고 있다. 리의 '능
발지묘용(能發之妙用)'은 사단의 '리발이기수지(理發而氣隨之)'의 '리발
(理發)'과 통한다.

그리고 태극의 '능발지묘용(能發之妙用)'은 본체의 기와 묘합해 있는
데, 그 기의 발용은 태극의 능발의 주재하에 있다. 퇴계가 말한 기의 '미
용사시(未用事時)'이다. 이는 '리발이기수지(理發而氣隨之)'의 '기수(氣
隨)'와 통한다. 그러므로 퇴계는 사단을 '리발이기수지(理發而氣隨之)'라

---

90) 安有在中爲純理, 而才發爲雜氣. 外感則形氣, 而其發顧爲理不爲氣 (顧爲理以下, 舊作爲理
之本體, 今改) 耶. 四端皆善也, 故曰, 無四者之心, 非人也.; 개정한 퇴계의 이전 문구는 다
음의 밑줄로 표시했다. "安有在中爲純理, 而才發爲雜氣, 外感則形氣, 而其發爲理之本體
耶."(《退溪集》, 卷一六, 〈書〉, 〈答奇明彦〉). 퇴계가 정정한 곳을 주의 깊게 살피면, 무위
인 리의 본체가 발하여 음양을 낳는 존재론적 차원을 성(性)이 막 발하여 사단의 발현과
일치시키는 논리적 체계를 볼 수 있다.

하였고, 이는 뭇 사람들과 달리 성인은 "리를 따르기 때문에 정으로 동을 제어하여 기가 리의 명령을 듣는다"는 말과 부합한다.

또한 리기묘합적 존재론적 차원의 '담일청허'한 본체의 기는 형기의 와 무관하지 않지만 그 차원을 달리한다. 그러므로 퇴계가 칠정의 발현을 추론할 때, 이전 서신에서 '리의 본체라고 하겠는가?'를 "그 발용이 도리어 리라 하고 기가 아니라고 하겠는가?"라고 개정한 것으로 볼 수 있다. 이는 칠정의 발에 리가 없다는 뜻이 아니다. 오히려 이때 리는 기를 위주로 하여 발동하는 우주론적 차원의 '현행지묘용(顯行之妙用)'으로, 우주만물로 화생하는 기에 타고 유행하는 태극이다. 칠정의 '기발이리승지(氣發而理乘之)'와 통한다. '기발'은 외물의 접하여 형기가 발한 것이고, 리승은 그 형기를 탄 리의 발현이다. 이는 퇴계가 성인과 달리, 뭇 사람들(衆人)은 "기를 따르기 때문에 동으로서 정을 요란하게 하여 기에 의해 리가 어지럽혀진다"는 말과 부합한다.

이상과 같이 퇴계는 리기·심성의 묘합적 사유의 호발·상수의 '호재기중'의 중층적 구조에 입각하여 사단칠정의 심성체계를 논리적으로 일관되게 구축하고 있음을 볼 수 있다.

2) 율곡의 경우

율곡은 리기묘합적 사유의 구조인 '리재기중'의 단일한 구조 내에서 '기발이리승'을 전개하는 것에 입각하여 '심재기중' 구조의 '심발이성승(心發而性乘)'[91]을 통해 사단칠정을 논한다.

---

91) '심발이리승(心發而性乘)'은 '성발위정(性發爲情)'과 '심발위의(心發爲意)'를 심발로 보는 율곡의 논지에 기초하여 논자가 만든 용어이다. 이에 대해서는 계속되는 논의에서 논증될 것이다.

①리는 반드시 기에 기대고, 기는 반드시 리를 싣습니다. ②미발이라는 것은 리가 심에 실재(理在於心)해서 그 이름을 성(性)이라 하고, 이발이라는 것은 리가 정에 실재(理在於情)해서 그 이름을 도(道)라고 합니다.92)

①은 '리재기중' 구조에서의 논술이다. 이 구조 내에서 리와 기는 본래부터 분리되지 않으면서, 리는 무형무위이면서 유형유위의 근본(主)이고, 기는 유형유위이면서 무형무위의 기(器)이다.93) 그러므로 리는 기에 기대고 기는 리를 싣는다. 그리고 ②는 ①에 입각한 '리재심중(理在心中)' 및 '리재정중(理在情中)' 구조로, 심의 미발과 이발에 따라 성(性)과 도(道)를 정의한다. 율곡이 '심통성정'을 미발과 이발의 총칭으로 이해한 것은 이러한 맥락인데,94) 미발과 이발은 일심(一心)의 경계일 뿐이다. 율곡은 그 경계에 따라 성·정·의(性·情·意)의 한 길을 논한다.

반드시 성심정의(性·心·情·意)는 오로지 한 길뿐이고 각각에 경계

---

92) 《栗谷全書》, 卷十二, 〈書〉四, 〈答安應休〉, "夫理必寓氣, 氣必載理. 未發也, 理在於心, 而其名爲性, 已發也, 理在於情, 而其名爲道." 번역문의 번호는 논자의 것임.

93) 《栗谷全書》, 卷十二, 〈書〉四, 〈答安應休〉, "大抵有形有爲, 而有動有靜者, 氣也, 無形無爲, 而在動在靜者, 理也. 理雖無形無爲, 而氣非理, 則無所本, 故曰, '無形無爲, 而爲有形有爲之主者, 理也, 有形有爲, 而爲無形無爲之器者, 氣也.'" 율곡의 말, "無形無爲, 而爲有形有爲之主者, 理也, 有形有爲, 而爲無形無爲之器者, 氣也"는《栗谷全書》, 卷十, 〈書〉二, 〈答成浩原〉, 25b-26a와《栗谷全書》, 卷二十, 〈聖學輯要〉二, 〈修己〉上, 60a에도 보인다.

94) 《栗谷全書》, 卷十四, 〈說〉, "臣按, 天理之賦於人者, 謂之性, 合性與氣, 而爲主宰於一身者, 謂之心, 心應事物, 而發於外者, 謂之情. 性是心之體, 情是心之用, 心是未發已發之摠名, 故曰 '心統性情'." '心統性情'의 전거는 장횡거(張橫渠, 1020~1077)의《張子全書》, 卷十四, 〈性理拾遺〉이다.

가 있음을 안 후에야 착오가 없다고 말할 수 있습니다. 한 길이란 어떠한 의미인가? 심의 미발은 성(性)이 되고, 이발은 정(情)이 되고, 발한 후 헤아리는 것이 의(意)가 됩니다. 이것이 한 길입니다. 각각 경계가 있다는 것은 어떠한 의미인가? 심이 적연부동(寂然不動: 고요하여 아무런 조짐도 없음)한 때가 성의 경계이고, 심이 감이수통(感而遂通: 외물을 느끼어 발함)한 때가 정의 경계이고, 감응한 바에 의거하여 유석상량(紬繹商量: 비교하여 헤아리고 판단함)하는 것이 의의 경계가 됩니다. 단지 하나의 심일 뿐인데 각각 경계가 있습니다.[95]

위 인용구는 '리재기중'에 입각한 '성재심중'의 구조를 전제한다. 그러므로 리가 분절없이 기의 정에도 동에도 실재하듯이, 성은 심의 미발뿐만 아니라 이발에도 실재한다. "성발위정(性發爲情)에 심이 없는 것이 아니고, 심발위의(心發爲意)에 성이 없는 것이 아니다"는 말은 이러한 맥락에서 이해되어져야 한다; 다만 '성은 심의 미발'로 심성의 존재론적 차원이라면, '정과 의는 심의 이발'로 심성의 그 우주론적 차원이라고 할 수 있다.[96] 이를테면 율곡은 성재심중의 구조에서 '성발위정'과 '심발위의'를 창조적으로 종합하여 '기발이리승'에 입각한 '심발이성승'의 의미를 밝히고 있는 것이다. 이러한 의미에서 율곡은 "성발위정은 단지 기발

95) 《栗谷全書》, 卷十四, 〈雜著〉一, 〈雜記〉, "須知叫性心情意, 只是一路, 而各有境界, 然後可謂不差矣. 何謂一路. 心之未發爲性, 已發爲情, 發後商量爲意, 此一路也. 何謂各有境界. 心之寂然不動時, 是性境界, 感而遂通時, 是情境界, 因所感, 而紬繹商量爲意境界. 只是一心, 各有境界."
96) 《栗谷全書》, 卷二十, 〈聖學輯要〉二, 〈修己〉上, "性發爲情, 心發爲意云者, 意各有在, 非分心性爲二用, 而後人遂以情意爲二岐. (性發爲情, 非無心也, 心發爲意, 非無性也……其實則性是心之未發者也. 情意是心之已發者也)." 괄호 안은 율곡 자신의 할주이다.

이리승(氣發而理乘)일 뿐"이라고 하였다.97) 또한 인심도심에 대한 주회암의 혹생혹원설을 모두 심이 실제로 발한 것으로서 '기발'이고,98) "천지의 화생과 심의 발용은 기발이리승(氣發而理乘)이 아닌 것이 없다"고99) 논할 수 있었다. 이와 같이 심성의 존재론적 차원에서 우주론적 차원에로의 전개를 총괄하면, 성심정의는 오로지 한 길뿐이고 각각에 경계가 있는 것이다.

그러므로 율곡에게 있어서, 사단과 칠정의 논의는 모두 '심발이성승'의 우주론적 차원이다.100) 심발로 논하면, 정은 심의 이발이기 때문에, 발하는 심이 하나이듯이, 발한 정도 하나이다. 다만 심은 존재론적 차원에서 우주론적 차원으로 다양한 감정(칠정)으로 발하나, 과불급의 여부에 따라 선과 악이 있을 수 있다. 따라서 칠정은 선악을 총칭이나, 그 선한 측면을 사단이라고 율곡은 정의하였다.101) 또한 성승으로 논하면, 리승이 기발의 근본이듯, 심발의 근본이라는 뜻이다.

율곡이 정명도의 "선과 악은 모두 천리이다"와 주회암의 "천리에 의해 인욕이 있다"는 말을 모두 성승(성발위정)으로 해석한 것은 이러한 맥락

---

97)《栗谷全書》, 卷十, 〈書〉二, 〈答成浩原〉, "凡性發爲情, 只是氣發而理乘之也."

98)《栗谷全書》, 卷十, 〈書〉二, 〈答成浩原〉, "且朱子曰, '心之虛靈知覺, 一而已矣. 或原於性命之正, 或生於形氣之私.' 先下一心字在前, 則心是氣也. 或原或生, 而無非心之發, 則豈非氣發耶. 心中所有之理, 乃性也, 未有心發, 而性不發之理, 則豈非理乘乎."; 주회암의 말은 《中庸章句》〈序〉에 보인다.

99)《栗谷全書》, 卷十, 〈書〉二, 〈答成浩原〉, "天地之化, 吾心之發, 無非氣發而理乘之也."

100) 율곡에게 있어서 정(情)과 의(意)뿐 만 아니라, 의(意)가 정해진 지(志)가 구체적인 행위의 계기가 되는 과정도 심발이성승의 우주론적 차원에 해당한다.《栗谷全書》, 卷二十, 〈聖學輯要〉二, 〈修己〉上, 59a-59, "情志意, 皆是一心之用也.志者, 意之定者也,意者, 志之未定者也." 본고의 연구범위는 사단칠정의 정에 제한한다.

101)《栗谷全書》, 卷十, 〈書〉二, 〈答成浩原〉, "四端是七情之善一邊也, 七情是四端之摠會者也."

이다.102) 이와 같이 율곡은 리기 · 심성의 묘합적 사유의 '리재기중 · 성
재기중'의 단일한 구조 내에서 사단칠정을 '기발이리승'으로 전개한다.

율곡은 주렴계의《通書》의 '誠無爲, 幾善惡'라는 문구를 인용해, "성의
무위는 미발(未發)이요, 기(幾)는 동의 미미함(微)이다. 동의 미미함에는
이미 선악이 있으니, 기(幾)는 곧 정(情)이다"고 하였다.103) 그리고,《近
思錄》의 정이천의 말 "심은 곡식의 씨와 같으니, 이를 낳은 성이 인이요,
양기가 발한 것이 정이다"는 말을 인용하여, "양기가 발한 것이 싹(芽)이
다"고 했다.104) 나아가 이 '싹(芽)' 또는 맹자의 인의예지의 실마리인 '단
(端)'을 가리켜, "초동(初動)은 이미 발하여 그러한 것은 이연(已然)"이
요,105) "재동(纔動)은 정(情)"이라고 하였던 것이다.106)

율곡에게 있어서 막 발한 것을 뜻하는 '미미함 (微)', '재동(纔動)', '초
동(初動)', '싹(芽)', '단(端)'은 심발이성승의 우주론적 차원으로 이미 심
이 발한 정(情)이다. 그러므로 그 발이 미미하여도 이미 선악이 있다.

이상에서와 같이 율곡은 리기묘합적 사유의 구조인 '리재기중'과 그
전개인 '기발이리승'에 입각하여 '심재기중'의 '심발이성승(心發而性
乘)'을 통해 리기 · 심성의 사상체계를 정합하게 구축하고 있다고 볼 수

---

102)《栗谷全書》, 卷二十,〈聖學輯要〉二,〈修己〉上, "情之善惡, 夫孰非發於性乎. 其惡者, 本
非惡, 只是掩於形氣, 有過有不及而爲惡. 故程子曰, '善惡皆天理,' 朱子曰, '因天理而有
人欲.' ; 정명도의 말은《二程集》,〈二程遺書〉, 卷二上에 보이고, 주회암의 말은《性理大
全》, 卷五十,〈學〉八에 보인다.

103)《栗谷全書》, 卷十二,〈書〉四,〈答安應休〉, "故周子曰, '誠無爲, 幾善惡.' 誠無爲者, 未發
也. 幾者, 動之微者也. 動之微也, 已有善惡, 幾乃情也."

104)《栗谷全書》, 卷十二,〈書〉四,〈答安應休〉, "程子曰, '心如穀種, 其生之性, 乃仁也. 陽氣發
處, 乃情也,' 陽氣發處, 是芽也." ;《近思錄》의 원문은 다음과 같다. "問, 仁與心何異. 曰,
心譬如穀種. 生之性便是仁, 陽氣發處乃情也."(《近思錄》, 卷一)

105)《栗谷全書》, 卷十二,〈書〉四,〈答安應休〉, "自其初動而已然."

106)《栗谷全書》, 卷二十,〈聖學輯要〉二,〈修己〉, "情者, 心有所感而動者也, 纔動便是情, 有不
得自由者."

있다.

3) 구봉의 경우

퇴계와 율곡과 마찬가지로 구봉은 리기묘합적 사유구조인 '리재기중
(理在氣中)'에 입각하여 심성묘합적 사유구조로 '성재심중(性在心中)'을
논한다.

어떤 사람이 음양에 곧 선악이 있는가? 묻자 주자는 "음양오행은 모두
선하다"라고 하였고, 또한 "음양의 리는 모두 선하다"고 하였다. 이것
은 리는 모두 선하고 기에는 선악이 있다고 한 것이다. 기에 선악이 있
으므로 사람과 사물에 편정(偏正:치우침과 바름)과 청탁(淸濁:맑음과 탁
함)의 다름이 있다. 사람의 경우에도 또한 기미(幾)에 선악의 나뉨이
있으니, 모두 리가 기 가운데 있고(理在氣中) 난 후에 말이다.[107]

위 인용구는 천명의 유행을 통해 우주 만물이 생성되는 과정에서 품
수받은 기의 차이를 말하고 있다. 그 차이에 따라 우주 만물은 천차만별
인데, 치우치고 막힌 기를 얻은 것은 동식물과 같은 것이고, 바르고 통
한 기를 받은 것은 사람이다. 또한 사람이 받은 바르고 통한 기에서도
청탁(淸濁)의 다름이 있다. 이와 같은 천차만별의 만물을 하나로 관통하
여 무소부재(無所不在)한 것이 리(理)이다.[108] 유행하는 음양의 기에 선

---

107)《龜峯集》, 卷三, 〈雜著〉, 〈太極問〉, "或問, '陰陽便有善惡,' 朱子曰, '陰陽五行皆善,' 又
曰, '陰陽之理皆善.' 此謂理皆善, 而氣有善惡也. 氣有善惡, 故有人物偏正淸濁之殊. 到人
亦有幾善惡之分, 皆理在氣中後說也." 주자(朱子)의 말은《朱子語類》, 卷九十四, 〈周子
之書〉, 〈通書〉를 참조할 것.

108)《龜峯集》, 卷三, 〈雜著〉, 〈太極問〉, " 千百其狀者, 氣也, 貫乎一者, 理也. 稟得氣之偏且塞

악이 있듯이 사람의 마음이 정을 막 발할 기미(幾)가 있을 때에 선악이 나뉜다. 그러므로 《通書》의 '기(幾)'와 《太極圖說》의 '감(感)'은 한 가지 일로 동(動)에 속한다.109) 천명의 유행도 사람이 정(情)을 발함도 모두 '리재기중'의 구조에서 말한 것이다. '리재기중'의 구조를 심성의 구조로 말하면 '성재심중(性在心中)'이다.

미동(未動: 아직 동하지 않은 것)은 성(性)이고, 이동(已動: 이미 동한 것) 이 정(情)이고, 미동과 이동을 아우른 것이 심(心)이니, 심이 성과 정을 통섭하는 까닭입니다. 110)

성(性)은 리(理)이고, 지각(知覺)은 기(氣)이고,. 성은 정(靜)이고 지각 은 동(動)이며,. 성(性)은 성(性)이고 지각은 정(情)입니다. 지각하는 이 치는 비록 성에 있지만 지각하는 것은 기이다. 심통성정(心統性情)에 대한 말을 보면 알 수 있습니다. 111)

구봉은 '성재심중(性在心中)'의 구조에서 성(性)과 정(情)을 각각 미동 (未動)과 이동(已動)으로 말하고 있다. 이는 그의 심성묘합적 사유에서 각각 존재론적 차원과 우주론적 차원이라고 말할 수 있다. 심은 미동과

者, 物也, 正且通者, 人也. 於通正之中, 又不能無淸濁之殊."

109) 《龜峯集》, 卷四, 〈玄繩編上〉, 〈答浩原問〉, "幾與感是一事也, 皆屬乎動." 《通書》의 '기 (幾)'는 〈雜著〉장에 나오는 '幾善惡'이고, 《太極圖說》의 '감(感)'은 "五性感動, 而善惡分" 에 나오는 말이다.

110) 《龜峯集》, 卷四, 〈玄繩編上〉, 〈答叔獻書別紙〉, "夫未動是性, 已動是情, 而包未動已動者 爲心, 心所以統性情也."

111) 《龜峯集》, 卷四, 〈玄繩編上〉, 〈答公澤問〉, " 性是理, 知覺是氣. 性是靜, 知覺是動. 性是 性, 知覺是情. 所以知覺之理, 雖在乎性, 所以知覺者, 氣也, 看心統性情之說, 可知."

이동을 통섭하니, '심통성정(心統性情)'이고, '심통성정'의 구조적 표현이 '성재심중'이다. '심통성정'의 '성재심중(性在心中)' 구조에서 성은 심에 있는 리이고 '허령지각(虛靈知覺)'인 심은 기인데, 리는 심이 지각하는 이치이다. 이처럼 '리재기중'의 구조와 마찬가지로 '성재심중(性在心中)' 구조에서 심과 성은 배타적으로 분리될 수 없고 어느 한 속성으로 환원될 수도 없다.

그런데 구봉이 성(性)과 정(情)을 각각 미동(未動)과 이동(已動)으로 정의한 것은 율곡과 퇴계와 다른 독특한 점이다. 율곡과 퇴계에게 있어서 성과 정은 미발(未發)과 이발(已發)로 보기 때문이다. 물론 구봉도 성을 '희노애락의 미발'로 정의하기도 한다.

> 성(性)은 곧 희노애락의 미발(未發)을 지칭하니 정(靜)에 속한다.112)

다만 위 문장에서 '희노애락의 미발'을 성으로 정의할 때 그 어세는 '정(靜)에 속한다'에 가 있다. 그리고 성과 심을 정의할 때는 '성은 정(靜)이고 지각은 동(動)이다'라고 하였으니, 성과 정(情)의 관계를 말할 때보다 더욱 직접적인 어조이다. '성은 정에 속하는' 것이 아니라, '성은 정'이기 때문이다. 구봉이 말했듯이 성은 리이고 심(지각)은 기이고, 동정하는 것은 기이고, 동정의 소이는 리이다.

그런데 구봉은 마치 음양처럼 성과 심을 정(靜)과 동(動)으로 정의하고 있다. 말이 통하지 않는다. 모순되는 것처럼 보인다. 그러나 구봉의 성과 정(情)에 대한 정의를 다시 소환시켜 볼 때 그의 독특한 묘합적 사

---

112) 《龜峯集》, 卷三, 〈雜著〉, 〈太極問〉, "性卽喜怒哀樂未發之稱, 屬乎靜."

유가 드러난다.

> 미동(未動)은 성(性)이고, 이동(已動)이 정(情)이다. 미동과 이동을 아
> 우른 것이 심(心)이니, 심이 성과 정을 통섭하는 까닭입니다.113)

인용구에서 미동과 이동의 주체가 모호하다. 율곡은 심통성정을 통해
성과 정을 정의할 때 그 주체를 명백히 밝혀 각각 심의 미발과 이발이라
고 하였다.114) 그런데 구봉의 경우는 밝히지 않았다. 미동과 이동의 주
체가 심이 아니기 때문이다. 인용문에서 미동과 이동 사이의 과정이 생
략되어 있는데, 구봉은 '성발위정(性發爲情)'을 생각한 것 같다.

그런데 '발(發)'자 보다는 '동(動)'자를 선택하였으니, '성동위정(性動
爲情)'이다. 구봉에게 있어서 '동(動)'자는 '기(幾)'나 '감(感)'과 같은 정(情)
의 시초를 의미하는 '발(發)'뿐만 아니라 호오지정(好惡之情)과 같은 모
든 정(情)의 단계에 통할 수 있는 말이기 때문이다.115) 물론 '성발(性發)'
이든 '성동(性動)'이든 거기에 심이 없는 것이 아니다. 다만 '심통성정'의
'성재심중(性在心中)' 구조 내에서의 '성동(性動)'을 드러내기 쉽지 않다.
보이지 않은 심성의 존재론적인 차원의 영역이다. 그러므로 '성동'은 실
제적인 표현이 아니라, 은유적인 수사학적인 표현이다.

그러나 그 수사학적 표현은 강력하다. 구봉은 성을 정(靜)이라 하였는

---

113) 《龜峯集》, 卷四, 〈玄繩編上〉, 〈答叔獻書別紙〉, "夫未動是性, 已動是情, 而包未動已動者
爲心, 心所以統性情也."

114) 《栗谷全書》, 卷十四, 〈雜著〉一, 〈雜記〉, "心之未發爲性, 已發爲情."

115) 《龜峯集》, 卷四, 〈玄繩編上〉, 〈答浩原問〉, "幾與感是一事也, 皆屬乎動. 朱子以好惡之情,
差後於感與幾者, 此於動上極論等級也"

데, 주회암의 말을 빌어 정(靜)을 '동의 쉼 '이라 하였고,116) 진북계의 말의 빌어 성은 '마음 속에 있어 동하여 나올 수 있는 것(能動出來)'고 하였으며,117) 더 나아가 정자(程子)의 말을 빌어 "정(情)은 성의 동이다(性之動)"고 까지 하였다.118) 이때 성은 선악이 없고 순선할 뿐이다.119)

이로 보면 구봉은 심의 미발로부터 이발에 이르는 모든 단계에서 성의 도도한 흐름을 수사학적으로 표현하고자 한 것 같다. 이러한 수사학적 표현을 구조화할 수 있다. '심통성정'을 해치지 않으면서 '리동' 또는 '성동'이 잘 드러나게 할 수 있는 구조를 이미 퇴계에서 보았다. '기재성중'에 입각한 '심재성중' 구조이다.

보내주신 서신에서 "사단은 리에서 발하고 칠정은 기에서 발한다"고 말한 것은 지극히 온당치 못합니다. 사단과 칠정은 어찌 리기의 발(理氣之發)이 아니겠습니까? 다만 한편으로 말하면 사단이고, 전체로 말하면 칠정입니다. 사단은 리 일변을 위주로 한편으로 말한 것이고, 칠정은 리기를 겸하여 전체로 말한 것입니다. 보내주신 말에 결함이 있

---

116) 《龜峯集》, 卷三, 〈雜著〉, 〈太極問〉, "以動爲發, 則當以靜爲未發, 此必朱子初年說也. 朱子曰, 一動一靜, 皆命之行, 又曰, 靜亦動之息爾." 주회암의 말은 《朱熹集》, 卷六十七, 〈太極說〉에 보인다.

117) 《龜峯集》, 卷四, 〈玄繩編上〉, 〈答叔獻書別紙〉, "北溪陳氏曰, 且如一件事物來接着, 在內主宰者, 是心, 動出來, 或喜或怒者, 是情, 裏面有介物, 能動出來底, 是性, 運用商量, 要喜那人, 要怒那人, 是意." 진북계의 말은 《北溪字義》, 卷上, 〈意〉장에 나오는 말이다.

118) 《龜峯集》, 卷四, 〈玄繩編上〉, 〈答叔獻書別紙〉, "程子曰, 情者性之動也, 要歸於正而已, 亦何得以不善名之."

119) 《龜峯集》, 卷三, 〈雜著〉, 〈太極問〉, "問: 至成之者性, 然後氣質各異, 則善惡之分, 宜在斯矣, 周子却到五性感動處分善惡, 何耶. 答: 性無善惡, 純善而已. 至情動處, 便分善惡, 便知有氣質之性." '成之者性'은 《易》 〈繫辭傳上〉에 나오는 문구이고, '五性感動處分善惡'는 《太極圖說》에 나오는 문구이다.

는 듯하니, 다시 살펴보시기 바랍니다. 120)

"사단은 리에서 발한 것이고, 칠정은 기에서 발한 것이다"는 추만 정
지운(秋巒 鄭之雲, 1509~1561)이 지은 〈天命圖(舊圖)〉에서 한 표현을 퇴
계가 개정하여 "사단은 리발이고 칠정은 기발이다"고 정정하였다.121)
정추만의 사단과 칠정의 애매한 주체를 리와 기로 분명히 한 것이다. 구
봉은 이러한 퇴계의 사단칠정의 호발을 추만을 통해 완곡하게 비판하고
있다. 구봉에게 있어서 사단은 칠정에 포함되고, 칠정 가운데 선 그 자
체인 리 일변을 가리킨다.122) 율곡과 같다.

그러나 정의 발현과정이 다르다. 구봉은 퇴계와 같이 호발을 말하지
않았을 뿐 아니라, 율곡과 같이 '기발이이승'이라고 하지 않았다. 오히려
'리기의 발(理氣之發)'이라고 하였다. 구봉이 가진 묘합적 사유의 구조와
그 전개가 달랐기 때문이다.

사실 퇴계가 리기 · 심성묘합적 사유의 존재론적 차원을 중히 여겨
사단의 소종래로 추구했듯이, 구봉도 리기 · 심성묘합적 사유의 존재론
적 차원을 귀히 여겼다. 그래서 리기묘합적 사유의 존재론적 차원인 '태
극함동정'의 리보다 더 잘 드러나는 것은 없다고 하였다.

---

120) 《龜峯集》, 卷四, 〈玄繩編上〉, 〈答公澤問〉, "來示四端發於理, 七情發於氣之說, 甚未穩. 四
端七情, 何莫非理氣之發. 但偏言則四端, 全言則七情. 四端, 重向理一邊而偏言者也, 七
情, 兼擧理氣而全言者也. 來說似有病, 更詳之."

121) 〈天命舊圖〉와 〈天命新圖〉에 대해서는, 《退溪集》, 卷四十一, 〈雜著〉, 〈天命圖說後
敍〉, 1a-11a 참조; 이에 대한 간략한 서술은 《高峯集(別集附錄)》, 卷二, 〈請享疏〉,
27b-28a, "明宗中年, 招入經明行修之士, 之雲以此圖說往示之, 諸賢皆以爲可, 李滉則
作序文以嘉奬之. 但其圖中分書以四端發於理, 七情發於氣, 滉改之曰, 四端理之發, 七情
氣之發. 此所謂理氣之互發."을 참조.

122) 《龜峯集》, 卷四, 〈玄繩編上〉, 〈答叔獻書別紙〉, "情之無不善云者, 拈出四端也, 情之有善
不善云者, 統言七情也."

그리고 그 존재론적 차원을 시간을 기가 일찍이 기가 용사하지 않는 미상용사처(未嘗用事處)라고까지 하였다. 그래서 이를 드러내기 위해 강력한 수사적 표현을 사용하였다. 퇴계와 율곡과 달리 성과 정을 각각 미동과 이동으로 정의하기까지 하였다.

그러나 퇴계와 달리 호발의 '호재기중' 구조가 아닌 '리기지발'의 '리재기중' 구조를 유지했다. '리재기중'의 심성묘합적 구조로 말하면, '성재심중' 단일한 구조를 고집한 것이다.

구봉의 리와 성에 대한 강력한 수사학적 표현을 고려하면, '리기지발(理氣之發)'은 쌍발하는 형상이다. 존재론적 차원으로부터 우주론적 차원에 이르기까지 기만이 아니라 리도 동시적이고 지속적으로 발하여 우주 만물을 생성하는 도도한 흐름의 이미지이다. 구봉의 리기묘합적 사유로 말을 하면 '태극함동정'의 생생지리, 천명의 유행이다. 심성묘합적 사유로 말하면 심의 미동과 이동의 끊임없는 순환불이의 흐름가운데 그 안에 있는 리, 곧 성도 또한 도도한 흐름으로 발하고 있는 것이다. 구봉이 심을 물에, 성을 물의 고요한 흐름(靜), 정을 물의 흐름(動)에 비유했을 때,[123] 물의 고요한 흐름을 탄 사단이 잠시도 멈추지 않는다고 말한 것은 이러한 의미일 것이다.[124]

이상에서 보는 바와 같이 구봉은 '리기지발(理氣之發)'의 '리재기중'의 단일한 구조에 입각한 심성묘합적 구조에서 사단칠정을 정연하게 논하고 있다.

---

123) 《龜峯集》, 卷四, 〈玄繩編上〉, 〈答叔獻書別紙〉, "譬之水. 心猶水也, 性水之靜也, 情水之動也."

124) 《龜峯集》, 卷四, 〈玄繩編上〉, 〈答叔獻書別紙〉, "四端之流, 無時或息."

5. 닫는 말

　지금까지 퇴계 구봉 율곡의 묘합적 사유와 구조 및 그 전개를 사단칠정을 중심으로 살펴보았다. 퇴계 구봉 율곡은 리기묘합적 사유를 자신의 독창적인 방법으로 존재론적 차원과 우주론적 차원으로 전개시키고 있음을 보았다. 리기묘합적 사유의 존재론적 차원과 우주론적 차원의 전개에 있어서, 퇴계는 '능발지묘용'과 '현행지묘용'을, 율곡은 '리기묘합'과 '리기묘용'을, 구봉은 '태극함동정'과 '태극유동정'을 키워드로 삼았다. 그들은 모두 존재론적 차원의 본체의 리기를 우주 만물의 존재 및 생성근원으로, 그 리기의 우주론적 차원의 유행을 우주만물의 생성과 변화과정으로 논술하였다.

　무엇보다 구봉의 경우 존재론적 차원의 '태극함동정'을《太極圖說》의 '무극이태극'과 연관시켜, '무극이태극'은 본체의 기를 섞어 말하지 않았을 뿐이지 그 기는 리와 묘합하고 있음을 논증하고 있다. 구봉은 그 본체의 기를 '담연허정(湛然虛靜)'의 '태허(원기)'라고 하였다. 퇴계와 율곡도 존재론적 차원의 본체의 기를 '담일청허(湛一淸虛)'의 기로 논하였다. 이는《太極圖說》에 배어있는 태극 일원의 중국식 발생론적 사고와 다르고, 서양철학에 짙게 드리워진 이분법적 이원의 사고와도 다르다. 리기묘합적 사유에서 리와 기는 존재하기 위해서 더 이상 다른 어떤 것도 필요로 하지 않는 실체의 개념이 아니고, 형성과정 속에 있는 실재개념이기 때문이다.

　또한 리와 기는 존재론적 차원으로부터 우주론적 차원에 이르기까지 '불상리'이면서 '불상잡'하기 때문에 이원으로 이분될 수 없을 뿐만 아니라 일원으로 어느 하나에 환원될 수 없다. 리기는 묘합체이고, 이로부터 나온 온 우주 만물도 리기묘합체이다.

리기묘합적 사유의 논술에서 구봉에게 있는 독특한 점은 존재론적 차원의 시간개념이다. '미상용사처(未嘗用事處)'이다. 구봉은 이를 기가 일찍이 작용하지 않은 때라고 하였다. 퇴계의 미용사시(未用事時)와 같다. 물론 기가 작용하지 않는 때는 없다. 수사학적 표현, 레토릭이다. 음양의 기는 끊임없이 순환한다. 다만 고요하고 맑은 본체의 기로 충만하면 순선한 본체의 리가 확연히 드러날 때를 구봉과 퇴계는 존재론적 시간으로 이해했다. 크로노스(Κρόνος)의 시간 가운데 카이로스(καιρός)의 시간이다. 구봉과 퇴계는 존재론적 시간, 카이로스의 시간에 드러난 그 순선한 본체의 리를 표현하고자 했다. 그런데 퇴계와 구봉에게 있어서 리는 무위 무형의 형이상자이고, 그들은 이러한 리의 속성을 끝까지 고수했다. 리와 성의 능동성에 대한 그들의 표현이 수사학적인 이유가 여기 있다.

퇴계와 구봉은 리와 성의 능동성을 수사학적으로 표현할 구조를 구상한다. 퇴계는 리기묘합적 사유를 호발(互發)·상수(相須)의 '호재기중'의 구조로 구상한다. '리재기중' 구조 가운데 '기재리중'의 구조를 갖는 중층적 구조이다. 이 구조는 심의 심연에 있는 순선한 리를 궁구하기 위한 틀이라고 할 수 있다. '리재기중'은 기에 따라 리가 가리는 구조라면, '기재리중'에서는 리가 기를 주도하는 구조이다.

퇴계는 '기재리중'의 구조에서 리주도 하에 기가 아직 작용하지 못하는 존재론적 시간을 미용사시(未用事時)라고 했을 것이다. 또한 퇴계의 사단칠정은 이러한 중층적 구조에서 추론된 것이다. 퇴계에게 있어서도 사단과 칠정은 외물과 접해서 발생하는 리기묘합의 경험이다.

그러나 그 소종래로 보면 사단은 그 차원을 달리하는 정이다. 사실 칠정과 별도의 정이 될 수도 있다. '리발이기수'의 사단은 '기재리중'의 구조에서 나온 정이라면, '기발이리승'의 칠정은 '리재기중' 구조에서 나온 정이기 때문이다. 심성의 묘합적 구조로 보면, 사단은 '심재성중'의 구조로부터, 칠정은 '성재심중' 구조로부터 나온 정이다. 사실 퇴계의 '호재기중'의 구조는 '리재기중'의 구조 안에 있는 '기재리중'이 있는 중층적 구조이기 때문에 칠정이 사단을 포함한다.

그러나 퇴계는 그 소종래에 따라 사단과 칠정을 나누고, 사단의 발처 곧 순선한 리를 끝까지 궁구한다. 그 극본궁원의 추구 결과, 퇴계는 내가 그 궁극의 본원을 '격(格)'하고 그것에 이르는 것을 넘어, 그 궁극적 실재인 리(理)가 나에 이르는 '리도(理到)'의 가능성을 술회한다.[125]

퇴계와 달리 구봉은 리기묘합적 사유구조인 '리재기중', 이에 입각한 심성의 '성재심중' 구조를 일관되게 유지한다. 율곡은 구봉보다 더욱 철저하다. 율곡은 리기묘합적 사유의 '리재기중'의 구조와, 이에 입각한 심성묘합의 '성재심정' 구조를 정합하게 체계적으로 구축한다. 그리고 오로지 '기발이리승', 곧 '심발이성승'을 전개하여 사단칠정을 논한다. 율곡에게 심은 기이고 성은 리이고, 기는 동정하고 리는 그 동정의 소이이다. 에누리가 없다. 율곡에게 리의 능동성을 위한 그 어떤 수사학적 표현을 더하거나 뺄 필요가 없었다.

율곡에 비해 구봉은 '리재기중' 구조에서 기안에 있는 본체의 리과 '성재심중' 구조에서 심안에 있는 성의 본원, 곧 동정을 머금고 있는 태극(太極含動靜)의 능동성을 수사학적으로 표현했다. 구봉은 퇴계보다 기

---

125)《退溪集》, 卷一八, 〈書〉, 〈答奇明彦(別紙) 〉, "前此滉所以堅執誤說者.只知守朱子理無情意, 無計度, 無造作之說, 以爲我可以窮到物理之極處, 理豈能自至於極處, 故硬把物格之格, 無不到之到, 皆作己格己到看."

의 역동적이고 왜곡된 현실을 본다. 그 현실이 아마도 그의 삶일지도 모르겠다. 그러나 구봉은 그 기의 역동적인 현실에도 불구하고 순선한 리의 도도한 흐름을 본다. 이 또한 그의 삶일지도 모르겠다. 다만 퇴계처럼 중층적 '호재기중'의 구조를 구축하지 않는다. '리재기중', 이에 입각한 '성재심중'의 현실적 구조에 곧 바로 대면한다. 그리고 그 구조에서 '이것보다 더 잘 드러나는 것이 없는 리(성)'를 기의 역동적인 발과 함께 발하게 한다. 이를 리기묘합적 구조로 말하면 '리기지발(理氣之發)'의 '리재기중(理在氣中)'이고, 심성구조로 말하면 '성심지발(性心之發)'의 성재심중(性在心中)이다. 그러므로 구봉에게 있어서 사단칠정은 모두 '리기지발'이다.

사실 구봉의 리의 능동적 수사학에 비추어보면 '리기지발'은 먼저 존재론적 차원으로부터 우주론적 차원에 이르기까지 리기가 동시적이고 지속적으로 발하여 우주 만물을 생성하는 생생지리(生生之理)의 이미지이다. 그런데 성의 능동적 수사학에 비추어보면, '리기지발'은 마치 다투는 듯한 쌍발과 같다. 다시 말해 '리기지발'은 기발의 엄정하고 녹록하지 않는 비정한 현실 한 가운데에서, 리가 가리지만 지속적으로 발하여 도도하게 흐르는 물과 같다. 손바닥으로 하늘을 가릴 수 없듯이 말이다. '성재심중'의 구조로 말하면, 하나의 심 안에서 리를 거스르는 걸척(桀·跖)과 리와 합한 요순(堯·舜)이 다투는 것과 같다. 이러한 맥락에서 구봉이 동정을 꿰뚫는 심을 바르게 하여 정에 불선이 없게 하는 '正心'을 강조한 것은 우연이 아닐 것이다.126)

이러한 구봉의 '리기지발'은 사단과 칠정의 소종래를 가르는 '호발'과

---

126)《龜峯集》, 卷四,〈玄繩編上〉,〈答叔獻書別紙〉, "夫心者, 該寂感貫動靜. 該而貫之者旣得其正, 則感與動, 安得不善."

다르고, 사단과 칠정을 대대하여 사단을 칠정 가운데 리(일변의) 발로 보고 그 외의 정을 기발의 과불급으로 보는 '리기일발(理氣一發)'과도 다르며, 칠정을 '기발리승'으로 보고 칠정 가운데 사단을 리에 순응하여 기가 발하는 것을 리발로 삼는 '리기공발(理氣共發)'과 도 다르다. 그렇다고 율곡의 에누리 없는 '기발이리승'과 도 다르다. 분명 구봉은 사단과 칠정을 대대하지 않고 칠포사(七包四)로 보는 점에서 율곡과 고봉과 같다.

그러나 그의 리발의 수사학적 표현은 율곡의 '리승' 보다 고봉의 '리발' 보다 더욱 강력하다. 그래서 다르다. 이 다름이 '리기지발' 의 '리재기중'의 구조를 통해 전개되는 구봉의 묘합적 사유의 독창성이라고 할 수 있다.

이제 구봉의 오언고시 〈白髮〉로 글을 마무리하고자 한다.

> 봄바람 흰 머리카락에 불어, 불어다가 흰 꽃잎 가운데 떨어뜨리네. 머리카락 희어져 소년이 되기 어려우나, 꽃잎은 떨어지고 다시 봄바람은 불어오리. 무정(無情)한 물상은 다함이 없고, 유정(有情)한 사람은 다함이 있다네. 호연히 한 번 길게 휘파람 불어, 천고의 영웅을 조상하노라.127)

몸뚱이조차 제대로 가리지 못하는 누더기를 걸치고,128) 한 나뭇가지

---

127) 《龜峯集》, 卷一, 〈詩上〉, 〈白髮〉, "春風吹白髮, 吹落白花中. 髮白難少年, 花落又春風. 無情物無窮, 有情人有終. 浩然一長嘯, 千古弔英雄." 본고에서 구봉의 시에 대한 번역은 조남권과 이상미가 함께 국역한 《송구봉시전집》을 참조하였다.
128) 《龜峯集》, 卷一, 〈詩上〉, 〈走筆書懷〉, "百結未掩骸, 霜風蕭瑟兮."

에도 둥지를 치지 못하는 새처럼 떠돌지만,129) 그럼에도 불구하고 진흙 속에 꼬리를 끌며 은둔의 삶을 즐기고,130) '여인동낙천(與人同樂天: 사람들과 더불어 하늘을 즐김)'131)을 꿈꾼 구봉과 함께 그리고 구봉을 위해 호연히 한 번 길게 휘파람을 불어보고 싶다.

---

129)《龜峯集》, 卷二, 〈詩下〉, 〈傷歎〉, "驚飛靡定一枝巢, 治亂嬰懷鬢髮凋."

130)《龜峯集》, 卷一, 〈詩上〉, 〈名者實之賓詩〉, "嗟我早定內外分, 曳尾途中樂隱淪."

131)《龜峯集》, 卷一, 〈詩上〉, 〈天〉, "所以能事天. 聽之又敬之, 生死惟其天, 旣能樂我天, 與人同樂天."

기호예학의 형성과 학풍

- 栗谷·龜峯의 특징과 전승을 중심으로 -[1]

김현수[2]

2. 문제 제기 및 선행 연구 분석
3. 栗谷·龜峯의 성리학적 입장과 沙溪와의 연관성
4. 栗谷·龜峯의 예 인식과 沙溪와의 연관성
5. 맺음말

1. 글머리

    본고의 목적은 기호예학(畿湖禮學) 형성기의 예학 전승(傳承) 및 특징을 살피는 것이다.[3] 특히 사계(沙溪) 김장생(金長生, 1548~1631)을 중심으로 전개된 기호예학에서 구봉(龜峯) 송익필(宋翼弼, 1534~1599)과 율곡(栗谷) 이이(李珥, 1536~1584)가 어떠한 영향을 미쳤는지를 주로 고찰할 것이다. 더불어 연구 영역을 예학에만 국한시키지 않고, 이기심성론

---

1) 이 논문은 《유학연구》 25집(2011)에 실린 〈畿湖禮學의 形成과 學風〉을 수정·보완한 글이다.

2) 성균관대학교 교수.

3) 기호예학 및 율곡학파 예학 전반, 이이, 송익필, 김장생의 예학에 대한 선행 연구는 참고문헌에 정리되어 있음.

기호예학의 형성과 학풍 185

· 수양론(공부론)과 같은 성리학적 부분까지 넓혀서 접근하고자 한다.

기호예학 연구에서 우선적으로 부딪치는 문제 중에 하나가 '구봉 · 율곡과 사계의 관계를 어떻게 설정해야 하는가'이다. 선행 연구를 살펴보면 이 문제에 대해서 다양한 입장을 보이는데, 대체로 두 가지 측면에서 논의할 수 있다. 우선 기호예학의 사승관계(혹은 사계 예학의 연원관계)를 ①'구봉→사계로 이어진다는 것과 ②'율곡→사계로 전승된다는 입장이 있다. 그리고 다른 하나는 예학 전승 관계를 ㉮'성리학과 분리시켜 인식할 것인가(예학과 성리학의 이분법적 인식)', 아니면 ㉯'성리학과 동시적(혹은 통합적)으로 인식할 것인가' 하는 것이다.

㉮와 같이 예학과 성리학의 이분법적 인식 아래 사계 예학의 연원을 구봉 혹은 율곡에서 찾는 것은 예학 연구로만 충분하지만, ㉯와 같이 예학과 성리학을 동시적으로 인식하여 기호예학의 전승관계를 논의하는 것은 이기심성론 · 수양론(공부론)까지 연구 영역을 확장시키게 한다. 이 때문에 본고에서 필자는 기존 연구 성과를 분석 · 비판하고 기호예학의 전승 관계 및 특징을 고찰하기 위해서 예학 연구뿐만 아니라 이기심성론 · 공부론 또한 함께 검토하는 것이다.

우선적으로 선행 연구에서 논란이 된 율곡 · 구봉과 사계의 이기심성론의 차이점이 무엇이며, 수양론(공부론)의 동이점(同異點)은 무엇인지 성리학적 측면의 특징을 살핀다. 그리고 이후에 예학적 측면 즉 율곡 · 구봉의 예학적 입장은 무엇이며, 사계는 이것을 어떻게 수렴 · 계승했는지를 중점적으로 살피려고 한다.

2. 문제 제기 및 선행 연구 분석

기호예학 연구에 우선적으로 발생하는 문제들이 있다. 그 중 가장 먼저 대두되는 문제는 '기호학파 혹은 기호지역 예학'이라는 개념이 생소하다는 말이다. 축약해서 '기호예학'이라 함은 그 범위를 어떻게 정할 것이며, 그 특징은 무엇이라 할 수 있을까? 이러한 무수한 의구심들이 끊임없이 떠오른다. 우선 기호학파라는 개념부터 시작해 보자. 기호학파는 무엇인가? 그리고 비슷하게 쓰이는 율곡학파와 구분점은 무엇인가? 기존의 연구들을 살펴보면, 학파 구분의 기준을 성리학(이기심성론)에서 찾았다. 퇴계학파/율곡학파란 서로 대별되는 16세기 퇴계(退溪) 이황(李滉, 1501~1570)의 이기호발설(理氣互發說)과 율곡 이이의 기발리승일도설(氣發理乘一途說), 칠정포사단(七情包四端)의 이기심성론을 중심으로, 이를 지지하는 학자들과 학맥을 일컫는 것으로 인물적·이론적 분류의 성격을 갖는다. 이와 달리 기호학파란 영남학파와 대비되는 경기, 충청, 호남이라는 지역에서 활동한 학자들과 학맥을 지칭하는 것으로 지역적 분류의 성격을 띠고 있다.4) 그리고 일반적으로 영남학파≒퇴계학파, 기호학파≒율곡학파라는 도식은 16세기 이후 학파가 형성되고, 영남지역과 기호지역에서 각각 퇴계설과 율곡설이 널리 퍼지고 이를 지지하는 학자들과 학맥이 영남과 기호 지역의 주도적 세력으로 존재했기에, 그와 같이 사용했다고 할 수 있다.

하지만 한국유학사에서 인물적·이론적 분류와 지역적 분류가 동치 개념이 될 수 없다. 예컨대 역사적으로 율곡학파가 기호학파를 대표 혹

---

4) 황의동, 《기호유학 연구》, 서광사, 2009, 13쪽 참조.

은 그 자체를 의미하게 된 것은 우암 송시열 이후(以後)에 가능했던 것이다. 퇴계학파의 비판에 대한 율곡설의 옹호·강화, 인조반정(1623), 17세기 전례논쟁(1659, 1674), 율곡·우계의 문묘 종사(1682) 등을 거치면서 율곡학파는 조선 후기 정치·학문적 주도적 입장을 갖게 되었고, 이에 따라 자연스럽게 퇴계학파 및 영남학파와 대별되는 기호학파로 이해된 것이다.

그런데 문제는 율곡학파≒기호학파라는 인식이 성리학적 기준(이기심성론)에 기반을 둔다는 점이다. 이 점 때문에 기존의 예학 연구들이 많은 어려움과 제약을 받아 왔다. 즉 기호학파의 성리학이라고 하면 우선적으로 율곡 이이를 떠올리지만, 예학이라고 했을 때, 가장 먼저 떠올리는 인물은 사계 김장생이다. 일반적으로 예학 연구에 있어 율곡은 이기심성론 측면과 같은 지위를 가지지 못한다. 그런데 만일 '율곡학파의 예학'이라고 한다면, 율곡 → 사계 → 우암으로 파악하고 그에 따른 특징을 연구해야 하는가? 최근 김태완의 연구(2010)[5]는 이러한 점을 잘 보여주고 있다. 그는 '율곡학파의 예학'이라는 주제 하에서, 이이 → 김장생 → 김집 → (송시열)로 설정하여 살폈다.

그러나 '5. 김장생의 예학'에서 '5-1. 김장생 예학 연원'이라는 별도의 절을 마련하고 구봉 송익필의 예학을 서술하였다. 율곡학파의 예학이므로 율곡을 우선적으로 위치시켰지만, 예학이라는 측면에서 구봉 송익필이라는 인물을 배제할 수 없었기 때문이다. 만일 '기호예학(혹은 율곡학파의 예학)'의 범위를 일차적으로 '사계 김장생을 중심으로 형성된 예학 경향과 학맥'이라 전제한다면, 과연 사계 예학의 연원을 율곡과 구봉 중

---

5) 김태완, 〈율곡학파와 예학〉《율곡사상연구》 20, 율곡학회, 2010.

누구로 할 것인가?

구봉 송익필을 사계 예학의 연원으로 주목한 대표적 연구자로 배상현을 들 수 있다. 그는 80년대 초반부터 기호예학에서 구봉의 위치를 강조했는데, 기호예학이 구봉 → 사계 → 우암으로 이어지며, 공통적으로 《소학(小學)》과 《가례(家禮)》를 존중하고 심법으로 직(直)을 강조했다고 주장했다.[6] 그리고 박사학위논문(1991)에서 다음과 같이 한기범의 〈사계 김장생과 신독재 김집의 예학사상 연구(박사학위논문, 1991)〉(85쪽 부분)을 비판했다.

"기호학파의 예학 연원에 대해서 필자는 송익필을 그 계도자로 보는데 반하여 한기범은 예학도 이학(理學)과 같이 이이에서 비롯하여 김장생으로 이어지는 것으로 보았다. 이는 다음과 같은 인용구를 잘못 해석한 데서 연유한 것으로 보인다. … 위의 사실로 김장생의 예학은 송익필을, 이학(理學)은 이이를 계승한 것으로 보아야 한다."[7]

---

6) 1982년 논문에서 '沙溪 金長生의 예학이 龜峯에서 나왔다'(80쪽)고 했으며, '구봉의 直을 중시하는 사상이 沙溪를 거쳐 尤庵으로 심화됐다'(97쪽)고 지적했다. 이러한 입장은 1985년 논문에서 체계적·구체적으로 전개된다. 우선 머리말에서 "김장생이 예학은 율곡을 학통으로 하는 성리학과는 달리 구봉 송익필의 학통을 이은 것이다. 송익필은 己卯士禍후 단절된 《소학》과 《주자가례》를 탐구하여 실천 중심의 예학파를 수립케 하고 直의 철학을 수립하였다. 宋翼弼의 思想은 金長生을 거쳐 尤庵 宋時烈의 直의 철학으로 발전되었다"(12쪽)라고 언급하고, 본론에서 畿湖禮學의 鼻祖로서 直·禮學 思想을 고찰했다.
배상현, 〈龜峯 宋翼弼과 그 思想에 대한 硏究〉《동국대학교 경주대학 논문집》, 1982.
배상현, 〈龜峯 宋翼弼의 禮學思想〉《東岳漢文學論輯》 2, 동악한문학회, 1985.
배상현, 〈沙溪 金長生의 禮學思想攷〉, 사계·신독재양선생기념사업회, 《사계사상연구》, 1991.
배상현, 〈朝鮮朝 畿湖學派의 禮學思想에 關한 연구– 宋翼弼·金長生·宋時烈을 中心으로〉, 고려대학교 박사학위논문, 1991.
배상현, 〈畿湖禮學의 成立과 發展〉《유학연구》 2집, 충남대 유학연구소, 1994.

7) 배상현, 〈朝鮮朝 畿湖學派의 禮學思想에 關한 연구– 宋翼弼·金長生·宋時烈을 中心으로〉, 고려대학교 박사학위논문, 1991, 111~112쪽.

이와 같이 기호학파[8]의 성리학은 율곡에서 시작하나, 예학은 '구봉 → 사계 → 우암으로 이어진다'는 견해와 '송익필이 직의 철학을 수립하고 김장생을 거쳐 송시열에게 전해졌다'는 주장을 한다. 이는 다른 여러 논문에서도 동일하게 나타난다.[9]

이에 반해 한기범은 사계의 학문 연원을 율곡으로 이해하였다. 그는 다음과 같이 말하였다.

> 그러나 김장생(金長生)의 학문과 사상에 가장 큰 영향을 미친 것은 이이(李珥)와 그의 학문이었다. … 김장생은 이이의 문하에 들어와서부터 성학(聖學), 특히 예학에 본격적인 탐구를 시작했던 것 같다.[10]

> 따라서 김장생의 학문연원에 대해서 성리학은 이이로부터 그리고 예학은 송익필로부터 라는 종래의 이분법적 인식은 재고되어야 한다. 이는 다음 절에서 상세히 설명되고 있는 바와 같이 김장생의 《의례문해(疑禮問解)》에 이이의 예설이 20여회나 거론되고 있고, 특히 김장생이

---

8) 배상현은 기호학파=율곡학파로 인식하고 사용하는 것으로 보인다.

9) 배상현 이외에 다음과 같은 논문·저서가 있다.
   고영진, 《조선중기 예학사상사》, 한길사, 1996. (송익필 관련 내용: 214~233쪽)
   도민재, 〈龜峯 宋翼弼의 思想과 禮學〉, 《동양고전연구》 28, 동양고전학회, 2007.
   최영성, 〈구봉 송익필의 사상연구— 성리학과 예학의 관련성을 중심으로〉, 성균관대 유학대학원 석사학위논문, 1993.
   최영성, 《한국유학통사》(中), 심산, 2006.
   이소정, 〈龜峯 宋翼弼의 禮學思想 硏究— 祭禮를 중심으로〉, 성균관대 석사학위논문, 2001 등 모두 이를 주장했다.
   조준하, 〈沙溪 金長生의 禮學思想〉, 사계·신독재양선생기념사업회, 《사계사상연구》, 1991.

10) 한기범, 〈沙溪 金長生과 愼獨齋 金集의 禮學思想 硏究〉, 충남대 박사학위논문, 1991, 84쪽.

그 예설을 존신하고 있는 데서 이이의 예학적 영향을 재확인할 수 있기 때문이다.11)

한기범은 예학에 있어서도 율곡의 영향력이 높았음을 언급하고, 그 근거에 대해서 고찰하였다.12) 이는 배상현이 비판한 내용과 관계된다. 하지만 다음 부분에서 한기범은 성리학과 예학을 구분시켜 인식하는 것을 반대하고 동시적으로 접근해야 함을 제안했다. 이는 사계 예학에 대한 율곡의 영향력을 근거로 한 것이다. 요컨대 배상현이 기호학파의 성리학과 예학적 측면(정확히는 사계 김장생의 학문 연원)을 구분시켜 이해하려는 입장이라면, 한기범은 율곡의 영향력을 근거로 성리학과 예학의 이분법적 인식을 비판한 것이다.13)

한편 배상현은 앞서 '송익필이 직(直)의 철학을 수립하고 김장생을 거쳐 송시열에게 전해졌다'고 했다.14) 그리고 퇴계의 경(敬)의 철학이나 율곡의 성(誠)의 철학에 비하여 구봉의 직의 철학은 한층 실천과 행위에 중점을 둔 것으로 예학으로 발전했다고 설명했다.15)

그런데 직 철학이 구봉 → 사계 → 우암으로 이어졌다고 하면, 앞서

---

11) 앞의 논문, 89쪽.

12) 이와 같은 견해는 이미 한기범, 〈사계 김장생의 생애와 예학사상〉《백제연구》20, 충남대, 1989(176~177쪽)에 보인다.

13) 김장생의 사상적 연원과 배상현과 한기범의 입장과 관련하여, 황의동은 "따라서 사계 예학의 사상적 근원은 구봉에 주로 있다 하겠지만 율곡의 영향도 간과해서는 안될 것이다"라고 하여 절충적 입장을 취하였다.(黃義東, 〈沙溪 金長生의 思想的 淵源〉《儒敎思想硏究》15집, 한국유교학회, 2001, 178쪽)

14) 배상현, 〈龜峯 宋翼弼과 그 思想에 대한 硏究〉《동국대학교 경주대학 논문집》, 1982, 97쪽; 〈龜峯 宋翼弼의 禮學思想〉《東岳漢文學論輯》2, 동악한문학회, 1985, 20쪽.

15) 〈朝鮮朝 畿湖學派의 禮學思想에 關한 연구- 宋翼弼·金長生·宋時烈을 中心으로〉, 고려대학교 박사학위논문, 1991, 84쪽.

예학과 성리학의 이분법적 인식 아래 사계 예학의 연원을 구봉, 성리학을 율곡으로 설명한 것과 모순되지 않는가? 직(直) 철학은 예학보다는 성리학적 측면 즉 수양론(공부론)과 관계된다. 따라서 직 철학의 구봉 → 사계 → 우암으로 전승은 예학의 구봉 → 사계 → 우암의 전승과 차이가 없게 된다. 예학과 성리학 수양론의 전승 관계가 같다면, 예학과 성리학을 이분법적으로 인식해야 한다는 주장의 설득력은 없어지게 된다. 더불어 송익필의 직 사상은 또 다른 문제를 갖고 있다, 바로 그 근거가 미약하다는 점이다. 직 사상의 근거를 〈김은자직백설(金檗字直伯說)〉에서 찾는데, 〈김은자직백설〉은 김장생의 첫째 아들 김은(金檗)에게 자(字)를 직백(直伯)으로 지어주면서 그 연유에 대해 설명한 글이다. 주지하다시피 자는 이름과 관련하여 짓는다. 즉 첫째 아들의 이름이 은(檗)으로, '바로 잡다'는 뜻을 가지고 있는데, '곧다'라는 뜻의 직(直)은 이와 관련되어 있음은 쉽게 파악할 수 있다. 따라서 이것은 구봉 수양론의 특징을 대표하기에는 자료(근거)의 가치가 너무 낮다. 또한 김창경이 언급했듯이[16] 문집 다른 곳에서 직을 강조한 경우를 찾을 수 없다. '구봉이 평소에 중요하게 생각했다면 다른 곳에서도 언급했을 텐데' 라는 점을 차지하더라도, 한 곳에서 언급되는 것만으로 구봉 수양론의 대표적 특징으로 언급하기에는 학술적으로 적절치 않다고 본다.

그리고 세 번째로 지적할 부분이 있다. 이는 많은 구봉 연구에서 드러나는 부분인데, 바로 율곡의 성리학과 차별성을 두려는 태도이다. 구봉

---

16) 김창경 또한 구봉 수양론의 핵심을 直에서 찾고 있지만, 〈金檗字直伯說〉 외에 다른 글에서 직을 강조한 내용이 거의 보이지 않는다고 술회하고, 과연 이것이 평소에 구봉이 주장한 것인가 의심했다(김창경, 〈龜峯 宋翼弼의 性理學에 대한 철학적 검토〉《한국사상과 문화》54, 한국사상문화학회, 2010, 430쪽)

이 이기공발설(理氣共發說)을 주장했으며[17], 율곡의 인심도심상위종시설(人心道心相爲終始說)을 비판하고 인심도심(人心道心)을 소장(消長)관계로 파악했다는 지적이다.[18] 더욱이 이러한 사유가 사계 김장생으로 이어진다고 언명함으로써 성리학도 구봉 → 사계로 설명하고자 한다. 최영성은 다음과 같이 언급했다.

후일 이이(李珥)의 적전으로 자부하였던 김장생은 '사단전언리 칠정합리기 비유이정(四端專言理, 七情合理氣, 非有二情)'이라 하고, 또 '사단유성지언본연지성(四端猶性之言本然之性也), 칠정유성지합리기이합야(七情猶性之合理氣而言也)'라 하여 사단을 리(理) 또는 본연지성과 관련지어 구분하였는데, 이것은 송익필의 표현과 전적으로 같다. 사칠론에 있어 이이에 못지않게 송익필의 입장이 반영되었음이 분명하다. 이처럼 사단에 중점을 두고 칠정과 구별하여 더 큰 가치를 부여하고자 하는 것은, 인간의 고유한 본성을 회복하는 데 주력하고 선을 지향하

---

17) 송익필의 이기론을 理氣共發說에 가깝다고 지적은 논문은 다음과 같다.(연도순)
배상현, 〈구봉 송익필과 그 사상에 대한 연구〉《동국대학교 경주대학 논문집》, 1982, 94쪽.
배상현, 〈朝鮮朝 畿湖學派의 禮學思想에 關한 연구- 宋翼弼·金長生·宋時烈을 中心으로〉, 고려대학교 박사학위논문, 1991, 74쪽.
최영성, 〈구봉 송익필의 사상연구- 성리학과 예학의 관련성을 중심으로〉, 성균관대 유학대학원 석사학위논문, 1993, 57쪽.
최영성, 《한국유학사상사》 II, 아세아문화사, 1995, 405쪽.
도민재, 〈朝鮮前期 禮學思想 研究〉, 성균관대 박사논문, 1998, 134쪽.
최영성, 《한국유학통사》 중, 심산, 2006, 119쪽.
도민재, 〈龜峯 宋翼弼의 思想과 禮學〉, 《동양고전연구》 28, 동양고전학회, 2007, 133쪽.
18) 최영성, 〈구봉 송익필의 사상연구- 성리학과 예학의 관련성을 중심으로〉, 성균관대 유학대학원 석사학위논문, 1993, 59~64쪽.
김창경, 〈龜峯 宋翼弼의 性理學에 대한 철학적 검토〉《한국사상과 문화》 54, 한국사상문화학회, 2010, 420쪽.

는 예학의 사상적 저류와 깊은 관련이 있는 것으로 보여진다.

뒤에서 논술하겠지만, 김장생은 인심도심설에서 이이보다 송익필의 입장에 더 많이 근접하는 경향을 보이고 있다. 이병도 박사가 "김사계, 기예학개출어송구봉(金沙溪, 其禮學盖出於宋龜峯), 연성리지학, 즉전술 율곡지설(然性理之學, 則專述栗谷之說)"이라고 한 것은 마땅히 재고되어야 한다.19)

위의 견해는 앞서 배상현이 제기한 '김장생의 예학은 송익필을, 이학(理學)은 이이를 계승한 것으로 보아야 한다'는 의견과 배치되고, 한기범이 주장한 '김장생의 학문연원에 대해서 성리학은 이이로부터 그리고 예학은 송익필로부터 라는 종래의 이분법적 인식은 재고되어야 한다'와 같지만, 율곡 → 사계로 이어지는 입장과 다르다. 기실 최영성의 입장은 배상현의 입장(예학: 구봉 → 사계)에서 시작하여 한기범의 예학과 성리학을 동시에 보려는 사유와 결합한 입장(예학 · 성리학: 구봉 → 사계)으로 확장됐다고 할 수 있다. 그러나 최근 김창경이 구봉의 이기공발설(理氣共發說)에 대해 의문을 제기한 것처럼, 기존 연구가 몇몇의 차이를 크게 부각시킴으로써 자연스럽게 율곡 성리학과 차별성을 두려는 태도로 전개되지 않았나 생각하게 만든다. 이것 또한 상세한 검토가 필요하다.

마지막으로 지적할 문제는 과연 무엇을 기준으로 사계 김장생의 예학과 관련성을 변별할 것인가 하는 것이다. 앞서 한기범이 지적했듯이 김장생의 《의례문해(疑禮問解)》에 율곡 예설이 20여회나 거론되고 있다.

---

19) 최영성, 〈구봉 송익필의 사상연구– 성리학과 예학의 관련성을 중심으로〉, 성균관대 유학대학원 석사학위논문, 1993, 58~59쪽.

그러나 구봉의 예설이나 본격적인 가례주석서인《가례주설》은 고영진의 지적처럼 17세기 말까지 당시 학자들이 알지 못했다.[20] 사계 김장생의 예학과 관련됐다고 지적한 부분은《구봉집(龜峯集)》〈예문답(禮問答)〉의 〈답김희원(答金希元) 논소상연복(論小祥練服)〉, 김장생의 연보(36歲)에 송익필이 김장생에게 '예학의 진보가 있음에 깊이 탄복한다'[21]라는 언급을 근거로 한다. 상황적 측면에서 보면 구봉이 사계에게 영향을 미친 것으로 이해되지만, 실질적으로 무엇이 계승된 것인지, 명확한 내용이 없다. 그리고 기호 예학 전체적 측면에서 보면 더욱 구봉의 위치가 미약해진다. 이에 대한 상세한 연구가 요구된다.

3. 栗谷·龜峯의 성리학적 입장과 沙溪와의 연관성

1) 율곡과 구봉의 이기심성론의 同異

앞서 필자는 구봉의 성리학에 관해 두 가지 문제제기를 했다. 하나는 직(直) 사상이고, 다른 하나는 율곡과 구봉 이기심성론의 차이이다. 우선 직 사상에 대해서 언급하면, 대부분의 선행 연구가 〈김은자직백설(金隱字直伯說)〉을 근거로 직 사상을 고찰하는데, '〈김은자직백설〉은 자료(근거)의 가치가 너무 낮으며, 또한 문집의 다른 곳에서 직을 강조가 경우를 찾을 수 없다'고 지적했다. 이와 같은 지적은 기존의 '송익필이 직의 철학을 수립하고 김장생을 거쳐 송시열에게 전해졌다', '직(直) 중시

---

20) 고영진,《조선중기 예학사상사》, 한길사, 1996, 218쪽.
21)《沙溪全書》卷43, 〈年譜〉, 論小祥練服, 龜峯答曰, 前後二札, 極盡情禮, 歎服, 禮學有進云云.

의 사상이 예학으로 전개되는 사상적 근거이다'라는 주장의 재고를 의미한다. 또한 기존 연구에서 구봉과 율곡 성리학의 차별성을 지적했다. 그러나 구봉은 율곡의 기발리승일도설, 칠정포사단에 대해서 이견을 보이지 않았다.

우선 〈현승편(玄繩編)〉에 나타난 구봉의 이기론부터 살펴본다.

> 무릇 스스로 동정(動靜)하지 않는 것이 이(理)요, 능히 동정함이 있는 것이 기(氣)입니다. 선(善)은 이(理)요 선악(善惡)은 기(氣)입니다. 조짐 (兆朕)도 없고 견문(見聞)도 없는 것은 이요, 조짐도 있고 견문도 있는 것은 기입니다. 기가 비록 움직임이 은미해도 이미 동지미(動之微)라고 말하면 정(情)에 속할 수 없는 것이 명백하니 이의 발현처라고 말하는 것은 옳습니다. 만약 이 이가 있고 기가 없다고 말한다면 옳지 않습니다. 어찌 기가 없으면서 이가 능히 발현함이 있겠습니까?22)

위의 언급은 이와 기의 관계에 대한 것이다. 이 중 '동정하지 않는 것이 이(理)이고, 동정하는 것이 기(氣)라는 것'과 '이기(理氣)는 서로 떨어져 있지 않음'을 지적한 것은 율곡의 "발하는 것은 기요, 발하는 소이는 이이니, 기가 아니면 발할 수 없고, 이가 아니면 소발이 없다('發之'이하 23글자는 성인이 다시 나와도 이 말을 바꾸지 못한다)"23)라는 말과 상통한

---

22) 《龜峯集》 卷4, 〈玄繩編上·上閔景初氏書〉, 37板, "夫不自動靜者, 理也, 有能動靜者, 氣也. 善是理也, 善惡是氣也. 無兆朕無見聞, 理也, 有兆朕可見聞, 氣也. 幾雖動之微, 而旣曰動之微, 則其不可屬靜, 明矣. 謂理之發見處可矣. 若謂之有是理無是氣則不可, 安有無氣而理能發見者乎?"

23) 《栗谷全書》 卷10, 〈答成浩原(壬申)〉, 5板, 大抵發之者, 氣也, 所以發者, 理也. 非氣則不能發, 非理則無所發,(發之以下二十三字, 聖人復起, 不易斯言).

다. 이처럼 이기(理氣)에 대한 기본적 이해에서 율곡과 구봉은 다르지
않다.

이제 많은 연구자들이 이기공발설(理氣共發說)이라고 분석한 서신을
살펴보자.

> 사단(四端)은 이(理)에서 발하고 칠정(七情)은 기(其)에서 발한다는 설
> 은 매우 옳지 못합니다. ①사단과 칠정이 어찌 이기(理氣)의 발이 아님
> 이 있겠습니까? ②다만 한 측면에서 말하면 사단이고, 전부로 말하면
> 칠정입니다. ③사단(四端)은 이(理)의 측면에서 말하는 것이고 칠정(七
> 情)은 이기(理氣)를 겸하여 전부를 말하는 것입니다.24)

위의 글은 〈현승편(玄繩編)〉에 있는 서신으로, 연도는 정확하지 않는
데 전후 서신의 시기가 각각 1580년 5월 20일(〈答叔獻書〉), 7월 2일(〈答
浩原書〉)임을 감안하면, 1580년 6월 전후에 작성된 서신으로 판단된다.
당시 서신을 보낸 허공택(許公澤)은 구봉한테 '사단은 이에서 발하고, 칠
정은 기에서 발한다'는 퇴계의 호발설을 지지하는 내용으로 보냈으며,
구봉은 이것에 대해 반박했다.

기존 연구자들은 구봉이 이기호발설을 반대한 것보다, '①사단·칠정
=이기(理氣)의 발함'이라고 한 것에 주목했다. '사단칠정이 모두 이기(理
氣)의 발함'이라 한 것은 무슨 의미인가? 최영성은 다음과 같이 언급했
다.

---

24) 《龜峯集》卷4, 〈玄繩編上·答公澤問〉, 30-31板, "來示四端發於理七情發於氣之說, 甚
   未穩. 四端七情, 何莫非理氣之發. 但偏言則四端, 全言則七情. 四端, 重向理一邊而偏
   言者也, 七情, 兼擧理氣而全言者也."

다만 ⓐ奇大升과 宋翼弼이 理氣의 共發을 주장한 대신 李珥가 氣發理乘一途說을 내세운 점에 있어 차이가 있다. … (인용문 생략) … 이와 같이 그는 七情包四端의 논리로써, 四端과 七情이 二情이 아님을 분명히 밝혔다. 그리고 四端을 理一邊으로 말한 것은, 四端에 氣가 없이 理만 있다는 의미가 아니라, 理를 주로 한 것일 뿐이라고 하였다. 따라서 四端과 七情이 다같이 理氣의 發이라는 논리가 나오게 된 것이다. ⓑ 그의 四端理氣之發論은 成渾이 李珥와 수년간의 논쟁 끝에 최종 결론으로 얻은 '四七理氣一發'이라 한 말과 의미가 상통한다. 李珥는 四端·七情에 理氣를 분속시키는 것을 반대하고 四端·七情이 모두 氣發이라 하여 氣發理乘一途說을 굳게 주장한다. ⓒ李珥에 의하면 四端은 純善, 七情은 兼善惡이다. 그는 純善인 四端에 대해 '情 가운데 善한 것은 淸明한 氣를 타고 天理를 따라 直出하여 그 中을 잃지 않고 仁·義·禮·智의 단서가 되므로 四端이라 한다'고 하였다. 이 말은 四端을 理一邊으로 파악한 것과 다름이 없다. 따라서 四端을 理一邊으로 七情을 兼理氣로 파악하는 宋翼弼과 표현상의 차이가 있을지언정, 결국 立論이 다름없게 된다.[25]

다른 연구자들은 위의 언급을 근거로 이기공발설(理氣共發說)을 주장했다고 지적했는데, 분명치 않은 면이 많다. 즉 ⓐ, ⓑ, ⓒ가 서로 다르기 때문이다. ⓐ는 이기공발설이고, ⓑ는 이기일발설(理氣一發說)이고, ⓒ는 율곡과 구봉의 이기설은 표현상의 차이가 있을 뿐 입론은 같다고 지적했다. 과연 어떤 것이 정확한 의미인가?

25) 최영성, 〈구봉 송익필의 사상연구– 성리학과 예학의 관련성을 중심으로〉, 성균관대 유학대학원 석사학위논문, 1993, 57~58쪽.

다시 원래의 〈답공택문(答公澤問)〉으로 돌아가자. 문맥을 살펴보면 ①'사단과 칠정이 어찌 이기(理氣)의 발이 아님이 있겠습니까' 라고 말한 것은 이기(理氣)가 따로 발하는다는 호발설(互發說)을 비판하면서 언급됐음을 주목해야 한다. 그렇다면 '이기가 같이 발하다'는 것은 어떻게 설명해야 하는가? 기존 연구자들은 율곡이 이(理)의 발(發)을 인정하지 않았다는 이유로 ①에 큰 의미부여를 하는데, 참고로 율곡은 이와 기가 서로 떨어져서 발하는 것이 아님을 설명하면서, 기와 이를 발지자 · 소이발자, 능발 · 소발, 형이하자 · 형이상자로 설명했다.26) 즉 율곡 또한 호발설처럼 단독적 이발을 반대했지만, 소이발(所以發), 소발(所發)로서 이발(理發)을 언급했다는 점이다. 만일 ①'이기의 발'을 우계의 이기일발(理氣一發)과 비슷한 것이라 언급할 수도 있지만, '이기영(理氣詠)'이 포함되어 있는 〈답성호원〉을 보면, '구봉이 율곡의 입장을 긍정했다'는 율곡의 언급이 있다. 당시 인심도심논쟁 중이었는데, 우계와의 의견대립에 안타까움과 자신을 처지를 피력하면서 자신의 의견을 구봉만이 이해했으며, 이 때문에 사귀게 되었다고 토로한다.27) 이러한 율곡의 평가는 구봉의 이기설 이해에 반드시 참고할 사항이며, 율곡과 근본적으로 다르지 않았음을 의미한다. 또한 ②, ③도 그러하다. 율곡에게도 이와 비슷한 언급이 있기 때문이다.

---

26)《栗谷全書》卷10,〈答成浩原(壬申)〉, 5板, 大抵發之者, 氣也, 所以發者, 理也. 非氣則不能發, 非理則無所發(發之以下二十三字, 聖人復起, 不易斯言).
《栗谷全書》卷10,〈答成浩原〉, 12板, 理形而上者, 氣形而下者, 二者不能相離, 既不能相離, 則其發用一也, 不可謂互有發用也.
27)《栗谷全書》卷10,〈答成浩原〉, 22-23板, 性旣一, 而乃以爲情有理發氣發之殊. 則可謂知性乎? 余性與世抹殺 … 惟宋雲長兄弟 可以語此, 此珥所以深取者也.

㉮주자의 의도는 역시 '사단(四端)은 오로지 이(理)만을 말하고 칠정(七情)은 기(氣)를 겸(兼)하여 말한 것'이라고 한 것에 불과할 뿐입니다. 사단은 이가 먼저 발하고 칠정은 기가 먼저 발한다는 것은 아닙니다. … 본연지성과 기질지성을 양변으로 나눈다면, 모르는 이가 어찌 두 가지 성이 있다고 여기지 않겠습니까? ㉯또한 사단(四端)을 주리(主理)라고 함은 옳으나, 칠정(七情)은 주기(主氣)라고 함은 옳지 않습니다. 칠정은 이(理)와 기(氣)를 포함하여 말한 것이니 주기(主氣)가 아닙니다[인심과 도심에는 주리(主理)·주기(主氣)이니 하는 말을 붙일 수 있지만, 사단과 칠정에는 이렇게 말할 수 없으니, 그 이유는 사단은 칠정 가운데 있고 칠정은 이(理)와 기(氣)를 겸하기 때문이다].28)

위의 글은 1572년에 우계에게 보낸 서신이다. 당시는 인심도심논쟁으로 서신을 주고받던 시기이다. 그런데 율곡의 글 속(㉮, ㉯)에서도 사단=이(理)/주리(主理), 칠정=겸이기(兼理氣)라는 표현을 찾을 수가 있다. 이는 구봉의 ②, ③과 다르지 않다. 이렇게 보면, 결국 위의 "①, ②, ③ 언급만으로 율곡과 다른 구봉만의 특징으로 설명하는 것은 타당치 않다.

그 다음으로 율곡과 차이가 많다는 구봉의 인심도심설을 살펴본다. 이 글은 특히 사계와도 연관된다.

---

28)《栗谷全書》卷10,〈答成浩原(壬申)〉, 6-8板, "朱子之意, 亦不過曰四端專言理, 七情兼言氣云爾耳. 非曰四端則理先發, 七情則氣先發也. … 本然之性與氣質之性分兩邊, 則不知者, 豈不以爲二性乎? 且四端謂之主理, 可也, 七情謂之主氣, 則不可也. 七情包理氣而言, 非主氣也.(人心道心, 可作主理主氣之說, 四端七情, 則不可如此說. 以四端在七情中, 而七情兼理氣故也)"

【사계】 도심유미(道心惟微)에 대해, 주자(朱子)가 이르기를 '미묘해서 보기 어렵다'라고 했습니다. 율곡 선생이 이르기를 '이(理)는 소리와 냄새로 말할 수 없기 때문에 은미하여 보기 어렵다. 그래서 은미라고 한 것이다. 비유하면 먼 산은 본래 은미하여 보기 어려운데 눈이 어두운 사람이 보면 은미한 것이 더욱 은미하고, 눈이 밝은 사람이 보면 은미한 것이 드러난다'라고 했습니다. (그러나) ⓐ저의 견해는 그렇지 않습니다. 도심의 발함은 불이 처음 붙는 것 같고 샘이 처음 시작하는 것 같아 발하는 것이 적습니다. 그래서 은미하여 보기가 어려운 것입니다. 다스릴 바를 모르면 더욱 은미하게 되며, 인심으로 하여금 항상 도심의 명령을 듣게 하면 은미한 것이 드러나게 되니 이른바 확충한다는 것을 말합니다.

【구봉】 두 설이 모두 미진하다. ⓑ이(理)는 본래 은미(微)하지 않다. 기(氣) 속에 있기에 은미하여 보기 어려울 뿐이다. 이것은 중인에 대한 말이고 성인에게 있어서 어찌 일찍이 은미함이 있겠는가? 기질(氣質)의 품(品)이 천만으로 서로 다르니 성인이하로는 도심이 은미한 사람이 있고 은미한 중에 더 은미한 사람이 있고, 더 은미한 중에 더욱 은미한 사람이 있다. 비록 지극히 은미하더라도 끝내 없어지지는 않으니 진실로 확충할 수 있다면 상성(上聖)과 그 드러남이 같게 된다. 이것은 주자가 이른바 '은미한 것이 드러난다'는 것이다. 성인에게 도심이 은미하지 않음을 대략 알 수 있다. 성인은 도심을 온전히 다 드러낸 자이고 학자는 드러내기를 구하려는 자이니, 은미함에서 드러남까지 내가 더하거나 뺀 것이 없다면 과연 본래 은미한 것인가? 이(理)보다 드러난 것이 없으나 기 속에 있기 때문에 은미하다. 숙헌(叔獻)이 이(理)가

소리도 냄새로 없음으로서 이가 본래 은미하다고 했고, 공(사계) 또한 다만 도심이 발한 것이 은미하고 작다는 것만 말했을 뿐 은미하고 작은 까닭을 말하지 않았으므로 모두 틀린 것이 있다. 또 ⓒ도심(道心)이 은미하고 드러남은 인심(人心)이 위태롭고 편안함과 서로 소장(消長)한다. 인심이 위태로우면 도심은 은미하게 되고, 도심이 드러나면 인심이 편안하게 된다는 것이다.29)

【사계】 '두 가지가 방촌(方寸) 사이에 섞여 있다'에 대해서 제 생각은 혹 형기로 인하여 발하는 때가 있고, 혹 성명으로 인하여 발하는 때가 있지만, 두 가지가 발하는 것은 모두 방촌에서 나오므로 섞여있다고 말한 것입니다. 율곡 선생이 말하기를, '인심도심은 모두 작용을 가리켜 말한 것인데, 만약 앞에서 말한 것과 같으면 미발의 경계를 범하게 된다. 두 가지가 발하는 것은 모두한 가지 일에 있으니, 인심에서 발하여 도심이 되는 것이 있고, 도심에서 발하여 인심이 되는 것도 있다'라고 했습니다. ⓓ인심에서 발하여 도심이 된다는 것은 옳지만, 도심에서 발하여 인심이 된다는 것은 온당하지 않을 듯합니다. 만약 도심에서 인심으로 바뀌었다면 즉 인욕이 될 것이기 때문입니다. 무릇 인심

---

29)《龜峯集》卷4,〈玄繩編上·答希元心經問目書〉, 39-40板, "道心惟微, 朱子曰, 微妙而難見. 栗谷先生云, 惟理無聲臭可言, 微而難見, 故曰微. 譬如此遠山, 本微而難見, 目暗人見之, 則微者愈微, 明者見之, 則微者著. 愚見則不然, 道心之發, 如火始然, 如泉始達, 所發者小, 故微而難見. 不知所以治之, 則微者愈微, 使人心常聽命於道心, 則微者著, 所謂擴而充之也."
"二說皆未盡. 理本不微, 在氣中故微而難見. 此在衆人說, 在聖則何嘗有微? 氣質之品, 千萬不同, 自聖以下之道心有微者, 有微而又微者, 有又微而又微者. 雖或至微, 而終無泯減之理, 苟能充之, 還與上聖同其著. 此朱子之所謂微者著也. 聖人之不微, 蓋可知也. 聖人全其著者也, 學者求其著者也. 自微至著, 我無加損, 則是果本微者乎? 莫善乎理, 而以在氣中故微. 叔獻以理無聲臭, 而云理本微, 公亦只言所發之微少, 而不言所以微小之故, 皆有所失. 且道心之微著與人心之安危, 相爲消長. 人心之危者, 道心微, 道心之著者. 人心安."

을 말할 때는 또한 인욕을 겸해서 말하기도 하지만, 이 글에서 주자는 인욕(人慾)을 섞어서 말하지는 않았습니다. 어떠합니까?

【구봉】그대가 '발하는 때' 등의 설은 불가하다. 그러므로 미발의 경계를 범한 것 같다. 숙헌이 말한 '두 가지 모두 한 가지 일에서 발한다'는 것은 전혀 알지 못하겠다. 두 가지(인심과 도심)은 다만 한 마음에서 발하는 것이므로 섞여있다고 말한 것이다. 성색취미(聲色臭味)에 따라 행한 것을 인심이라 말하고, 인의예지로부터 나온 것을 도심이라 말하나. Ⓔ능히 다스리면 공(公)이 사(私)를 이겨 도심이 주재하게 되고, 다스릴 수 없으면 사가 공을 이겨 인심이 주재하게 되면, 변하여 인욕이 되어도 금할 수 없게 된다. 지금《심경(心經)》에서는 선악(善惡)과 무관하게, 단지 공(公)으로 도심과 인심의 발함을 말했을 뿐인데 어째서 이와 같은 설은 가능한가? 또 그대는 숙헌이 인심에서 발하여 도심으로 된다는 말을 가하다고 했는데, 그것 또한 불가하다. 인심 또한 성현도 당연히 있는 마음인데 어찌 반드시 변하여 도심이 되어야 하는가? Ⓕ그렇다면 성인에게는 인심이 없다는 것인가?30)

30)《龜峯集》卷4,〈玄繩編上·答希元心經問目書〉, 40-41板, "二者雜於方寸之中, 愚意或有因形氣而發之時, 或有因性命而發之時, 二者所發, 皆出於方寸之中, 故謂之雜. 栗谷先生曰, 人心道心, 皆指用而言之, 若如前說, 犯未發之境. 二者所發, 皆在於一事, 有發於人心而爲道心者, 有發於道心而爲人心者云云. 發於人心而爲道心則可, 發於道心而爲人心則似未穩, 若以道心而轉爲人心, 則卽爲人慾也. 凡言人心, 亦可兼言人慾, 而此書則朱子不雜以人慾爲言也, 未知如何."
"吾賢所論發之之時等說不可, 故似犯未發之境. 叔獻所言二者皆發於一事, 殊不可知. 二者, 只一心之發, 故謂之雜. 聲色臭味之爲, 謂之人心, 仁義禮智之出, 謂之道心. 能治則公勝私而道心爲主, 不能治則私勝公而人心爲主, 轉爲人慾而莫之禁焉. 今心經則去善惡, 而只公言道心人心之發爾, 何可如此說? 且賢以叔獻之發於人心而爲道心之說爲可云, 亦不可. 人心, 亦聖賢合有底心, 何必變爲道心也. 然則聖人無人心耶?"

위의 인용문은 사계와 구봉의 문답이다, 첫 번째 문답은 '도심유미(道心惟微)'와 관련된 내용이다. 여기서 사계는 율곡의 설명에 의문을 제기하기 자신의 견해를 드러낸다. 이에 대해 구봉은 두 의견 모두 미진하다고 평가하고 성인과 범부와의 서로 다르며, 그렇게 된 까닭으로 인심과 도심이 서로 소장 관계에 있음을 밝힌다. 두 번째 문답은 '인심도심상위종시설(人心道心相爲終始說)'에 대한 것이다. 사계가 인심이 도심이 된다는 것은 맞지만, 도심이 인심이 된다는 것은 올바르지 않다고 지적한다. 이에 대해 구봉은 율곡의 인심도심상위종시설뿐만 아니라, 사계가 긍정한 인심이 도심이 된다면 주장도 옳지 않다고 주장한다. 왜냐하면 성인에게도 인심이 없을 수 없기 때문이다.

기존의 연구에서는 구봉이 율곡의 인심도심설을 비판하고, 인심도심상위소장설(人心道心相爲消長說)을 주장했다는 등 율곡과 다르다고 지적한다. 그러나 몇 가지 검토할 사항이 있다. 우선 율곡의 인심도심상위종시설이다. 일반적으로 율곡의 인심도심설을 인심도심상위종시설이라 규정하는데, 인심도심상위종시설은 1572년(율곡 37세) 우계와의 인심도심논쟁 관련 첫 번째 서신에서 처음으로 언급됐지만, 그 이외의 서신에 별도의 언급이 없다.[31] 그렇다면 율곡 인심도심설의 정론은 무엇인가? 그것은 1582(율곡 47세)년에 제진(製進)한 〈인심도심도설(人心道心圖說)〉이라 할 수 있다.

---

31) 리기용의 연구에 따르면 율곡 인심도심설은 인심도심상위종시설에서 人心道心待對說으로 변화됐다고 설명한다. 즉 리기용은 47세의 〈人心道心圖說〉에서 나타난 인심도심설을 율곡의 晩年定論이라 설명한다. 그리고 人心道心待對說이라 명칭한 것은 각주 173에서 芝村 李喜朝와 巍巖 李柬에 규정에 따라 칭하다고 했다(李基鏞, 〈栗谷 李珥의 人心道心說 硏究〉, 연세대 박사학위논문, 1995, 119쪽).

"이(理)와 기(氣)는 혼융하여 원래 상리(相離)하지 않은 것이니 심(心)이 통하여 정(情)이 될 때, ㉠발하는 것은 기이고 발하는 까닭은 이입니다. 그래서 기가 아니면 발할 수 없고, 이가 아니면 발할 까닭이 없으니 어찌 이발·기발의 다름이 있겠습니까? 다만 도심은 비록 기에서 떠나지 못하나 그것이 발할 때는 도의를 위한 것이므로 성명에 소속시키고, 인심은 비록 또한 이에 근본하는 것이나 그것이 발할 때는 구체(口體)를 위한 것이므로 형기에 소속시킨 것입니다. 방촌 가운데에 당초부터 두 가지 마음이 없고 다만 발하는 곳에 두 가지 단서가 있을 뿐입니다. 그렇기 때문에 도심을 발하는 것은 기(氣)이지만 성명(性命)이 아니면 도심은 발생하지 아니하고, 인심이 근원하는 것은 이(理)이지만 형기(形氣)가 아니면 인심은 발생하지 아니하므로 이것이 바로 혹원혹생(或原或生)·공사(公私)의 차이가 있는 까닭입니다. ㉡도심(道心)은 순수한 천리(天理)이므로 선만이 있고 악이 없으며, 인심(人心)은 천리(天理)도 있고 인욕(人欲)도 있으므로 선도 있고 악도 있습니다. … 도심은 다만 지키기만 하면 그만이지만 인심은 인욕에 흘러 드러나기 쉬우므로 비록 선하여도 또한 위태로우니 ㉢마음을 다스리는 자는 한 생각이 발하는 즈음에 그것이 도심인 줄을 알면 곧 확충(擴充)하고, 그것이 인심인 줄 알면 곧 정밀하게 성찰하여 반드시 도심으로써 절제하고 인심은 항상 도심에 청명(聽命)토록 하면 인심도 또한 도심이 될 것이니, 어떤 이(理)가 보존되지 않겠으며 어떤 욕(欲)을 막지 못하겠습니까? 서산(西山) 진덕수(眞德秀)은 천리와 인욕을 지극히 분명하게 논하였으니 학자가 공부하는 데 있어 매우 유익함이 있으나 다만 인심을 오로지 인욕으로만 돌려 한결 같이 극치(克治)하려 한 것은 미진(未盡)한 것입니다. ㉣주자가 이미 말하기를 '비록 상지(上智)라도 인심이 없을 수 없다'고 했으니, 성인도 또한 인심이 있는 것입니다. 어찌 전부를 인욕이라 이를 수 있겠습니까?32)

위의 율곡 견해와 구봉과 사계가 지적한 내용을 비교해 보자. 위의 ㉠, ㉡, ㉢, ㉣의 언급은 ⓒ, ⒟, Ⓔ, Ⓕ와 비슷하거나 최소한 서로 저촉되지 않는다. 또한 Ⓐ는 율곡도 이와 동일한 언급을 했기에 큰 의미를 부여하기 어려우며,33) 구봉의 Ⓑ'이(理)는 본래 은미(微)하지 않다'는 언급은,《구봉집》〈태극문(太極問)〉에서 비록 질문이지만 '이(理)는 본래 은미(微)하다'와 비슷한 내용이 있고 이에 대해 구봉이 특별한 이의제기를 하지 않았기에,34) 이것을 근거로 일방적으로 '율곡과 구봉이 배치되는 입장을 가졌다'고 말하기에는 미흡하다.

또한 최일범이 기존 사계의 인심도심설 연구에 대해 문제를 지적한 것도 참고할 필요가 있다. 위의 〈답희원심경문목서(答希元心經問目書)〉의 사계 입장은《경서변의》와《근사록석의》과 다르며, 이른바 사계의 정

---

32)《栗谷全書》卷14,〈人心道心圖說〉, 4-5板, "理氣渾融, 元不相離, 心動爲情也, 發之者, 氣也, 所以發者, 理也. 非氣則不能發, 非理則無所發, 安有理發氣發之殊乎? 但道心雖不離乎氣, 而其發也爲道義, 故屬之性命, 人心雖亦本乎理, 而其發也爲口體, 故屬之形氣. 方寸之中, 初無二心, 只於發處, 有此二端. 故發道心者, 氣也, 而非性命則道心不生, 原人心者, 理也, 而非形氣則人心不生, 此所以或原或生, 公私之異者也. 道心, 純是天理, 故有善而無惡, 人心, 也有天理, 也有人欲, 故有善有惡. … 道心, 只可守之而已, 人心, 易流於人欲, 故雖善亦危. 治心者, 於一念之發, 知其爲道心, 則擴而充之, 知其爲人心, 則精而察之, 必以道心節制, 而人心常聽命於道心, 則人心亦爲道心矣, 何理之不存, 何欲之不遏乎? 眞西山論天理人欲, 極分曉, 於學者功夫, 甚有益. 但以人心專歸之, 人欲一意克治, 則有未盡者. 朱子旣曰, 雖上智, 不能無人心, 則聖人亦有人心矣, 豈可盡謂之人欲乎?"

33)《栗谷全書》卷10,〈答成浩原(壬申)〉, 4板, 道心之發, 如火始燃, 如泉始達. 造次難見, 故曰微.

34)《龜峯集》卷4,〈太極問〉, 22-23板, 問, 形而上爲道, 形而下爲器, 道甚微妙, 器甚著現. … 凡有形有象可覩可聞者, 無非氣也, 如許其廣大著現而反以爲小, 無聲無臭不可聽不可見者, 理也, 如許其微妙而反以爲大, 何也? 答, 氣有限量, 而理無限量故也.

론이라는 것은 《경서변의》와 《근사록석의》에 나타난 율곡설의 계승이라는 것이다.[35] 이와 같은 관점에서 보면, 도심의 인심화를 비판한 것은 사계의 정론이라기보다는 의문을 제기한 수준이라는 것이다.[36] 이에 대해 필자는 《경서변의》와 《근사록석의》에서 사계가 율곡의 인심도심설을 그대로 따르고 도심의 인심화에 대해 비판하지 않은 것은 또한 만년의 〈인심도심도설(人心道心圖說)〉과 무관치 않다고 생각한다. 사계의 지적 사항이 〈인심도심도설〉에서는 모두 완비되어 있기 때문이다.

2) 율곡의 意를 강조하는 수양론과 구봉·사계 수양론과 접점

그렇다면 기호성리학의 어떠한 특징으로 인하여 구봉·사계가 보다 예를 강조하는 사유로 나아갈 수 있었나? 사실 이 문제를 규명하는 것은 쉽지 않다. 선행 연구에서 구봉 성리학의 특징 중에 하나를 직(直) 사상으로 설명하고 있지만, 필자는 직 사상을 구봉의 핵심 사상으로 상정하기에 문제가 있다는 입장이다. 이 때문에 본고에서는 율곡 심성론·수양론의 강조점과 구봉·사계의 입장과 비교하여, 기호예학 형성기의 심성론·수양론의 특징을 밝히고자 한다.

율곡 성리학은 기본적으로 기발리승일도설(氣發理乘一途說)을 토대로 성(性)·정(情)·의(意)를 일련(一連)의 과정으로 파악한다.

무릇 발(發)하지 않았을 때는 성(性)이요, 이미 발(發)했을 때는 정(情)

---

35) 사계의 《경서변의·대학》을 살펴보면, 사계가 율곡의 이기심성론을 계승함을 쉽게 확인할 수 있다(졸고, 〈사계 김장생의 《대학》 이해〉, 《동양고전연구》 45집, 동양고전학회, 2011 참조).

36) 최일범, 〈沙溪 金長生의 人心道心說에 관한 연구〉 《유교사상연구》 19집, 한국유교학회, 2003, 345~347쪽.

이요, 발하고 계교상량(計較商量)하는 것은 의(意)입니다. 심(心)은 성
(性), 정(情), 의(意)를 주재하는 것이니, 그러므로 미발(未發), 이발(已
發), 및 계교상량(計較商量)은 모두 심(心)이라 이릅니다. 발하는 것은
기(氣)요, 발하게 하는 까닭은 이(理)입니다.37)

율곡은 아직 발하지 않았을 때를 성(性)의 단계로, 발했을 때를 정(情)
으로, 그리고 발한 후 계교상량(計較商量) 단계를 의(意)로 설명하였다.
위의 인용문에 앞서 그는 〈답성혼원(答成浩原)〉에서 인심과 도심을 사
단과 칠정과 구분하면서, 정(情)과 의(意)를 겸하는 것으로 정의했다.38)
그리고 여기서 정·의를 다른 갈래로 보는 것이 아닌 정·의를 연속선
상에서 이해하고, 성(性)과 정(情), 의(意)를 일련의 과정으로 해명한다.
이것이 바로 성심정의일로(性心情意一路)39)라는 것이다. 이와 더불어
율곡은 심(心)을 미발, 이발 및 이발에 대한 계교상량 등 성·정·의를
주재하는 존재로 부각된다. 성을 올바로 드러나도록 하는 것이 심이고,

---

37) 《栗谷全書》, 卷9, 〈答成浩原(壬申)〉, 35-36板, "大抵未發則性也, 已發則情也, 發而計較
   商量則意也. 心爲性情意之主, 故未發已發及其計較, 皆可謂之心也. 發者氣也, 所以發者理
   也."

38) 《栗谷全書》, 卷9, 〈答成浩原(壬申)〉, 35板, 蓋人心道心, 兼情意而言也, 不但指情也.

39) 性心情意一路는 〈論心性情〉에서 보다 명확하게 설명됐다. 심이 발하지 않을 때 즉 미발
   일 때가 性이고, 발한 것이 情이며, 그 뒤에 心의 知覺에 의해 計較商量하면 意가 덧붙혀
   지는 것이다. 결코 정과 의는 다른 차원이 아닌 것이라고 설명했다. 다만 시간적 차이가
   존재하는 것이다. 율곡은 다음과 같이 말했다. "무엇을 一路라고 하는가? 心이 발하지 않
   았을 때는 性이고, 이미 발했을 때는 情이고, 발한 뒤에 생각을 했으면 意가 되는 것이니
   이것이 一路이다. 왜 각각의 경계가 있다고 하는가? 心이 寂然不動한 때는 性의 경계이
   고, 感而遂通한 때는 情의 경계이고, 느낌으로 인하여 세밀하게 연역하고 생각하는 것은
   意의 경계이다. 다만 하나의 心이나, 각각 경계가 있는 것이다"(《栗谷全書》, 卷14, 〈論心
   性情〉, 33板, 何謂一路? 心之未發爲性, 已發爲情, 發後商量爲意, 此一路也. 何謂各有境
   界? 心之寂然不動時, 是性境界, 感而遂通時, 是情境界, 因所感而細繹商量, 爲意境界. 只
   是一心, 各有境界)

그 드러난 것(情)을 운용하는 것도 심이라는 것이다. 따라서 도덕 실천의 측면에서 심의 역할이 중요하게 대두된다. 특히 인심 · 도심 측면에서 본다면, 심의 의(意) 역할이 중요하다. 율곡 성리학에서 인심 · 도심은 사단 · 칠정과 차별되는 마음의 단계라고 할 수 있는데, 인심 · 도심 문제는 현실에서의 도덕적 문제 즉 선악과 긴밀하다고 할 수 있다. 그리고 특히 인심의 선악 문제는 전적으로 의(意)에 의한 것이다. 즉 계교상량(計較商量)의 의(意)로 말미암아 위태로운 인심을 선(善)하게 할 수 있기 때문이다. 요컨대 율곡의 수양론(공부론)은 인심도심설에서의 의(意)를 중시하는 사유와 긴밀히 연관되어 있다. 어떻게 인심이 도심의 명령을 듣게 하는가? 그 여부는 의(意)에 달려 있으며, 의를 진실되게 하는 것(誠意)을 수양론의 시작으로 설명한다. 마음의 지각활동을 참되게 하고 엄정히 하는 것은 인간 활동 전반에 관련되며, 당연히 궁행(躬行)에 있어서도 적용될 수 있다.[40]

이러한 율곡의 사유가 사계에게도 전승되었음은 다음의 기록을 통해서 확인할 수 있다.

> (율곡)선생께서 일찍이 밤중에 나를 불러 말씀하시기를, "심(心), 성(性), 정(情), 의(意) 등에 대해서 아는가?"라고 하였다. (사계) 대답하기를, "단지 주설(註說)에서만 어렴풋이 보아 넘겼을 뿐이며, 어찌 그 뜻을 분명하게 알 수 있겠습니까"라고 하였다. … 또 말씀하시기를 "정(情)은 알지도 못하고 깨닫지도 못하는 사이에 불쑥 발출되는 것이요, 자가(自家)로 말미암아서 나온 것이 아니다. 이렇게 발출된 것으로 경

---

40) 졸고, 〈栗谷 李珥의 禮論과 哲學的 背景〉《동양철학연구》 67집, 2011, 26~337쪽 참조

영하고 모획(謨畫)하는 것이 의(意)이니, 이렇게 된 연후에야 비로소 자가로 말미암는 것이다. 그러므로《대학》에서 성정(誠情)이라고 하지 않고, 성의(誠意)라고 말한 것이다"고 하셨다.41)

위의 인용문은 사계가 예전에 율곡에게 받은 가르침을 우암(尤庵)에게 언급한 글이다. 이 글을 통해 사계 만년에 도덕적 문제 즉 선악에 있어 계교상량(計較商量)하는 의를 강조하는 율곡의 견해가 사계에게 전승·유지되었음 확인할 수 있다. 이러한 사실은 만년에 완성한《경서변의(經書辨疑)·대학(大學)》(1618)에서도 나타난다.《대학장구》경(經) 1장 중 운봉(雲峰) 호병문(胡炳文)의 정과 의를 설명한 소주(小註)에 대해서 율곡의 주장을 인용해 비판하였으며,42) 전(傳) 6장의 성의(誠意)에 대해서 율곡의 견해를 인용하여 설명하였다.43) 모두 의(意)를 강조한 율곡의 주장이 인용되었고, 이를 통해서 사계에게 영향을 미쳤음을 확인할 수 있다.

한편 의(意)를 강조하는 사유는 구봉에게도 나타난다. 다음은 율곡에

---

41)《沙溪全書》卷45,〈附錄·語錄·宋時烈錄〉, 7板, "先生嘗於夜裏, 呼之曰, 爾知心性情意等乎? 對曰只於註說, 朦朧看過, 豈得分明識破乎? … 又曰, 情是不知不覺闖然發出, 不由自家者也. 以此發出者經營謨畫者意也. 至此然後, 始由自家. 故大學不曰誠情, 而曰誠意也."

42)《沙溪全書》卷11,〈經書辨疑·大學〉, 22-23板, "栗谷曰, 雲峯說未瑩, 蓋性發爲情, 未必皆善. 情之不中節者亦多矣. 意是緣情計較, 不但念頭而已. … 其實, 則性是心之未發者也, 情意是心之已發者也. 情意二岐之說, 不可以不辨. 夫心之體是性, 心之用是情, 性情之外更無他心. 故朱子曰, 心之動爲情, 情是感物初發底, 意是緣計較底, 非情意無所緣. 故朱子曰, 意緣有情而用, 故心之寂然不動者謂之性, 心之感而逐通者謂之情, 心之因所感而紬繹思量者謂之意. 心性果有二用而情意果有二岐乎? … 心性無二用, 則四端七情豈二情乎?

43)《沙溪全書》卷11,〈經書辨疑·大學〉, 31板, "嘗問栗谷先生曰, 誠意正心何別? 答曰, 誠意是眞爲善而實去惡之謂也. 正心是心無偏係期待留滯, 且不起浮念之謂也, 正心最難. … 雖然, 若眞誠意, 則去正心不遠, 所謂眞誠意者, 格物致知, 理明心開, 而誠其意之謂."

게 답한 편지글이다.

오형께서 제 의견이 모두 옳다고 했는데, 단 불선됨(爲不善: 불선하게 됨)을 오로지 정(情)이라 여기는 것에 대해 저는 그렇지 않을 것 같습니다. 주자가 말하기를, '불선됨은 정이 사물에 옮겨져서 그러하다' 했습니다. 대개 발하여 중절하지 않음을 진실로 불선이라 말할 수 있지만, 불선됨이라 말할 수 없습니다. 정이 비록 발하여 혹 불선하지만, 불선됨에 이르는 것은 어찌 의(意)의 운용(運用)이 없다고 하겠습니까? 이와 같은 까닭으로 주자가 먼저 사물 상에 나아가 뚜렷하게 이미 이루어진 불선에 대해 말하기를, '이것은 그 처음에 정이 사물에 옮겨져서 그러한 것이다'라고 했습니다. '그러하다(然)'라는 것은 불선됨을 말한 것입니다. 정이 사물에 옮겨진 것이 이미 불선됨이라면, 또한 하필 다시 '이연(而然)'이라는 두 글자를 다시 붙여서, 불선됨을 사물에 옮겨간다는 위에 일반의 의(意)를 거듭 더했는가? 사물에 옮겨가는 것은 정이니, 발하여 절도에 맞지 않을 때를 가리킨 것이고, 불선됨은 의(意)이니 그것이 운용된 뒤를 가리킨 것입니다. 그러므로 '사물에 옮겨가는 것은 정이요, 불선됨은 의이다'라고 말하는 것입니다.**44)**

위의 인용문에서 구봉은 '불선(不善)'과 '불선됨(爲不善: 불선하게 됨)'

---

44)《龜峯集》卷4,〈玄繩編上·又答叔獻書〉, 3板, "吾兄以鄙說爲皆可, 而但以爲不善專是情, 愚恐未然也. 朱子曰, '爲不善, 情之遷於物而然也.' 蓋發不中節, 固可謂不善, 而不可謂爲不善也. 情雖發或不善, 而至於爲不善, 則意豈無運用之效? 是故, 朱子先擧施諸事物上顯然已作之不善曰, '是其初, 情之遷於物而然也.' 然者, 謂爲不善也. 情之遷於物, 旣是爲不善, 則又何必更着而然二字, 而以爲不善加一般重意於遷物之上乎? 遷於物者, 情也, 指發不中節底時, 爲不善者, 意也. 指運用底後. 故曰, 遷於物者情也, 爲不善者, 意也.

을 구분하고, '불선됨'은 의(意)에 의해 결정된다고 언급하였다. 여기서 불선이란 발하여 중절되지 않은 정(情)을 의미하며, 불선됨이란 불선한 정이 현실로 드러난 사태, 상황을 의미한다. 요컨대 구봉은 현실로 드러나는 선악(善惡)을 전적으로 정(情)으로 볼 것이 아니라, 의(意)가 덧붙여져 있음을, 더 나아가 의에 의해 결정됨을 주장하였다. 이러한 주장은 실천적 측면에 의가 깊이 관여되었음을 단적으로 보여주는 예이며, 율곡의 견해와 같은 선상에 있다.

기존의 퇴계나 우계가 사단칠정논쟁과 인심도심논쟁에서 보여준 사유의 특징은 도덕적 감정인 사단과 생리적 감정인 칠정으로 구별하고 이를 이(理)과 기(氣) 및 마음의 구조적 측면에서 해명했다. 하지만 율곡은 칠정포사단(七情包四端)이라 하여 더 이상 마음의 구조에서 찾지 않았다. 인심도심을 심(心)의 지각에 의한 것으로 설명함으로서, 마음의 기능·작용적 측면을 중심으로 선악(善惡) 여부를 논의했다. '유선유악한 인심을 도심으로 절제하고 청명토록 하여 인심을 선하게 한다'는 언급이나, '인심을 천리와 인욕 모두 가지고 있다고 설명하는 등 '인심≠인욕'의 사유는 앞서 언급한 〈답희원심경문목서〉에도 확인되는 만큼, 구봉의 인식도 동일하다. 또한 사계의 성리학과 관련되는 부분이다.

예컨대 마음의 지각활동을 강조하고, 발동된 마음의 싹을 살펴 천리를 드러내는 경우는 온전히 하고, 만일 그렇지 않을 경우 천리로 돌아가도록 헤아린다는 언급은 율곡과 구봉 모두에게 나타난다. 다음은 구봉의 언급이다.

아직 기미(幾)가 있기 전에는 오직 이(理)뿐이라고 말하니, 이것은 이른바 '성이 무위(誠無爲)하다'는 것입니다. 기미가 있으면 기(氣)가 없다고 말할 수 없으니, 이것은 이른바 '기미에 선악(善惡)이 있다'는 것입니다. 만약 기(幾)자를 정(靜)에 속하고자 한다면, 이것은 태극(太極)의 가운데에 기미(幾)를 들이는 것으로, 태극 가운데 한 사물도 둘 수 없는데 기미를 두면 어찌 가히 태극이라 말할 수 있겠습니까? … 이(理)가 비록 선하나 기(氣)가 선악이 없을 수 없으므로, 처음 움직이는 곳을 살피고 불선(不善)으로 하여금 선(善)으로 돌아가게 합니다. 기타 선유(先儒)가 기미를 논한 곳이 많은데, 마땅히 다만 주렴계(周濂溪)의 기선악(幾善惡) 3자를 위주로 하여 참고하는 것이 옳습니다.[45]

위의 인용문은 주렴계의 《통서(通書)》 '성무위(誠無爲) 기선악(幾善惡)'과 관련됐다. 성(誠)이란 작위가 없는 것으로 아직 발현하지 않은 본체를 의미한다. 그리고 기미(幾)라는 것은 막 움직였을 때의 그 단초로 아직 형체를 이루지 않은 것을 말한다. 아직 형체를 이루지 않았지만, 이미 선악이 결정된 것이다. 바로 이것이 기선악(幾善惡)이다. 따라서 구봉이 '처음 움직이는 곳을 살피라는 것'은 마음이 막 움직였을 때, 즉 성(性)이 발현되어 정(情)으로 나타났을 때, 그것이 선(善)한지 불선(不善)한지를 살펴, 선으로 돌아가게 함을 강조한 것이다. 이것이 수양론에 해당한다.

다음은 율곡의 언급이다. 의(意)과의 구조적 관계를 쉽게 살필 수 있다.

---

45) 《龜峯集》卷4, 〈玄繩編上·上閔景初氏書〉, 37-38板, "未幾之前, 可謂之惟理而已, 是所謂誠無爲也. 幾之則不可謂無氣, 是所謂幾善惡也. 若欲將幾字屬靜, 則是納幾於太極中也, 太極之中, 不可着一物事也, 着幾則何可謂之太極也? … 理雖善而氣不能無善惡, 故於初繾動處, 審之察之, 使不善者歸善焉. 其他先儒之許多論幾處, 宜只以濂溪之幾善惡三字爲主而參看可也."

그러므로 주자(周子: 주렴계)가 말하기를, '성무위(誠無爲) 기선악(幾善惡)'라고 했습니다. 성에 작위가 없다는 것(誠無爲)은 발현되지 않은 것이고, 기미(幾)라는 것은 움직임이 미세함입니다. 움직임이 미세할 때 이미 선악이 있으니 기미가 바로 정(情)이며, 의(意)란 정에 인하여 계교(計較)하는 것입니다. 정(情)은 갑자기 발동되어 자유로이 할 수 없지만 의(意)는 정을 인하여 상량운용(商量運用)하는 것입니다. 그러므로 주자가 말하기를, '의는 이 정이 있음으로 인하여 후에 작용한다'라고 했습니다. … 나는 그러므로 마음이 처음 움직이는 것이 정(情)이 되고 이 정을 인하여 헤아려 생각하는 것이 의(意)가 되는 것이니, 성인이 다시 나온다하더라도 이 말을 바꾸지 않을 것입니다.46)

위의 인용문을 통해 의(意)를 강조하는 사유와 '성무위(誠無爲) 기선악(幾善惡)'가 긴밀히 연관됨을 파악할 수 있다. 요컨대 성무위(誠無爲) 기선악(幾善惡)을 통해 수양론에 있어서도 구봉과 율곡 간의 공통점을 확인할 수 있고, 이것이 이기심성론과 긴밀한 관계임도 파악할 수 있다. 더군다나 《구봉집》의 〈현승편(玄繩編)〉을 보면, '기선악(幾善惡)'에 대해 답신한 〈답희원서(答希元書)〉가 있는데, "이와 같은 곳은 마음이 비록 어둡고 미혹하더라도 체험하고 깊이 살피면 저절로 정견(定見)이 있다"고 당부했다.47) 이렇게 율곡 · 구봉 · 사계에 있어서 마음이 처음 움직였을 경우에 그 기미를 파악하는 것이 중요하며, 그 지향점(선/악)을 파악하

---

46) 《栗谷全書》卷12, 〈答安應休〉, 22-23板, "故周子曰, 誠無爲幾善惡, 誠無爲者未發也, 幾者動之微者也, 動之微也, 幾有善惡, 幾乃情也, 意者緣情計較者也. 情則不得自由驀地發動, 意則緣是情, 而商量運用, 故朱子曰, 意緣有是情而後用. … 余故曰, 心之初動者爲情, 緣是情而商量者爲意. 聖人復起, 不易斯言矣."

47) 《龜峯集》卷4, 〈玄繩編上 · 答希元書〉, 39板, "如此處, 心雖昏惑, 體驗深察, 自有定見"

는 공부와 이것을 어떻게 선으로 이끌 것인지가 수양법이 시작이며 끝인 것이다. 이것이 기호예학의 중요한 수양론 및 심법(心法)인 것이다.

4. 栗谷·龜峯의 예 인식과 沙溪와의 연관성

우선 율곡의 예 인식과 입장을 간략히 살펴본다.[48] 《격몽요결(擊蒙要訣)》(1577)과 〈제의초(祭儀鈔)〉(1577)를 살펴보면 우선적으로 눈에 띄는 것이 《가례(家禮)》의 강조이다. 정확히 말하면 《가례》에 의거하여 행할 것을 강조한 것이다.[49] 그렇지만 율곡은 당시 조선의 현실 상황을 고려하지 않을 수 없었다. 16세기 중반은 성리학적 예제에 대한 이해가 적극적으로 이루어지던 시기였으나, 또한 국제(國制)나 기존의 예제가 아직까지 강한 영향력을 미치던 때였다. 예를 들어 〈제의초〉의 살펴보면 사대봉사(四代奉祀)가 아닌 삼대봉사(三代奉祀)를 전제로 구성됐다.[50] 이는 《경국대전(經國大典)》와 관련된 것으로 보인다. 왜냐하면 《경국대전》에서 사대부 및 서인의 제사 범위를 신분에 따라 정하고, 최대 삼대봉사를 넘지 않도록 했기 때문이다.[51] 이처럼 《가례》에 의거하여 예를 시행

---

48) 拙稿, 〈栗谷 李珥의 禮論과 哲學的 背景〉 《동양철학연구》 67집, 2011, 316~325쪽 참조.

49) 《栗谷全書》 卷27, 〈擊蒙要訣·喪制章第六〉, 11板, "喪制當一依朱文公家禮. 若有疑晦處, 則質問于先生長者識禮處, 必盡其禮可也.", 〈擊蒙要訣·祭禮章第七〉, 14板, "祭祀當依家禮. 必立祠堂, 以奉先主, 置祭田, 具祭器, 宗子主之."

50) 《栗谷全書》 卷27, 〈祭儀鈔·時祭儀〉, 26板, 設曾祖考妣位於堂西北壁下南向; 〈祭儀鈔·告事儀〉, 25板, 告事之祝, 三代共爲一版. 또한 〈祠堂之圖〉, 〈正寢時祭之圖〉도 曾祖代까지 되어있다.

51) 《經國大典》 三, 〈禮典〉 '奉祀', 文武官六品以上祭三代, 七品以下祭二代, 庶人則只祭考妣.

하려 했지만, 당시 조선의 현실을 고려했다.

이에 비해 구봉은 율곡과 달리 당시의 시속과 절충하기보다는 《가례》를 보다 강조했다.[52] 예컨대 〈예문답(禮問答)〉(1572~1589), 〈현승편(玄繩篇)〉(1599)을 살펴보면, 송강(松江) 정철(鄭澈)·율곡·우계와 다르게 당시 조선 사회에 《가례》의 원칙과 의례를 적용함으로서 명분(名分)을 지키고 혐의(嫌疑)를 분별하려 했다. 이는 당시의 시속을 예제에 반영하기보다는 《가례》를 준수함으로써 시속을 바로잡으려는 인식을 엿볼 수 있다. 만일 《가례》에 의심나는 부분이나 미비한 점이 있으면, 다른 예서를 살피기보다는 우선적으로 주자의 다른 언급(《주자대전》, 《주자어류》 등)을 통해 고증하려 했다.

1) 율곡과 구봉의 庶母 논쟁

율곡과 구봉의 예 인식은 서모(庶母)와 《격몽요결(擊蒙要訣)》 관련된

---

52) 기존의 연구에서는 구봉 예학의 특징에 대해 크게 두 가지 견해로 나눈다. 배상현은 구봉의 예학에 대해 《가례》에 충실하고 있다고 평가하고, 고영진은 두 시기로 나누어 고례와 《가례》를 언급하고 있다. 두 시기란 1570~1580년대 정철·성혼·이이 등과 예문답을 하고, 제자들에게 예를 가르쳤던 시기와 1590년대 《家禮註說》을 저술했던 시기를 말한다. 첫째 시기의 예설의 성격에 대해서는 '기본적으로 古禮를, 그 다음에는 고례를 기반으로 하면서 시속을 참작한 《주자가례》를 따랐다'(고영진, 《조선중기 예학사상사》, 한길사, 1995, 224쪽)라고 지적하고, 둘째 시기의 예설 즉 《가례주설》에 대해서는 '《주자가례》를 충실히 따르면서 그 범위 안에서 해석하지 못하였던 부분들을 고례나 기타 예서에 입각하여 학문적으로 전문적 주석 작업을 한 결과물'로 평가했다.(233쪽) 그러나 이렇게 하면 첫째 시기와 둘째 시기가 서로 미묘한 차이가 나는데, 이에 대한 해명이 없다. 하지만 필자는 이에 대해 '구봉의 특징은 《주자가례》를 충실히 따르면서 그 범위 안에서 해석하지 못하였던 부분들은 주자의 다른 언급(《주자대전》, 《주자어류》 등)을 통해 고증하며, 만일 주자의 다른 언급에도 없을 경우 고례 등을 참작했음을 지적하고자 한다. 그리고 고례도 기본적으로 주자의 이해를 바탕하여 고려됐음을 말하고자 한다. 또한 각주 135에서 古禮를 강조한 경우가 〈예문답〉 도처에 보인다고 했는데(219쪽), 이것은 《주자가례》의 범위를 넘는 국가전례 문제이기에 가능한 것으로 판단한다.

논쟁에서 확인할 수 있다. 서모 관련 논쟁은 1575(乙亥)년에 우계(牛溪) 성혼(成渾)이 율곡에게 제사 때 서모(庶母)의 위차(位次)에 대해 문의한 것에서 시작한다. 이에 대해 율곡은 자신의 집에서는 서모가 주부 앞 서쪽에 선다고 했으며, 만일 첩자가 대를 이을 경우 그 첩은 이 위치에 서도 무방할 것이라 답신했다.53) 이에 대해 우계는 구봉에게 다시 문의한 것으로 짐작된다. 왜냐하면 구봉은 우계에게 보내는 편지에서 율곡의 의견에 대해 조목조목 반박하기 때문이다. 이로 인해 율곡과 구봉의 서모 위차(位次) 논쟁이 일어났다.54)

구봉은 우계에서 보내는 서신에서 '예는 명분을 지키고 혐의를 분별하는 것을 중시했는데, 예서에서 서모의 위차를 언급하지 않은 것은 바로 적서(嫡庶) 분별을 하기 위해서'라고 말했다.55) 이에 대해 율곡은 네 가지 난점을 거론하는데, 대략 서모(庶母)를 부녀(婦女) 뒤에 서게 하면 적부(嫡婦)는 물론 그 소생의 자부(子婦)의 뒤에 서게 됨을 면치 못한다고 비판하고, 혹 예의 혐의와 여러 이유로 아예 참석치 못하게 하는 것은 또한 인정상 불가하다는 의견을 제시했다.56)

---

53) 《栗谷全書》卷11, 〈答成浩原〉, 4板, "庶母之說, 終無可據之禮, 而鄙見亦不高, 何由爲定論乎? 吾家之祭,則伯嫂立於主婦之前, 庶母立於伯嫂之西稍退, 諸妾立於主婦之西稍退, 不敢序以昭穆矣. 諸妾雖立于主婦之後亦可, 以地窄不得又作一行矣. 承重妾子之親母, 立於主婦之西稍前, 似無害."

54) 하지영, 〈龜峯 宋翼弼의 예 담론과 그 의미 - 庶母 논쟁을 중심으로〉《동방한문학》32집, 동방한문학회, 2007에서 율곡과 구봉 간의 서모 논쟁에 대해 자세히 다루고 있어 참고하기 바람.

55) 《龜峯集》卷6, 〈禮問答 · 與浩原論叔獻待庶母禮〉, 33板, "凡禮守名分別嫌疑爲重. 故自古禮家, 未許庶母位次者, 良以此也. 禮莫重於祭, 而祭禮序立之次, 未有庶母之位, 其餘家衆大小之禮, 具未見庶母之序."

56) 《栗谷全書》卷11, 〈答宋雲長〉, 25板, "略言其難, 幸更思而回敎如何? 祭時祭時婢妾立於婦女之後云者, 亦難曉解, 古人所謂婢妾者, 多是女僕, 豈必庶母乎? 倘使庶母, 立於婦女之後, 則非但嫡婦居前, 雖所生之子婦, 亦必居前矣. 欲避匹嫡之嫌, 而使姑居婦後, 則無乃虞舜受瞽瞍朝之禮乎? 此一難也, … 古人慕親者, 所愛亦愛之, 犬馬尙然, 庶母旣經侍寢, 則

요컨대 율곡과 구봉은 서로 자신의 의견을 굽히지 않고 서모(庶母)의 위차에 대해서 치열하게 논쟁한다. 율곡은 서모를 모자(母子)라는 측면에서 이해하려고 하고, 구봉은 적서(嫡庶) 분별이라는 측면에서 접근했다. 아래의 언급들은 이러한 입장을 잘 드러내준다.

【율곡】비록 그러나 삼대(三代) 이후에 적첩(嫡妾)의 분별을 어지럽힌 자가 많았으나, 만약 모자(母子)의 윤리를 어지럽힌다면 인정이 더욱 경악할 것입니다. 아마도 모자(母子)의 윤리가 적첩(嫡妾)의 분별보다 더 중요하지 않겠습니까?57)

【구봉】적모(嫡母)가 계시면 마땅히 어머니의 위치에 있어야 합니다. 적모가 돌아가셨다면 마땅히 그 위치는 비어야 합니다. 어찌 아버지의 첩으로서 어머니의 위치를 참람하게 차지하도록 행할 수 있겠습니까?58)

이 때 우리가 눈여겨보아야 할 것은 바로 그들의 예 인식이다. 당시 율곡은 서모의 위차를 언급하면서 예 시행의 현실성을 지적했다.

【율곡】모든 일은 겪어 본 뒤에야 그 어려움을 알게 되는 것이니, 형은

子不可不愛敬也. 今以位次之嫌故, 使之塊處一室, 不敢出頭, 家人相率宴樂, 而庶母不得出參, 飮泣終日, 則是乃囚繫也, 於人情何如哉? 此四難也.

57) 《栗谷全書》卷11, 〈答宋雲長〉, 26板, "雖然, 三代以後, 亂嫡妾之分者多有之矣., 若亂母子之倫, 則人情尤駭. 無乃母子重於嫡妾歟."

58) 《龜峯集》卷6, 〈禮問答·答叔獻問〉, 41板, "嫡母在則宜在母位, 嫡母不在則宜虛其位. 安有以父妾, 僭居母位之行乎?"

몸소 겪어보지 아니하였기 때문에 입론이 매우 쉬운 것입니다. 만약 저의 가정과 같은 형편을 만나게 되었다면 역시 반드시 난처하여 아마도 말 나오는 대로 붓 가는 대로 이와 같이 쾌활하게 하지는 못할 것입니다.59)

율곡은 예를 시행함에 있어 현실과 원칙의 차이를 역설하고, 원칙만을 강조하는 구봉을 반박한 것이다. 이는 앞서 언급한 당시의 시속과 절충하기보다는《가례》에 입각한 예의 원칙과 의례절차의 준수를 강조한 구봉의 특징을 여실히 드러내는 언급이라 할 수 있다.

2)《擊蒙要訣》 관련 논쟁

서모 위차와 더불어《격몽요결》에 대한 구봉의 비판과 이에 대한 율곡의 해명을 통해서 그들의 예 인식의 차이점을 엿볼 수 있다. 우선 묘제(墓祭)를 살펴본다. 당시 속제(俗制)와《가례(家禮)》는 많은 차이점을 드러냈다.《가례》에서 묘제는 1년에 1회 즉 3월 상순에 날을 택해서 행하는 것으로 명시되어 있다.60)

그러나 당시 속제(俗制)의 묘제는 정월 초하루, 한식, 단오, 추석에 행했다. 이에 대해 율곡은 4번을 행하되, 2번은 정식적으로, 2번은 간략하게 지냄으로써 시제(時祭)와 차별성을 두면서도 시속의 정서를 반영하는 등 절충한다고 했다.61) 구봉의 경우는 '한식에만《가례》의 묘제에 의

---

59)《栗谷全書》卷11, 〈答宋雲長〉, 26板, "凡事更歷然後乃知其難, 吾兄不親歷, 故立論甚易. 若使兄遇珥家事, 則亦必難處, 恐不能信口信筆, 如此之快也."

60)《朱子家禮》〈祭禮·墓祭〉, 三月上旬擇日.

61)《栗谷全書》卷27, 〈祭儀鈔·墓祭儀〉, 33板, 謹按家禮, 墓祭只於三月, 擇日行之, 一年一祭而已. 今俗於四名日, 皆行墓祭. 從俗從厚, 亦無妨, 但墓祭行于四時, 與家廟無等

해 행하고, 나머지 정월 초하루, 단오, 추석에는 전례(奠禮)로 간략히 함으로서 고례에도 마땅하고 시속의 정서를 반영한다'고 했다.62) 이처럼 율곡과 구봉이 시속의 정서를 반영한다고 하지만, 상대적으로 율곡은 시속과 절충하고자 하는 경향이 강하고, 구봉의 경우 《가례》의 절차와 기준에 근접하려 했다.63)

반혼(返魂) 및 여묘제(廬墓制: 여묘살이)에서도 확인할 수 있다. 당시 일반 사대부 중 여묘살이로 삼년상을 거행하는 경우가 많았다. 《가례》의 의례 절차는 하관(下棺) 이후 신주(神主)에 제자(題字)를 하고, 이후 신이 의지하도록 한 다음에 이 신주를 중심으로 반곡(反哭), 우제(虞祭), 졸곡(卒哭), 부(祔) 등을 진행하는데, 여묘살이를 하면 이 모든 것이 헛된 것이 된다. 그러므로 많은 이들이 잘못된 예임을 지적했다.64) 이에 대해 율곡은 《가례》대로 반혼하는 것이 옳으나, 당시 현실에서의 시행상

殺, 亦似未安. 若講求得中之禮, 則當於寒食秋夕二節, 具盛饌, 讀祝文, 祭土神, 一依家禮墓祭之儀, 正朝端午二節, 則略備饌物, 只一獻無祝, 且不祭土神. 夫如是則酌古通今, 似爲得宜.

62) 《家禮註說》卷9, 〈祭禮·墓祭〉, 23-24板, "[按]今世正朝寒食端午秋夕, 無異四時祭. 寒食一節, 用依三月上旬irculation, 讀祝行祭, 餘用奠禮以殺之, 似合古宜今. 行之旣久, 旣不可廢, 而亦不可行也."

63) 그의 대표적 예서인 《家禮註說》(1590년대)를 통해서도 《가례》의 체계에 충실했음을 엿볼 수 있다. 456개 항목으로 이루어졌는데, 그 중 《가례》와 다른 항목은 7개에 불과하다. 이 중 4개 항목은 《가례》의 판본이 달라 첨가된 것이고, 3개 항목은 冠變禮, 昏變禮, 祭變禮로 관례·혼례·제례와 상례가 겹쳐서 났을 경우에 대해 첨가·보완한 것으로, 이는 당시 조선의 현실을 고려했던 《제의초》나 《상례비요》과 비교되며, 더 나아가 《가례집람》와도 차이를 보인다.(고영진, 《조선중기 예학사상사》, 한길사, 1995, 230-233쪽 참조)

64) 여묘제를 비판한 예가 퇴계에게 보인다(《退溪全書》卷13, 〈答金亨彦 泰廷 問目 ○己巳〉, 25-26板, 今人廬墓成俗, 葬不返魂, 故卒哭明日而祔, 率不得依禮文. 退至於祥畢返魂之後, 是與程子喪須三年而祔之說, 名雖同, 而其實則大遠矣.{其失不在於三年而祔, 乃在於葬不返魂一事也.}今謹喪之家, 若能依古禮而返魂, 則事皆順矣, 旣不能然, 而行於祥後, 則不卜日, 當以返魂到家之日行之).

의 문제를 지적하면서 부분적으로 여묘제를 긍정했다.65) 이에 대해 구봉은《가례》에 따라 반곡하고 여막(廬幕)을 만들어 때때로 성묘(省墓)하면 된다고 했다.66)

또한 율곡과 구봉은 거상 중 외부로 출입할 때 상복의 탈복 문제에 대해서도 논쟁했다.

【율곡】효자가 나들이할 때 참최복(斬衰服)을 벗지 않은 것은 고례(古禮)이지만, 고례가 행해지지 못한 것이 이미 몇 천 년이 되었습니다. 주자(朱子) 같은 대현도 오히려 옛 것을 회복시키지 못하고 묵최(墨衰)를 입고 출입을 했는데, 이제 사람들이 앞뒤를 돌아보지 않고 참최복을 착용하고 출입하는 것은 바로 지금 세상에 나서 옛날 도를 찾으려는 것입니다. 오형(吾兄)께서 이것으로 예의 당연함을 삼으려고 하니 아마도 깊이 생각하지 못한 것이라 여깁니다.67)

율곡은 주자의 예(例)를 근거로 예의 시의성을 강조하는 한편, 무조건적 고례를 존숭하고 준행하려는 태도를 비판했다. 이에 대해 구봉은 다음과 같이 반박했다.

---

65) 《栗谷全書》卷27, 〈擊蒙要訣·喪制章第六〉, 12板, "今之識禮之家, 多於葬後返魂, 此固正禮. 但時人效顰, 遂廢廬墓之俗. 返魂之後, 各還其家, 與妻子同處, 禮坊大壞, 甚可寒心. 凡喪親者, 自度一一從禮, 無毫分虧欠, 則當依禮返魂. 如或未然, 則當依舊俗廬墓可也."

66) 《龜峯集》卷6, 〈答季涵問〉, 17板, 須從禮返哭, 而結廬墓下, 時往省拜, 以便孝理.

67) 《栗谷全書》卷11, 〈與宋雲長〉, 28板, "孝子出入, 不脫衰者, 乃古禮也. 古禮之不行已數千年, 以朱子之大賢, 尙不能復古, 以墨衰出入矣. 今人不顧前後, 而帶絰出入者, 乃生乎今之世, 反古之道者也. 吾兄以此爲禮之當然, 恐未三思也.

기호예학의 형성과 학풍 221

【구봉】 주자가 '고제(古制)를 써서 시속을 해괴하게 것(駭俗)은 작은
일이라 하였으니 만약 고찰하여 옳음을 얻으면 행하는 것도 해가 될
것이 없다'고 했습니다. 그러하니 형께서 참최복(斬衰服)의 벗음을 허
용하는 것은 아마도 주자의 뜻이 아닙니다.[68]

구봉은 주자의 언급을 통해서 시속의 풍속보다는 고례에 따라 준행
함을 강조했다. 앞서 율곡은 예 시행에 있어《가례》에 의거하지만, 현실
상황을 고려해야 함을 강조했다고 언급했고, 구봉은 현실 상황보다는
《가례》의 원칙과 절차를 강조하는 경향을 보인다고 지적했다. 그런데
위의 논쟁에는 고례(古禮)에 대한 인식이 추가됐다. 모두 주자(朱子)를
근거로 입론했는데, 고례에 대한 상이한 입장을 보여준다. 율곡은 무조
건적 고례 존숭을 비판했으나, 구봉은 긍정적 입장을 보인다. 다만 주자
의 언급을 통해 정당화하고 있다. 따라서 좀 더 상세히 구봉의 고례 인
식을 살펴보고자 한다.

3) 구봉의 古禮 인식

좀 더 상세한 구봉의 고례 인식은 송강(松江) 정철(鄭澈, 1536~1593)
과 예문답을 통해서 살필 수 있다.

【송강】 묻기를, 대상복(大祥服)은 정해진 견해가 없습니다. 흑립(黑笠)
은 올바르지 않지만 국가의 시속으로 이미 오래됐으며, 백립(白笠)은
중국 왕조와 우리나라 국가제도이며, 참색(黲色)은《가례》에서 쓰고

---

68)《龜峯集》卷6,〈禮問答·重答叔獻書(亦論擊蒙要訣非是處)〉, 48板, "朱子曰, 駭俗猶些
小事, 若果考得是, 用之亦無害. 然則兄之許脫絰, 恐非朱子意也.

있으며, 송나라 유자들은 소관(素冠)으로 정론을 삼지 않았으니 아마도 반드시 서슴없이 쓸 수도 없으며,《가례》는 완전한 책이 아닙니다. 지금 예를 쓰는 자는 무엇보다 시속을 놀라게 할까 두려워하니, 이것이 고례(古禮)를 부득이 시행하지 못하는 까닭입니다. 진실로 예를 좋아하는 한두 명의 군자가 있어 예를 고증하기를 심히 정밀히 하고 몸소 먼저 주창하면, 갑자기 깜짝 놀라는 것 이외에 또한 부러워하고 우러러 받들려는 자가 있을 것입니다. 지금 간략히 황도(黃圖: 황간의 儀禮圖)의 설에 의거하여, 호관(縞冠: 흰색 명주 관)과 치의(緇衣: 검은색 비단 옷), 소상(素裳: 흰 치마)를 입고 제사를 받들며, 제사를 마치면 심의(深衣), 백립(白笠)으로 반곡(反哭)하고자 합니다. 참제(黲制)는 이미 고생스럽고 고증하기도 시행하기도 어렵습니다. 황도의 규모(規模)와 차제(次第)는 실로 주자(朱子) 만년(설)을 계승한 것이니,《가례》에서 심히 명확하게 갖추어지지 않아 가히 의심스럽고 상고할 예는 황도를 참고하여 그 번다함을 간략히 하고 그 대강을 갖추어 그 행할 수 있는 것을 미루어 행하면 어찌 불가함이 있겠습니까?69)

【구봉】답하기를, 가례의 참색(黲色) 제도가 고찰하기 어렵기에 황간의 그림을 의거한다고 언급했는데, 그렇지 않은 듯합니다.《가례》와《의례경전통해(儀禮經傳通解)》는 그 뜻이 본디 같지 않습니다.《의례경

---

69)《龜峯集》卷6,〈禮問答·答李涵問〉, 1板, "問祥服未有定見. 黑笠則無義, 而國俗已久, 白笠則中朝與我國之制, 黲則家禮, 而宋儒以非素冠爲論, 恐不必盡用, 家禮未定之書. 今之用禮者, 先以駭俗爲懼, 此所以古禮之終不得行也. 苟有好禮一二君子, 考禮甚精, 身先倡之, 則乍然驚駭之餘, 亦有願慕之者矣. 今欲略倣黃圖之說, 以縞冠緇衣素裳承祭, 祭訖, 深衣白笠反哭. 黲制旣苦難考難行, 而黃圖之規摹次第, 實承於朱子晩年, 則家禮之不甚明備, 可疑可稽之禮, 參以黃圖, 略其煩而存其大綱, 推其可行者行之, 有何不可?"

전통해》는 역대의 고례(古禮)를 수집함에 하나라도 자신의 뜻을 붙여서 손익(損益)한 것이 없으니 국가를 다스리는 사람이 예를 제정함에 쓰이게 하는 것으로 삼을 수 있습니다. 《가례》는 고금(古今)을 참작하여 집안에서 이미 스스로 쓰이는 것을 미루어 한 시대에 마땅히 행해야 할 예로 삼은 것입니다. 주자도 《가례》에서 고례를 쓰는 것이 옳은지 모르는 것은 아니었지만, 반드시 사마온공(司馬溫公), 정이천(程伊川), 고항(高閌) 등의 예설을 취한 것은 당시에 알맞은 것을 따르는 뜻에서 부득이 그렇게 한 것입니다. 예(禮)는 초상 때부터 우제, 졸곡에 이르기까지 상복을 입는 것이 한두 가지가 아닌데, 《가례》는 다 삭제하였으니 이는 옛 것에 구애받지 않고 간편함을 쫓은 것입니다. 또 상복의 옛 제도를 따른 것은 주자가 또한 말한 것이 있으니, 길복(吉服)은 비록 지금의 제도를 따랐지만, 상복(喪服)은 아직 옛 제도를 남겨두었으니, 반드시 또 굳이 바꾸어 지금의 제도를 따를 필요가 없다는 것입니다. 지금 가례에서 대상복은 이미 당시 제도를 따른 것인데, 어찌 감히 시대를 건너뛰어 옛 것을 쫓겠습니까?[70]

위의 문답에서 송강은 주자의 만년 저술인 《의례경전통해(儀禮經傳通解)》를 근거로 하고 고례를 시행함으로써 《가례》의 미비점을 보완하고자 했다. 이 같은 송강의 견해는 당시 퇴계학파의 예학자들과 비슷하다.

---

70) 《龜峯集》卷6, 〈禮問答 · 答季涵問〉, 2板, "答謂家禮之黲制難考, 欲倣黃圖, 似爲未然. 家禮之與儀禮經傳, 其意固不同也. 經傳歷集古禮, 無一段付己意有所損益, 以爲爲國者制禮之用. 家禮酌古參今, 推以家居已所自用者, 爲一時當行之禮. 朱子於家禮, 非不知直用古禮之爲可, 而必取司馬氏, 程氏, 高氏等說者, 隨時之義, 不得不爾也. 禮自初喪至虞卒哭, 受服非一, 而家禮皆删, 是不泥古而從簡也. 且喪服之從古制, 朱子亦有說焉, 吉服雖已從今制, 而喪服尙存古制, 則不必又變而從今之意也. 今家禮祥服, 已從時制, 安敢又越而從古乎?

《상례고증(喪禮考證)》을 저술한 김성일(金誠一, 1538~1593), 김성일과 서명이 동일한 《상례고증》을 저술한 유성룡(柳成龍, 1542~ 1607)의 경우, 《가례》의 미비점을 고례 등으로 보완하려 했기 때문이다.

이에 비해 구봉은 이는 주자가 가감한 것이 아니기에, 마땅히 《가례》로 시행해야 함을 주장했다. "주자도 《가례》에 대해 고례를 쓰는 것이 옳은지 모르는 것은 아니지만, 반드시 사마온공, 정이천, 고항 등의 예설을 취한 것은 당시에 알맞은 것을 따르는 뜻에서 부득이 그렇게 한 것입니다"라는 언급은 이를 잘 대변해 준다.

또한 구봉은 사계에게 답변한 서신에서도 《가례》의 강조와 《가례》에 바탕한 고례 인식을 보여준다.

【구봉】 고례(古禮)는 그 시대와 가까웠던 선비들이라도 혹 알기 어려웠는데, 지금 수천 년 뒤에 태어나서 사사로운 견해를 옳다하기 어려우니 마땅히 송대(宋代)의 선유들의 설과 《가례》로 정해야 한다.71)

송강에게 언급한 내용과 더불어 구봉의 고례 인식을 엿볼 수 있다. 물론 구봉이 절대적으로 고례를 부정한 것이 아니다. 《가례주설》에 보면 그 고증적 측면에서 고례를 근거로 하기 때문이다. 하지만 예의 시행 차원에서는 다르다. 이 때는 현실 상황을 고려해야 하기 때문이다. 예의 원칙과 시의성(時宜性) 차원에서 고례는 정확히 알고 적용하기 어렵기 때문이다. 이와 같은 관점에서 《가례》 및 주자의 언급 및 송대의 예설을 강조한 것이며, 이를 통해 고례에 접근해야 함을 역설한 것이다.

---

71) 《龜峯集》 卷6, 〈禮問答 · 答金希元論小祥練服〉, 32板, "古禮, 近古諸儒亦或難知, 今生數千載之後, 難可以己見爲是, 宜只以有宋先儒之說及朱子家禮爲定也."

4) 율곡·구봉 예학에 대한 沙溪의 수용 및 태도

위의 율곡과 구봉의 예학의 대별되는 특징을 살펴보면, 율곡은 《가례》를 강조하되 시속과의 절충을 모색하려는 경향이 있으며, 구봉은 시속과의 절충보다는 《가례》의 원칙과 의례절차에 따라 시속에 적용 및 시속을 변화하려는 태도를 보인다는 점이다. 이 둘은 차이는 있지만 공통적으로 《가례》 및 주자의 입장을 강조하는 모습을 보이며, 고례에 대해서도 차이가 있지만, 《가례》와 시속보다 덜 중요시하는 입장을 가졌다고 정리할 수 있다.

그렇다면 예학에 정통한 사계는 이 둘의 예학을 어떻게 수용하고 계승했는가? 《상례비요》를 살펴보면, 묘제의 횟수에 대해 언급한 부분에서 《격몽요결》을 인용했다. 이 부분은 앞서 언급했는데, 당시 속제(俗制)의 묘제는 정월 초하루, 한식, 단오, 추석에 행했는데, 이에 대해 율곡은 4번을 행하되, 2번은 정식적으로, 2번은 간략하게 지냄으로써 시제(時祭)와 차별성을 두면서도 시속의 정서를 반영하는 등 절충한다고 했다 (원문은 각주 59와 동일). 이에 대해 사계는 다음과 같이 언급했다.

> 네 명절에 지내는 묘제(墓祭)가 참으로 지나친 것임을 알아야 하다. 율곡 선생이 한식과 추석에는 성대한 제사를 지내고 정월 초하루와 단오에는 간략하게 지내고자 하였는데, 그 뜻이 좋을 듯하다. 다만 조상 때부터 수백 년 동안 행하여 왔는데, 내게 이르러 감히 쉽사리 고칠 수 없는 것이다. 보내온 편지도 역시 좋으나, 분명하게 단정할 수는 없다.[72]

---

[72] 《沙溪全書》卷41,〈疑禮問解·祭禮·墓祭〉, 42-43板, "四名日墓祭固知其過重. 栗谷欲於寒食秋夕行盛祭, 正朝端午略行之. 此意似好. 但自祖先以來, 數百年從俗行之. 至

《가례》에는 3월 상순에 날을 택해서 행하는 것으로 명시되었지만, 당시의 상황속에서 이를 직접적으로 적용할 수 없었다. 다만 사계는 율곡의 예설에 따라 4번 지내던 묘제를 한식과 추석에는 성대하게, 정월 초하루와 단오에는 간략하게 지내는 것을 긍정적으로 평가했다. 앞서 구봉이 '한식에만《가례》의 묘제에 의해 행하고, 나머지 정월 초하루, 단오, 추석에는 전례(奠禮)로 간략히 지낸다'는 것은 언급이 없다.

한편 사계는《가례》〈묘제〉의 의례절차를 수정한 율곡의 주장에 대해 다음과 같이 언급했다(우선《가례》묘제의 참신과 강신의 순서에 대한 율곡의 주장과 이에 대한 구봉의 비판, 그리고 이에 대해 언급한 사계의 설명 순으로 인용한다).

【율곡】묘제(墓祭)에 이미 두 번 재배하고 돌아와서 또한 참신(參神)하는 것은 아마도 예의(禮意)가 아닐 것이다.[73]

【구봉】묘제의 참신과 강신은 이미《가례》에 정해져 있는데, 갑자기 고치려 함은 또한 합당치 않다.[74]

【사계】무릇 신주를 모셔 내지 않고 본래의 곳에 그대로 두었다면, 강신을 먼저 하고 참신을 나중에 하니, 예컨대 삭망(朔望)의 참례(參禮) 따위가 바로 이에 해당한다. 신위를 설치하는데 신주가 없으면, 역시

于鄙人不敢容易改之. 來示亦好, 而未能斷定."

73)《栗谷全書》, 권11, 〈答宋雲長〉, 28板, 墓祭旣已兩度再拜而旋. 又參神恐非禮意.

74)《龜峯集》卷6, 〈禮問答·重答叔獻書(亦論擊蒙要訣非是處)〉, 49板, 墓祭之參神降神, 旣定於朱子家禮, 而遽欲改之, 亦未合.

강신을 먼저 하고 참신을 나중에 하니, 예컨대 시조(始祖)와 선조(先祖)를 제사할 때와 지방(紙榜)을 쓸 경우가 이에 해당한다. 만약 신주를 바깥으로 모셔 낸다면 아무 의식도 없이 신주를 볼 수 없어 반드시 절을 하고 엄숙히 해야 하니, 이를테면 시제(時祭)와 기제(忌祭) 따위가 이에 해당한다. 묘제와 담제에 이르러 과연 그대(송준길)의 의견과 같이 한다면 의심스러운 일이다. … 《상례비요(喪禮備要)》〈묘제〉를 《격몽요결》의 '강신을 먼저 하고 참신을 나중에 하는 것'에 의거하여 고치려 했으나, 《가례》에 대해 마음이 편치 않아 그대로 따를 뿐이다. … 송구봉(宋龜峯)이 율곡(栗谷)에게 답한 편지에 '묘제의 참신과 강신은 이미 《주자가례》에 정해져 있는데, 갑자기 고치려 함은 또한 합당치 않다. 또 더구나 예의(禮意)를 알기 어렵겠는가?'라고 했다.[75]

사계는 비록 율곡의 견해가 옳다고 판단하지만, 실제로 《상례비요》에서 '고치지 않고 《가례》 의례대로 서술했다'고 밝혔다. 이 부분에서 사계는 비록 율곡의 주장이 타당성이 있으나, 《가례》의 의례절차를 거부할 수 없음을 드러낸다.

이러한 점을 근거로 율곡의 예설에 대한 사계의 수용 입장을 정리할 수 있다. 사계는 《상례비요》(〈제례 부분〉)에서 6회나 율곡 및 《격몽요결》의 예설을 인용했다. 하지만 《가례집람》〈제례〉에서는 1회에 불과하다. 《상례비요》가 《가례집람》보다 많은 횟수에 걸쳐 율곡의 예설을 인용한

---

75) 《沙溪全書》卷41, 〈疑禮問解‧通禮‧參〉, 22板, "凡神主不出, 仍在故處, 則先降後參, 如朔望參禮之類是也. 設位而無主, 則亦先降後參, 如祭始祖先祖及紙榜之類是也. 若神主遷動出外, 則不可虛視必拜而肅之, 如時祭忌祭之類是也. 至於墓祭及亦禫祭, 果如哀示可疑也. … 喪禮備要墓祭, 欲依要訣祭先降後參而改, 家禮未安故仍之耳. … 宋龜峯答栗谷書, 有曰墓祭之參神降神, 旣定於朱子家禮, 而遽欲改之, 亦未合. 又況禮意難知乎云."

데에는《상례비요》가 가지는 특징에 기인한다.《사례편람》에서《상례비요》를 평가하기를 '조선사회에서 제일 긴요한 책'이라 했다.76)《상례비요》가《가례》를 기본으로 하여 고금의 학자들의 예설을 덧붙여 만든 예서이지만, 18세기 이재(李縡)가 지적하듯이 이 책의 주요한 특징은 조선사회 예 시행에 높은 영향력을 말할 수가 있다. 그리고 이와 같은 높은 영향력을 미치기 위해서는 단순히《가례》나 예의 고증만으로 이루어지는 것이 아니라, 당시 시속과의 절충 등의 시의성(時宜性)이 요구된다. 이러한 점에서《가례》와 시속과의 절충 즉 시의성이 강한 율곡 및《격몽요결》의 예설에 대해 많은 논의가 있었음을 엿볼 수 있다.

하지만《가례》의 의례절차 수정에 대해서는 조심스러워 하는 입장을 보였다. 이와 같은 입장은 구봉과 상통한다. 앞서 〈답김희원논소상련복(答金希元論小祥練服)〉에서 구봉이 사계에게 "송대(宋代)의 선유들의 설과《가례》로 정해야 한다"77)고 했듯이《가례》를 강조했고, 또한 위의 언급에서도 구봉의 입장을 인용했기 때문이다. 비록 출신배경과 당시의 정치적 상황 때문에 구봉의 예설이 사계에게 직접적으로 드러난 부분이 매우 적지만,《가례》를 강조하는 사유만큼은 많은 영향을 미친 것으로 보인다.

한편 사계는 율곡과 구봉의 거상 중 외부의 출입할 때의 상복에 대해서도 언급했다.

고칠 수 있는 것은 고쳤는데, 효자가 출입 시에 입는 묵최(墨衰)는 고제(古制)도 아니고 국속(國俗)도 아니므로 방립(方笠)과 생포(生布)로

---

76)《四禮便覽》〈跋〉, "惟喪禮備要爲最切 今士大夫皆遵之."

77) 각주 69 참조

만든 직령(直領)으로 대신하여 시속을 따랐다.78)

　사계 김장생의 예학은 조선예학의 종장이라고 할 만큼 중요하게 평가됐다. 따라서 사계 예학의 전모가 율곡과 구봉의 예학의 범위와 깊이를 넘어섰다고 말하는 것은 무리가 아니다. 따라서 사계 예학이 율곡과 구봉의 한쪽만을 계승했다고 혹은 양자의 잘 절충했다고 언급하는 것은 사계의 예학을 과소평가하는 것이다. 위의 언급을 통해서도 율곡과 구봉의 예설과 다른 입장을 보이는 것처럼 말이다. 하지만 본고에서 위의 언급을 인용한 것은 사계는 그의 스승인 율곡과 구봉의 예설에 대해 많은 고민과 분석을 했다는 것을 말하기 위함이다. 위의 언급은《상례비요》〈범례(凡例)〉의 언급이다.《상례비요》의 전체를 간략히 설명하는 〈범례〉에서 대표적으로 '거상 중 출입시의 상복 문제'를 언급한 것은 당시 사계 예학에 대한 율곡과 구봉의 영향을 엿볼 수 있는 단적인 예가 아닐까 생각한다.

5. 맺음말

　지금까지 기호예학(畿湖禮學) 형성기의 주요한 관점과 특징에 대해서 살폈다. 앞서 기호예학 형성기의 특징을 이해함에 있어 예학과 성리학 (이기심성론·공부론)을 관련시키고, 아울러 전승관계를 율곡·구봉 → 사계로 접근하였다. 이에 율곡, 구봉, 사계의 이기심성론·수양론(공부

---

78)《沙溪全書》卷31,〈喪禮備要·凡例〉, 1板, "可改者改之, 孝子出入時, 所服墨衰旣非古制, 又非國俗所用, 故代之方笠生布直領從俗也."

론)의 공통된 특징과 예학적 측면에서 율곡·구봉의 예학적 차이가 무엇이며, 사계에 어떻게 이어졌는지를 주로 살폈다.

우선 율곡과 구봉의 성리학적 입장이 거의 동일하다고 분석했다. 특히 율곡의 인심도심론(인심도심상위종시설)에 대해 구봉과 사계가 비판적 태도를 견지했다는 지적에 대해, 율곡의 정론인 〈인심도심도설〉를 살펴보면, 구봉과 사계의 입장과 다르지 않음을 확인할 수 있다. 그리고 의를 강조하는 사유가 율곡과 구봉·사계 모두에게 중요한 수양론적 입장임을 밝혔다. 다음으로 율곡과 구봉의 예학적 입장에 대해 '서모 위차 논쟁'《격몽요결》관련 논쟁' 등을 통해서, 율곡은《가례》에 의거하지만 현실 상황을 고려해서 적용하려는 경향을, 구봉은 시속보다는《가례》원칙과 의례절차를 강조하는 경향을 보인다고 지적했다. 또한 고례 인식에서는 주자의 입장에 입각하여 접근해야 한다는 입장을 견지하고 있다. 이와 같은 율곡과 구봉의 입장은《가례》및 시속의 예 이해에 있어 사계 예학에 부분적으로 수용됐으며, 전체적으로 그들의 예학 논의는 사계를 중심으로 한 기호예학 형성에 많은 영향을 미친 것으로 확인된다.

하지만 많은 보완이 필요하다고 생각한다. 본고의 주된 흐름이 기존의 연구를 검토·비판에 집중하고 이에 대한 대안으로 몇몇 상황들을 압축적으로 서술하는데 그쳤기 때문이다. 차후 사계 예학 및 사계 문인 간의 예학 논의 등에 대해서 살핌으로서 기호예학에 대해 심층적 접근을 진행하고자 한다.

송익필과 김장생·김집 예학 연구[1]

고 영 진[2]

1. 머리말

2. 송익필의 예학

3. 김장생·김집의 예학

4. 맺음말 – 예학사적 위치

1. 머리말

17세기는 '禮學의 시대'라고 할 정도로 예학이 발달하였으며, 두 차례의 예송(禮訟)을 비롯해 많은 전례논쟁이 벌어졌다. 그러나 예학이 17세기 들어와 갑자기 부각된 것은 아니었다. 이미 15세기 말부터 사림들에 의해 三代의 예에 따른 교화가 강조되기 시작하고, 중종대에 들어오면 기묘사림들이 《주자가례》와 고례(古禮)를 《국조오례의(國朝五禮儀)》나 漢·唐禮보다 더 강조하면서, '국조오례의파'와 '고례파'의 전례논쟁이 벌어지기도 하였다.[3]

이어 16세기 중반 《주자가례》 중심의 생활규범서인 제례서(祭禮書)가

---

1) 이 글은 이 글은 구봉문화학술원 정기학술대회(2018년 9월 7일, 충남대 인문대학 문원강당)에서 발표한 논문이다.

2) 광주대학교 교수

3) 고영진, 1995 《조선중기 예학사상사》 한길사

출현하고, 동시에《주자가례》에 대한 학문적 연구가 이루어지기 시작하면서 상제례서(喪祭禮書)와 가례주석서들이 편찬되었다. 16세기 후반에 가면 문장을 주로 하는 일부를 빼고는 성리학을 공부하는 학자들의 거의 대부분이 예에 관심을 가졌으며, 예에 관한 글을 썼다고 해도 지나친 말이 아니었다. 예학의 이러한 발전 과정은 질적인 차이는 있으나, 이기심성론의 심화 과정과 거의 궤를 같이 하는 것이었다.

17세기에 들어와서도 예는 양란으로 말미암아, 해이해진 예적 질서의 회복을 강조하면서 더욱 중시되었다. 나아가 예로 나라를 다스리면 다스려지고, 가르침도 禮敎보다 앞서는 것이 없으며, 학문도 예학보다 절실한 것이 없다는 생각이 널리 퍼져 갔다. 예가 사회를 이끌어 가는 하나의 방도로서 부각되었던 것이니, 禮治가 바로 그것이다.

따라서 예학은 17세기에 가서야 비로소 발달하는 것이 아니라, 이미 16세기 중반부터 그 자체 안의 독자적인 과정을 거쳐 발달해 오다, 17세기 성리학 이해의 심화와 양란이라는 시대적 상황과 더불어 한 단계 더욱 발전한 것으로 이해할 수 있다.

예가 치국의 방도로 떠오르면서 예학 연구는 깊어지고, 각 학파의 예학의 차이는 전례논쟁으로 표출되었다. 중종대 시작된 왕실의 전례논쟁은 선조대 黑笠·白笠논쟁, 광해군대 공빈추숭(恭嬪追崇), 인조대 원종추숭(元宗追崇) 등을 거치면서, 그 논쟁의 수준이 점점 높아져 갔으며 예송은 그 대립의 정점이라고 할 수 있다.

예송은 표면적으로는 효종의 喪에 삼년복을 입을 것인가 기년복(朞年服)을 입을 것인가(1차 예송), 그리고 효종비의 상에 기년복을 입을 것인가 대공복(大功服)을 입을 것인가(2차 예송) 하는 복제(服制)의 문제였지만, 근본적으로는 17세기 사회에서 각 학파나 붕당들이 나름대로의 학문적 바탕 위에서 자신들의 노선의 정당성을 주장한 전형적인 '정치 형태로서의 전례논쟁'이었다.

곧 성리학과 예학의 심화, 친가·장자 중심의 가족제도로 변화, 학파·붕당 사이의 긴밀성, 臣權의 성장, 양란 이후 국가 재건의 방법 등 당시 정치·사상적인 면뿐만 아니라, 사회 모든 분야의 요인들이 종합적으로 결합되어 왕실의 전례 문제를 매개로 표출된 것이다. 나아가 예송에서 드러난 사상적 차이는, 중세 사회체제에 대한 관점의 차이로 연결되었다. 그렇기 때문에 예송은 조선 후기 사회체제가 바뀌어 가는 상황에서 반드시 겪어야만 했던 하나의 과정이었다.

이 글에서 다룰 송익필과 김장생, 김집은 16세기 중반부터 전개되어 온 예학의 발전과정에서 중요한 한 축을 담당했던 인물들이다. 송익필은 최초로 체제와 내용을 완벽하게 갖춘 본격적인 가례주석서인《가례주설(家禮註說)》과, 초보적인 가례문답서라 할 수 있는《예문답(禮問答)》을 저술하였다.

송익필의 문인인 김장생은 申義慶과 함께 본격적인 상제례서, 行禮書인《상례비요(喪禮備要)》와, 이전까지의《주자가례》의 연구 성과를 집대성한《가례집람(家禮輯覽)》, 최초의 본격적인 가례문답서라 할 수 있는《의례문해(疑禮問解)》, 왕실 전례논쟁에 관한 견해를 담은《전례문답(典禮問答)》등을 저술하였다.

또한 김장생의 아들인 김집은 부친의《의례문답》을 계승한《의례문답속(疑禮問答續)》과, 왕실 전례인《국조오례의》상례와《의례》등 고례를 비교하고, 자신의 의견을 제시한 국가전례 개혁서인《고금상례의동의(古今喪禮異同議)》를 저술하였다.

이 글에서는 예학의 발전과정에서 한 획을 그은 이들의 예서를 중심으로 살펴봄으로써, 이들의 예학적 특성과 조선 예학사에서 이들이 차지하는 위치를 가늠해 보고자 한다.

2. 송익필의 예학

16세기 말 성립되는 완벽한 체제와 내용을 가진 최초의 본격적인 가례주석서는 송익필(1534~1599)의 《가례주설》에서 비롯되었다고 할 수 있다. 송익필은 뛰어난 재주에도 불구하고, 출신 배경과 부친의 일로 인해 일생을 불우하게 살다간 인물이었다.

그는 詩에 능하여 이산해, 최경창, 백광훈, 최립, 이순인, 윤탁연, 하응림과 함께 八文章으로 불리었으며, 성리학에도 조예가 깊어 이이, 성혼, 정철, 이산해, 서기 등이 그와 같이 학문을 토론하였으며, 김장생, 김집, 정엽, 서성, 정홍명, 강찬, 허우, 김반, 송이창, 김류, 심종직 등이 그에게서 수학하였다.

송익필은 예학의 대가인 김장생에게 예를 가르쳤으며, 정철, 성혼과 이이 등이 그에게 예에 관한 자문을 구할 정도로 예학에 정통하였다. 또한 《가례주설》과 《예문답》 등의 예서를 저술하여 후대에 적지 않은 영향을 미쳤다. 그럼에도 불구하고 후대에 그의 제자들과 동료들에 의해서 쓰여진 글들을 보면, 예학이나 예서에 관한 내용이 거의 없다. 단지 1674년(숙종 즉위년) 김장생의 외증손인 이선이 쓴 〈행장〉에 《예문답》 한 권의 책만 언급되어 있을 뿐이다.

이는 송익필의 예에 대한 저술이 그의 문집이 나오기 전까지는 크게 알려지지 않았기 때문이 아닌가 생각된다.[4] 17세기 말까지 당시 학자들

은 송익필이 《가례주설》을 저술한 사실을 모르고 있었던 것이다. 1762
년(영조 38) 《구봉집(龜峯集)》이 간행될 때 비로소 《가례주설》이 수록
되었다.

송익필이 언제부터 예에 관심을 가졌으며 누구로부터 영향을 받았는
지는 알려진 바가 없다. 신분적으로, 명분상으로도 하자가 있었던 그가
질서와 명분을 강조하는 예에 대해서 정통했다는 사실은 흥미로운 일이
아닐 수 없다.[5]

그러나 예에 대한 관심은 기본적으로 古道와 古禮에 관한 송익필의
학문적인 추구와 심화에서 비롯되었다. 그는 고도로서 스스로 처신하였
다.[6] 고도에 대한 관심은 곧 고례에 대한 관심을 의미하였다. 실제로 그
는 고례를 추구하였으며,[7] 고례를 기본으로 한 《주자가례》와 《의례경전
통해》를 중요시하였다. 그러나 고례와 《주자가례》, 《의례경전통해》를
같은 것으로 보지 않았으며 그 차이점을 잘 알고 있었다.

《의례경전통해》는 고례를 빠짐없이 모아 한 부분도 자신의 의견을

---

4) 〈行狀〉이나 〈墓誌文〉, 그밖의 다른 글에서도 宋翼弼의 가장 중요한 禮學的 업적인 《가례
주설》에 대해서는 일체 언급이 없다. 1679년 쓰여진 朴世采의 글에도, "金長生이 龜峯의
실마리를 풀어 넓혔다"고 하여 송익필이 김장생에게 영향을 준 것으로 서술하면서도 송익
필의 예서로는 《예문답》만 언급하였다. 《南溪先生文集》권69 〈書喪禮通載後〉, "其兼好
古者 龜峯宋公有禮答問 處士申公....沙溪金文元公 又抽龜峯之緖而廣之 遂著疑禮問解")

5) 송사련의 피해자였던 안처겸의 아들인 安璐 역시 《竹溪雜儀》, 《喪祭禮》 등의 예서를 저술
하고 예학에 정통하였다. 가해자와 피해자가 모두 예에 관심을 가졌으며 예서를 저술하였
다는 사실을 우연의 일치라고 보기는 어렵다. 서로의 입장을 강화하고 정통성을 주장하기
위한 근거로써 예에 관심을 가지지 않았나 생각되나 좀 더 규명되어야 할 문제이다(《家禮
附贅》引用書冊 과 《順興安氏贊成公派譜》참조).

6) 《龜峯集》권10 〈墓碣文〉. "先生以古道自處 雖公卿貴人 旣與之友 則皆與抗禮 字而不官 人
多竊罵"

7) 古禮를 강조하는 경우는 《禮問答》 도처에 보이고 있다.(《禮問答》 〈答浩原問〉 《龜峯集》권
6). "答 國喪卒哭前 大小祀幷亭云者 五禮儀本意 則是擧國家之大小祀也 於士庶無行廢之定
草野民庶 當以古禮爲準")

붙이거나 가감한 것이 없이 국가를 다스리기 위한 예를 제정하는 데 사용하기 위한 것으로, 《주자가례》는 고금을 참작하여 집에 거주할 때 스스로 사용하는 바를 미루어 일시의 마땅히 행해야 하는 예로서 인식하였다.

그는 주자가 《주자가례》를 지을 때 고례를 그대로 사용하는 것이 좋다는 것을 모르지 않았으나, 반드시 司馬氏, 程氏, 高氏 등의 설을 취한 이유는 시속(時俗)을 따르는 뜻이 부득불하였기 때문이었다고 보았다.[8] 기본적으로 고례를 추구하면서도 시속에 따른 가변적인 요소를 인정하였다고 볼 수 있다.

송익필의 예설은 정확한 것은 아니지만 대체적으로 크게 두 시기로 구분하여 살펴볼 수 있다. 첫째는, 1570년대에서 1580년대로 자신이 예설을 공부하여 어느 정도의 수준에 도달하여 정철, 성혼, 이이 등에게 예에 대한 문제를 지적 자문하고 김장생 등 제자들에게 예를 가르쳤던 시기이며, 둘째는 1590년대로 만년에 자신의 예설의 집대성이라 할 수 있는 《가례주설》을 저술했던 시기였다.

선조 초반 1570년대에 이미 송익필은 예에 대해 상당 수준에 도달했지 않나 생각된다. 그가 이이, 정철, 성혼 등과 주고받은 예에 관한 서신들을 편집한 《예문답》의 내용에, 선조 초반의 예에 관한 사건들이 많이 언급되기 때문이다.

그가 정철, 성혼과 주고받은 서신에서는, 1567년(선조 즉위년) 명종의 喪에서의 흑립·백립 논의, 1577년(선조 10) 공의전(恭懿殿), 仁聖王后)

---

8) 《禮問答》〈答季涵問〉《龜峯集》권6). "家禮之與儀禮經傳 其議固不同也 經傳歷集古禮 無一段付己意有損益 以爲爲國者制禮之用 家禮酌古參今 推以家居己所自用者 爲一時當行之禮 朱子於家禮 非不知直用古禮之爲可 而必取司馬氏鄭氏高氏等說者 隨時之義 不得不爾也"

의 喪에서의 문제 등을 언급하였으며, 상례에 대한 항목이 제례의 항목보다 압도적으로 많았다. 이 시기에 상례에 대한 관심이 증가하는 데에는 선조 초반에 일어나는 國喪의 영향을 배제할 수 없다. 이것은 정철, 성혼과 주고받은 서신의 내용 총 60항목에서 국상과 관련된 내용이 13항목에 이르는 데서 짐작된다. 실제로 정철의 경우는 국상에서 일어나는 문제점들을 송익필로부터 자문을 구하기 위해서 보낸 서신이 적지 않았다.

이 시기 송익필의 예설의 성격은 기본적으로는 고례를, 그 다음에는 고례를 기반으로 하면서 시속을 참작한《주자가례》를 따르는 것이었다. 그러나 國制와 마찰이 있을 경우는 국제를 따르는 것을 인정하기도 하였다.9) 이러한 태도는 이황, 이언적 등에게서 보였던 것으로 아직까지 고례와《주자가례》에 철저하지 못하였다고 할 수 있다. 반면 개인의 상인 경우는 거꾸로 국제를 따르는 것을 배제하고 고례를 행하기도 하였다.10)

나아가 君과 小君을 구분하여 소군일 경우는 私禮를 행해도 좋지 않을까 하는 주장도 하였다.11) 왕실과 私家의 예를 구분하여 왕실의 경우, 《국조오례의》에 의해 행하는 것을 인정하면서, 동시에 사가의 예의 비

---

9) 《禮問答》〈答季涵問〉《龜峯集》 권6). "問 國恤中 朔望參改題時 服色如何; 答 禮宜用참 而白乃今之國喪服 改他似未穩 國衰則 決不可用家祭 白亦挨以古禮難用 但今國法 士族於國喪 朞年白笠 而卒哭後許祭 則以白行祭 國已定規 似不可改矣; 問 國恤卒哭後 협祭與時祭 猶可行否; 答 古禮不可行 國法若曰行之 則姑依從法 未知如何"

10) 《禮問答》〈答季涵問〉《龜峯集》 권6). "問 國恤卒哭前 大祥祭 挨之古禮 固難行矣 然今不可一遵古禮 未知當如何; 答 古禮爲君母不杖朞 而臣妻無服....家禮之祥 忌日也 忌日略行奠禮 告不得行祥之由 用古禮卜日行祥於卒哭後 似無妨 未知何如"

11) 《禮問答》〈答季涵問〉《龜峯集》 권6). "問 初以示意....在父喪猶行母祥祭 小君喪朞服 則何得重於父喪....答 君在殯許行者 奠也 在父喪行母祥者 無所壓也....小君之在殯不行私祥 國君之喪不行私祥 旣有輕重縣殊 何有同之之嫌"

중을 높혀 《국조오례의》를 적용하려는 것을 반대하고 고례와 《주자가
례》를 따르려고 하였던 것이다.

또한 이 시기에 쓴 이이와의 서신 내용을 보면, 그의 예설의 성격을
좀 더 알 수 있다. 이이가 제례에서 嫡庶의 윤리보다 母子의 윤리를 중
요시하여 庶母를 主婦보다 서쪽으로 조금 앞에 세운 사실에 대하여 송
익필은,

> "예는 명분을 지키고 혐의를 구별하는 것을 중하게 여기기 때문에, 옛
> 부터 禮家에서는 서모의 位次를 허용하지 않았다. 예는 제례보다 더
> 중요한 것이 없으며 제례에서 서있는 위치의 차례에는 서모의 자리가
> 없다"12)

고 하며 고례를 따를 것을 권하였다. 그리고 부득이 참여해야 한다면
집밖에서 지낼 경우는 부녀의 뒤에 있게 하고 집안에서 행할 경우는 따
로 別房에 거처하여 참여하게 하였다.

송익필은 이이의 행동이 명분을 범하고 혐의를 구별하지 못한다며
적첩의 구분을 명백하게 할 것을 요구하였으나, 妾子에 대해서는 嫡子
와 차이가 없는 것으로 보았다. 첩과 첩자의 차이는 심하여 첩자는 아버
지를 좇아 五服에 있어서 적자와 차별이 없으나, 첩은 지아비를 좇지 못
하여 嫡妻에 필적할 수 없으며, 族에도 들지 못하는 것을 三代의 예로

---

12) 《禮問答》〈與浩原論叔獻待庶母禮〉《龜峯集》권6). "凡禮守名分別嫌疑爲重 故自古禮家未
許庶母位次者 良以次也 禮莫重於祭 而祭禮序立之次 未有庶母之位 其餘衆大小之禮 具未
見庶母之序....不得已而參則必在婦女之後者 守名分也....庶母若不得已出參 則豈可入此堂
中耶 固當在於楹外耳....自三代至于今日 千百載之間 行禮與說禮家 不可量數 而未聞有令
庶母雜坐於嫡婦女之間而行禮者....栗谷家奉之爲上者 乃其伯嫂氏也 庶母則宜處別房而尊
之而已 豈得爲一家之上哉"

인식하였기 때문이었다. 그리하여 그는 당시 사람들이 庶兄弟를 보면 奴僕의 속으로 밀어 넣으려고 하면서, 서모를 嫡婦와 같은 자리에 있게 하려는 것을 비난하였다.13) 송익필의 이러한 인식은 적서의 차별을 엄하게 하였던 당시의 조류와는 다른 것이었으며, 고례를 자신의 입장에 맞게 현실적으로 해석하려는 데에서 나온 결과였다.

한편 程伊川이 종법을 제대로 시행하지 않은 사실에 대해,14) 이이, 성혼을 비롯한 당시 사람들이 기록이 잘못 되었는가 의심하고 그 이유를 알지 못한데 반하여, 송익필은《주자가례》,《의례경전통해》, 고례 등을 참조하여, 북송 당시 상황이 적자를 세우는 법도 없고, 長子와 小子의 구별도 없어 서자가 장자의 3년복을 입을 수도 있는 등, 종법이 제대로 시행되지 않기 때문에 당연하였다고 보았다.15) 종법에 대한 관심, 적자와 첩자를 구별하지 않으려는 그의 태도는 자신의 신분적 위상과 밀접한 연관을 지니는 것이었다. 그의 조모가 바로 첩의 자식이었으며 가문 모두가 천인으로 취급받았던 상황은, 그로 하여금 자연히 그와 같은

---

13)《禮問答》〈與浩原論叔獻待庶母禮〉(《龜峯集》권6). "大凡妾與妾子 甚有分別 妾子則從父 故其於五服 與嫡無殺 妾則不得從父 故不匹於嫡 而不與於族....此其三代之禮 到漢猶然 而今世之人 視庶兄弟 則欲退之奴僕之間 而推尊庶母 則不避與嫡同席之嫌 區區之所當痛惜者也"

14) 程明道 伊川 형제의 아버지인 程大中의 喪에 宗子인 明道가 죽자 明道의 아들이 있었음에도 불구하고 伊川에게로 喪主의 권리가 간 일.(《家禮註說》권2〈喪禮〉(《龜峯集》권8). "庶子不得爲長子三年 (補)宋皇祐中....宗法之廢可知也 程太中之喪 明道亡 明道有子 而歸伊川 亦恐遵宋朝此法 而大中之遺命也"

15)《玄繩編》上〈答浩原書〉(《龜峯集》권4). "末端伊川家奉祀一事 兄見以爲如何 垂示爲幸 僕今欲參集古禮 以釋家禮之未解處 以爲家塾中後學之覽 季涵所送自希元處來禮雜錄一册 命送如何 或有考事 敢仰....己卯十二月十九日 渾再拜. ; 與叔獻書. 兄常疑伊川之不歸宗於明道之子 某今看家禮云 今無立嫡之法 子各得以爲後 長子小子不異 又朱子歎自漢及今宗法之廢....雖有嫡孫 而庶子得爲父後 宗法之廢久矣 時制如是 伊川家恐未能擅改也 家禮之宗法 朱子亦以愛禮存羊爲說 則雖在家禮 而其不得行 亦可知也 尊兄以爲如何 家禮中 庶子不得爲長子三年不必然也之文 未久曉得 今因伊川事竝知之"

생각을 지니게 하였던 것이다. 여기서 그가 왜 예에 관심을 가지게 되었는가를 일부나마 짐작할 수 있다.

송익필이 고례를 현실적으로 해석하려는 노력은,《격몽요결》의 잘못된 점을 지적하는 데서도 나타났다. 구용주(九容註)의 해석에 있어서, 이이가 족용중(足容重)을, "가볍게 움직이지 않는 것이나 尊丈의 앞에서는 여기에 구애받지 않는다"고 해석한 데 반하여, 송익필은 "상황에 따라 한가할 때는 행하고 존장 앞에서는 행하지 않는 것은 올바른 이치가 아니다"고 하며, "발을 가벼이 놀리지 말고 넘어지지 않으며 돌아갈 때는 둥근 원에 맞고 꺾어질 때는 모서리에 맞아야 하되 마땅히 달려야 할 때는 가지런히 달리고 행해야 할 때는 크게 행하는 것이다"라고 보았다.16)

그는 구용(九容)을 直其容(모습을 바르게 하는 것)으로, 구사(九思)를 直其思(생각을 바르게 하는 것)로 해석하였다.17) 이이가 고례를 협소하게 정의하여 그것을 위반하는 경우가 많았던 반면, 송익필은 고례를 원칙을 벗어나지 않는 한도 내에서 현실 상황에 맞게 넓게 해석하고 그 원칙에서 벗어나지 않으려고 하였다.

이이가《주자가례》내용 가운데 고례를 고치지 않고 남아 있는 부분을 그대로 행하지 않고, 시속과 맞지 않는다고 자신의 의견을 가지고 고례를 고치려는 태도를, 송익필은 비판하였다.18) 이이 스스로도 관료생활을 하느라 일이 많아 고례를 살피지 않고 급히 격몽요결을 만들었기 때문에 옳지 않은 부분이 많다는 것을 시인하면서, 훗날 일일이 송익필

---

16)《禮問答》〈答叔獻書 論叔獻所述擊蒙要訣非是〉(《龜峯集》권6).

17)《龜峯集》권3〈金隲字直伯說〉."九容直其容也 九思直其思也"

18)《禮問答》〈重答叔獻書 亦論擊蒙要訣非是處〉(《龜峯集》권6)."家禮之改古禮 雖或有之 而家禮之所未改處 亦欲以己意改古禮 則無乃未安耶 如至家卽成服 家禮亦不如是 而猶欲改古禮 似爲未穩"

의 견해를 따라 고칠 것을 약속하였으나, 죽는 바람에 무위에 그치고 말았다.19) 그가《격몽요결》에 상당히 관심을 가졌던 이유는, 이이의 禮가 한번 정해지면 일시의 후학들의 宗師가 될 정도로 중요하다고 판단했기 때문이었다.20) 송익필은 예의 학문적 측면뿐만 아니라, 교육적 측면에도 적지 않은 관심을 지녔던 것이다.

둘째 시기에서의《가례주설》의 저술은 바로 이러한 관심과 노력의 소산이었다. 이 책이 언제 저술되었는지는 정확히 알 수 없다.

그러나 〈현승편〉을 죽는 해인 1599년에 편집하였으며, 이 책 자체가 당시 사람들에게 거의 알려지지 않았던 사실을 감안하면, 만년인 1590년대 귀양 갔을 때나 면천 馬羊村에 기거할 때가 아닌가 생각된다. 이 책은 앞에서도 언급했듯이 최초의 본격적인 사례서이며 송익필 예학의 총결산이라고 할 수 있다. 송익필이 가례의 내용 가운데에서 해석하지 못하는 부분을 고례를 참작하여 밝혀 ,가숙(家塾)의 후학들에게 열람시키고 가르치려는 시도는 이미 1570년대 후반부터 있었다. 이 당시에도 이미《예잡록(禮雜錄)》이라는 책을 만들어, 성혼, 정철, 김장생 등과 서로 참고하며 예를 공부하였던 것이다.21)《가례주설》의 저술은 이러한 노력의 연장선상에 있었다.

《가례주설》은 序, 祠堂, 深衣, 居家雜儀, 冠禮, 昏禮, 喪禮, 祭禮 등 8개의 큰 항목으로 되어있어서, 통례, 관례, 혼례, 상례, 제례 등 6개의 큰 항

19)《玄繩編》下〈書叔獻別紙後〉《龜峯集》권5)."右叔獻書別紙也 論所作擊蒙要訣非是處所答 做官多事 不省古禮 忽忽說過 多不是其 後――遵吾言欲改云 未及改甲而辭世 悲哉"

20)《禮問答》〈答叔獻書 論叔獻所述擊蒙要訣非是〉《龜峯集》권6)."兄禮一定 不但一時後學之宗師而已 可不重哉"

21)《玄繩編》上〈答浩原書〉《龜峯集》권4)."末端伊川家奉祀一事 兄見以爲如何 垂示爲幸 僕今欲參集古禮 以釋家禮之未解處 以爲家塾中後學之覽 季涵所送自希元處來禮雜錄一冊 命送如何 或有考事 敢仰....己卯十二月十九日 渾再拜"

목으로 되어있는《주자가례》보다, 통례 부분의 비중이 큰 것을 알 수 있다.22) 그리고 총 456개의 항목 가운데《주자가례》의 (대)항목과 소항목에 해당하는 것이 145개 항목에 불과하고,《주자가례》에서의 설명 (註) 부분에 해당하는 것이 304개 항목, 새로 첨가된 항목이 7개였다. 이것은 대부분의 다른 예서와는 달리 실용성에는 관심을 두지 않은 전적으로 학문적인 성격을 지녔다는 사실을 나타낸다.

나아가《상례비요》,《상례고증》등의 예서가《주자가례》의 항목과 소항목을 주석하는 수준에 그친 데 반해《가례주설》은《주자가례》의 설명 (註) 부분까지 세밀한 주석을 붙이고 있어 학문적 수준에서도 한 단계 높다고 할 수 있다. 또한 각 항목의 설명을 다양한 전거를 대면서 하고, 按이라고 하여 자신의 견해도 붙이고 있는 곳도 적지 않아 전거가 별로 없이 간단히 설명하고 있는《가례강록》과《가례주해》보다도 발전된 형태의 예서라고 할 수 있다.

송익필이 주석을 위해 인용한 책은,《의례》의 〈士冠禮〉, 〈士虞禮〉, 〈士昏禮〉 등과,《예기 의》〈曲禮〉, 〈檀弓〉, 〈王制〉, 〈喪服小記〉, 〈祭儀〉, 〈玉藻〉 등 고례,《춘추》,《논어》,《상서》,《사기》,《이아(爾雅)》,《백호통의 (白虎通義)》등의 경서와, 古書,《의례경전통해》,《가례보주》,《가례집설》,《가례의절》,《소학》 등의 후대의 예서와 교육서 등 광범위하였다. 그는 여기에 황간, 구준, 주자 정자, 張子, 李方子, 陳淳, 藍田呂氏, 顔師古의 설을 덧붙이고, 부분적으로 자신의 견해를 더하였다. 조선 학자들의 예설이 언급되지 않은 것이 특색이다.

이 책의 특징적인 점은 관례와 혼례, 제례는 전체적으로 설명하는 항

---

22)《주자가례》에서는 祠堂, 深衣, 居家雜儀가 通禮 항목 속에 있어 冠禮, 婚禮, 喪禮, 祭禮 항목보다는 한 단계 낮게 설정되어 있다.

목과, 변례(變禮)의 항목이 있는 데 반하여 상례는 전혀 그런 것이 없다는 것이다. 이것은 상례가 완전한 체제로 되어 있지 않았으며, 상대적으로 비중이 덜 주어졌다는 것을 의미하였다. 물론 전체 456개 항목에서 172개 항목으로 제일 많기는 하나,《상례비요》나《상례고증》처럼 이전의 상제례서가 상례를 제일 중요시하고, 당시의 현안들이 상례에 관한 문제들이 주였던 것에 비하여 관례와 혼례가 체제 속에 편입되면서 중요성이 부각됨에 따라, 상례의 비중이 상대적으로 적어지면서 생기는 현상이었지 않나 여겨진다. 이미 여러 예서에서 상례에 대해 충분히 설명을 해 놓았기 때문에 굳이 다시 설명할 필요가 없었는지도 모르겠다.

《가례주설》은 다른 어떤 예서보다도《주자가례》에 충실하였다. 이전의 예서 가운데《주자가례》에 가장 충실했다고 할 수 있는《상례비요》가 새로 첨가된 항목이 20여 개인 데 비하여,《가례주설》은 7개에 불과하였다. 더구나 제위(諸位), 수어(誶語), 불솔비유지례(不率卑幼之禮), 척도(尺圖) 4항목은《주자가례》의 판본이 다른 데서 기인한 것으로 실제는 새로운 항목이라고 할 수 없으며, 순수하게 첨가된 항목은 관변례(冠變禮), 혼변례(昏變禮), 제변례(祭變禮) 3항목이었다. 여기에서의 변례는 俗禮라든지 조선의 현실을 반영한 것이 아니라, 중국의 예서와 경전에 입각하여 두 가지 예가 겹쳐 일어나는 경우 등을 적은 것이었다. 이 점은 조선의 현실을 반영하여 새로운 항목을 집어넣었던《상례비요》나《상례고증》과는 달랐다.

그러므로《가례주설》은《주자가례》를 충실히 따르면서, 그 범위 안에서 해석하지 못하였던 부분들을 고례나 기타 예서에 입각하여 학문적으로 전문적인 주석 작업을 한 결과물이었으며, 그때까지의 예서 가운데에서는 최고의 수준이었다. 그러므로 이 책을 본격적인 가례주석서로서의 시초라고 해도 크게 무리가 없을 것이다.

송익필 예설의 또 다른 특징은 士禮의 강조였다. 그는 관례의 총론에 해당되는 항목에서, "《의례》의 行事法은 賤者를 제일 우선적으로 하기 때문에 士冠을 먼저 하며, 諸侯冠을 그 다음에, 天子冠을 그 다음에 한다"고 서술하고, 그 바로 뒤에 "예의 제정은 모두 士부터 시작하며, 그렇기 때문에 《의례》의 혼례도 모두 그렇다"는 자신의 견해를 밝히고 있다.[23] 이러한 인식은 왕실의 전례에 《국조오례의》가 아닌, 고례를 적용하려는 이전의 사림들의 생각과 궤를 같이 하는 것이었으며, 국제를 따르는 것을 인정하며 동시에 개인의 예인의 경우 국제를 적용하는 것을 배제하였던 초기의 인식을 발전적으로 구체화한 것이라고 할 수 있다. 이러한 인식은 뒤에 김장생에게 그대로 계승되었다.[24]

3. 김장생·김집의 예학

김장생(1548~1631)은 조선시대 예학의 종장(宗匠)으로 평가받고 있는 인물이다. 그는 《상례비요》,《가례집람》,《의례문해》,《전례문답》 등의 예서를 저술하여, 조선시대 예학의 발전에 크게 기여하였다.

그의 예설은 《주자가례》를 중심으로 하는 예설의 흐름을 계승하는 것

---

23) 《家禮註說》 권1 〈冠禮〉. "冠禮 鄭玄曰 於五禮 冠昏屬嘉....又儀禮行事之法 賤者爲先 故士冠爲先 諸侯冠次之 天子冠又次之 (按)制禮皆自士而始 故儀禮昏禮皆然"

24) 《疑禮問解》 〈冠禮〉《沙溪全書》 권36). "士冠禮....士冠禮疏曰 周禮六官六十敍官之法 事急者爲先 不問官之大小 儀禮見行事之法 賤者爲先 故以士冠爲先 無大夫冠禮 諸侯冠次之 天子冠又次之 其昏禮亦士爲先....又按曲禮曰 禮不下庶人註曰 庶人卑賤貧富不同 故經不言庶人之禮 古之制禮者 皆自士而始也 先儒云 有其事 則假士禮而行之 蓋家禮所以只據士禮而作 恐亦是此意歟"

이었으며, 당시까지의 《주자가례》에 대한 연구를 총정리 하는 성격을 지녔다. 또한 그는 중국의 고전과 諸家의 예설, 조선 학자들의 예설을 광범위하게 섭렵하여, 예에 대한 연구 수준을 한 단계 끌어올렸다고 할 수 있다. 그리하여 17세기 이후 서인 예학의 중심 학자로서 활약하면서 조선예학 전개의 한 축을 담당하였다.

김장생의 부친인 김계휘는 1549년 殿試에 합격하여 승문원 정자를 시작으로 벼슬을 시작하여 대사헌까지 이르렀다. 그는 1575년(선조 8) 인순왕후(명종 왕비)의 喪에, 이이와 함께 민순의 제의대로 졸곡 뒤에 고례에 가까운 백의관대(白衣冠帶)를 착용할 것을 주장하였다.25) 이에 반대하는 유희춘이, "祖宗의 구전(舊典)을 마땅히 준수해야 하며 임금의 喪은 사대부와 다르다"고 하자, 김계휘는 "부모의 상은 귀천이 없이 하나이다"라고 반박하였다.26) 그는 王禮와 士禮를 다르게 적용시키려는 예설에 반대하고 왕례와 사례를 같이 적용시킬 것을 주장했던 것이다.

또한 김계휘는 박순, 기대승, 이이 등과 도의지교(道義之敎)를 맺은 당시의 대표적인 사림 가운데 한 사람이었으며, 서인의 중심인물이었다. 1581년에는 종계변무의 일로 연경에 사신으로 파견되어 김장생이 따라가기도 하였다. 이듬해 중국에서 돌아왔으나 얼마 되지 않아 죽었다. 《상례비요》는 바로 김장생이 부친의 喪 중에 신의경의 초고를 보완하여 완성시킨 것이었다. 모친은 평산 신씨로서 우참찬을 지낸 신영의 딸이

---

25) 선조대 전례논쟁에 대해서는 高英津, 1991 〈16세기 후반 喪祭禮書의 發展과 그 意義〉 《奎章閣》 14 참조.
26) 《沙溪全書》 권8 〈皇考黃岡先生家狀〉. "公與栗谷先生建議曰 喪禮之不古久矣 因此機會所 當變通 以從近古之禮 左相朴公淳右相盧公守愼亦以爲然 大司憲柳希春難之曰 當守祖宗 舊典 且人君居喪與士大夫不同 公曰父母之喪 無貴賤一也 所謂不同者出於何傳記乎 希春 曰權德輿之言也 公曰公讀書萬卷乃無所見 而反從權德輿之言乎 希春默然"

었으며, 신흠의 고모였고 신의경과는 11촌간이었다. 김장생의 학문적 배경과 성격은 이러한 부모의 영향을 많이 받았다고 할 수 있다.

김장생은 13세인 1560년 송익필의 문하에서 四書와 《근사록》을 배웠으며, 20세에는 이이의 문하에서 수업하였다. 이 때 이이에게 예를 배우거나 또는 예를 같이 토론했을 가능성이 적지 않다. 《상례비요》나 《가례집람》에 《격몽요결》 속의 예설이 인용되는 것으로 보아, 그가 이이의 예설의 영향을 받았다는 것은 확실하기 때문이다. 〈연보〉에는 이 때 이미 "예학에 정통하여 절목(節目)이 모두 갖추어졌다"고 하고 있으나 과장된 감이 없지 않다. 김장생 스스로가 《가례집람》의 서문에서,

> "자신이 어렸을 때 가례를 얻어 읽었으나 잘 알지 못함을 걱정하였는
> 데, 친구인 신의경을 좇아 같이 여러 해를 강론하고 스승의 문하에 나
> 아가 바름을 취하여 어설프게나마 알게 되었다"[27]

라고 술회하고 있기 때문이다.

김장생은 송익필이나 이이처럼 천재적인 기질은 없었으나, 꾸준히 노력하여 만학을 이루고 만년에 빛을 본 유형의 인물이었다. 그의 저술도 신의경의 저술을 보완한 《상례비요》를 제외하고는 모두 50세 이후에 이루어졌다. 그의 이러한 성격은 엄밀한 고증과 많은 시간을 필요로 하는 예학 연구에 적합한 것이었다.

김장생의 예설과 예서는 크게 세 시기로 나누어 살펴볼 수 있다.

---

27) 《家禮輯覽》〈序〉. "余自有受讀家禮 嘗病其未能通曉 旣而從友人申義慶 與之講論積有年紀 又就正于師門 逐粗得其梗槪 因共取諸家之說 要刪纂註於逐條之下 編爲一書 名以家禮輯覽 又爲圖說揭之卷首 然後此書名物俱擧 義意粗明 初學之士 或有取焉 則役不無小補云爾"

첫째는 1570~80년대로 친구인 신의경에게 많은 도움을 받으며, 그의 초고인 《상례비요》를 보완·완성하여 본격적인 상제례서, 행례서의 문을 열었던 시기였으며,

둘째 시기는 1590년대에서 인조반정 이전까지로 스승인 송익필의 영향을 받으면서 동시에, 방대한 가례주석서, 사례서인 《가례집람》을 완성하면서 예학 연구에 침잠했던 기간이었다.

셋째는 인조반정 이후에서 죽을 때까지로 그의 제자인 서인들이 집권함에 따라 산림으로 추대되어 국가 전례에 관여하고 제자들의 예에 관한 질문에 답해주는 등, 당시 대표적인 예학자로 행사했던 시기였다. 이때 친구·제자들과 주고받은 서신의 내용이 뒤에 아들인 김집에 의해 《의례문해》와 《전례문답》으로 편집되었다.

《상례비요》는 첫째 시기의 대표적인 예서로 신의경이 《주자가례》를 기본으로 하고, 고금의 학자들 예설을 첨가하여 보충하고, 時俗의 제도를 덧붙여 만든 책을, 뒤에 1583년 김장생이 반복하여 상세히 교정하고 가감하여 만든 책이다.[28] 후대에는 김장생의 권위에 寄託하여, 오히려 김장생의 저술로 간주되어 조선사회에 적지 않은 영향을 미쳤다.[29] 18

---

28) 당시 신의경은 《상례비요》뿐만 아니라 《가례집람》도 저술한 것으로 인식되기도 하였으며 최근에는 《상례통재》도 신의경이 저술한 것으로 밝혀지고 있는데 이 책은 《상례비요》의 초본과 일치하고 《가례집람》과 부합하는 부분이 많아 《상례비요》와 《가례집람》의 편찬에 바탕이 되었던 책으로 주목받고 있다(장동우 2014 《喪禮通載》의 禮學史的 位相》 《태동고전연구》 32 참조).
   《南溪先生文集》 권69 〈書喪禮通載後〉. "其兼好古者 龜峯宋公有禮答問 處士申公有喪禮備要家禮輯覽 靡不各極其致 旣而寒岡鄭文穆公乃因退溪之業而大之 遂著五先生禮說五服沿革圖 沙溪金文元公又抽龜峯之緒而廣之 遂著疑禮問解以至喪禮備要家禮輯覽 則專以申公所述은括增刪而成之 其子愼獨齋文敬公從而繼述不怠益致其精詳也".

29) 《상례비요》의 저자에 대해서 17세기에는 김집, 송시열, 박세채 등이 신의경이 撰述하고 김장생이 改定 또는 添刪한 것으로 보았으나 18세기로 가면 점차 김장생의 저술로 간주되었다(이현진, 2009 〈16세기 후반 서인 상례서 《상례비요》》 《역사문화논총》 5 참조).

세기 이후 관혼상제례를 행하는데 가장 많이 준거가 되었던《사례편람
(四禮便覽)》도《상례비요》의 항목과 내용을 거의 그대로 따랐으며, 이 책
을 당시 조선사회에서 제일 긴요한 책으로 평가하였다.30)

《상례비요》는 크게 圖說과 本文으로 이루어져 있다. 이 책의 내용 가
운데 어느 부분을 어느 정도 신의경이 쓴 것인지는 정확히 알 수 없으
나, 대체적인 윤곽은 잡아볼 수 있다.《상례비요》의 서문에 따르면,

> "(신의경은)《주자가례》를 기본으로 하고 고금의 예와 여러 학자의 설
> 을 참고하여 실제의 일에 따라 첨가 보충하고 그 사이에 시속의 제도
> 를 덧붙여 실제로 행하는 사람에게 편하게 책을 만들었으며, 절목들을
> 모두 구비하였다. 나(김장생)는 거기에 반복하여 상세히 교정을 보고
> 가감하였으며, 규모와 條例는 모두 주자의 뜻을 따르고, 감히 독창적
> 으로 臆說을 덧붙이지 않았다"31)

라고 하고 있다. 책의 기본 형식과 내용이 거의 신의경에 의해 구상되
어 만들어졌음을 알 수 있다.

《상례비요》와《주자가례》의 항목을 비교해보면, 상제례의 항목은 거
의 같다.32) 다른 것이 있다면,《상례비요》에 吉祭, 改葬, 參의 3항목이

黃宗海도 金長生과의 서신에서《申氏備要》라고 지칭하고 있다.(《疑禮問解》〈喪禮 遣奠〉
房親通用永訣終天《沙溪全書》권39). "問 申氏備要堅奠祝下註 房親則不用永訣終天一句
云 朱子於蔡季通祭文 亦用此語 房親用之 恐不妨如何; (答) 來示亦然")

30)《四禮便覽》〈跋〉. "繼家禮而言禮者在我東 惟喪禮備要爲最切 今士大夫皆遵之"

31)《喪禮備要》〈序〉. "吾友申生義慶深於禮學 嘗博考經籍 撮其大要 編爲一書名曰 喪禮備要
蓋因朱子本書 而參以古今之禮諸家之說 隨事添補間 亦附以時俗之制 便於實用者 節目甚
備 愚於此反覆詳訂 略可損益 大抵規模條例 悉遵朱子之旨 非敢創爲臆說 疊牀架屋而已"

32)《상례비요》는 祭禮의 내용도 모두 포함하였으므로 정확히 부르자면《喪祭禮備要》라고

더 첨가되고, 대신《주자가례》에 있는 居喪雜儀, 初祖, 先祖 3항목이 삭
제되었다는 점이다. 첨가된 항목은 고례와 구준의《가례의절》에서 보충
하였는데,[33] 당시 조선사회에서 실제로 상제례를 행하는데 긴요한 내
용이었으며, 삭제된 항목은 별로 행해지지 않아 크게 필요하지 않은 내
용이었다.

소항목은 삭제된 3항목을 제외하고는《주자가례》에 있는 소항목이
모두 들어 있으며, 20개 정도의 소항목이 첨가되었다. 그 이유는 범례에
"《주자가례》를 祖述하였으나 간혹 부득이 보충해야 할 것은 보충하였
는데, 그것들이 모두 禮經에서 나와 빠뜨릴 수 없었기 때문이었다"고 설
명하고 있다.[34] 첨가한 내용들은 〈士喪禮〉, 〈사우례(士虞禮)〉 등《의례》
에서 주로 인용하였으며,《예기》〈喪大記〉, 〈間傳〉 등에서 인용하기도
하였다. 첨가된 소항목들도 계치(禊齒), 철족(綴足), 설빙(設氷) 등, 실제
행사를 수행하는데 필요한 것들이었다.

이 책이 다른 예서와 두드러지게 다른 점은 바로 각 항목마다 喪具와
祭具에 대한 소항목이 설정되어, 상제례에 필요한 물품에 대해 자세히
설명하고 있다는 점이었다. 이러한 구상과 상구 제구에 대한 전문적인
지식은, 실제로 상제례에 많이 참여하지 않은 사람은 불가능하였다. 이
것은 신의경이 유희경처럼 당시 사대부의 喪을 많이 執禮했다는 사실을
반증하는 것이며, 이 책이 처음부터 지극히 실용적인 목적에서 만들어
졌다는 사실을 반영하였다. 상구, 제구에 대해 자세히 설명을 하는 형식

해야 할 것이다.

33)《喪禮備要》〈吉祭〉, "吉祭之具 同前 祝文......按家禮無吉祭改葬二條 今采古禮及丘儀補入"

34)《喪禮備要》凡例. "此書雖祖述家禮 而其間或有不得已可補者補之.....皆出於禮經 而不可闕
者也"

은 뒤에《사례편람》에 그대로 계승되었다.

《상례비요》는 실용성을 전제로 하면서도 그 행위 하나하나에 대해서는 철저히 고증을 하는 방법을 취하였다. 그리하여 이 책의 수준을 한 단계 더 높였다고 할 수 있다. 이 책의 체제는《주자가례》를 經으로 하고, 기타 예서와 今制, 國制를 傳으로 하는 체제였다. 이러한 체제는《봉선잡의》에서 일부 시작되어 이덕홍의《가례주해》와 김륭의《가례강록》를 거쳐《상례비요》에서 본격적으로 시작되었다고 할 수 있다.

이 책에서 참고로 한 예서는《의례》와《예기》가 제일 많으며, 그 외《통전》,《대당개원례》,《가례의절》,《사마씨서의》,《주자대전》등이 있었다. 조선의 경우는 이언적과 이황의 예설과, 이이의《격몽요결》,《국조오례의》등이 인용되었다.[35] 이 책에서 말하는 금제는 당시 조선의 俗制였으며, 국제는《국조오례의》였다. 한편《주자가례》와《의례》,《예기》등의 예서, 속제,《국조오례의》등의 내용이 일치하지 않을 경우에는 모두 써놓아 참고하도록 하고, 끝으로 저자 자신의 견해를 달았다. 이 부분이 바로 김장생이, 뒤에 신의경의 초고를 집중적으로 보완한 부분이었다고 생각된다.

15세기에는《예기천견록》에서 보이는 바와 같이,《예기》를 經으로 하고 진호(陳澔)의《에기집설(禮記集說)》과 권근 자신의 견해 등을 傳으로 하는 체제였다. 16세기 중반에 오면《의례》를 本으로《예기》를 末로 보는 인식이 대두하였으며,《주자가례》에 대한 이해가 심화됨에 따라《주자가례》가《의례》를 기본으로 하고, 고금의 예를 참조하였음을 확실히

---

35) 16세기 후반 대중화되어 학자들에게 읽히면서 영향을 미쳤던 예서는 이언적의《봉선잡의》, 이황의《퇴계상제례답문》, 이이의《격몽요결》그리고《국조오례의》등이었던 것으로 생각된다.

인식하게 되었다. 그리하여《봉선잡의》처럼《주자가례》와《예기》를 반 반씩 경으로 하고,《사마씨서의》와 程伊川의 설, 시속의 제도를 전으로 하는 단계를 거쳐,《상례비요》처럼《주자가례》를 경으로 고금의 예를 전 으로 하는 단계까지 나아간 것이다.

《상례비요》는 이 시기의 상제례서, 행례서 가운데에서 가장 수준 높 은 책이었으며, 다음 시기에 출현하는, 관혼상제의 형식을 다 갖춘 사례 서, 가례주석서로 넘어가는 교량 역할을 하였다. 동시에 이 책은 그 체 제와 내용에서 본격적으로《주자가례》를 경으로 놓아 서술하기 시작한 가례서의 하나였다.

《가례집람》은 둘째 시기의 결정체로서, 52세인 1599년 그의 스승이 었던 송익필이 죽은 해에 완성하였다. 그 서문에서,

友人 신의경을 좇아 같이 여러 해를 강론하고 師門에 나아가 바름을 취하여 기본적인 경개(梗槪)를 대략 알게 되었다. 거기에 여러 학자의 설을 취하여《주자가례》의 각 조목 아래 삭제할 것은 삭제하고 모을 것은 모아서 주를 달아《가례집람》을 만들었다 고 저술 과정을 밝히고 있다. 또한 圖說을 책머리에 게재하니 이 책이 名物을 모두 언급하고 意義를 거칠게나마 알게 하여 초학의 선비들이 취하면 조그마한 도움 이라도 있게 하였다[36]

고 저술 목적을 밝히고 있다.

---

36)《家禮輯覽》〈序〉. "余自有受讀家禮 嘗病其未能通曉 旣而從友人申義慶 與之講論積有年 紀 又就正于師門 逐粗得其梗槪 因共取諸家之說 要刪纂註於逐條之下 編爲一書 名以家禮 輯覽 又爲圖說揭之卷首 然後此書名物俱擧 義意粗明 初學之士 或有取焉 則役不無小補云 爾"

김장생, 송시열 등 당시 학자들은, 주자가 예학을 시작한 것이 만년이었기 때문에, 기력이 쇠잔하여《의례경전통해》를 저술하였으나 관례와 혼례를 저술하는 데 그치고 상제례에는 미치지 못하였으므로, 體用本末을 거칠게나마 보완하고 本經의 羽翼이 된 것은 오직《주자가례》뿐이라고 생각하였다.37) 그러나 김장생은《주자가례》도 처음 만들어진 것이 망실되고 남은 부분에서 나왔기 때문에 儀度와 명물을 구체적으로 적용할 때, 읽는 사람이 병통으로 여길 수밖에 없는 불완전한 것으로 인식하였다. 그리하여 조목을 따라 해석하고 장구를 변별하고 빠진 곳은 보충하고 잘못된 곳은 바로 하였으며 의심나는 곳은 남겨두어《가례집람》을 편찬했던 것이다.38)

그렇지만 그는《주자가례》를 주자의 저술로 보지 않는 견해에는 반대하였으며, 황간(黃幹)이 상제례를 보충한《의례경전통해속》에 대해서도 주자의 손을 거치지 않았다는 이유로 유감이 없지 않은 것으로 생각했기 때문에, 상제례에 더욱 심혈을 기울여 물 위에 놓아도 새지 않을 정도의 책을 만들어, 송시열에 의해 "황간의《의례경전통해》와 함께 朱門의 여위(輿衛)도 될 수 있다"는 평가를 받기도 하였다.39) 그는 주자가

---

37)《宋子大全》권139〈家禮輯覽後序〉. "惟禮經則晚歲始得施功 自以精力衰耗 其所以求助付託於朋友者 極其諄諄然 而其所編摩至於王朝禮十四而止 所謂儀禮通解者是爾 而喪祭二禮 則猶未及焉 其體用本末之粗完 而可以羽翼本經者 讀家禮一書而已"

38)《宋子大全》권139〈家禮輯覽後序〉. "又以爲家禮之書 出於草創亡失之餘 而其儀度名物之際 讀者猶有病焉者 逐條解釋 辨別其章句 塡補其闕 略訛者正之 疑者闕之 旣成名以家禮輯覽"

39)《宋子大全》권139〈家禮輯覽後序〉. "蓋以此書卽是草本而未及再修者 故後世之議論敢到而至 或以爲非夫子之所編 則其謬益甚矣 然其冠昏之修 旣冠於通解之首 則學者自可推本求末 而後世紛紛不足虞矣 惟喪祭二禮未暇及焉 勉齋續編雖甚詳審精密 然學者猶以未經朱子之手 不能無遺憾焉 以故先生於此二禮用功尤甚 雖謂之置水不漏可也 然則是書也 可與勉齋續編共爲輿衛於朱門也"

만년에 진력한 것은 오직 예서였기 때문에 후학들은 당연히 예학에 마음을 다하여야 한다고 생각하였으며, 주자의 만년의 마음으로 자신의 마음을 삼으려고까지 하였다.[40]

이는 김장생이 주자를 새롭게 해석하였으며, 그러한 주자의 본 뜻에 충실하려고 했던 사실을 나타내주고 있다. 그렇기 때문에 송시열은 주자가 못다 이룬 것을 중국의 학자들도 못하였는데, 자신의 스승이 하였다는 자부심까지 가졌던 것이다.[41] 《상례비요》가 실제 상제례를 행하는 데 도움이 되기 위한 실용적인 목적에서 저술되었다면 《가례집람》은 《주자가례》를 연구하고 이해하기 위한 학문적인 목적에서 저술되었다. 이러한 두 가지 측면도 주자의 뜻을 그대로 반영한 것이었다.[42]

《가례집람》은 크게 圖說과 내용 설명 두 부분으로 이루어져 있다. 이러한 체제는 《상례비요》와 같다. 실제로 《상례비요》의 도설 부분이 전부 《가례집람》의 도설에 들어와 있다.[43] 《상례비요》에서 인용한 것이 〈가례집람도설〉 속에서 어느 정도를 차지하는지는 알 수 없으나 상당 부분을 차지한 것 같다. 《상례비요》의 범례에서는, "도설은 모두 《주자가례》에 의거하였으며, 간혹 첨가하거나 고친 것은 보는 사람이 자세히

---

40) 《宋子大全》 권139 〈家禮輯覽後序〉. "常以爲朱夫子晩年所致意者 惟在禮書 則後學於此尤
　　當盡心焉....嘗竊妄論以爲先生之心 眞以朱夫子晩年之心爲心也 恨不得使朱侍郞見之也"

41) 《宋子大全》 권139 〈家禮輯覽後序〉. "常以爲朱夫子晩年所致意者 惟在禮書 則後學於此尤
　　當盡心焉....嘗竊妄論以爲先生之心 眞以朱夫子晩年之心爲心也 恨不得使朱侍郞見之也"

42) 《性理大全書》 권19 〈家禮〉 2 序. "三代之際 禮經備矣 然其存於今者 宮廬器服之制 出入
　　起居之節 皆已不宜於世 世之君子 雖或酌以古今之變 更爲一時之法 然亦或詳或略 無所折
　　衷 至或遺其本 而務其末 緩於實而急於文 自有好禮之士 猶或不能擧其要 而困於貧窶者
　　尤患其終不能有以及於禮也 熹之愚蓋兩病焉"

43) 《喪禮備要》 凡例. "舊本圖說在篇首 而詳見於家禮輯覽 故此不疊錄"
　　〈家禮輯覽圖說〉 속에 '喪禮備要祠堂圖' 라는 항목이 보여 위의 언급이 사실임을 알 수 있다.

살피도록 하였다"고 되어 있다.44)

　한편 《가례집람》의 범례에서는, "도설이 모두 《주자가례》의 순서에 의거하였으나 그 사이에 보충하여 넣은 것이 있어, 그 순서가 같지 않은 것이 있으므로 보는 사람이 자세히 살펴보라"고 하고 있다.45) 문장의 내용이 거의 같아 《가례집람》이 《상례비요》의 도설을 그대로 채용했다는 사실을 짐작할 수 있다. 그러므로 〈가례집람도설〉은 《상례비요》의 도설을 바탕으로 만들어졌다고 할 수 있다.

　《가례집람》의 체제와 서술형식은 송익필의 《가례주설》을 그대로 본받았으며, 내용 자체도 많이 참고로 하였음을 알 수 있다. 양자를 비교해보면 더욱 명확해진다. 《가례집람》은 《가례주설》의 항목을 거의 그대로 계승하였으며, 거기에 자신의 독자적인 항목을 추가 하였다. 항목의 설명은 《가례주설》보다 자세한 것도 있고, 소략한 경우도 있었다. 《가례집람》의 전제 체제는 《주자가례》에서 聞喪, 奔喪, 治葬이 하나로 되어 있는 것을 문상, 분상과 치장 둘로 나누고, 위인조부모망계장(慰人祖父母亡啓狀) 항목이 빠진 것을 제외하고는 《주자가례》와 완벽하게 똑같다.

　최근의 한 연구에 의하면 《가례주설》에서 주해로 인용된 부분이 《가례집람》에도 포함되어 있는 경우가 총 456개 항목 중 199개 항목으로 44%에 달한다고 한다. 나아가 전거로 인용된 부분 중에서 단순히 내용의 유사성을 넘어서 《주자가례》에 대한 해석 방향, 인식의 일치 부분을 찾을 수 있다고 밝히고 있다. 즉 《가례집람》은 송익필의 예학을 참고했으며 송익필은 김장생의 예학 성립에 큰 영향을 미쳤다는 것이다.46)

---

44) 《喪禮備要》凡例. "圖說一依家禮 而間或有添改者 覽者詳之"

45) 《家禮輯覽》凡例. "圖說一依家禮次序 而間有補入者 故其序有不同者 覽者詳之"

46) 김현수, 2017 〈16세기 후반-17세기 전반 栗谷學派의 家禮註釋書 연구 -《家禮註說》과

물론 각 항목 속의 소항목(《주자가례》를 시행하는 행위들을 규정한 것) 이 없는 것도 있어서, 소항목이 거의 완벽하게 있는《상례비요》와는 차이가 있다. 이것은《가례집람》이 실용의 목적이 아닌, 학문적인 목적에서 저술되었음을 나타내주고 있다. 또한《가례주설》처럼 설명(註·附註) 부분까지 고증하여 주석을 달고, 항목도《가례주설》보다 훨씬 많아 당시 예서 가운데에서는 제일 방대하고 수준이 높았다고 할 수 있다.

《가례집람》은 중국의 예서와 경서, 중국 학자들의 예설뿐만 아니라, 이황, 이언적, 김인후, 송인, 정구, 송익필, 정경세, 이이, 한백겸, 신식, 심수경 등 당시 예학에 조예가 깊었던 조선 학자들 대부분의 견해를 인용하여,47) 중국의 책과 학자들만 인용하였던《가례주설》과는 달랐다. 송익필이 고례를 주로 추구하려고 했다면, 김장생은 고례뿐만 아니라 당시 여러 학자들의 설까지 참작하는 종합성과 현실성을 지녔다.

《가례집람》이《상례비요》의 체제와 내용을 많이 참조한 사실은, 앞에서 언급하였던《상례비요》의 도설 부분이 〈가례집람도설〉의 바탕이 되었다는 점 외에도 여러 면에서 보인다. 그 가운데 하나가 喪具에 관한 것이다.《상례비요》의 범례를 보면, "무릇 상구는 容入되는 수를 대략 써놓아 혹 맞지 않더라도 아주 동 떨어지는 않으며 명목이 문자로 해석하여 쓰기 어려운 것은 俗名을 사용하여 급할 때도 쉽게 깨우치게 하였다"고 서술되어 있다.48)

《가례집람》의 범례에는, "무릇 상구는 이미《주자가례》와《의례》의 옛

《家禮輯覽》의 공통점과 연관성을 중심으로-〉《儒敎思想文化硏究》69

47)《가례집람》에서는 이황의 예설이 35회, 김인후 16회, 송인 15회, 이언적 7회, 송익필 5회, 이이 3회 기대승 2회, 정구 2회, 신식 1회, 정경세의 예설을 1회 인용하고 있다.

48)《喪禮備要》凡例. "一 凡喪具略書容入之數 雖或不中亦不甚遠 且名目之難以文字爲解者 直用俗名 使倉猝易曉"

제도가 있으나 역시 俗制의 편리한 것도 있으므로, 같이 적어 사용하는 자로 하여금 선택하게 하였다"고 기술하였다.[49] 양자가 모두 속제를 인정하여 사용하는 사람이 편리하도록 하였다고 되어 있다. 이는《가례집람》의 상구의 내용이《상례비요》의 것을 참조했을 것이라는 추측을 가능하게 해준다. 그러나 실제로《가례집람》에는 범례에서 언급한 바와 같이 상구에 관한 독자적인 항목이 전혀 없어서 확인할 수가 없다.

김장생은《가례집람》을 저술하면서 신의경의 예설도 참조하였다. 이는 신식이 "〈가례집람도설〉에 있는 전옥하옥도(殿屋廈屋圖)의 오가제(五架制)가 어떤 책을 근거로 했느냐"고 묻자, 그가 "신의경에게서 나왔다"고 대답하는 데서도 알 수 있다.[50] 이는 김장생이 예를 연구하는 과정에서 신의경이 견해를 많이 받아들였음을 의미한다.

《가례집람》의 내용을 통해 알 수 있는 또 하나의 사실은 당시 예학의 교류이다. 당시 예를 연구하는 학자들은, 학파나 당색에 관계없이 서로 교류를 하였다. 이황의 문인이면서 남인이었던 정경세와 신식, 이황과 조식의 문인이었던 정구, 서경덕의 문인이었던 민순에게 배웠던 한백겸 등이, 서로 당색이 다름에도 불구하고 서로 예설에 대한 의견을 교환하였다. 이는 당시 학계가 경직되지 않았음을 보여준다. 또한 각각의 예설의 차이가 이기심성론처럼 그렇게 뚜렷하지 않았으며, 서로 영향을 주고받았음을 말해주는 것이다. 이러한 당색을 초월한 예학의 교류는 김

---

49)《家禮輯覽》凡例. "一 凡喪具旣有家禮儀禮舊制 然亦有俗制之便宜者 則幷存之 使其用者 有所擇焉 他皆倣次"

50)《疑禮問解》〈通禮〉祠堂 "殿屋廈屋之制. 問殿屋廈屋之說 來示然矣 今悉改之 但輯覽圖中 五架之制 出於何書耶....如何; 輯覽中廈屋殿屋全圖 出於申生義慶 大槪本於儀禮圖解 申友以朱子大全釋宮說 補其未備 不無經據 不可不錄 圖見家禮輯覽"

장생의 또 다른 예서인《의례문해》에서도 잘 나타나고 있다.[51]

《의례문해》는 김장생이 친구·문인들과 예에 관해 주고받은 내용을, 그의 아들인 김집이 모아 정리한 가례문답서이다. 그 이전에도《퇴계상제례문답》등 초보적인 가례문답서는 있었지만,《주자가례》의 체제 항목에 따라 정리한 완벽한 체제를 갖춘 본격적인 가례문답서는 이《의례문해》에서 비롯되었다고 할 수 있다.

이식은 서문에서 "사계 김선생은 牛栗 두 先正에게서 배웠는데 어려서부터 예에 뜻을 돈독히 하여 연구·강마하기를 늙어서도 게을리 하지 않았다. 친구나 문인이 그에게 질문한 사람이 많았다. 선생은 널리 참고하여 평소 물음에 답한 것이 무궁하였다" 라고[52] 하여 김장생이 친구·문인들의 예에 관한 질문에 응답한 것이 많아 그것이 쌓여 이 책이 편찬하게 계기가 되었음을 밝히고 있다.

김상헌 또한 서문에서,

"우리나라의 禮教가 상당히 발달했지만 專門之學이 매우 드물어 講行할 때에 의혹과 잘못이 생기고, 臆見·塗說이 생겨나 소루함을 면치 못하였다. 선생(김장생)께서 이를 병으로 여겨 평일에 문인·붕우 사이에 왕복 문답하면서, 前代의 예서를 널리 참고하고 여러 예가의 講說을 채집하여 상세함을 이루었다. 더욱이 급하고 엄숙한 처지에 분류하고 품목을 정하여 찾아보기에 편하게 하였고, 사람의 마음에 의문이 있어 질문하고 싶으면 서로 시비할 것도 없이 한번 책을 열면 시원스

51) 韓基範, 1998〈朝鮮中期 湖西·嶺南 禮家의 禮說交流 −《疑禮問解》의 分析을 중심으로−〉《朝鮮時代史學報》4
52)《疑禮問解》〈序〉(李植)

레 해석이 되어, 明師 · 益友가 좌우에서 얼굴을 대면하고 口論하여 주
는 듯하다"[53]

라고 하여, 예를 실생활에 적용하려고 할 때 생겨나는 다양한 변례에
대한 해답을 모색하기 위한 것이, 이 책의 중요한 편찬 목적의 하나임을
지적하고 있다.

이 책의 내용을 항목별로 살펴보면 家禮圖 8건(1.5%), 通禮 69건
(12.7%), 冠禮 6건(1.1%), 昏禮 12건(2.2%), 喪禮 385건(70.9%), 祭禮 63
건(11.6%)으로 80% 이상이 상례와 제례에 관한 것임을 알 수 있다.

또한 질문자별로 살펴보면, 송준길이 240건(44.3%), 강석기 78건(14.
4%), 황종해 59건(10.9%), 이유태 33건(6.1%), 송시열 22건(4.1%), 신식
20건(3.7%), 오윤해 5건(0.9%), 이이순 2건(0.4%), 홍방 2건(0.4%), 정홍
명 2건(0.4%), 정구 1건(0.2%), 이경여 1건(0.2%), 조희일 1건(0.2%) 등으
로, 송준길이 과반수에 가까운 질문을 하고 있음을 알 수 있다. 정구와
신식, 황종해는 영남 출신 예학자이다.

중국의 예서를 참조하지 않고 문인들과의 서신 내용만 가지고 예서
를 만들 수 있다는 사실에서 당시 대부분의 학인들이 예학에 조예가 깊
었으며, 서로 활발한 의견 교환을 했다는 것을 알 수 있다.[54] 또한 서신
에 체계 없이 실려 있는 내용들을 검토하여 항목에 따라 분류해서 편찬
할 수 있다는 것은 예학의 수준이 높아져 이제 예에 관한 것이면 어떠한
자료도 이해하여 체계화할 수 있음을 의미하였다.

예학의 심화는 활발한 왕실 전례논쟁을 가져왔고, 역으로 왕실 전례

---

53) 《疑禮問解》〈序〉(金尙憲)
54) 《南溪先生禮說》〈序〉

논쟁은 예학의 연구에 영향을 미쳤다. 서인 이이학파의 대표적 인물이 었던 김장생도 예학 연구에 힘쓰는 한편 왕실 전례논쟁에도 적극적으로 참여하였으며, 그 결과로 나온 예서가 《전례문답》이었다.

인조반정으로 왕위에 오른 인조는 자신의 친부와 친모를 높이고자 하는 과정에서, 정원군(定遠君) 사묘논쟁(私廟論爭)과, 계운궁복제논쟁 (啓運宮服制論爭), 원종추숭논쟁(元宗追崇論爭) 등이 벌어졌다. 이 과정에 서 김장생은 종법에 입각해 私廟 祝文에서 인조의 생부인 정원군을 考 가 아니라 叔이라고 불러야 한다며 칭숙론(稱叔論)을 주장하였다. 또한 인조의 생모인 계운궁이 사망하자, 그 복제에 대해서는 삼년복이 아닌 강살복(降殺服)으로 불장기설(不杖期說)을 주장하였으며, 정원군을 원종 을 추숭하는 논의에서는 추숭을 반대하였다.[55]

김장생은 자신의 주장을 서신의 형식으로 신흠, 이귀, 장유 등, 당시 서인정권의 집권자들에게 보냈는데, 이 글들과 타인의 예론에 대해 자 신의 견해를 붙인 글, 그리고 복제 및 추숭에 대한 고증 등을 모아 편집 한 것이 바로 《전례문답》이다.

이상에서 보았듯이 김장생은 스스로가 일찍부터 예에 관심을 갖고 공부를 해 왔으며, 거기에 스승인 송익필과 친구인 신의경, 그리고 다른 예학자들과의 교류를 통해 예에 대한 이해를 더욱 심화시켜, 《상례비 요》와 《가례집람》, 《의례문해》, 《전례문답》 등, 다양한 예서를 저술함으 로써 조선의 예학 수준을 한 단계 끌어올리는 데 기여하였다. 그리하여 선조 말에는 정구, 한백겸과 함께 예학에 정통한 대표적 3인으로 지

---

55) 오항녕, 1992 〈17세기 전반 서인산림의 사상 - 김장생 · 김상헌을 중심으로-〉 《역사와 현실》 8

목되기도 하였다.[56] 나아가 인조반정 이후 그의 제자들인 서인이 정권의 담당자가 되면서 그는 조선조 예학의 대표자로 평가되었던 것이다.

김장생의 예학적 작업은 그의 아들인 김집(1574~1656)에게 계승되었다. 김집은 한편으로는 선대에 본격화된《주자가례》에 대한 학문적 성과들을 지속적으로 보완해갔으며, 다른 한편으로는 이러한 학문적 성과를 바탕으로 국가 전례를 개혁시키기 위하여 노력하였다.[57]

전자의 측면에서 그는 부친이 친구·문인들과 예에 관해 주고받은 내용들을 모아 정리하여 1643년(인조 21)《의례문해》로 편찬하였으며, 자신 역시 동료들과 예에 관해 주고받은 내용들을 모아《의례문해속》으로 편찬하였다. 또한 1648년 부친이 수정·보완한 부분을 첨가하여《상례비요》를 중간하였으며,《가례집람》역시 계속 수정·보완해 나갔다

《의례문해속》의 내용을 항목별로 살펴보면, 가례도 1건(0.7%), 통례 18건(11.9%), 관례 2건(1.3%), 상례 106건(70.2%), 제례 24건(15.9%)으로,《의례문해》와 마찬가지로 상례와 제례에 관한 비중이 80% 이상임을 알 수가 있다.

또한 그에게 질문한 인물들을 살펴보면, 최석유 45건(29.8%), 최진 19건(12.6%), 송준길 16건(10.6%), 윤선거 15건(9.9%), 정기방 15건(9.9%), 송시열 6건(4%), 안홍중 6건(4%), 김지백 5건(3.3%), 신경 4건(2.6%), 김영후 3건(2%), 윤유 3건(2%), 이문재 2건(1.3%), 이경여 1건(0.7%) 등이다.[58]

---

56)《광해군일기》권3 즉위년 4월 丙寅. "伏願殿下 亟令禮官與一時知禮如鄭逑韓百謙金長生之輩 更爲商議 以盡通喪之制則行甚"

57) 李俸珪, 1998〈金長生·金集의 禮學과 元宗追崇論爭의 철학사적 의미〉《韓國思想史學》 11

58) 韓基範, 1990〈沙溪 金長生과 愼獨齋 金集의 禮學思想 研究〉충남대 박사학위논문

한편 이 책에서 인용한 조선인 학자들을 보면, 이황 11건, 김장생 7건, 성혼 4건, 이이 3건, 송시열 3건, 송익필 2건, 정구 2건, 송준길 2건, 기대승 1건, 신의경 1건, 이유태 1건, 윤선거 1건, 유계 1건 등이다. 이황과 정구를 제외하고는 대부분 기호지방 인물임을 알 수 있다.

가례문답서의 저자는 대부분 당시 학계의 대표적인 인물이었다.[59] 이는 학파에 따라 예학이 정리되기 시작하였다는 사실을 나타낸다. 그리하여 이 시기에 오면 예학이 학파와 밀접한 연관을 가지게 되면서 같은《주자가례》를 연구하면서도 다른 학파의 예설이나 예서를 배제하는 경향도 나타나기 시작하였다. 안신(安玭)의《가례부췌(家禮附贅)》의 경우《주자가례》를 주석하면서 중국의 예서 예설을 제외하면 안로(安璐)의《죽계잡의(竹溪雜儀)》, 안여경(安餘慶)의《옥천선생예설(玉川先生禮說)》, 이황의《퇴계상제례답문》등의 예서와 정구, 조호익, 김취려(金就礪) 등 주로 이황 계통의 학자들의 예설을 인용하였다.[60]

나아가 김응조의《사례문답》은 주자, 이황, 유성룡, 정구, 장현광의 서찰에서 예에 관련 있는 부분을 四禮의 체제로 다시 편집하여 완성한 것으로, 근본적인 목적은 서신에 산만하게 널려있는 이황학파 학자들의 예설을 하나의 체제 속에 체계적으로 정리하려는 것이었다. 이이학파의 경우도 크게 다르지 않았다.

한편 후자의 측면에서 그는 1649년《고금상례이동의》를 封事와 함께 건의하여,《국조오례의》에 잘못된 부분이 많다고 지적하고 개선할 것을

---

59) 17세기 전반의 대표적인 가례문답서로는 김장생의《疑禮問解》를 비롯하여 姜碩期의《疑禮問解》, 金集의《疑禮問解續》, 金應祖의《四禮問答》등이 있으며 17세기 후반에 저술되는 대표적인 가례문답서에는 宋時烈의《尤庵經禮問答》과《尤庵先生禮說》, 朴世采의《南溪先生禮說》, 尹拯의《明齋先生疑禮問答》등이 있다.

60) 고영진, 2016〈조선 중기 가례주석서의 특징〉《韓國系譜研究》6

주장하였다. 그의 주장은 예송 등 이후의 왕실 전례에 큰 영향을 미쳤으며, 영조대에 간행된 《상례보편(喪禮補編)》에서는 김장생의 《상례비요》와 함께 《고금상례이동의》가 중점적으로 채택되기도 하였다.[61]

김집은 인조에게 올린 봉사에서, 《국조오례의》가 당의 《개원례》에서 채택한 것이 많아 古禮와 어긋나며 短喪 등의 폐단을 답습하고 있으며 송 효종대에 이를 고치려고 했지만 실패해 주자가 한스러워했다고 언급하고, 이 때문에 고례를 기준으로 하여 상례의 각 과정을 재정비할 것을 주장하였다.[62] 즉 고례의 원칙에 입각하여 《국조오례의》를 개정하는 것이 《고금상례이동의》를 저술한 근본 목적이었던 것이다.[63]

《고금상례이동의》는 《국조오례의》의 상례를 《의례》와 《예기》 등 고례와[64] 비교하여 異·同·缺·剩을 분석하고, 자신의 案說을 첨가한 것으로 총 60개 항목으로 이루어져 있다. 그런데 이 중에서 《국조오례의》와 儀禮經傳의 내용이 동일한 것이 20개 항목에 불과하고 서로 다른 것이 7개 항목, 내용이 아예 빠진 것이 16개 항목, 유사하기는 하나 동일하지는 않은 것이 17개 항목 등 총 40개 항목에 이르고 있어, 김집이 국가 전례의 획기적인 개혁을 시도하고 있음을 알 수 있다.[65]

국가 전례에 대한 관심은 《고금상례이동의》뿐만 아니라, 이 시기 다른 예서들에도 반영되어 王禮와 士禮를 하나의 체제 속에서 다루려는

---

61) 《愼獨齋先生年譜》 己丑年(1649) 5月 20日條

62) 《愼獨齋全書》 권3 〈封事〉

63) 李俸珪, 1998 〈金長生·金集의 禮學과 元宗追崇論爭의 철학사적 의미〉 《韓國思想史學》 11

64) 《古今喪禮異同議》에서는 三禮 등 고례를 중심으로 한 예서들을 '儀禮經傳'이라고 지칭하였다.

65) 한기범, 2004 〈17세기 호서예학파의 예학사상 -왕조례(王朝禮)의 인식을 중심으로-〉 《韓國思想과 文化》 2004

경향이 나타났다. 유계는 가례주석서인《가례원류(家禮源流)》를 저술하면서 天子·諸侯禮를 四禮의 체제로 정리하여 주석을 단《가례원류속록(家禮源流續錄)》을 편말에 덧붙여 저술하였으며, 朴世采는《오선생예설분류》의 체제를 계승·발전시켜 天子禮와 士大夫禮를 각각 관례·혼례·상례·제례·鄕禮·相見禮·雜禮 등으로 나누어 설명한《육례의집(六禮疑輯)》을 저술하였다. 박세채의 문인인 김간(金榦)이 편집한《남계선생예설(南溪先生禮說)》은 四禮를 중심으로 하면서 書院과 王朝禮를 첨가하여 다루고 있다.66) 송시열의《경례문답(經禮問答)》과 尹拯과 그의 문인들이 주고받은 서신을 편집한《명재선생예설(明齋先生禮說)》에서도 王家禮 항목을 넣어 다루고 있다.

반면 서경덕·조식 계통의 허목은 이황·이이학파에서는 漢代의 저술로 의심한《예기》를 古經으로 보고 고례인 三禮 중에서 1,000여 조를 채록하여《경례유찬(經禮類纂)》을 저술하였으며,67) 윤휴도《주례》와《예기》, 특히《예기》에 관한 글을 많이 남겼다.68) 박세채의 문인이었던 崔錫鼎은 예기주석서인《예기류편(禮記類篇)》을 저술하였으나 주자의 해석과 다른 점이 많다고 하여 노론의 공격을 받기도 하였다.

---

66) 박세채는 이외에도 다양한 형태의 예서를 저술하는데,《家禮要解》는《주자가례》의 내용에 대한 정밀한 주석서이며《三禮儀》는 四禮 가운데 상례를 제외한 관·혼·제례의 과정을《주자가례》를 기본으로 하고《儀禮》,《家禮儀節》,《國朝五禮儀》,《격몽요결》 등 고금의 예서를 참조하여 정리한 것이다.

67) 鄭玉子, 1979〈眉叟 許穆 硏究〉《韓國史論》5

68) 鄭仁在, 1982〈尹白湖의 禮論과 倫理思想〉《現代社會와 倫理》한국정신문화연구원 연구총서 82-4

4. 맺음말 – 예학사적 위치

　지금까지 송익필과 김장생 · 김집의 예학을 그들이 저술한 예서들을 중심으로 살펴보았다. 송익필은 예학의 대가인 김장생에게 예를 가르쳤으며, 정철, 성혼과 이이 등이 예에 관한 자문을 구할 정도로 예학에 정통하였다. 또한 완벽한 체제와 내용을 가진 최초의 본격적인 가례주석서인《가례주설》과 초보적인 가례문답서라 할 수 있는《예문답》을 저술하여 후대에 적지 않은 영향을 미쳤다.

　송익필 예학의 영향을 받은 김장생은, 申義慶과 함께 본격적인 상제례서, 行禮書인《상례비요》와, 이전까지의《주자가례》의 연구 성과를 집대성한《가례집람》, 최초의 본격적인 가례문답서라 할 수 있는《의례문해》, 왕실 전례논쟁에 관한 견해를 담은《전례문답》등을 저술하여 조선 예학의 발전에 크게 기여하였다.

　그의 예설은《주자가례》를 중심으로 하는 예설의 흐름을 계승하는 것이었으며 당시까지의《주자가례》에 대한 연구를 총정리 하는 성격을 지녔다. 또한 그는 중국의 고전과 諸家의 예설, 조선 학자들의 예설을 광범위하게 섭렵하여 예에 대한 연구 수준을 한 단계 끌어올렸다고 할 수 있다. 그리하여 17세기 이후 서인 예학의 중심 학자로서 활약하면서 조선 예학 전개의 한 축을 담당하였다.

　김장생의 아들인 김집은 부친의 예학 작업을 계승하여 한편으로는 선대에 본격화된《주자가례》에 대한 학문적 성과들을 지속적으로 보완해갔으며, 다른 한편으로는 이러한 학문적 성과를 바탕으로 국가 전례를 개혁시키기 위하여 노력하였다. 그리하여 부친의《의례문답》을 계승한《의례문답속》과 왕실 전례인《국조오례의》상례와《의례》등 고례를 비교하고 자신의 의견을 제시한 국가전례 개혁서인《고금상례이동의》를 저술하였다.

이들 세 사람의 예학적 특성은 중국에서 도입된《주자가례》를 조선사회에서 고례의 이념과 원칙에 맞게 재구성한다는 공통점을 가지고 있었다. 그러나 세부적으로는 송익필이 김장생보다 고례의 이념과 원칙에 더 충실하고 김집이 다른 두 사람보다 국가 전례에 대한 관심이 더 많은 차이점이 있었다. 그리고 이들의 예학적 특성은 서인 예학자들만의 특성이 아니고 남인 예학자들도 크게 다르지 않다.

조선 예학의 전개와 발전과정을 각 학파 · 정파의 대립적인 측면보다는 공통점, 서로 영향을 주고받은 관계의 측면에서 보려는 시도는 최근 여러 학자들에게서 보이고 있다. 즉 서인 이이학파의 예학을《주자가례》중심으로, 남인 이황학파의 예학을 고례 중심으로 보는 초기 연구의 문제점을 지적하고,

첫째, 16세기 이후 조선 예학의 대세는 영남학파와 기호학파를 막론하고 고례의 이념을 회복하는 차원에서《주자가례》와 당시의 시속을 보완하는 표준적 가례양식을 수립하고 실천하는 것이었다는 지적,69)

둘째, 17세기까지의 조선의 성리학자들은《주자가례》의 보완이 고례의 근본정신을 실현해야 한다는 공통된 입장에서 전개되었다는 지적,70)

셋째, 조선 예학의 전개가《주자가례》에 대한 연구가 시작되는 16세기 중반부터 18세기에 이르기까지 '고례를 통한《주자가례》의 보완'이라는 동일한 문제의식을 기반으로 학파적 분기를 넘어서서 '축적적으로

---

69) 李俸珪, 1998 〈金長生 · 金集의 禮學과 元宗追崇論爭의 철학사적 의미〉《韓國思想史學》11

70) 김문준, 2004 〈기호예학의 특성과 방향〉《동양철학연구》39

진전된 단일한 흐름'이라는, 다시 말하면 조선에서의 예학 연구는 그 출발에서부터 《주자가례》를 표준으로 고례의 이념을 통해 그것을 보완하려는 문제의식'에 의해 추동된다는 지적71) 등이 그것이다.

송익필과 김장생·김집은 이러한 조선 예학의 큰 흐름 속에서 각 발전 단계마다 활발한 예학 연구와 활동을 바탕으로 대표적인 예서를 저술함으로써 크게 기여하였다. 그러나 그 속에서도 학파·정파 별로 차이가 없지 않았으니 전체적으로 이이 계통의 서인 노론과 성혼·김상헌 계통의 소론학자들은 《의례》와 《주자가례》를 모범으로 삼으면서 가·향·방국·왕조례를 복원하려고 하였다. 그러나 노론은 주로 士禮의 입장에서 王禮를 흡수하여 왕사동례(王士同禮)를 주장하였으며, 소론은 사례와 왕례를 균형 있게 보면서 왕사부동례(王士不同禮)를 주장하는 경향이 더 강하였다. 이에 반하여 서경덕·조식 계통의 기호남인들과 최석정 등 일부 소론들은, 《예기》를 중심으로 한 고례를 기반으로 하여 왕사부동례를 강조하였다.72) 이는 결국 17세기 중·후반 고례, 《주자가례》와 주자 예학에 대한 이해가 더욱 심화되었음을 반영한다고 할 수 있다.

71) 張東宇, 2011 〈朝鮮時代 家禮 硏究를 위한 새로운 視覺과 方法〉《韓國思想史學》 39
72) 고영진, 2016 〈조선 중기 가례주석서의 특징〉《韓國系譜硏究》 6

구봉 송익필의 도가사상에 나타난 이상적 인격과 삶의 지평[1)]

이종성[2)]

1. 시작하는 말
2. 성인의 이상적 인격과 무정의 미학
3. 빈 배의 은유와 물아상망의 지평
4. 안시처순 또는 자족안분의 삶
5. 끝맺는 말

1. 시작하는 말

구봉(龜峯) 송익필(宋翼弼, 1534~1599)은 율곡(栗谷) 이이(李珥, 1536~1584), 우계(牛溪) 성혼(成渾, 1535~1598)과 더불어 도의지교를 맺고 다양한 활동을 펼쳤을 뿐만 아니라 송강(松江) 정철(鄭澈, 1536~1593)과도 평생 교우관계를 유지하면서 당대 조선의 학술과 정치, 사회적 방면 등에서 중요한 영향을 미친 인물로 평가된다. 구봉은 율곡과 우계가 평생 '아끼고 존경하는 벗'(畏友)이었다. 물론 송강의 경우도 마찬가지였다.

그럼에도 구봉 송익필은 자신과 교우관계를 맺었던 다른 인물들에

---

1) 이 글은 구봉문화원 정기학술대회(2018년 9월 7일, 충남대 인문대학 문원강당)에서 발표한 것을 수정 보완하여,《철학논총》제94집, 새한철학회, 2018에 게재한 글이다.
2) 충남대학교 인문대학 철학과 교수.

비해 상대적으로 널리 알려지지 않았고, 그 결과 그의 학술과 행적에 대한 연구 성과의 축적 또한 많지 않은 실정이다. 구봉에 대한 학계의 연구동향을 보면, 대체로 그의 시문학 연구가 주종을 이루고 있고, 철학방면에서는 제한된 연구자에 의해 그의 예학과 도학사상이 주목되었다. 구봉의 사상이 다양한 방면에 걸쳐 체계적으로 논의되었음에도 구봉에 대한 전 방위적인 연구가 아직 제대로 수행되고 있지 못한 실정이다.

이에 이 글은 특히 구봉의 사유에서 발견되는 도가사상에 주목하고 그 내용을 천착하

여 밝혀보는 것이 목표이다. 현재 구봉의 도가사상에 대한 연구는 이상미의 〈구봉 송익필의 도가적 성격고찰〉(《한문고전연구》 제14집, 한문한문고전학회, 2007) 한 편이 발표된 것이 전부이다.[3] 이 논문은 한문학이라는 특정 관점에 의해 주로 신선사상을 중심으로 논의된 특징이 있다. 이와 같은 기존의 연구 성과에 비쳐볼 때, 아직은 철학적 입장에서 구봉의 도가사상을 구명한 논문이 전무하고, 그나마 연관성을 갖는 연구 성과조자 한문학 연구에 치중되어 있을 뿐 아니라, 도교에서 중시하는 신선연구에 주목하고 있는 실정이다.

이 글은 현재까지 순수철학적 관점에서 검토된 구봉의 도가사상에 관한 연구가 전무하다는 점에 주목하고, 구봉의 도가사상을 문학적 관점이나 종교적 관점이 아닌 순수철학적 입장에서 모색해보고자 하는 취지에서 기획되었다. 요컨대 이 글은 구봉의 도가사상에서 확인되는 여러 가지 철학적 범주 가운데 특히 도가철학의 성향을 띤 이상적 인격과

---

3) 이는 연구논문의 제목에 도가 또는 노장을 제시한 경우에 한정된다. 부제에 노장을 언급한 연구나 내용전개에서 도가를 언급한 경우도 몇 편 확인된다. 대표적으로 부제에 노장을 언급한 것으로는 다음의 연구 성과가 주목된다. 임준성, 〈구봉 송익필의 시세계-시화류와 노장 취향을 중심으로〉, 《동아인문학》 제33집, 동아인문학회, 2015.

삶의 지평이라는 구체적인 주제접근을 통해 그 철학적 의의를 구명해보려는 목적이 있다.[4]

이 글의 연구저본은《구봉집》이 될 것이다. 그런데 앞에서 소개한〈구봉 송익필의 도가적 성격고찰〉의 필자 이상미는 일찍이《구봉집》에 상재된 전체 시들을 조남권과 함께 국역하여《송구봉시전집》(도서출판 박이정, 2003)으로 출간하였고, 이를 분야별로 정리하여 설명을 붙인《학이 되어 다시 오리: 구봉 송익필의 시세계》(도서출판 박이정, 2006)를 별도로 다시 발간해 냈다. 이 글에서는 이 국역본들을 최대한 원용하여 논의를 전개할 예정이다.[5]《구봉집》에서 확인 가능한 도가사상의 내용들 대부분이 구봉의 시에 집중되어 있기 때문이다.

이 글은 크게 세 가지 주제를 중심으로 논의될 예정이다. 먼저 구봉의 도가사상에 나타난 성인의 이상적 인격과 무정의 미학에 관하여 살펴보고, 빈 배의 은유와 물아상망의 지평이 갖는 철학적 의의에 대하여 모색해본 후, 안시처순 또는 안분 자족의 삶의 양상에 대해 순차적으로 검토해보도록 하겠다. 이러한 검토를 통해 구봉의 도가적 사유에 나타난 이상적 인격과 삶의 지평이라는 문제에 내재된 철학적 성격과 의의가 명

---

4) 도가의 인격은 크게 광의와 협의의 두 범주에서 논의될 수 있다. 광의의 도가인격은 철학적 도가와 종교적 도교를 포함한다. 당연히 여기에는 신선신앙을 비롯한 종교적 신앙형태에 대한 내용들이 포함된다. 그러나 협의의 범주에서는 순수철학적 측면의 노자와 장자의 사상적 인격내용만이 연구의 대상이 된다(楊玉輝,《道家人格研究》, 成都: 巴蜀書社, 2010, 4~5쪽 참조). 이러한 점에서 이 글은 협의의 도가인격의 범주를 대상으로 함을 전제한다.

5) 구봉의 사상에서 확인 가능한 도가사상의 편린들이 구봉의 시에 집중되어 있음을 감안할 때 구봉의 도가사상 연구에 있어서 이상미의 시 번역은 영향력이 매우 크다고 평가된다. 이 글에서는《구봉집》을 저본으로 삼고 이상미의 번역본을 최대한 참조하여 이를 직접 인용하거나 필요에 따라 수정하여 인용할 것임을 밝힌다. 다만 구체적인 번역문의 인용쪽수는 생략하기로 한다.

시적으로 밝혀지게 될 것이라 예상한다.

2. 성인의 이상적 인격과 무정의 미학

《구봉집》에서는 도가철학과 관련된 수많은 철학개념들이 발견된다. 그 대부분은 특히 시에 집중되어 있다. 구봉은 장자를 뜻하는 '옻나무 동산'(漆園)이라는 말을 통해 자기 자신을 장자와 동일시하는가 하면,6) 《장자》〈추수〉에 등장하는 '진흙 속일망정 꼬리를 끌며 사는' 거북이와 도 같았던 장자의 삶에 감화되어 이를 자신의 삶의 영역 안으로 체화해 내려고 시도하기도 한다.7)

구봉이 장자에게 심정적 동질성을 느낀 시기는 분명치 않다. 다만 구봉이 장자의 삶에 동질성을 느낀 이후, 구봉의 삶에서는 신야(莘野)와 반계(磻溪) 같은 공간적 배경은 더 이상 의미를 행사하지 못한다. 은나라 탕왕은 신야에서 이윤을 맞이한 후 천하를 안정시켰고, 주나라 문왕은 반계라는 곳에서 낚시질하던 강태공을 만나 그를 등용하여 혼란한 세상을 바로잡았다. 이러한 점에 비추어볼 때 신야와 반계는 지식인들이 자신의 출세를 위해 어진 군주를 기다린다는 이념적 공간성을 가진 하나의 배경으로 자리매김된 것임을 알 수 있다. 그러나 장자와의 동질성을 꿈꾸게 된 구봉에게서는 이윤이나 강태공의 삶의 형태가 더 이상

---

6) 《구봉집》 권2, 七言律詩, 〈秋夜風雨, 次人〉, "漆園歸計負無何?" 참조. '칠원'이란 개념은 사마천의 《사기》에 등장한다. 장자가 '옻나무 동산의 관리인'이었다는 구절이 그것이다(《사기》, 〈老子韓非列傳〉, "莊子者, 蒙人也, 名周. 周嘗為蒙漆園吏." 사마천의 이 소개가 있은 이후 '칠원' 또는 '칠원리'라는 말은 장자를 지칭하는 용어로 사용케 되었다.

7) 《구봉집》 권1, 七言古詩, 〈名者實之賓詩〉, "曳尾途中樂隱淪."

모범이 될 수 없게 된 것이다.[8]

구봉의 고단했던 삶의 현실은 그의 이상과 삶의 목표에 관한 시선을 다른 곳으로 향하게 하는 충분조건이었다. 특히 도가철학에 대한 구봉의 새로운 인식이야말로 세계와 인간에 대한 이해를 새롭게 하는 결정적 요인이 되었다. 구봉은 도가철학의 사상적 기제를 통해 자신의 삶에 대한 새로운 모색과 전환을 시도하는 계기를 마련한다. 성리학자요 예학자인 구봉의 사상에서 도가철학의 단서와 사상적 요소들이 찾아지는 이유는 그의 평온하지 못했던 가족사와 이를 통한 신분상의 굴절을 통한 인생역정과 무관하지 않다. 중년을 거치며 만년으로 갈수록 구봉의 사유체계 안에서 도가사상의 요소들은 갈수록 원숙한 내용들을 갖추어낸다. 이상적 인간상에 대한 모색 역시 마찬가지다.

구봉은 장자가 제안하는 이상적 인격의 전형인 '성인'과 '신인' 그리고 '진인' 등의 개념들을 자기화한다. 이 가운데 '신인'과 '진인'에 대해서는 장자의 사유와는 무관하게 다소 신비적인 도가 내지는 도교의 특성을 반영하여 논의하지만,[9] 유가의 이상적 인격의 모범이기도 한 '성인'에 대해서는 그 상호소통의 가능성을 염두에 두고 자유롭게 담론한다. 그럼에도 도가적 사유체계와 연계된 성인의 인격적 요소는 유가의 성인과 비교하여 특이성을 가질 수밖에 없다. 그 사유의 접점과 특이성을 무정의 미학에서 확인해보기로 한다.

구봉은 정명도(程明道, 1032~1085)의 말을 인용하여 "성인은 무정하고 하늘은 무심하다"[10]고 한다. 이때 무정과 무심의 특별한 경계는 없

---

8) 《구봉집》 권1, 七言古詩, 〈名者實之賓詩〉, "耕田莫入有莘野, 垂釣不到磻溪濱."

9) 《구봉집》 권2, 五言律詩, 〈香山〉, "聞昔降神人."

10) 《구봉집》 권3, 잡저, 〈太極問〉, "明道先生曰: 聖人無情天無心." 및 《구봉집》 권2, 五言律

다. 마음과 감정의 상태가 무화되었기 때문이다. 그렇다고 마음과 감정의 체계가 전혀 별개의 것으로 독립되어 있는 것도 아니다. 이들은 서로 밀접하게 연관되어 있다. 그래서 주자는 마음이 감정의 주재자라면,11) 감정은 마음이 사물에 감응하여 움직인 것이라고 말한다.12) 정명도의 말을 인용하고 있는 구봉의 입장에서 볼 때 하늘이나 성인은 다 같이 주관적 마음이나 감정을 가지고 타자를 대하지 않는다.

이와 같은 구봉의 사유는 도가철학의 정신과 무관하지 않다. 노자는 "하늘과 땅은 어질지 않아 만물을 짚으로 만든 개처럼 여긴다. 성인도 어질지 않아 백성을 짚으로 만든 개처럼 여긴다"13)고 한다. 노자가 어질지 않다고 말한 것은 차별적으로 사랑하지 않는다는 말이다. 그래서 오강남은 어질지 않다는 것의 의미가 편애하지 않는 것이라고 보고, 이를 부연하여 다음과 같이 설명한다. "하늘과 땅 그리고 성인, 따라서 이들로 대표되는 도는 인간적 감정에 좌우되어 누구에게는 햇빛을 더 주고 누구에게는 덜 주는 따위의 일을 하지 않는다는 뜻이다."14) 하늘과 땅처럼 성인 역시 타자를 대함에 있어서 짚으로 만든 개처럼 여긴다는 것은 하나의 역설이다. 오강남의 풀이를 원용한다면, 인간적 감정에 좌우되지 않는 상황을 짚으로 만든 개로서 은유한 것이다. 이러한 사유의 맥락이 구봉에게서 무정과 무심의 미학으로 승화한 것이라 볼 수 있다.

장자는 무정한 인간의 전형을 성인이라고 본다. "성인은 사람의 모양

詩, 〈採松〉, "眞人避人世, 世人那得逢." 참조.

11) 《주자어류》, 〈性理2〉, 〈性情心意等名義〉, "心, 主宰謂也." 및 《주자어류》, 〈性理2〉, 〈性情心意等名義〉, "心者, 性情之主." 참조.

12) 《주자어류》, 〈孟子10〉, 盡心上, 〈盡其心者章〉, "感物而動, 便是情."

13) 《노자》 제5장, "天地不仁, 以萬物爲芻狗; 聖人不仁, 以百姓爲芻狗."

14) 오강남 풀이, 《도덕경》, 서울: 현암사, 1995, 36쪽.

을 지녔지만 사람의 감정은 없다. 사람의 모양을 지녀서 사람들과 섞여
살지만, 사람의 감정이 없기 때문에 옳고 그름을 그에게서 구할 수 없
다."15) 그렇다면 사람으로서 어떻게 인간의 감정이 없을 수 있는가? 이
에 대해 장자는 자신이 말하는 무정의 의미가 일상의 무정의 의의와는
다르다고 하면서 다음과 같이 설명한다. "내가 말하는 무정이란 좋아하
고 싫어하는 감정으로 스스로의 몸을 해치지 않는 것이다. 언제나 모든
것을 그대로 놓아두고, 삶에다 억지로 군더더기를 덧붙이려 하지 않는
것을 말하는 것이다."16)

　이러한 무정의 의미는 분명 일반적 무정의 의미와는 다르다.《구봉
집》에서 무정의 용례는 〈태극문〉에 언급된 일부를 제외하면 대부분 시
의 장르를 통해 나타난다. 물론 구봉은 일상적 의미의 무정의 용례를 사
용하기도 한다. 사전적 정의에 따르면,17) 일반적 용례의 무정이란 '따뜻
한 정이 없이 쌀쌀맞고 인정이 없음'이거나 '남의 사정에 아랑곳없음'을
의미한다. 구봉도 이러한 의미로 무정을 언급한 경우가 있다. "강에 비
친 가을 산은 물리지 않지만, 세간에서 벗을 사귀는 도리는 무정함이 있
다"18)고 한 것이 대표적이다. 이는 도의지교를 맺었던 율곡의 시에 차
운한 시의 한 구절이다.

　앞에 인용한 시의 구절은 자연세계와 인간세계를 서로 대비하여 그
차별성을 강조한 것이다. 단풍이 든 가을 산의 빛깔이 강에 비쳐 강과

---

15)《장자》, 〈德充符〉, "有人之形, 無人之情. 有人之形, 故群於人; 無人之情, 故是非不得於
　　身."
16)《장자》, 〈德充符〉, "吾所謂無情者, 言人之不以好惡內傷其身, 常因自然而不益生也."
17) 인터넷자료,《네이버 국어사전》, 〈무정(無情)〉 조 참조.
18)《구봉집》권1, 七言絕句, 〈次栗谷韻〉, "江上秋山不相厭, 世間交道在無情."

산이 하나로 조응하는 자연세계와는 다르게 인간세상에서 벗을 사귀는 도리는 무정하기 이루 말할 수 없다는 것이 구봉의 심정이다. 강과 산은 일상의 경계를 허물고 강산으로 이어져 강은 산으로 잇대어 있고 산은 강으로 잇대어 있다. 강과 산의 조응관계는 전혀 대립적이지 않다. 그것은 일종의 자연이다. 결국 자연이 무정한 것이다.

오강남의 다음과 같은 비유는 매우 적절하다.

"어느 선사가 노래한 것처럼, 호수 위를 날아가는 기러기가 제 그림자를 비추되 일부러 하지 않고, 호수도 기러기의 그림자를 비추되 일부러 하지 않는 것과 같다. 둘 다 '무심히' 드리우고 무심히 비출 뿐이다."[19]

정확하게 말한다면 이는 북송시대 운문종의 천의의회(天衣義懷, 989~1060) 선사가 남긴 〈안영한담(雁影寒潭)〉의 게송을 원용한 말이다.

"기러기 하늘을 나니 그 그림자 찬 물 속에 잠긴다. 기러기 물 위에 자취 남길 뜻 없고, 물 또한 그림자 잡아둘 마음 없다."[20]

이러한 선시의 사상적 원형은 장자에게로 소급된다. 장자는 다음과 같이 말한다. "걷지 않고 자취를 남기지 않기는 쉬운 일이지만, 걸으면

---

19) 오강남 풀이, 《장자》, 서울: 현암사, 1999, 259쪽.

20) 天衣義懷, 〈雁影寒潭〉, "雁過長空, 影沈寒水, 雁無遺踪意, 水無留影心."(이은윤, 《선시, 깨달음을 읽는다: 마음으로 읽는 선시 열세 편》, 서울: 동아시아, 2008, 289쪽에서 재인용). 이는 《채근담》에 "雁渡寒潭, 雁去而潭不留影."이라고 원용되어 있어서, 이를 통해 널리 인구에 회자되고 있다.

서 자취를 남기지 않기란 어려운 일이다. … 날개를 가지고 난다는 말은 들었겠지만, 날개 없이 난다는 말은 들어보지 못했을 것이다."21) 이 말은 무심을 겨냥한 말이다. 장자가 볼 때 행위가 있음에도 자취를 남기지 않을 수 있는 것은 전적으로 무심하기 때문에 가능한 일이다. 그래서 장자는 "무심하게 거동하여 행위에 자취를 남기지 않으면 곧 대도에 나아가게 된다"22)고 명시한다. 무심해야만 대도에 나아갈 수 있고, 거기에서 춤출 수 있으며, 또한 몸소 실천할 수 있다는 의미이다.

그런데 구봉의 시에서 '무심히'라는 말은 '무정하게'라는 말로 치환된다. 구봉의 시를 연구한 김성언은 도연명의 〈귀거래사〉에 보이는 "무심히 산골짜기에서 나온 구름"23)이라는 구절을 구봉이 "저 멀리 보이는 산골짜기 구름, 무정하게 임의로 오가는 모습"24)이라고 표현을 달리하여 묘사하고 있음에 주목한다.25) '무심히'가 '무정하게'로 바뀌어 표현된 점을 놓치지 않은 것이다. 물론 두 가지 표현은 동일한 의미를 갖는다.26) 그럼에도 구봉의 시에 표현된 "무정은 무심보다 오히려 더욱 또렷한 어감상의 효과를 자아내고 있다."27) 구봉의 심상에 반영된 무정의

---

21) 《장자》, 〈人間世〉, "絕迹易, 無行地難. … 聞以有翼飛者矣, 未聞以無翼飛者也."

22) 《장자》, 〈山木〉, "猖狂妄行, 蹈乎大方." 본문의 해석은 성현영의 해석을 따른 것이다. 성현영은 '猖狂妄行'을 '無心混跡'이라 풀이한다. 이는 무심하게 거동하여 행위에 자취를 남기지 않음을 의미한다.

23) 《도연명집》, 〈歸去來辭〉, "雲無心以出岫."

24) 《구봉집》 권2, 五言律詩, 〈獨坐〉, "遙看雲出岫, 來去任無情."

25) 김성언, 〈구봉 송익필과 무정의 시학〉, 《동남어문논집》 제35집, 동남어문학회, 2013, 60쪽.

26) 인터넷자료, 《デジタル大辞泉》, 〈무심(無心)〉 조 참조.

27) 김성언, 〈구봉 송익필과 무정의 시학〉, 60쪽 참조.

미학은 '참됨을 찾고자 한'28) 그의 노력의 자취였다고 간주된다.29) 그래서 김성언은 "구차한 세정에서 벗어나려는 의지, 진(眞)과 도(道)로 나아가기 위해 정을 끊으려는 무언의 노력이"30) 구봉이 말한 무정에서 발견된다고 평가한다.

장자가 말하는 종류의 '인간세'에서 제시하는 무정은 자연세계의 무정과는 다르다. 그것은 참됨이 없는 허위의 상태를 가리키는 무정31)의 의미와 밀접하게 연계되어 있기 때문이다. 특히 인간세상의 교우관계는 강은 강이고 산은 산인 것처럼 경계가 명확하여 너는 너고 나는 나라는 이기적 차별상에서 자유롭지 못하다. 이러한 이유 때문에 구봉은 인간세상의 교우관계가 이로움과 해로움이라는 양가판단을 기준으로 판연하게 갈라서 있다고 본다. 그래서 일상의 교우관계가 무정하다고 말한 것이다. 이와 같은 무정은 도가철학의 기본정신에 배치된다. 그것은 단순히 일상에서 사용하는 '따뜻한 정이 없이 쌀쌀맞고 인정이 없음'이거나 '남의 사정에 아랑곳없음'이라는 의미를 벗어나지 않기 때문이다.

자연세계는 항상성을 갖지만 인간세상은 자타분열의 차별상에서 자유롭지 못하다. 인간세상은 자연을 벗어나 있다. 구봉의 시에 반영된 인간세상은 구봉 자신을 냉대하는 불의한 집단의 대명사이거나 광풍과 풍

---

28) 《구봉집》에서 '참됨을 찾는다'는 의미의 '尋眞'이란 표현은 모두 네 차례 등장한다. ① 《구봉집》 권1, 七言絶句, 〈懷牛溪〉: 當時猶未許尋眞. ②《구봉집》 권2, 五言律詩, 〈江上別詩僧〉: 尋眞忘歲月. ③《구봉집》 권2, 五言律詩, 〈宿歸鶴亭〉: 匹馬尋眞路. ④《구봉집》 권2, 七言律詩, 〈訪故人勸開閣〉: 未死相尋眞有意.

29) 동양에서 '참됨'(眞)의 개념을 철학의 범주로 끌어들인 것은 도가철학이다. 《노자》에는 "質眞若渝"(제41장)라는 표현이 있고, 《장자》에는 '진인'(眞人), '진지(眞知)', '진재(眞宰)', '진군(眞君)', '진성(眞性)' 등을 비롯하여 참됨을 지켜야 함을 강조한 용례들이 다수 발견된다.

30) 김성언, 앞의 논문, 60쪽 참조.

31) 《漢語大詞典》 제7권, 上海: 漢語大詞典出版社, 1991, 134쪽, "虛僞不實."

진으로 은유된 존재라고 할 수 있다. 무정이란 구봉의 아픈 삶의 체험을 응축하여 보여주는 시어라고 볼 수 있다.32) 태생적인 신분적 제약으로 인한 불우했던 삶의 역정이 구봉으로 하여금 인간세상이 '쌀쌀맞고 인정이 없음'을 절실하게 느끼게 했을 것임에 분명하다. 그래서 구봉은 "인간세상 모두가 무정한 것들이니, 옆 사람에게 밤이 얼마나 깊었는가를 묻지 말라"33)고까지 읊었던 것이다.

구봉이 무정의 의미를 저와 같이 일반적 의미로 사용한 경우는 소수에 지나지 않는다. 구봉은 일반적 의미와는 다른 차원의 무정의 의의에 관해 초점을 맞추고 이를 담론한다. 예컨대 구봉은 자연세계는 무정한 반면 인간세상은 유정하다고 한다. 구봉이 〈흰 머리카락〉(白髮)을 노래한 경우가 대표적이다.

봄바람에 휘날린 흰 머리카락/ 흰 꽃잎 가운데 떨어졌다네/ 흰 머리카락은 소년처럼 다시 검어질 수 없지만/ 꽃잎은 져도 다시 봄바람 분다네./ 무정한 물상들은 무정하지만/ 유정한 사람들은 끝이 있는 법/ 호연히 한번 길게 휘파람 불어/ 천고의 영웅들을 조상하노라.34)

구봉은 자연은 항상성을 갖지만 인간은 유한성을 갖는다고 보며, 또한 자연이 무정하다면 인간은 유정하다고 본다. 이와 관련하여 김성언은 다음과 같이 풀이한다. "바람과 꽃으로 표상되는 자연은 무궁한 존재

---

32) 김성언, 앞의 논문, 58쪽 참조.

33) 《구봉집》권1, 七言絶句, 〈秋夜蓮堂〉, "世間摠是無情物, 休問傍人夜幾何."

34) 《구봉집》권1, 五言古詩, 〈白髮〉, "春風吹白髮, 吹落白花中, 髮白難少年, 花落又春風. 無情物無窮, 有情人有終, 浩然一長嘯, 千古弔英雄."

이며 반면 백발로 표상되는 인간은 유한한 존재이다. 그런데 유한한 존재인 인간은 유정한 반면 무궁한 자연물은 무정하다. 이때 무정은 … 인간의 선악이나 윤리를 초월한 일종의 자연법칙이자 섭리이다."35) 구봉의 시에는 유독 흰 머리카락이란 시어가 많이 등장한다. 그만큼 인생의 유한함을 반성적으로 성찰하고자 한 것이라 볼 수 있다.

장자는 "우리의 삶은 유한한데 알려고 하는 의식지향은 끝이 없다. 끝이 있는 것으로 끝이 없는 것을 좇는 것은 위태로울 뿐이다"36)라고 경고한 바 있다. 구봉은 유한한 생명을 가진 인간의 욕망이 끝이 없음을 흰 머리카락의 은유와 인간세상의 인심의 양태를 통하여 지적한 것임을 알 수 있다. 그래서 구봉은 송강의 시에 차운한 시를 통해 장자의 언어를 원용하여 다음과 같이 말한다. "하늘과 땅은 사사로움이 없어서 골고루 덮어주고 실어주니, 이 도리대로 모름지기 중심을 믿고 따라야 하리."37) 요컨대 사사로운 욕망의 지향성을 버리고 세상의 중심에 서라는 말이다. 결국 인간은 유정의 존재이지만 무정의 범주를 체득할 수 있는 가능적 존재라는 점에서, 이상적 인간은 유정이되 무정일 수 있는 존재라고 볼 수 있다.38)

앞서 언급한 후반부 번역의 원문은 '此經須信督能緣'이다. 이것은《장자》〈양생주〉의 '緣督以爲經'을 변형한 문구이다. 구봉이 유가의 사유를

---

35) 김성언, 앞의 논문, 58~59쪽.

36) 《장자》,〈養生主〉, "吾生也有涯, 而知也无涯. 以有涯隨无涯, 殆已."

37) 《구봉집》권1, 七言律詩,〈次松江所贈韻〉, "天地無私均覆載, 此經須信督能緣." 《장자》〈대종사〉와〈천도〉에는 '天地覆載'가 '覆載天地'로 등장한다. 문장의 주어는 도로 상정되는데, 도는 하늘과 땅이 덮어주고 실어주면서도 자기의 재주라고 여기지 않는 존재의 방식처럼 존재한다고 한다(《장자》,〈大宗師〉 및〈天道〉, "覆載天地刻雕衆形而不爲朽." 참조).

38) 신순정,〈장자의 심성관과 이상적 인간〉,《철학논총》제88집, 2017, 248쪽 참조.

원용했다면 분명《서경》이나《논의》의 구절이 이 문구를 대신했을 것이다. 즉 "진실로 그 중심을 잡으라"39)고 한 대목이 그것이다. 그럼에도 구봉은 유가의 경전에 나타난 사유를 원용하기보다는《장자》의 한 구절을 자기화하여 인용하는 묘미를 보인다.

《장자》의 '緣督以爲經'이란 구문에 대한 해석은 전통적으로 난해하다. 선산(船山) 왕부지(王夫之, 1619~1692)는 이를 양생론적 의미로 풀어서 '독(督)'의 의미가 몸 앞의 중맥에 해당하는 '임(任)'에 대비되는 몸 뒤의 중맥이라고 한다. 그래서 '연독(緣督)'이란 맑고 부드러우며 섬세하고 미묘한 기운을 허에 따라 운행하는 것이라고 풀이한다.40) 곽상(郭象, ?-312)은 "가운데를 따르는 것을 기준으로 삼는다"41)고 풀이했는데, 이이(李頤)나 사마표(司馬彪) 등이 곽상과 동일한 입장이다. 선영(宣穎)은 곽상의 해석을 좀 더 구체화하여 '독'의 의미를 선악에 얽매이지 않는 중심 내지는 가운데라는 뜻으로 해석한다.42)

앞의 해석들이 곽상과 왕부지의 두 가지 해석의 용례로 구분된다고 할 때, 구봉은 과연 어떤 해석의 입장을 취하였을까? 구봉의 사유는 두 가지 해석의 가능성에 모두 열려 있다고 볼 수 있다. 다만 송강과의 내면적 교류를 시도하고 있는 이 시의 정황을 기준으로 볼 경우, 전자보다 후자의 입장을 따라《장자》의 문장을 이해했을 가능성이 크다. 하늘과

---

39)《서경》, 〈大禹謨〉,《논어》, 〈堯曰〉, "允執厥中." 및 "允執其中." 참조.

40) 王夫之,《莊子解》(《船山全書》第13冊, 長沙: 嶽麓書社, 1993). 〈養生主〉, 121쪽, "身前之中脈曰任, 身後之中脈曰督. 督者居靜, 而不倚於左右, 有脈之位而無形質者也. 緣督者, 以淸微纖妙之氣循虛而行, 止於所不可行, 而行自順以適得其中."

41)《장자》, 〈養生主〉, 郭象 注, "順中以爲常也."

42)《장자》, 〈養生主〉, 宣穎 注, "不可指其爲善, 不可指其爲惡, 善惡之跡俱無所倚, 惟緣中道以爲常也." 참조.

구봉 송익필의 도가사상에 나타난 이상적 인격과 삶의 지평 281

땅이 사사로움 없이 덮어주고 실어주는 것처럼 인간 또한 사사로운 감정이나 선악의 이분법을 넘어선 경지에서 살아갈 수는 없는 것일까? 송강에게 전해준 시만을 주목할 때 구봉은 개인의 양생보다 그것을 고민했을 것임에 틀림없다. 그가 〈병을 삼가며〉(愼疾)라는 시를 통해 건강과 섭생을 걱정하기보다는 "의리에 돌아가 소통하는 곳에는 도리어 사사로운 감정이 없다"고 하여 무정의 의의를 명시한 것이 이를 방증한다.43)

3. 빈 배의 은유와 물아상망의 지평

구봉은 "만 리가 한 하늘이니 모두가 즐거운 땅이고, 빈 배는 어디를 간들 편안히 흘러가지 않겠는가"44)라고 한다. 만 리란 온 누리를 가리킨다. 온 누리가 한 하늘이라 한 것은 모든 개별적 존재들이 평등하다는 말과 다르지 않다. 구봉은 온 누리의 질서가 하늘의 보편적 질서를 벗어나지 않는다면 모두 즐거울 수밖에 없다고 본다. 이것은 자연의 이법대로 산다는 것을 의미하는 것으로서, 마치 빈 배의 마음으로 살아가는 것이다. 빈 배처럼 텅 빈 마음으로 살아간다면 편안하지 않을 수 없다는 것이 구봉의 생각이다. 요컨대 인간의 세속적 기준이 땅에 대입되는 순간 땅은 분열의 양상을 맞이하고 욕망의 대상으로 전락하지만, 반대로 하늘의 보편적 질서가 온 누리에 대입되면 땅은 온전한 젖줄이 흐르는 낙원으로 돌아가게 된다는 생각이다.

---

43) 《구봉집》권2, 七言律詩, 〈愼疾〉, "用藥曾知似用兵, 用兵終不致升平. 醫前自有方便地, 病後那能善攝生. 神未定時求寡欲, 義歸通處却無情. 舟中敵國皆由我, 誰向邊胡更築城."
44) 《구봉집》권2, 七言排律, 〈聞故人遠謫, 奉寄十四韻〉, "萬里一天皆樂土, 虛舟何處不安流."

이러한 구봉의 사유는 장자철학과 매우 밀접하게 맞닿아 있다. 특히 빈 배의 은유는《장자》〈산목〉의 고사를 인용한 것이라는 점에서 더 그렇다.45) 장자는 빈 배가 와서 배에 부딪치면 비록 마음이 편협한 사람이라도 화를 내지 않을 것이라고 한다. 이와 관련된 〈산목〉의 내용은 다음과 같다.

배로 강을 건널 때 만약 빈 배가 와서 자기 배에 부딪쳤다면 아무리 성급한 사람이라도 화를 내지 않을 것이다. 그러나 그 배에 누군가 한 사람이라도 타고 있다면 소리쳐 그 배를 피하거나 물러가라고 할 것이다. 한 번 소리쳐서 듣지 못하면 두 번 소리치고, 그래도 듣지 못하면 세 번 소리치면서 반드시 거기에 욕설이 뒤따르게 될 것이다. 아까는 화를 내지 않았는데 이번에는 화를 내는 것은 아까는 빈 배였고 지금은 사람이 타고 있기 때문이다. 사람도 스스로를 텅 비게 하고 세상에 노닌다면 그 무엇이 그에게 해를 끼칠 수 있겠는가?46)

빈 배의 은유는 장자가 세속의 번거로움과 근심을 없애고 홀로 도와 벗이 된 채 허무의 경지인 '크게 광막한 나라'(大莫之國)에서 노닐기를 바라면서 제시한 것이다.47) 구봉은 빈 배의 은유를 담고 있는《장자》〈

---

45) 빈 배라는 말은 구봉에게서 '허주(虛舟)'라고 일컬어지는데, 장자는 이를 '허선(虛船)'이라고 표현하고 있다. 그럼에도 장자는 '허선'을 언급하는 바로 앞 문장에서 배를 의미하는 '선(船)'을 또한 '주(舟)'라고 표현하기도 한다. 결국 장자에게서 빈 배를 의미하는 용어는 '허선'과 '허주'가 동일한 의미로 통용되었다고 볼 수 있다.

46)《장자》, 〈山木〉, "方舟而濟於河, 有虛船來觸舟, 雖有惼心之人不怒; 有一人在其上, 則呼張歙之; 一呼而不聞, 再呼而不聞, 於是三呼邪, 則必, 惡聲隨之. 向也不怒而今也怒, 向也虛而今也實. 人能虛己以遊世, 其孰能害之!"

47)《장자》, 〈山木〉, "吾願去君之累, 除君之憂, 而獨與道遊於大莫之國."

산목〉의 전체 대의가 '쓸모없음의 쓸모'에 있다고 본다. 그런데 장자가 말하는 쓸모없음이란 특정한 목적이나 대상이 되지 않는다는 뜻이지, 일상에서 쓸모없다고 말하는 쓸모없음은 아니다. 그것은 쓸모 있음의 반대개념이 아니라 어떠한 상황에서라도 타자를 대상적으로 파악을 하지 않는다는 것을 의미한다.[48]

장자는 세간에서 쓸모없는 나무와 쓸모없는 거위라고 평가하는 두 가지 사물의 비유를 통해 천수를 온전히 누리는 삶의 방식을 제시한다. 재목이 되어도 죽고 재목이 되지 못해도 죽는 것이 세상의 이치라면, 매 순간 상황을 정확하게 판단하며 산다는 것은 매우 어려운 일임에 분명하다. 그래서 장자는 재목이 되는 것과 재목이 되지 못하는 것의 중간에 처신하라고 한다.[49] 장자는 재목이 된다는 것의 절대적 기준을 정하기가 어렵다는 점을 밝힌 것이다.

구봉은 장자가 말한 빈 배의 은유를 〈오랜 친구가 멀리 귀양 간다는 말을 듣고 14운을 지어 보낸다〉(聞故人遠謫, 奉寄十四韻)라는 제명의 시에 직접 원용한다. 구봉의 오랜 친구란 율곡, 우계, 송강을 가리킨다. 멀리 귀양을 가는 오랜 친구란 이들 중 한 명일 것임에 분명하다. 구봉은 그가 누구인지 구체적인 이름을 밝히지 않았다. 그러나 시의 말구에 표현된 내용에 "돌아와 반드시 장자방의 주책을 빌리게 되리라"[50]라고 한 말과 이 시의 말미에 붙은 주석에서 "말구는 선견이었다. 과연 [그는] 이 듬해에 왜란 때문에 구직으로 부름을 받아 돌아왔다"[51]고 한 말, 그리

---

48) 김만겸, 〈장자의 언어관에서 바라본 수양론적 귀결〉, 《철학논총》 제8집, 새한철학회, 1992, 373~374쪽 참조.

49) 《장자》, 〈山木〉, "將處夫材與不材之間."

50) 《구봉집》 권2, 七言排律, 〈聞故人遠謫, 奉寄十四韻〉, "歸來須借子房籌."

51) 《구봉집》 권2, 七言排律, 〈聞故人遠謫, 奉寄十四韻〉, "末句爲先見果以倭亂明年以舊職召

고 "오시의 문선 역시 흰 머리라네"52)라고 한 말을 종합해서 추론해볼 때, 구봉이 말한 오랜 친구란 만년의 송강 정철을 가리킨다.

구봉의 시가 작성된 임진왜란 발발의 시점을 기준으로 볼 때, 율곡은 임진왜란이 일어나기 이전에 이미 타계(1584년)한 상태였고, 우계는 정여립(鄭汝立, 1546~1589)의 난과 기축옥사 때 최영경(崔永慶, 1529~1590)과 정개청(鄭介淸, 1529~1590)을 구하려다 실패하여 정치적 위기에 몰려 있었던 상황이다. 그럼에도 우계는 송강처럼 귀양을 가지는 않았다.53) 이러한 정황을 감안할 경우 임진왜란 직후에 귀양을 떠났던 구봉의 오랜 벗이란 다름 아닌 송강 정철을 가리키는 것임에 의심의 여지가 없다.

동서당쟁의 격화가 구봉으로 하여금 《장자》〈산목〉에 나타난 삶의 지혜를 요청하게 한 것이라 볼 수 있다. 장자는 인간세상의 이치가 만물의 근원인 도와는 다르다고 전제한 후 다음과 같이 말한다.

"만나면 헤어지고, 이루어지면 파괴되며, 모가 나면 깎이고, 신분이 높아지면 비방을 받으며, 뜻있는 무슨 일을 해 놓으면 어딘가 결점이 생기고, 현명하면 모함을 받으며, 어리석으면 속임을 당하니, 어찌 화를

還."

52) 《구봉집》 권2, 七言排律, 〈聞故人遠謫, 奉寄十四韻〉, "吳市門仙亦白頭."

53) 송강 정철은 56세 때인 1591년 동인과 서인 사이에서 일어난 건저문제(建儲問題)로 선조의 노여움을 사게 되어 진주와 강계로 귀양을 갔다가 57세 때인 1592년에 임진왜란이 일어나자 귀양에서 풀려나 평양에서 왕을 맞이하고 의주까지 호종하였으며, 생애 마지막 해인 그 다음 해 58세가 되던 1593년에는 사은사로 명나라에 다녀왔다(한국정신문화연구원, 《한국인물대사전》, 서울: 중앙일보 출판법인 중앙M&B, 1999, 2057쪽 참조).

면할 수 있겠는가!"54)

이와 같은 장자의 사유에 비춰볼 때 송강은 화를 면하기 어려운 인물이었음에 분명하다. 송강은 누구보다 현명하고 공적이 남다를 뿐만 아니라 신분도 가파르게 상승하여 상대 당인들의 눈엣가시였기 때문이다. 더군다나 그는 지나치게 술을 좋아하고 걷잡을 수 없이 망령되다는 평가를 받을 만큼 상대 당인들에게는 모가 난 인물로 평가되었다. 이러한 이유 때문에 송강은 결국 탄핵을 받는 데까지 이른 인물이다.55)

구봉 역시 이러한 송강이 걱정되어 삼가 경계하며 살 것을 요청할 정도였다. 그 정신이 바로 〈산목〉으로 대변된 것이며, 빈 배처럼 자신을 비우고 살아야 한다는 정언으로 표현된 것이다. 빈 배처럼 살아간다면 스스로 쓸모 있음과 쓸모없음의 이분법적 한계를 초월하여 아무런 재난도 받지 않을 수 있을 것이라는 장자의 제언을 구봉이 수용한 것이다. 장자가 볼 때 살찐 여우나 아름다운 문양을 가진 표범이 화를 당하는 이유는 그 가죽이 화근이 되기 때문이다. 타자에 대한 욕망이란 마치 짐승의 가죽과도 같은 것이라서, 마음을 씻어내고 욕망을 버린 채 다투는 사람이 없는 넓은 들판에서 노니는 것만 같지 못하다는 것이 장자의 입장이다.56) 구봉은 짤막하게 인용한 빈 배의 은유를 통해 그 너머에 있는 짐승의 가죽과도 같은 욕망의 대상을 버릴 것을 종용한 것이다. 빈 배의

---

54) 《장자》, 〈山木〉, "合則離, 成則毀, 廉則挫, 尊則議, 有爲則虧, 賢則謀, 不肖則欺, 胡可得而必乎哉?"

55) 《국역 조선왕조실록》, 〈선조실록〉, 선조 15년 임오(1582)9월 13일(무진), 〈헌부가 도승지 정철은 술주정으로, 고경명은 권간에 붙은 일로 탄핵하다〉 참조.

56) 《장자》, 〈山木〉, "夫豐狐文豹, 棲於山林, 伏於巖穴, 靜也; 夜行晝居, 戒也; 雖飢渴隱約, 猶旦胥疏於江湖之上而求食焉, 定也. 然且不免於罔羅機辟之患, 是何罪之有哉? 其皮爲之災也. 今魯國獨非君之皮邪? 吾願君刳形去皮, 洒心去欲, 而遊無人之野." 참조.

은유는 구봉이 막역지우였던 송강에게 줄 수 있었던 최고의 선물이었다.

마음이 빈 배처럼 되기 위해서는 의식의 주체와 대상을 모두 잊지 않으면 안 된다. 장자는 잊음의 방안으로써 '심재'와 '좌망'을 제안한다. 구봉은 이 가운데 좌망에 대한 관심을 두드러지게 피력한다. 그렇다고 구봉이 심재의 사유를 외면한 것은 아니다. 심재라는 개념이《구봉집》에서 직접 표현되지 않은 반면, 좌망의 개념은 직접 언급되고 있음이 다를 뿐이다. 좌망은 몸의 감각기관을 잊고 심식의 의식지향을 잊어버림으로써 대도와 하나로 소통하는 철학적 지평을 의미한다.[57] 구봉은 이와 같은 맥락의 좌망의 용례를 직접 원용하여 자신의 현재적 상황을 언급한다. 즉 그는 "나아감에 무심하여 가는 것조차 좌망하노라"[58]라고 읊는다. '무심'과 '좌망'을 동일한 맥락에서 이해한 것이다.

구봉은 장자가 '좌망'의 의미를 축약하여 표현한 '망(忘)'이라는 용례를 여러 차례 언급한다.《장자》에서 한 글자로 언급된 '망'의 개념은 '좌망'과 같다. 그것은 득도를 추구함으로써 심령의 정신적 자유를 획득하는 것을 말한다. 장자에게서 자유란 있는 그대로 너그럽게 놓아둔다는 의미의 '재유(在宥)'로 말해진다.[59]《구봉집》안에서 '망'자는 모두 41회 등장한다. 이는 좌망에 대한 구봉의 관심이 그만큼 많다는 것을 방증하는 것이다. 물론 장자가 잊지 말아야 한다는 의미의 '불망(不忘)'의 용례를 원용한 경우가 없는 것은 아니지만, 구봉은 인간을 구속하는 욕망의 대상들을 잊어야 한다는 의미의 '망'의 용례를 다수 언급한다.

---

57)《장자》,〈大宗師〉, "墮肢體, 黜聰明, 離形去知, 同於大通, 此謂坐忘."
58)《구봉집》권1, 七言絶句,〈龜山道中〉, "無心進取坐忘行."
59) 李天道,《中國古代美學之自由精神》, 北京: 中央編譯出版社, 2013, 10~11쪽 참조.

먼저 구봉이 잊음의 부정으로서 '잊지 않는 것'의 용례로 사용한 언명 중에는 "사랑은 민심에 있어 은택을 잊지 않네"[60) 또는 "그 전일에 읽은 것과 강론한 것을 잊지 않네"[61)라고 한 말이 있다. 이는 잊지 말아야 할 것을 잊지 않은 결과다. 장자도 잊지 말아야 할 것과 잊어야 할 것의 구분은 있다고 본다. 잊지 말아야 할 것을 잊는 것을 가리켜 장자는 특별히 '성망(誠忘)'이라고 표현한다.[62) 여기서 구봉이 '잊지 않은 것'으로 표현한 말들은 모두 '성망'과는 대별되는 '잊지 말아야 할 것'을 '잊지 않은 것'의 용례에 해당한다. 이는 구봉이 장자가 말한 '불망'의 두 가지 용례의 구분을 자기화하여 표현한 사례들이라 할 수 있다.

다음으로 인간을 구속하는 욕망의 대상들에 대한 잊음을 표현하는 '망(忘)'의 용례들에 대해 살펴보자. 우선 잊음의 대상이 되는 욕망의 대상들을 가리켜 장자는 '외물'이라는 개념으로 표현하는데, 외물에 해당하는 개별자들은 매우 많다. 그것은 눈에 보이는 구체적인 유형의 사물로부터 눈에 보이지 않는 무형의 사물에 이르기까지 폭넓은 범주에 걸쳐져 있다. 이러한 사유는 구봉에게도 그대로 적용된다. 구봉은 '천하의 일을 모두 잊음'[63)이나 '사물을 잊음'[64) 등을 언급한다. 이는 모두 장자의 좌망과 동일한 맥락에서 언급된 것이라는 점에서 의의가 있다. 좌망의 대상인 천하의 일이나 사물은 모두 '외물'의 범주 안으로 수렴되는 것들이다. 구봉은 장자와 마찬가지로 이들을 좇아서는 안 된다고 분명

---

60) 《구봉집》 권2, 七言律詩, 〈次湖南按使韻〉, "愛在民心澤不忘."
61) 《구봉집》 권4, 玄繩編上, 〈答鄭季涵〉, "其不忘前日所讀及所講."
62) 《장자》, 〈德充符〉, "人不忘其所忘, 而忘其所不忘, 此謂誠忘."
63) 《구봉집》 권1, 七言絶句, 〈閑中〉, "忘天下事."
64) 《구봉집》 권2, 五言律詩, 〈與友人新卜幽居〉, "忘物."

하게 밝힌다.65)

구봉의 좌망 논의는 예학적 사유에까지 미쳐 주례자와 빈례자의 주객상망의 단계를 상정하는 데에 이른다. 구봉은 예학의 대가답게 진정한 예의 경지는 형식에 얽매지 않는 것임을 분명히 한다.66) 또한 구봉은 장자가 말한 '좌망'뿐만 아니라 〈제물론〉의 핵심주제이기도 한 '오상아(吾喪我)'를 원용하여 말하기도 한다. 펑유란(馮友蘭, 1895~1990)의 견해를 빌린다면, '오상아'란 세계 자체와 하나가 되기 위한 순수경험(Pure experiwnce)의 상태로서 지식이 없는 경험의 상태라고 할 수 있다.67) 그것은 '특정 가치관에 사로잡힌 마음을 비우고 자연의 흐름과 하나의 기로 소통하는 상태'를 의미한다.68)

구봉은 특별히 장자의 '오상아'를 '오상오(吾喪吾)'라고 언급한다.69) '오상아'란 내가 타자와 대립하는 나를 잊었다는 말이다. 구봉은 장자가 나를 지칭하여 말한 1인칭 대명사로서의 '오'나 '아'가 별다른 차별성이 없다고 보고, 부정의 대상이었던 '아'를 '오'로 치환한다. 그리고 잊는다는 행위에 죽음을 대하는 상례의 경건함을 적용시킬 수 있는 가능성을 확보한다.70) 일종의 사고의 역발상이다. 항상 타자의 죽음에 대한 상례

---

65) 《구봉집》 권3, 雜著, 〈祭仲兄默庵文〉, "不逐外物."

66) 《구봉집》 권2, 七言律詩, 〈偶坐臥峴之杏樹下〉, "禮忘賓主任歡娛."

67) 펑우란, 박성규 옮김, 《중국철학사(상)》, 서울: 까치글방, 1999, 383쪽 참조.

68) 곽소현, 〈장자 수양론에서의 은유〉, 《철학논총》 제79집, 새한철학회, 2015, 406쪽.

69) 《구봉집》 권2, 七言律詩, 〈偶坐臥峴之杏樹下〉, "兵塵莫到卽仙區. 一入翛然吾喪吾. 醉邸人何須林是竹. 隱居休用谷名愚. 論透古今無畛域. 禮忘賓主任歡娛. 莘耕渭釣曾嫌獨. 偶坐方知德不孤."

70) 구봉이 '잊는다', '잃어버린다'의 뜻을 지닌 '상(喪)'의 구체적인 해석을 어떻게 하였는지는 미지수다. 그러나 '상'에는 본디 상례와 관련된 '복을 입는다'는 뜻이 내재되어 있다. 특히 상례에 대해 깊은 관심을 가지고 있었던 구봉의 예학적 정체성에 주목한다면, '오상오'의 의미는 '내가 나의 상을 입는다' 등의 상례적 의미로 해석 가능할 것이라고 본다.

를 치를 줄 알았을 뿐, 자기 자신의 상례에 대한 의식을 치러보지 못한 자아의 영역이 있음을 확인하였기 때문이다. 자기 자신에 대한 죽음의 의식이 '오상오'로 이루어질 수 있다면, 타자에 대한 왜곡된 시선이나 과도한 집착, 또는 넘치는 욕망들 역시 사라질 것이다. 그동안 주체의 역할을 담당해오던 나 자신이 사라져버린 자리에는 타자가 설 자리 역시 사라져버린다. 이러한 성격의 '오상오'는 물아상망의 핵심정신이 된다.

잊음의 행위는 장자에게서 순차적으로 이루어진다. 천하의 일을 잊고, 바깥의 사물을 잊고, 자기 자신의 생명을 잊는 것이다.71) 구봉은 장자가 말한 자기 자신의 생명을 나 자신의 정체성을 유지해주는 '오'로 보아, '오상오'를 말한 것이라 여겨진다. 나 자신의 정체성을 이루어주는 '오'는 삶과 죽음의 이분법 위에서 길항하고 있지만, 구봉은 삶과 죽음에 집착하지 않는 자신을 위해 '오'에 대한 죽음의 의식인 상례를 요청한다. '오'의 상례를 통과하면 생명에 붙어있던 삶과 죽음의 부속물조차 사라져버릴 수 있다는 생각 때문이다.

장자는 "물고기는 강호에서 서로를 잊고 사람은 도술에서 서로를 잊는다"72)고 한다. 구봉은 장자의 사유를 계승하여 '갈매기와 나 자신의 상호 잊음'을 말한다.73) 이러한 잊음의 경지가 바로 물아상망이다. 바로 인식주체와 인식대상이 서로가 서로를 잊고 있는 상태를 의미한다. 서로가 서로를 잊고 있다는 것은 일방이 타방을 구속하거나 지배하지 않

---

71) 《장자》, 〈大宗師〉, "參日而後能外天下; 已外天下矣, 吾又守之, 七日而後能外物; 已外物矣, 吾又守之, 九日而後能外生." 여기에서 언급된 '외천하', '외물', '외생'이란 개념에서 '외'는 부정사로서 잊는다는 뜻의 '망'과 동일한 의미를 갖는다.

72) 《장자》, 〈大宗師〉, "魚相忘乎江湖, 人相忘乎道術."

73) 《구봉집》 권2, 七言律詩, 〈靜中〉, "白鷗與我相忘久."

는다는 것을 뜻한다. 서로가 상대방을 집착하거나 소유하려고 하지 않고 있는 그대로의 상태로 놓아둔다는 의미이다. 결국 놓아둠을 통해 타자와의 근원적 소통이 가능해진다. 물아상망은 세계와 인간 자신의 자연성 자체를 구현하는 존재의 지평인 것이다. 물아상망을 통해 모든 개별자들의 위계가 허물어지고 가지런해진다.

이와 같은 이유 때문에 구봉은 타자의 즐거움을 즉각적으로 알아채는 장자의 시선에 주목한다. 구봉은 장자의 '호량문답'의 고사를 원용하여 다음과 같이 자신의 입장을 밝힌다.

> "다리 위에서 노닐면서 누가 즐거움을 물었던고. 등급이 아직도 신령함을 통하지 못하였네."[74]

장자와 그의 친구였던 혜시 사이에서 벌어졌던 '호량문답'의 철학적 주제는, 물고기의 즐거움을 어떻게 아느냐는 문제이다. 혜시는 인간이 어떻게 물고기의 즐거움을 알 수 있겠냐며 물고기의 즐거움을 말하고 있는 장자에게 따져 묻는다. 그러나 장자가 볼 때 혜시와 같은 입장은 아직 근원적인 도리의 세계에 도달하지 못한 한계가 있다. 타자와의 단절이 혜시의 사유에서 확인된다는 이유 때문이다.

구봉 역시 장자의 의견을 벗어나지 않는다. 물고기를 잡는 주체와 잡히는 대상으로서의 물고기 사이의 상호 대립적 관계는 구봉이 시의 제목에 제시한 용어처럼 '유감'이었을 것임에 틀림없다. 구봉이 유감을 느낀 이유는 그것이 장자의 방식으로 볼 때, 유(有)의 경향성에 자리를 잡

---

74)《구봉집》권2, 五言律詩, 〈溪上觀漁有感〉, "游梁誰問樂, 登級未通神."

고 있기 때문이다. 유의 경향성으로부터 전환하여 무(無)의 경향성으로 나아가는 일이 좌망, 또는 물아상망의 행위라고 할 수 있다. 장자철학에 있어서 유의 경향성으로부터 무의 경향성에 나아가 확인하게 되는 것은, 바로 세계의 독자성을 바라보는 일이다.

장자는 무의 경향성에 나아가 세계의 독자성을 확인하는 것을 '견독 (見獨)'이라고 한다. 구봉은 이 말을 그대로 원용하지는 않는다. 그럼에도 그는 견독의 정신을 반영한 숱한 종류의 일상의 철학적 범주들을 생산해낸다. 구봉의 시에서 숱하게 언급되는 '독좌(獨坐)', '독와(獨臥)', '독왕(獨往)' 등의 개념들에는, 장자의 견독의 의의가 직간접적으로 반영되어 있다. 견독의 지평 위에 설 때만이 온전한 생명의 자연성과 함께할 수 있다. 견독 이후에라야 고금의 시간에 대한 의식으로부터 자유롭게 되어 삶과 죽음에 대한 호오로부터 벗어날 수 있다.75) 이렇게 볼 때, '독'이란 일상적 주체가 가진 주객분별의 성향을 탈각한 새로운 삶의 지평이라고 볼 수 있다. '독'이야말로 새로운 심미적 주체의 탄생을 의미한다.76)

구봉은 "만물과 함께 봄을 이룬다"77)는 장자의 사유를 원용하여, "서로가 서로를 잊으니 만 리가 모두 봄이로다"78)라고 말한다. 만 리가 모두 봄이라는 말은 물아상망의 지평에서 새로운 생명의 기운이 싹터 오른다는 상징적 은유이다. 장자는 만물과 더불어 봄을 이루기 위해서는 삶과 죽음, 빈곤과 부귀, 현명함과 어리석음, 헐뜯음과 기림, 굶주림과

---

75) 《장자》, 〈大宗師〉, "見獨, 而後能無古今; 無古今, 而後能入於不死不生."
76) 박원재, 〈도가의 이상적 인간상에 대한 연구〉, 고려대 박사학위논문, 1996, 140쪽 참조.
77) 《장자》, 〈德充符〉, "與物爲春."
78) 《구봉집》 권2, 五言律詩, 〈溪上觀漁有感〉, "相忘萬里春."

목마름, 추위와 더위 등이 마음의 조화를 어지럽히지도 못하고 마음속에 들어오지도 못해야 한다고 본다.[79) 이는 물아상망을 통한 빈 배 같은 허심의 상태를 보다 구체적으로 말한 것이다. 장자는 허심의 존재론적 지평 위에 서야만 참된 행복이 찾아온다고 본다. 허심이란 사물을 평등하게 보기 위한 선결조건으로서 주관적 선입견을 버리는 일과 다르지 않다.

구봉도 장자의 사유를 좇는다. 구봉 역시 장자처럼 '심재'의 결론이기도 한 '빈 방의 은유'를 원용하여 빈 방의 밝음은 밖에서 얻어지는 것이 아니라고 하였고,[80) 사물을 평등하게 바라보기 위해서는 기심(機心)을 잊지 않으면 안 된다고 하였던 것이다.[81) 장자의 주장처럼 만일 기심이 흉중에 존재하고 있으면 순백을 갖출 수 없기 때문이다.[82) 밝음은 빈 방에서 생겨나고 행복은 텅 빈 마음에 머무는 법이다.[83) 구봉은 이러한 장자의 정신을 좇아 물아상망 내지는, 허심의 지평을 확보하는 일을 매우 중요하게 생각하였다.

4. 안시처순 또는 자족안분의 삶

대부분의 인간은 삶과 죽음의 문제 앞에서 자유롭지 못하다. 특히 죽

---

79) 《장자》, 〈德充符〉, "死生存亡, 窮達貧富, 賢與不肖, 毁譽, 饑渴寒暑, 是事之變, 命之行也;
日夜相代乎前, 而知不能規乎其始者也. 故不足以滑和, 不可入於靈府." 참조.

80) 《구봉집》 권2, 七言律詩, 〈偶題〉, "虛室白非由外得."

81) 《구봉집》 권2, 五言律詩, 〈與友人新卜幽居〉, "機忘物欲齊."

82) 《장자》, 〈天道〉, "機心存於胸中, 則純白不備."

83) 《장자》, 〈人間世〉, "虛室生白, 吉祥止止."

음 앞에 선 인간은 자신의 유한한 삶에 대해 두려움과 공포를 느낀다. 그래서 삶은 좋아하지만 죽음은 싫어하게 되는 현상이 발생한다. 장자는 이와 같은 삶과 죽음에 대한 주관적 평가가 문제라고 보고 오직 참사람만이 삶을 좋아하거나 죽음을 싫어하는 법이 없다고 강조한다.[84]

　장자는 〈대종사〉에서 '안시처순(安時處順)'이라는 생사관을 제시한다. 태어날 때와 죽을 때를 모두 편안하게 맞이한다는 말이 '안시처순'이다. '안시처순'의 해석에 대한 의견은 분분하다. 여기서는 '시'는 태어날 때를 의미하고 '순'은 죽을 때를 말하며, '안'과 '처'는 모두 편안하게 맞이한다는 뜻으로서, '안시이생(安時而生)'과 '처순이사(處順而死)'의 줄임말로 보는 방식을 좇기로 한다.[85] 이는 처한 시간과 주어진 공간에 물처럼 잘 순응하는 것을 의미한다고 볼 수도 있다. 또는 태어난 때와 자연의 도리를 따르는 것이 '안시처순'이라고도 한다. 어떠한 해석을 따르든 '안시처순'에 이르면 까닭 없는 슬픔이나 즐거움이 끼어들 틈이 없다. 장자는 이런 경지를 가리켜 '꼭지에 매달렸다가 풀려난 것'이라고 불렀다.[86] '꼭지에 매달렸다가 풀려난 것'이란 '속박으로부터의 해방'(縣解)을 의미한다. 이와 같은 삶의 형태야말로 장자가 제안하는 이상적 삶의 모델이다.

　구봉은 장자의 생사관에 깊이 공명하고, '안시처순'의 개념을 적극 원용하여 〈족함과 부족함〉(足不足)이라는 시를 남긴다. 시의 내용을 보면 시의 제목을 '부족함을 만족하기'라고 보아도 무방하다. 소유하지 못한

---

84) 《장자》, 〈大宗師〉, "古之眞人, 不知說生, 不知惡死."

85) 전호근, 《장자강의: 혼돈의 시대에 장자를 읽다》, 서울: 도서출판 동녘, 2015, 421쪽 참조.

86) 전호근, 앞의 책, 422쪽 참조.

것이나 가질 수 없는 대상에조차 감사할 줄 아는 내면의 풍경을 묘사한 것이다. 칠언고시의 형식을 통해 다소 길게 작성된 시의 내용은 다음과 같다.

군자는 어찌 길이 스스로 만족하고/ 소인은 어찌하여 길이 부족해 하나?/ 부족함을 족해 하면 항상 여유가 있으나/ 족한데도 부족해 하면 늘 부족한 법이네./ 즐거움이 유여하면 부족함이 없게 되나/ 부족함을 걱정하면 언제나 족하리오?/ '안시처순'하면 다시 무슨 걱정이랴만/ 하늘을 원망하고 사람을 탓하면 부족함을 슬퍼하리./ 내게 있는 것을 구하면 부족함이 없으나/ 외물을 구한다면 어떻게 족하리오?/ 한 표주박 물로서도 즐거움은 남음이 있고/ 만전의 진수에도 부족함을 걱정하네./ 고금에 지극한 즐거움이란 족함을 아는 데 있는 것/ 천하의 큰 근심은 부족해 함에 있는 것./ … / 필부는 한 아름만으로도 만족한 즐거움을 알건만/ 왕공은 부귀해도 부족하게 여긴다네./ 천자 자리에 앉으면 만족할 줄 모르지만/ 필부의 가난함에도 만족함이 넘친다네./ 부족함과 만족함은 모두 자신에게 달렸으니/ 외물을 어찌 족하고 부족하게 하리오?/ 내 나이 칠십에 궁벽한 골짜기에 누웠으니/ 남은 부족하다지만 나는 만족해하네./ 아침엔 만 가지 봉우리에 이는 흰 구름을 보며/ 스스로 가고 오니 고치가 풍족하고/ 저녁엔 창해에 뜨는 달 보면/ 넓고 넓은 물결에 안계가 풍족하네./ … / 나와 함께 즐기는 건 진실로 때가 있어/ 일신을 갈무리니 즐거움이 족하네./ 하늘과 땅을 우러러보고 굽어보면서 자유롭게 사노니/ 하늘이 나를 대우함 역시 족한 것이라 하겠네.[87]

---

87) 《구봉집》권1, 七言古詩, 〈足不足〉, "君子如何長自足, 小人如何長不足? 不足之足每有餘,

구봉은 '안시처순'의 정신을 가지고 살아가고자 하였음에 틀림없다. 그는 "삶을 구하는 것은 진실로 도가 아니다. 죽음을 경시하는 것 또한 옳은 것이 아니다"[88]라고 한다. 삶과 죽음에 매이지 말아야 함을 직절하게 표현한 것이다. 이와 같은 사유를 가지고 살았던 구봉이었기 때문에 그는 평생 생사를 달관하고 살아갈 수 있었던 것이라 여겨진다.

'안시처순'의 삶의 태도는 구봉에 대한 후대인의 평가에서도 자주 언급된다. 그만큼 구봉은 '안시처순'의 실천적 삶을 살다간 지식인이었다고 볼 수 있다. 예컨대, 지호(芝湖) 이선(李選, 1632~1692)은 이 말을 직접 인용하여 구봉의 〈행장〉을 정리하였고, 우암(尤庵) 송시열(宋時烈, 1607~1689) 또한 이 말을 그대로 인용하여 구봉의 〈묘갈문〉을 작성하였으며, 수몽(守夢) 정엽(鄭曄, 1563~1625)은 구봉의 〈시집후서〉를 통해 이 말을 인용하고 있다. 구봉의 〈행장〉과 〈묘갈문〉 및 〈시집후서〉에 직접 인용된[89] 《장자》의 원문은 다음과 같다.

"태어날 때와 죽을 때를 모두 편안하게 여겼으니, 어찌 슬픔과 즐거움
이 끼어들 틈이 있었겠는가?"[90]

足而不足常不足. 樂在有餘無不足, 憂在不足何時足? 安時處順更何憂, 怨天尤人悲不足.
求在我者無不足, 求在外者何能足? 一瓢之水樂有餘, 萬錢之羞憂不足. 古今至樂在知足,
天下大患在不足. … 匹夫一抱知足樂, 王公富貴還不足. 天子一坐不知足, 匹夫之貧羨其足.
不足與足皆在己, 外物焉爲足不? 吾年七十臥窮谷, 人謂不足吾則足. 朝看萬峯生白雲,
自去自來高致足, 暮看滄海吐明月. 浩浩金波眼界足. … 同吾所樂信有時, 卷藏于身樂已足.
俯仰天地能自在, 天之待我亦云足."

88) 《구봉집》 권1, 五言古詩, 〈聞京報, 走筆別親舊〉, "求生固非道, 輕死亦非義."
89) 《구봉집》 권10, 附錄, 〈行狀〉, 李選 撰./《구봉집》 권10, 附錄, 〈墓碣文〉, 宋時烈 撰./《구봉집》 권10, 附錄, 〈詩集後序, 鄭曄 撰.
90) 《장자》, 〈大宗師〉, "其庶乎安時處順, 哀樂不能入者矣."

장자가 제시한 것과 같이 삶과 죽음에 대한 평가의식을 초월하였기 때문에 구봉은 타자를 대함에 있어서조차 감정적이지 않았다는 평가라고 볼 수 있다.

앞에 인용된 구봉의 시 〈족함과 부족함〉은 만족함을 알고 살아야 한다는 삶의 교훈을 제시한다. 도가는 특히 이러한 정신을 대표한다. 노자는 "만족할 줄 알면 욕됨이 없다"[91]고 한다. 그는

"만족을 모르는 것보다 큰 재앙은 없다. 갖고자 하는 욕망보다 큰 허물은 없다. 그러므로 만족한 줄 아는 데서 얻는 만족만이 영원한 만족이다"[92]

라고 하여 지족의 정신을 말한다. 장자 역시 많은 곳에서 만족함의 의의에 대해 역설한 바 있다. 〈소요유〉에 표현된 한 나뭇가지(一枝)의 은유는 장자가 만족할 줄 알아야 함에 대해 이야기한 대표적인 사례이다. 장자는 "뱁새는 깊은 산 속에 살지만 한 나뭇가지를 넘어선 욕심을 부리지 않는다"[93]고 한다. 뱁새는 한 나뭇가지만으로도 충분히 만족할 줄 안다는 의미이다.

구봉은 특히 장자의 사유를 좇는다. 그래서 그는 한 나뭇가지의 은유를 인생의 교훈으로 적시한다. 구봉은 장자의 은유를 원용하여 "안락을 도모하여 한 나뭇가지에 깃들었다"[94]고 언급한다. 이는 나뭇가지 하나

---

91) 《노자》 제44장, "知足不辱."
92) 《노자》 제46장, "禍莫大於不知足; 咎莫大於欲得. 故知足之足, 常足矣."
93) 《장자》, 〈逍遙遊〉, "鷦鷯巢於深林, 不過一枝."
94) 《구봉집》 권1, 五言古詩, 〈走筆書懷〉, "偸安一枝棲."

만으로도 충분히 만족하고 안락할 수 있는 삶의 세계가 존재할 수 있음을 제시한 언명이다. 구봉은 장자의 이상적 삶의 경지인 '지극한 즐거움'에 도달하기 위해서는 먼저 만족함을 알지 않으면 안 된다고 한다. 이러한 즐거움은 세속의 즐거움과는 질적으로 차원을 달리하는 종류의 즐거움이다.

구봉은 장자의 사유에서 한 걸음 더 나아가 한 가지의 만족조차도 확보하지 못하는 생존의 어려움이 존재한다는 점을 지적한다. 바로 "놀라서 날아올라 한 나뭇가지에조차 둥지를 치지 못한 새인 듯"[95] "한 나뭇가지에도 새가 편안히 둥지를 틀 곳이 없다"[96]고 한 삶의 현실이 실제로 존재한다는 것이다. 이것은 구봉의 실제적인 삶의 후반기 인생역정과 무관하지 않다. 삶의 후반기에 접어들면서 구봉은 개인적인 측면에서 유리표박(流離漂泊) 풍찬노숙(風餐露宿)의 삶을 살 수밖에 없었고, 대외적인 측면에서는 임진왜란이 발발하여 삶의 터전을 잃어버린 채 정처 없는 유랑의 삶을 살 수밖에 없었다. 한 나뭇가지에조차 몸을 의지할 수 없던 고단한 삶이 구봉을 억눌렀던 것이다.

앞에 인용된 구봉의 시를 통해 볼 때, 만족함을 알아 지극한 즐거움의 세계에서 사는 사람은 군자인 반면 만족함을 알지 못해 욕망의 과잉상태로 일상을 살아가는 사람은 소인이다. '군자와 소인'의 대한 구별은 주로 신유학의 인간상에서 논의되는 경우가 많지만, 장자 역시 '군자와 소인'의 차별성에 대한 논의를 피해가지 않는다. 장자는 "하늘세상에서의 소인은 인간세상의 군자이며, 인간세상의 군자는 하늘세상의 소인이

---

95) 《구봉집》 권2, 七言律詩, 〈傷歎〉, "驚飛靡定一枝巢."
96) 《구봉집》 권1, 七言絶句, 〈松下會酌〉, "一枝無處安巢鳥."

다"97)라고 한다. 구봉의 시에는 이러한 장자의 정신이 깊이 반영되어 있다. 구봉은 군자와 소인의 구별이 스스로 족함을 아느냐 그렇지 않느냐하는 현실적 만족의 유무에 의하여 결정된다고 본다. 이른바 자족의 삶을 사는 사람은 군자라고 칭할 수 있지만, 스스로 만족함을 알지 못하는 사람은 소인이라고 칭해진다는 것이다.

또한 이름을 좇아 살아가는 사람은 소인인 반면 실질을 좇아 살아가는 사람은 군자라고 할 수 있다. 이와 관련하여 구봉은 장자가 "이름은 실질의 손님이다"98)라고 한 말을 직접 인용하여 〈이름은 실질의 손님이라는 시〉(名者實之賓詩)를 작성한다. 그 내용 가운데에서, 구봉은 "실질은 본디 안에 있고 손님은 밖에 있는 것이니, 외물이 내 몸과 무슨 상관이 있으랴?"99)라고 하여 특히 외물로서의 이름에 얽매이지 말 것을 경고한다. 외물로서의 이름은 헛된 이름에 지나지 않기 때문이다.100)

구봉은 "분수가 정해지니 이 몸이 편안하고"101) 또한 "분수가 이미 정해졌으니 또한 무엇을 바랄 것인가?"102)라고 한다. 더 나아가 "아! 나는 일찍이 안팎의 분수가 정해져 있어, 진흙 속에 꼬리를 끌 듯 세상을 피하여 숨는 것을 즐기노라"103)라고도 한다. 이는 타고난 자신의 분수가 이미 정해져 있기 때문에 자기 자신에게 만족하고 살아간다는 말이다. 외물에 대한 외향적 관심을 내부적인 범주로 방향을 돌려 자신이 처한

97) 《장자》, 〈大宗師〉, "天之小人, 人之君子; 人之君子, 天之小人也."
98) 《장자》, 〈逍遙遊〉, "名者, 實之賓也."
99) 《구봉집》 권1, 七言古詩, 〈名者實之賓詩〉, "實固在內賓在外, 外物何有於吾身?"
100) 《구봉집》 권2, 五言律詩, 〈郊居述懷〉, "身外總虛名."
101) 《구봉집》 권2, 五言律詩, 〈獨坐〉, "分定形骸逸."
102) 《구봉집》 권2, 五言律詩, 〈靜中〉, "分定又何希."
103) 《구봉집》 권1, 七言古詩, 〈名者實之賓詩〉, "嗟我早定內外分."

현실적 상황에 만족하면서 살 필요가 있음을 말한 것이다. 자신에게 주어진 분수에 만족하고 살아간다는 언급에서 구봉의 안명사상과 자족정신이 확인된다. 이것은 일종의 분수 긍정론이다.

구봉의 분수 긍정론에서는 인생을 달관하는 삶의 특징이 발견된다. 그것은 리우샤오간(劉笑敢)이 장자의 안명론의 특징으로 언급한 다음 같은 세 가지 요소와도 무관하지 않다.

　　첫째, 인생에는 주어진 명이 있으므로 이를 긍정해야 하는데 이는 하
　　늘을 따르는 일과 같다. 둘째, 타고난 명은 모두 자연의 질서에 따른
　　것이기 때문에 순응하지 않으면 안 된다. 셋째, 자신의 개별적 상황들
　　에 대해 즐거워하거나 슬퍼하지 말고 걱정하지 말아야 한다.104)

구봉은 이와 같은 분수 긍정론을 통해 자족안분의 삶을 살아간 조선 중기의 대표적 성리학자요 예학자라고 평가할 수 있다. 그러나 이러한 평가에도 불구하고 구봉의 사유에서 시대에 대한 부정과 혁명적 사유의 발상을 찾기란 어렵다.

5. 끝맺는 말

구봉 송익필의 도가적 사유에는 구봉 자신의 현실적 삶의 좌절과 미래지향적 이상의 목표 사이에 틈입되어 있는 다양한 시선과 상황들이

---

104) 劉笑敢,《莊子哲學及其演變》, 北京: 中國社會科學出版社, 1988, 148쪽 참조.

공존하고 있다. 구봉은 유교적 소양을 저버릴 수 없던 한명의 예학자요 성리학자라는 이유 때문에, 철저한 도가의 철학적 사유반경 안에서 자신의 삶을 자신 있게 강론하고 실천하면서 살아갈 수 없는 한계가 있었다.

구봉의 개인적 한계 이외에 혼란했던 당 시대적 국면 역시 구봉의 정신세계를 편안하게 놓아줄 여지가 없었다. 그럼에도 이러한 개인적이면서도 시대적인 한계가 불행 중 다행으로 구봉에게 도가사상에 대한 관심을 촉발시켰고, 그에 대한 사유의 흔적을 오늘날까지 남기는 사상의 역설을 낳았다. 그 역설이 조선조 사상계의 획일성을 극복하는데 중요한 축심을 담당하였고, 지금은 조선조 도가사상을 연구하는데 중요한 단서를 제공하게 된 것이다.

이제 마지막으로 이 글의 본문에서 언급하지 못한 구봉사상에 나타난 광의의 도가사상과 관련된 몇 가지 문제들을 제시해보면서 논의를 마무리하기로 한다.

(1) 구봉의 장자관에 반영된 소요유의 정신과 제물론에 대한 구체적인 논의가 필요하다. 소요유와 제물론은 장자철학의 중심주제이기도 한데, 이에 대한 단편적인 개념들이 《구봉집》에서 확인되고 있기 때문이다. 더군다나 구봉이 언급하고 있는 도가사상의 개념요소들 가운데 가장 많은 인용빈도수를 보이고 있는 것은 제물론에 관한 것들이다. 이러한 특징은 시사해주는 바가 크다. 소요유와 제물론에 대해서는 오늘날까지 해석이 분분한 내용들이 많은데, 구봉의 입장은 과연 어떠한지 세부적으로 검토해볼 필요가 있을 것이다.

(2) 구봉이 장자를 통해본 현실과 이상 그리고 현실의 문제 상황을 극복할 방법론 등에 대한 구체적인 검토가 요청된다. 《구봉집》에서 숱하

게 발견되는 '무위'의 정신을 중심으로 현실과 이상의 갈림길과 상호 소통의 접점을 확인할 필요성이 있다. 또한 장자의 현실비판의 의의 및 평화주의의 특성을 구명할 필요가 있다. 구봉이 《장자》에서 언급하고 있는 '달팽이 뿔 위의 전쟁'의 은유가 어떠한 시대적, 사상적 지반 위에서 재 논의되게 된 것인지 확인하는 것도 중요하다.

(3) 구봉의 노자관에 관한 연구가 필요하다. 《구봉집》에는 장자에 대한 관심보다는 상대적으로 소략하긴 하지만, 노자에 대해 언급하고 있는 곳이 여러 차례 확인된다. 특히 논문의 형식으로 작성된 〈태극문〉에는 노자의 세계관이나 형이상학적 특징 등에 대한 언급이 확인되는데, 여기에서 논의되고 있는 구봉의 노자관에 대한 구체적인 검토가 요청된다.

(4) 구봉이 본 신선에 관한 구체적인 연구도 필요하다. 이 글의 내용에서는 신선에 대한 언급을 의도적으로 생략하였는데, 그 이유는 신선이라는 개념 자체가 순수도가철학적 사유반경 안에서 논의하기가 어렵다고 판단하였기 때문이다. 즉 《노자》와 《장자》에서 이 개념이 발견되지 않을 뿐 아니라, 이것은 오히려 후대 도교에서 중시하는 인간상이라는 것이 그 이유였다. 그러나 구봉의 도가사상에 대한 총체적인 이해를 위해서는 구봉의 신선관에 대한 연구는 반드시 필요하다. 구봉이 논의하고 있는 신선의 종류와 성격 등을 밝혀 중국에서 바라본 전통적 신선관과 어떠한 차별성이 드러나는지 확인해볼 필요가 있다.

(5) 봉우(鳳宇) 권태훈(權泰勳, 1900~1994)이 조선단학의 중심인물로서 제시한 점필재(佔畢齋) 김종직(金宗直, 1431~1492)을 비롯한 매월당(梅月堂) 김시습(金時習, 1435~1493), 화담(花潭) 서경덕(1489~1546), 동고(東皐) 이준경(李浚慶, 1499~1572), 퇴계(退溪) 이황(李滉, 1501~1570) 등과 더불어 구봉 송익필을 언급[105]한 이유가 무엇인지 구체적으로 모

색해볼 필요가 있다. 이와 관련하여 한국선도계열에서 주목하고 있는 구봉의 단학사상에 대한 연구가 활성화될 필요가 있다고 본다.

---

105) 정재승 편,《봉우일기2》, 서울: 정신세계사, 1998, 321~422쪽 참조.

구봉詩 감상

하늘(天)

君子與小人	군자와 소인이
所戴惟此天	이고 사는 것은 하늘이지만
君子又君子	군자는 또 군자라서
萬古同一天	만고토록 똑같은 한 하늘이요
小人千萬天	소인은 하늘이 천개이니
一一私其天	일일이 하늘을 사사롭게 여겨서라
欲私意不得	사사로이 하려다 뜻을 얻지 못하면
反欲欺其天	도리어 하늘을 속이려 들고
欺天天不期	하늘을 속이고도 기약해주지 않으면
仰天還怨天	하늘을 우러러 도리어 원망하네
無心君子天	무심한 것은 군자의 하늘이요
至公君子天	지극히 공정한 것도 군자의 하늘이니
窮不失其天	곤궁할 때도 천리를 잃지 않고
達不違其天	영달하더라도 천리를 어기지 않는다
斯須不離天	잠깐의 시간도 천리를 떠나지 않으니
所以能事天	이 때문에 하늘을 섬길 수 있는 것이다
聽之又敬之	하늘을 따르고 또 하늘을 공경하여
生死惟其天	생사는 오직 하늘에 달려있는 것이니
旣能樂我天	이미 나의 하늘을 즐기고 나서
與人同樂天	남과 함께 천리를 즐기리라

《구봉집》, 권1, 〈天〉

제3부 구봉 문학에 대한 이해

龜峯 宋翼弼의 自得과 知足의 詩世界[1]

어강석[2]

1. 緒 言
2. 自得의 科業으로 닦은 文人의 길
3. 知足으로 昇華된 學者의 길
4. 結 言

1. 서언(緒言)

宋翼弼(1534~1599)은 자를 雲長, 호를 龜峯이라 하였으며, 시호는 文敬, 본관은 礪山이다. 구봉은 조부 宋璘이 서자였다는 것이 문제가 되어 科業을 포기할 수밖에 없었으며, 동서붕당이 일어날 때 이 문제가 다시 정치적으로 이용되면서 결국 나그네 신세로 생을 마치는 곤란을 겪게 되었다.

그러나 구봉은 주어진 현실에 굴복하지 않고, 끊임없이 학문을 연마하고 시문을 지으며 의연하게 고난을 이겨냈다. 이와 같은 구봉의 삶으로 인해 그를 아는 이들은 구봉에게 거처를 마련해 주고, 심지어 쫓기는 몸이 되었을 때에도 위험을 무릅쓰고 숨겨주고 아낌없이 도와주었다.

---

[1] 이 글은 구봉문화학술원 정기학술대회(2018년 9월 7일, 충남대 인문대학 문원강당)에서 발표한 논문이다.

[2] 충북대학교 인문대학 국문과 교수.

이것은 구봉의 맑고 바른 정신과 공평무사한 인간관계에서 나온 것이라 하겠다.

구봉이 활발하게 활동하였던 明宗과 宣祖 대에는 조선 성리학이 난숙기에 접어든 시기로, 퇴계와 율곡 등이 등장하여 朱子를 넘어 점차 조선 성리학의 독자성을 갖추기 시작하였다. 구봉은 율곡 이이와 우계 성혼 등과 함께 성리의 본질을 논의한 학자로서 크게 평가되었으며, 禮學에 특별한 관심을 가지고 있었다. 이러한 구봉의 학문은 그의 제자인 사계 김장생에게 전수되었고, 다시 신독재 김집을 거쳐 조선후기 우암 송시열에게 이어졌으며, 결국 기호학파라는 커다란 학맥을 형성하게 되었다. 기호학파의 중요한 연원으로 구봉이 자리하게 된 것이다.

그러나 구봉은 성리학의 성취만큼이나 문학적으로 깊이 있고 의미가 있는 작품을 남기고 있다. 구봉은 이미 7~8세에 "산속의 초가지붕에 달빛이 흩어지네(山家茅屋月參差)"라는 시구를 지어 사람들을 놀라게 할 만큼 어려서부터 시에 소질이 있었다. 구봉의 시는 이백과 백거이를 배운 당풍의 시를 창작하였다고 평가된다.

> 내가 구봉 노인은 뵙지 못하고 구봉의 詩稿만 竹西 沈宗直에게서 얻어 보았는데, 이른바 한 번 읊음에 세 번 감탄하고도 여운이 남아 있다는 것과 같은 것이었다. 재주가 높고 뜻이 넓으며, 취지가 활달하고 절조가 뛰어났다. 性情에서 우러나와 문채로써 화사하게 하지 않았으며 천부적인 데에서 뻗어 나와 색채로써 꾸미지 않았다. 여유작작하고 태연자약하였으며, 화평하고 관대한 뜻은 곤궁한 타향살이와 귀양살이 속에서도 잃지 않았고 한가로이 노니는 즐거움은 風花와 雪月의 사이에서 흠뻑 누리었으니 주어진 때에 따라 편안히 여겨 순리

대로 처신하여 슬픔과 즐거움이 파고들지 못하는 데 가까운 분이라
하겠다.3)

위에서 상촌 신흠이 언급한 바와 같이 구봉의 시문은 唐詩에 그 근원
은 두고 있으며, 조선 시문학의 전성기를 이루었던 목릉시단의 주역을
담당하기도 하였다. 최경창, 백광훈 등 삼당시인은 물론 이산해, 최립 등
당대 최고의 문인들과 나란히 '八文章'으로 지칭되기도 하였다.

이처럼 구봉은 성리의 이치를 궁구하는 學者임과 동시에 '청상기절
(淸爽奇絶)'의 唐風의 시문을 창작한 文人으로서도 논의되고 있다. 따라
서 지금까지 구봉에 대한 연구도 이러한 두 가지 성격에 의해 대별되어
논의되었다. 구봉의 시문학에 대한 연구는 대체로 구봉이 성리연구에서
중요하게 생각했던 개념들을 그의 시문에서 확인4)하거나, 삶의 궤적을
따라 전체 시 중에서 특징적인 주제를 분류5)하여 살펴보았거나, 조선시
대 문인들이 구봉의 시에 대해 비평한 것을 바탕으로 그 실체를 알아보

---

3) 申欽, 《象村集》卷37, 〈題跋〉, 〈書龜峯詩後〉: 余不得見龜峯翁, 而得龜峯詩稿於竹西沈公,
所見之眞, 所謂一唱三嘆而有遺音者也. 才高而意曠, 趣逸而調絶. 出於性情而不侈以文也,
根於天得而不絢以色也. 紆乎其餘也, 泰乎其放也. 和平寬博之旨, 不失於羈窮流竄之際, 優
游涵泳之樂. 自適於風花雪月之間, 其庶乎安時處順, 哀樂不能入者矣.

4) 安炳鶴, 〈宋翼弼의 詩世界와 靜의 意味〉, 《민족문화연구》 28, 1989.
金性彥, 〈龜峯 宋翼弼의 漢詩에 나타난 擊壤 理學의 의미〉, 《韓國漢詩作家研究》 6, 태학
사, 2001.
김보경, 〈구봉 송익필의 시세계와 '獨'의 경계〉, 《韓國漢詩研究》 19, 2011.
김성언, 〈龜峯 宋翼弼과 無情의 시학〉, 《동남어문논집》 35, 2013.

5) 裵相賢, 〈龜峯 宋翼弼의 文學과 그 思想〉, 《韓國漢文學研究》 6, 1982.
裵相賢, 〈龜峯 宋翼弼의 生涯와 詩文學〉, 《애산학보》 5, 1987.
이상미, 〈龜峯 宋翼弼 詩 研究〉, 성신여대 석사논문, 1997.
文貞子, 〈龜峯 宋翼弼 詩文學 研究〉, 단국대 석사논문, 1989.
강구율, 〈龜峯 宋翼弼의 生涯와 詩世界의 한 局面〉, 《東方漢文學》 19, 2000.
이상미, 〈宋翼弼의 文學觀〉, 《漢文古典研究》 13, 2006.

고자6) 하였다.

이와 같은 연구사에서 구봉의 家系와 生涯, 艱苦한 삶의 궤적 등은 충분하게 밝혀졌다고 하겠다. 따라서 본고에서는 이들 연구사를 바탕으로 구봉 시문학의 시작과 귀결의 과정을 살펴보고자 한다. 즉 충실하게 科業을 닦으며 自得의 시세계를 형성한 과정과 과업을 포기하고 방황과 고난을 거쳐 결국 知足의 시세계로 도달하는 과정을 그의 시를 통해 알아보고자 한다. 이와 같은 논의는 구봉의 삶과 시문을 이해하는 가장 기초적인 작업이며, 앞으로 좀더 확장된 구봉의 문학세계를 살펴보는 시작이 될 수 있을 것으로 생각한다.

2. 自得의 科業으로 닦은 文人의 길

우리나라의 여산 송씨는 고려 충렬왕조에 宋松禮가 贊成事中贊으로 치사하고 貞烈公이 되면서 이름을 떨치게 되었다. 그러나 이후로는 드러난 사람이 없었으며, 구봉의 조부인 宋璘에 이르러 처음으로 잡직의 직장이 되었고, 아버지 송사련은 잡과출신으로 관상감 판관을 역임하였으며, 후에 품계가 통정대부에 이르렀다.

구봉은 1534년 2월 10일 묘시에 아버지 判官 宋祀連과 어머니 연일 정씨 사이의 4남 1녀 중 3남으로 경기도 고양에서 태어났다. 앞에서 언급한 바와 같이 이미 7~8세에 詩句를 지을 정도로 시에 재능을 가지고

---

6) 金鳳姬, 〈龜峯 宋翼弼 詩의 研究 −풍격적 특질을 중심으로〉, 《漢文學論集》 18, 2000.
   姜求律, 〈龜峯 宋翼弼의 詩世界와 詩風 研究〉, 경북대 박사논문, 2001.
   林俊成, 〈龜峯 宋翼弼의 詩世界−詩話類와 老莊 취향을 중심으로〉, 《東亞人文學》 33, 2015.

있었으며, 어려서는 과업에 힘을 쏟았던 것으로 생각된다. 집안이 반듯한 가문이 아니었기 때문에 대과에 올라 현달하고자 하는 꿈을 꾸었다고 하겠다. 더구나 구봉뿐 아니라 아우인 翰弼도 뛰어난 문재를 지니고 있었기에 더욱 기대가 컸었음을 알 수 있다.

이러한 기대에 부응하여 구봉은 아우와 함께 나란히 향시에 합격하였으며, 이때부터 구봉의 이름이 드러나기 시작하였다. 구봉과 평생 외우로 지내며 학문을 논하고, 안부를 물었던 율곡과 우계와의 인연도 이시기 즈음부터 시작되었을 것으로 보인다. 율곡과 우계는 모두 경기도 파주에 거주하였으며, 이미 모두 신동으로 소문이 났었던 인물이다. 율곡은 13세였던 1548년 진사시에 합격하였으며, 우계도 또한 16세인 1551년에 진사시에 합격하였다. 우계는 19세 때인 1554년부터 율곡과 교유를 시작하였다고 한다. 구봉의 고향도 경기도 고양이었으며, 어릴 때부터 시재를 인정받았기 때문에 이들 셋은 공통점이 많았다. 더구나 나이도 각각 1살이 차이가 있어 구봉은 1534년에, 우계는 1535년에, 율곡은 1536년에 태어났다. 따라서 나이도 비슷하고 거주하는 곳도 같았으며, 환경도 서로 비슷하였다. 이러한 공통점 때문에 구봉의 나이 20대 초반부터 이들의 교유가 시작될 수 있었던 것이다.

향시에 합격한 이후 25세에 대과에 응시할 때까지 더욱 과업 닦는 일에 매진하였을 것은 자명한 일이다. 구봉은 뛰어난 천품을 바탕으로 詩, 賦, 策 등 과거에 필요한 詩文을 난숙하게 지을 수 있도록 수학하였던 것이다. 아마도 구봉의 시문의 기초는 이미 이 시기에 이루어졌을 것으로 추측할 수 있다.

이율곡 선생이 한번은 科場에 들어가 天道策을 보고 찾아와 묻는 擧子

에게 말하기를, "宋雲長이 高明하고 아는 것이 넉넉하니, 그에게 가 묻는 것이 옳다." 하여 장옥에 있는 거자들이 물결처럼 몰려갔다. 선생은 그들을 좌우로 酬應하여 묻는 대로 대답하니 그 많은 거자들이 서로 돌려 가며 베꼈는데, 그것은 과거 시험에만 응용되고 말 성질의 것이 아니었다.7)

율곡 이이는 구봉과 이른 시기부터 畏友로 교유하였기 때문에 구봉에 대하여 누구보다도 잘 알고 있는 인물이라고 하겠다. 율곡은 구봉에 대하여 과거시험 과목의 하나인 대책문(天道策)을 가장 잘 쓸 수 있는 사람으로 추천하고 있다. 과거시험을 보고 나온 사람들이 율곡을 찾아와 대책문의 시험에 대한 적절한 답안에 대하여 질문을 하자 구봉을 추천하였던 것이다. 그러자 과거를 준비하고 있던 사람들이 구봉에게 물결처럼 몰려가 대책문을 쓰는 법에 대하여 가르침을 받고자 하였으며, 구봉도 이를 자세하게 알려주었다고 하였다. 더구나 과거시험을 준비하던 사람들이 구봉의 가르침을 하나하나 기록하며 공부하였다고 하였다. 그들이 원했던 것은 바로 과거시험에서 대책문을 적절하게 작성하기 위한 목적으로 온 것이었다. 마지막 언급에서 구봉이 가르쳐준 내용이 "과거시험에 응용되고 말 성질의 것이 아니다"라고 말한 것에서 이를 확인할 수 있다.

과거시험에서 필요한 과체시나 대책문은 일반적인 서정시나 산문과는 구분될 수밖에 없다. 특히 정교한 대우와 적절한 전고의 사용, 정밀

---

7) 宋時烈, 《宋子大全》卷172, 〈墓碣銘〉, 〈龜峯先生宋公墓碣〉: 李先生嘗入場屋, 對天道策, 謂舉子來問者曰 宋雲長高明博洽, 宜就而問之. 於是舉場奔波, 先生左酬右應, 愈扣而愈無窮, 舉子轉相傳錄, 不但爲取應之具也.

한 의론이 모두 갖추어져야 한다. 그래서 과거를 준비할 때에는 자기가 좋아하는 시체나 내용을 짓는 것이 아니라 채점관의 의도에 맞추어 써야하는 것이며, 이에 맞는 훈련을 끊임없이 해야 하는 것이다.

> 세속의 배우는 사람들이 처음에는 科場의 과거 공부를 익히느라 風月을 익힐 틈이 없다가, 과거에 합격한 후에야 바야흐로 시 짓기를 배우게 되는데, 더욱 동파의 시를 즐겨 읽으므로 해마다 枋이 나붙게 되면 사람들이 '올해도 동파가 30명 나왔다'고 하게 되는 것이다.[8]

고려시대의 대문호인 이규보가 언급한 바와 같이 당시 소동파의 시가 크게 유행을 하여 모든 사람들이 동파의 시를 읽고 동파의 시를 모방하여 시를 짓는데, 과거 공부를 하는 중에는 과체시의 작시방법에 따라 시를 짓는 연습을 해야 하기 때문에 이를 따를 수 없다고 하였다. 결국 과거에 급제하고 나면 그때부터 오로지 자신이 좋아하는 동파의 시에만 매달리기 때문에 과거 합격자 방이 붙게 되면 '올해도 동파가 30명 나왔다'라고 하였던 것이다.

> 진사만 되고 나면 통발과 올가미 같은 수단일 뿐, 출판할 만하지 않거늘 어찌 제군들은 부질없이 여기에 힘쓰는가? 나도 역시 場屋에 드나든 지 30년에, 세상에서 과체시에 능한 이라 불려졌으나, 中歲에 정신을 차리고 유속으로부터 벗어나 古人의 시를 하고자 해도, 淫聲과 美

---

8) 李奎報, 《東國李相國集》卷26, 〈書〉, 〈答全履之論文書〉: 世之學者, 初習場屋科擧之文, 不暇事風月, 及得科第, 然後方學爲詩, 則尤嗜讀東坡詩, 故每歲榜出之後, 人人以爲今年又三十東坡出矣.

色처럼 중독이 심해지고 습관이 고질병이 되어, 결국은 風雅의 도를 얻지 못하게 되었다.[9]

이것은 조선 후기 〈登岳陽樓嘆關山戎馬〉라는 과체시를 지었던 석북 신광수의 언급으로 과거시험장에서 짓는 시는 일반의 시와 많이 달랐음을 알 수 있다. 그것은 시의 형식과 평측, 포치의 방법, 대장과 같은 수사 등에 대한 요구가 더욱 정밀하고 규범성을 가지고 있어야 하였던 것이다.

이처럼 과거에서 요구하는 詩와 策은 다른 차원의 것일 수밖에 없다. 구봉은 당대 최고의 천재로 꼽히던 율곡이 인정한 과체의 대가였다고 하겠다. 또한 그에게 수학한 인물들이 한둘이 아니었음도 알 수 있다. 그렇다면 이와 같이 구봉이 과체에 뛰어난 능력을 갖춘 것은 25세까지 대과를 치르기 위해 수학하였던 시기에 이루어졌다고 할 수 있다.

〈친구가 보내준 20운자를 따라 時事를 탄식하다〉

揮涕猊虛出　　기린이 헛되게 나옴에 눈물 뿌리고

傷心鳳不廻　　봉황이 돌아오지 못함을 상심하네.

猗蘭琴裏奏　　猗蘭調를 거문고로 연주하고

紅杏日邊栽　　붉은 살구나무를 해 곁에 심었네.

漢塞窺婚議　　한나라 변방에는 혼인 의논을 넘보고

(時海賊要婚)　(이 때 해적들이 혼인을 요구하였다.)

---

9) 申光洙, 《近藝雋選》〈近藝雋選序〉: 得進士則筌蹄耳, 不足以災木, 何諸君之枉用心也. 不佞亦場屋三十年世, 所稱能詩者, 中歲瞿然欲拔乎流俗, 治古人之詩, 如淫聲美色, 中毒深習結痼, 卒無得風雅之道.

周臺斷子來 　주나라 영대에는 자식처럼 오는 이 끊어졌네.

鳳門隣白骨 　봉문이 백골과 이웃하게 되었고

玉戚寄黃埃 　옥도끼는 누런 티끌 속에 부쳐져 있네.

隥背山河美 　험난함은 산하의 아름다움을 저버렸고,

髀消歲月催 　허벅지살은 세월이 재촉해 빠져버렸네.

有生知命矣 　생명이 있으면 천명을 알아야 하며

無養莫傷哉 　봉양이 없다고 상심하지 마시오.

羽絶三旬舞 　干羽의 춤은 三旬이나 끊어지고

龍盤七縱才 　와룡의 칠종칠금 재주가 도사리었네.

劍光曾射斗 　보검의 빛은 일찍이 斗牛를 쏘았는데

鈞業謾分台 　정치는 부질없이 三台를 나누었네.

辭醉悲尋卜 　취하기를 사양함은 점쟁이 찾음이 슬퍼서이고

爲仙笑問梅 　신선이 된다 해도 매화점에 묻는 것 비웃으리라.

山芎多響答 　산궁은 효과가 많은 것인데

雲棧少追陪 　구름 사다리엔 따라 모시는 무리 적었네.

金鵲飛煙雨 　금까치는 안개 낀 빗속에 날고

龍孫散草萊 　용손은 황폐한 곳에 흩어져 있네.

每嫌銅有臭 　매양 돈 냄새를 싫어했으니

誰識慶無災 　경사 속에 재앙이 없음을 누가 알리오.

賊壘金人側 　적의 보루는 금인의 곁에 있고

王畿鴨水隈 　왕의 서울은 압록강 가에 있네.

龜龍停綵筆 　거북과 용이 채색 붓을 멈추었으니

圖繪佇雲臺 　초상화 운대에 그려지길 기대하네.

保子生無澤 　어린 자식 살아서 혜택 볼 건 없으나

嬰鋒死可哀	칼 날 만나 죽으니 매우 슬프네.
魂招盛起土	초혼 하려 헛되이 흙 파기 시작하지만
茅縮邈傾杯	띠 풀로 술을 짜서 술잔을 기울임은 막연하구나.
殘疾吾同愛	잔질인은 우리 함께 사랑하지만
高明鬼所猜	고명한 사람은 귀신도 시기하네.
唐虞何寂寞	요순은 어찌 그리 적막하기만 한지
宇宙獨徘徊	우주에서 혼자 배회하노라.
商嶺棋爲伴	상산에선 바둑으로 짝을 삼았고
桃源錦作堆	도원에서는 비단같이 언덕을 이루었네.
那知秦火後	어찌 알았으리오? 秦火 지난 후에도
經籍又成灰	經籍이 다시 재가 된다는 것을.10)

이 시는 20개의 운으로 총 40구의 5언 배율로, 煞尾인 마지막 구를 제외하고는 모두 정연한 대장으로 짝을 맞추었으며, 거의 매구마다 전고를 사용하고 있다. 물론 이 시는 일반적인 과체시인 7언이 아닌 5언이고, 길이도 40구여서 다소 길지만 구봉의 작시 능력을 명확하게 확인할수 있다.

이러한 과체시는 조선 초기부터 시행되고 있었다.

집현전 大提學 李孟畇 등이 아뢰기를, "삼가《元典》의 文科程式을 상고하옵건대, 鄕館 會試의 中場에 表·論·古賦 중에서 두 문제를 내고, 生員試에는 疑·義 각 하나씩을 내어, 행하여 온 지 40년이 되었으

---

10)《龜峯集》卷2,〈五言排律〉,〈次友人見寄二十韻, 以歎時事〉.

니 經術의 권면하는 방법이 갖추어졌으나, 오직 詩學만이 전혀 폐하여져서 대소 문사들이 시법을 알지 못하오니, 一身의 재주가 온전하지 못할 뿐 아니라, 국가에서 씀에도 결함이 있사오니 末技라고 하여 전폐할 것이 아닙니다. 신 등이 삼가 원전을 참작하여 시학을 진흥시킬 조건을 아래에 전개하여 갖추나이다.

1. 시학은 청소년 시절에 공부하여야 하는 것이니 마땅히 前朝의 進士科를 회복하여 賦 한 문제와 排律十韻詩 한 문제를 내어 각각 50인을 뽑는다.[11]

이처럼 과거 시험을 준비하기 위해서는 과체시에 맞추어 시와 산문을 짓는 공부를 해야 한다. 이미 소과에서 부와 시로써 선발하기 때문에 구봉도 이른 나이부터 이에 대한 공부를 하였을 것으로 보인다. 동생인 한필과 함께 소과에 합격한 후에는 대과를 위해 더욱 공력을 들였으며, 공부가 깊어져 자신감이 생겼던 25세 때 대과에 도전하게 되었던 것이다.

그러나 율곡과 함께 대과에 응시하고자 하였지만 서출이라는 이유로 시험도 치러보지 못하고 나올 수밖에 없었다. 이에 대하여 친구인 이산해, 조헌, 율곡 등이 停擧를 풀어 주기 위해 많은 노력을 하였지만 결국 성공하지 못하였다.

---

11)《世宗實錄》卷68, 世宗 17年(1435) 6月 26日 丙寅: 集賢殿大提學李孟畇等啓, 謹按元典文科程式, 鄕館會試中場, 出表論古賦中二題, 生員試疑義各一道, 行之四十年于玆, 其勸勉經術之方備矣. 獨詩學專廢, 大小文士不知詩法, 非惟一身之藝不全, 抑亦有關於國家之用, 不可以末技偏廢. 臣等謹參酌元典詩學興行條件, 開具于後. 一. 詩學當及妙年, 宜復前朝進士科, 出賦一題, 排律十韻詩一題, 各取五十人放榜.

선생은 과거 이외에 달리 마음 써야 할 곳이 있음을 알고 性理에 관한 모든 서적을 가져다 밤낮으로 읽고 연구하였는데, 스승에게 배우지 않고서도 이해하였다. 文은 左丘明, 司馬遷의 문을 주장하고, 詩는 李白, 白居易의 시를 주장하였으며, 이치를 논설함에 있어서는 이론이 투철하여 조금도 막히는 데가 없었다. 배우러 온 학자들이 종일 그칠 사이가 없었지만 응대하기에 게으르지 않았다. 그중에는 아는 것 없이 왔다가 많은 것을 알고 돌아간 자들이 매우 많았고, 율곡 이 선생, 우계성 선생도 그에게 學術이 있음을 알고 마음으로 깊이 사귀어 義理를 변론하면서 많은 의견을 주고받았다.12)

오로지 대과에 합격함으로써 벼슬과 명예를 얻고 집안도 반듯하게 바로잡고자 하였으나, 뜻밖에 이와 같은 상황에 이르게 된 것이다. 이때 아버지 송사련은 이미 무반의 당상관으로 있었고, 자신의 딸을 종실에게 출가시킬 수 있을 만큼의 지위가 있었다. 그러나 이는 특별하게 얻은 것이었기 때문에 정식으로 문과를 통해 가문을 일으키는 것이 급한 일이었다. 이러한 사정을 잘 알고 있는 구봉은 누구보다 열심히 과업에 전념하였으며, 능력을 쌓을 수 있었던 것이다. 하지만 신분의 벽을 넘지 못하고 과업을 포기할 수밖에 없었으며, 다른 길을 찾지 않을 수 없었다.

처음 구봉의 이름이 드러난 것은 그의 시로 인해서이다. 이미 20대부터 이산해(李山海, 1539~1609), 최경창(崔慶昌, 1539~1583), 백광훈(白光

---

12) 宋時烈,《宋子大全》卷172,〈墓碣銘〉,〈龜峯先生宋公墓碣〉: 先生知科擧之外有用心處, 遂取性理諸書, 日夕講討, 不由師承, 刃解氷釋. 其文主於左馬氏, 詩主於李白, 至其論說理致, 則通透洒落, 無所礙滯. 學者帖帖於前者, 終日不絶, 而酬酢不倦. 其中虛往實歸者甚多, 栗谷李先生, 牛溪成先生知其有學術, 投分相交, 論辨義理, 切磨甚篤. 李先生嘗入場屋, 對天道策, 謂擧子來問者曰 宋雲長高明博洽, 宜就而問之. 於是擧場奔波, 先生左酬右應, 愈扣而愈無窮, 擧子轉相傳錄, 不但爲取應之具也.

勳, 1537~1582), 최립(崔岦, 1539~1612), 이순인(李純仁, 1533~1592), 윤
탁연(尹卓然, 1538~1594), 하응림(河應臨, 1536~1567) 등과 시를 지으며
가깝게 지냈으며, 당시의 사람들이 이들을 가리켜 '八文章'이라 하였다.

> 雲長 宋翼弼은 비록 한미한 출신에 매어있었지만, 천품이 무척 고매했
> 고 문장 역시 고상하였다. 가령 "버들은 짙푸르러 이내가 방울질 듯하
> 고, 못물이 고요하여 해오라기 날기를 잊었네.(柳深煙欲滴, 池淨鷺忘
> 飛)"라고 한 구절을 보면, 그 詩格이 여러 사람들을 뛰어넘고 있는데,
> 그 淸葩한 점이 귀하게 여겨질 뿐만 아니라 이치로 따져도 저절로 수
> 긍이 간다.13)

이것은 조선의 漢文四大家의 하나로 꼽히는 상촌 신흠의 언급이다.
상촌은 구봉의 시에 대하여 천품이 고매하고, 문장이 고상하다고 평하
면서 詩格이 다른 사람들보다 뛰어나다고 찬사를 보내고 있다. 그러면
서 구봉의 오언율시 〈獨坐〉의 함련을 예로 들고 있다.

〈홀로 앉아〉

芳草掩閑扉	싱그러운 풀 한가한 사립문 가리고
出花山漏遲	꽃이 피자 산 속 세월 더디네.
柳深煙欲滴	버들은 짙푸르러 이내가 방울질 듯하고
池靜鷺忘飛	못 물이 고요하여 해오라기 날기를 잊었네.
有恃輕年暮	믿음이 있으니 한 해 저물어도 마음 가볍고

---

13) 申欽,《象村集》卷60,〈晴窓軟談〉下: 宋翼弼雲長, 雖繫寒微, 天稟甚高, 文章亦高. 如柳深
煙欲滴, 池淨鷺忘飛之句, 度越諸人, 非徒淸葩可貴, 理亦自到.

無爭任彼爲　다툼이 없으니 되어 가는 대로 맡겨 두네.

升沈千古事　명리의 부침은 예전부터 있던 일이니

春夢自依依　봄꿈이 절로 늘어지네.14)

위의 시를 살펴보면, 자연에 대한 표현이 선명하고 생동감이 넘쳐흐르고 있음을 볼 수 있다. 이러한 묘사는 자연에 대한 세심한 관심과 미묘한 변화까지 감지해 낼 수 있는 안목을 갖추고 있어야 하는데, 구봉은 이 시에서 이와 같은 묘사와 구성을 적절하게 보여주고 있다. 구봉은 수련부터 對仗으로 맞추어 놓고 있는데, 그가 기지고 있는 특장을 잘 활용하고 있다고 하겠다. 율시에서 함련과 경련은 반드시 대장을 이루어야 하며, 일반적으로 先景後情의 구성을 사용한다. 구봉은 수련에서 싱그러운 풀이 돋아나고 사방에 꽃이 피고 있는 계절을 제시하였고, 이어서 함련에서 구체적인 봄날의 경치를 생동하게 표현하였다. 시어를 선택함에 색채를 직접적으로 사용하고 있지 않지만, 결국 버드나무의 푸르름과 이내의 흰 색이 명확하게 대비되고 있다. 하구에도 마찬가지로 못물의 푸르름과 해오라기의 흰색이 선명하게 대비를 이루었으며, 동시에 상구와 하구의 통일성을 보여주는 구성을 하고 있다. 경련에서는 오로지 人事만을 언급하지 않았다. 時節의 運行과 人事의 변화를 동시에 보여줌으로써 시인이 느끼는 정감을 더욱 정확하게 전달해 주고 있다.

　죽서가 말하기를 "素材는 盛唐에서 취했기 때문에 그 음향이 맑고, 뜻은 擊壤에서 취했기 때문에 그 말이 조리가 있다." 하였는데, 내가 시

---

14)《龜峯集》卷2,〈五言律詩〉,〈獨坐〉.

험해 보니 정말 그렇다. 그런데 그 노인이 세상에 계실 때에 安樂窩 속의 經世大法을 가져다가 한번 토론하지 못한 것이 한스럽다. 황천에서 다시 살아날 수 없으니 아, 슬프도다.15)

위에서 볼 수 있는 것처럼 상촌은 구봉의 시가 盛唐의 풍격을 지니고 있어, 그 울림이 맑다고 하였다. 또한 뜻은 程朱의 근원에 두었기 때문에 말에 조리가 있다고 하였다. 시를 지음에 여기에 더하여 구봉의 시는 상촌이 언급한 바와 같이 표현이 맑고 화사할 뿐만 아니라, 이치에 있어서도 누구나 수긍할 수 있다. 이러한 구봉의 시는 깊은 성리학적 성찰을 바탕으로 하고 있기 때문에 가능한 것이며, 여기에 천부적인 시적 재능과 부단한 노력이 함께 하면서 이룬 결과라고 하겠다. 더구나 이와 같은 깊은 성리의 학문과 성당의 풍격을 지닌 시문들이 모두 自得으로 이룬 것이라는 점이 더욱 구봉을 높이 평가할 수밖에 없는 이유이다.

이처럼 구봉은 이백과 백거이의 시를 배워 성당의 풍격을 지닌 시를 지었다. 또한 구봉은 대장을 능숙하게 맞출 수 있었으며, 전고의 사용도 정밀하고 적절하였다. 더구나 시의 구성에 있어 이치에 잘 맞도록 하였다. 이와 같은 구봉의 시법은 과업에 열중하였을 때 이루어진 것이기 때문에 더욱 규범성을 지니게 되었다고 하겠다. 또한 구봉의 뛰어난 시법은 대체로 천부적인 시재를 바탕으로 자득하여 얻은 것이라는 점에서 더욱 큰 의미가 있다.

---

15) 申欽,《象村集》卷37,〈題跋〉,〈書龜峯詩後〉: 竹西云才取盛唐故其響淸, 義取擊壤故其辭理, 余驗之信然. 恨不及翁在世時提安樂窩中經世大法一討之, 九原不可作, 噫!

3. 知足으로 昇華된 學者의 길

1) 고된 삶의 淡淡한 克復

구봉에게 있어 대과에 응시할 수 없게 되었다는 것은 그의 삶에 있어 절망적인 것일 수밖에 없다. 어릴 때부터 20여년을 하나의 목표를 위해 전념하였는데, 목표를 이루려는 문턱에서 속수무책으로 포기를 해야 하였던 것이다. 이와 같은 상황에서 구봉은 크게 동요하지 않았다. 아마도 이미 과업을 준비하면서 익혔던 성리서에 대한 관심이 있었기 때문으로 생각된다. 학문에 대한 깊은 호기심과 성실함이 과업을 포기하고 성리학에 잠심할 수 있는 원동력이 되었다고 하겠다. 과업은 끝내 이룰 수 없는 일임을 알고, 性理에 관한 모든 서적을 가져다 밤낮으로 읽고 연구하였는데, 이것도 또한 스승에게 배우지 않고서 자득한 것이었다.

시는 性情에 근본하여 감정에 따라 나온 것이기에 선과 악을 감출 수 없음이 분명하다. 그 시를 외우고 글을 읽으면서 그 사람됨을 모를 수 있겠는가. 先師는 평소에 성현의 책을 읽고 程朱學을 강설하면서《소학》으로 스스로의 몸가짐을 단속하였기에, 문장이란 선사에게 있어서 다만 餘事일 뿐이다. 그 시를 살펴보면 고상하고 청아하며 간명하고 빼어나 悠然히 自得함이 모두 학문 속에서 유출된 것이기에, 吟風弄月이나 하는 자로서는 그 만분의 일조차도 닮을 수 없으니, 참으로 덕을 지닌 자의 말이라 하겠다.16)

---

16) 金長生,《沙溪全書》卷5,〈跋〉,〈龜峯先生詩集〉: 詩本性情, 隨感而發, 善惡之不可掩, 昭昭也. 誦其詩讀其書, 而不知其人可乎? 先師平日讀聖賢書, 講說程朱, 以小學自律, 文詞特其緖餘耳. 迹其詩, 高雅簡逸, 悠然自得, 皆自學問中出, 非吟風咏月者之所可髣像其萬一, 信有德者之言也.

이처럼 구봉의 학문이 넓고 깊어지면 질수록 시문도 함께 깊어지게
되었다. 사계 김장생이 언급한 바와 같이 시라는 것은 性情에 근본하여
글로 표출된 것이 때문에 마음을 닦고 깨달음을 얻어 정신적으로 성장
하게 되면 이것이 바로 시문에서도 나타날 수밖에 없는 것이다.

〈꺾인 대나무를 읊다〉

牛夜狂風折竹數叢)　　　한밤중 광풍에 몇 그루 대나무가 부러지기에
曉起對竹翻無躬)　　　새벽에 일어나 대를 보고 자신을 반성하네.
雖然可折不可凋落同蒲柳　꺾일 수는 있어도 갯버들처럼 잎이 지진
　　　　　　　　　　　않으리
歸來高臥一慰一忡忡　　돌아와 높이 누워 한편으로 위로하고 한
　　　　　　　　　　　편으로 시름짓네.17)

이 시는 구봉의 평소 생활과 삶에 대한 자세, 그리고 그의 강한 내면
을 살필 수 있다. 구봉은 소소한 일상생활이 모두 자신을 돌아보고 반
성하는 계기로 삼고 있다. 위 시에서도 밤새 휘몰아친 강한 바람으로
인해 꺾인 대나무를 보고 자신의 처지를 생각하게 되고, 이어서 앞으로
의 삶에 대한 강한 의지를 다짐하고 있다. 광풍이 몰아치는 것은 자연
의 현상이다. 또한 그 광풍에 강직한 대나무가 꺾이는 것도 피할 수 없
는 일이다.

구봉은 몇 십 년 동안 과거준비를 하고 자신의 꿈을 이루기 위해 노력
을 하였다. 그러나 자신의 의지나 잘못이 아닌 뜻밖의 이유로 인해 대나

17) 《龜峯集》卷1, 〈七言古詩〉, 〈折竹吟〉.

무처럼 무참히 꺾이게 되고 말았다. 이러한 상황을 맞은 구봉의 대처는 명확하였다. 이리저리 바람에 휩쓸려 다니다가 잎사귀조차 다 떨어져 앙상한 가지만 남는 초라한 모습을 보이기 싫었다. 그래서 구봉은 자신의 상황을 개선하고자 스스로 어떠한 행동도 취하지 않았다. 그렇게 한다면 결국은 시냇가의 버들과 같은 처지가 되리라는 것을 알았기 때문이다. 그리고는 스스로 마음을 다독이며 새로운 자신을 위해 길을 모색하게 되었던 것이다. 하지만 화가 나고, 마음이 아프고, 원망스러운 마음이 없을 수는 없다. 이와 같은 구봉의 행동에서 지극히 인간적인 모습도 볼 수 있으며, 굳세고 높은 자존감도 찾을 수 있다.

〈머리가 희어지다〉

人言頭白爲多愁　　남들은 머리 세는 것 근심 많은 탓이라 하지만
我自無愁亦白頭　　나는 절로 걱정이 없는데도 허옇게 세었구나.
白頭雖許人同老　　흰머리로 남과 함께 늙어 감을 받아들여도
不老存中死不休　　늙지 않은 마음이 있으니 죽어도 아니 쉬려네.18)

이 시도 구봉의 삶의 자세를 잘 보여주고 있다. 머리가 세는 것은 늙어가는 과정의 하나이다. 순간순간을 살아 가다보면 자연스럽게 나이를 먹게 되며, 그러한 삶이 매순간 즐거울 수만은 없다. 좌절하고, 이별하고, 억울한 많은 일들을 겪을 수밖에 없으며, 늙어가고 머리도 하얗게 세게 된다. 그렇기 때문에 사람들은 근심을 많이 해서 머리가 센다고 생각한다.

---

18) 《龜峯集》 卷1, 〈七言絶句〉, 〈頭白〉.

그러나 자신은 걱정도 없이 사는데 왜 머리가 세는가라고 반문하고 있다. 구봉이 겪은 고난은 일반적인 것이 아니다. 조선과 같은 철저한 신분제 사회에서 서출이라는 차별을 뼈에 사무치게 겪어야 했으며, 정치적인 상황에 따라 還賤이 되어 70여명의 식솔들이 전국으로 흩어져 생사를 확인할 수조차 없었고, 구봉 자신도 살아남기 위해 이리저리로 도피생활을 해야 했다. 그런 구봉은 스스로 아무 걱정이 없다고 술회하고 있다. 어떻게 보면 역설의 문학적 수식으로도 볼 수 있다.

그러나 마지막 구에서 자신에게는 늙지 않는 마음이 있으니 죽어도 쉬지 않겠다는 강한 의지를 보이고 있다. 즉, 구봉이 겪은 모든 고난을 고난으로 받아들이지 않고 초월해 보겠다는 의지를 표현하고 있는 것이다. 아무리 힘든 일을 만나더라도 구봉은 결국 또다시 이를 이겨낼 수 있는 저력을 가지고 있었으며, 강한 자제력과 높은 자존감을 바탕으로 올바른 길을 찾고 성심으로 살아가며 역경을 극복할 수 있는 원동력이 되었다.

이와 같은 구봉의 삶의 자세는 자신에 대한 강한 믿음이 있었기 때문에 가능한 일이다. 科業을 할 때도, 성리의 학을 연구할 때도 다른 사람의 도움도 없이 自得으로 경지에 오를 수 있었기 때문에 언제나 자신감이 있었고, 무슨 일이든 스스로 해결 할 수 있다는 믿음이 있었던 것으로 생각된다. 그러나 구봉이 겪은 고난을 볼 때, 이와 같은 마음의 상태에까지 이르기 위해서는 자신과의 싸움이 얼마나 치열하였을까 생각하지 않을 수 없다.

구봉의 삶은 실제로 여유롭지 않았다. 구봉도 또한 당연히 알고 있었다. 그러나 이것을 강한 자존감으로 시문과 학문으로 승화시켰을 뿐이다.

〈桃村에서 늦게 일어나니 유숙했던 객이 이미 가버려서〉

春鳥催人睡起遲　봄새들이 늦잠 자는 사람 재촉해 깨우건만

日高猶未啓山扉　해 높이 솟아도 산촌의 사립문 아직 열지 않았네.

閑居寂寞休煙火　한적한 거처에는 적막하게 밥 짓는 연기 멎었는데

慙愧詩仙半夜歸　詩仙이 한 밤중에 돌아간 것이 부끄럽기만 하네.19)

　구봉이 거처하는 곳에 친구가 찾아와 함께 시를 지으며 보내다가 잠자리에 들었는데, 아침에 일어나 보니 그 친구가 밤이 새기도 전에 돌아간 상황을 말하고 있다. 구봉을 찾아온 사람은 아침밥을 지을 처지가 못되는 구봉의 곤궁한 처지를 잘 알고 있었으며, 그것 때문에 미안해 할 구봉을 생각하여 날이 밝기 전에 돌아간 것이다. 구봉도 또한 그의 마음을 알고 있었기에 더욱 미안하고 부끄러울 수밖에 없다.

〈강가 마을에서 유숙하다〉

過飮村醪臥月明　마을 술 실컷 마시고 밝은 달 아래 누우니

宿雲飛盡曉江淸　오랜 구름 다 걷히고 새벽 강이 맑은데,

同行催我早歸去　동행이 나를 재촉해 어서 가자고 하는 건

恐被主人知姓名　행여 주인이 나의 성명을 알까 두려워서라.20)

　이 시는 구봉의 나이 53세가 되던 1586년, 貞愍公 安瑭의 자손들을 부추겨 일으킨 송사를 당하여 집안의 모든 식솔들이 뿔뿔이 흩어지게

---

19) 《龜峯集》卷1, 〈七言絶句〉, 〈桃村晚起, 宿客已歸矣〉.

20) 《龜峯集》卷1, 〈七言絶句〉, 〈宿江村〉.

되었는데, 그 과정에서 지은 것으로 생각된다. 선조조 동서의 붕당이 심화되면서 평소 외우로 가깝게 교유하였던 율곡이 반대의 당파에 의해 크게 공격을 받게 되었으며, 이를 변호하기 위해 우계가 강하게 비판을 하게 되었다. 율곡이 졸한 후 그 비난의 화살이 구봉에게 이어졌으며, '선생의 조모가 원래는 안씨의 종이었는데, 賤籍에서 벗어나기 위하여 안당 가족을 멸살시킨 것이다'라는 구실을 만들어 송사를 일으켰던 것이다. 안씨 자손들은 구봉의 祖母가 정민공의 아버지 사예공 안돈후의 딸이 아니라 전 남편과의 사이에서 낳은 딸이어서 良女가 아니라고 주장을 하였던 것이다.21) 송사가 일자 구봉의 형제들은 모두 피신을 하였고, 그 과정에서 이 시를 지은 것이다.

기구에는 구봉의 현재 상황을 간명하게 나타내고 있다. 갑자기 쫓기는 몸이 된 상황에 당황스럽기도 하고, 불안하기도 하니 술을 마시는 것으로 달래 볼 수밖에 없다. 이러한 참담한 상황이 자신에게 일어난 것을 믿을 수 없었을 것이다. 그렇기 때문에 술을 많이 마셔보았으나 밤새도록 잠을 이룰 수 없었다. 밝은 달이 새벽 강물을 비추는 것을 바라보며 끊임없이 생각을 하고 있었던 것이다. 함께 가고 있는 동행은 밤새 잠도 제대로 이루지 못한 구봉을 재촉하여 날이 밝기 전에 길을 나서자고 한다. 왜냐하면 집 주인이 그를 알아보면 추포될 수도 있기 때문이다.

그러나 이와 같이 지극한 고난을 만난 구봉의 마음 상태는 오히려 담담하다. 자신의 감정을 어느 곳에서도 격정적으로 나타내지 않고 있다. 오히려 '明月'과 '淸江'을 묘사하고 있다. 일반적으로 '밝은 달'과 '맑은

---

21) 宋時烈,《宋子大全》卷172,〈墓碣銘〉,〈龜峯先生宋公墓碣〉: 逐嗾安貞愍子孫, 謂先生祖母 本安氏家婢, 欲還其賤籍而滅其家. 蓋貞愍公叔父監司寬厚有婢, 侍貞愍考司藝公敦厚而生 女. 是爲先生祖母, 生祀連而屬天文學, 安氏子孫謂祀連之母, 非司藝女, 卽前夫所生而未良 者也.

강물'은 깨끗하고 정갈하며 시원스러운 이미지를 만들어 낸다. 현재 구봉의 마음이 맑고 고요한 상태라고 믿어지게 된다. 결구에서 자신이 쫓기고 있는 상황임을 말하고 있음에도 어떤 조급함이나 위기감을 느낄 수 없다. 이것은 어떠한 상황에서도 평정을 유지할 수 있으며, 그의 삶이 그 무엇에도 부끄럽지 않은 떳떳함이 있었기에 가능한 일이다. 곤궁하면 '恒心'을 가지기가 어렵다. 더구나 무고하게 쫓기는 신세가 된 상황에서 평정심을 유지한다는 것은 누구나 할 수 있는 쉬운 일은 아니다.

〈사는 곳에서〉

幾落秦關葉	진관의 낙엽은 몇 번이나 졌으며
三逢楚水春	초수의 봄은 세 번이나 만났네.
所居皆樂土	사는 곳은 모두 즐거운 땅이 되니
何往不安身	어디 간들 편치 않은 곳이 있으랴!
寄興山河遠	산하가 먼 데에 흥취를 부쳐주고
無求志願伸	소원이 이루어지기를 구하지 않네.
一瓢眞有樂	한 표주박에도 참된 낙이 있으니
先聖豈欺人	선성께서 어찌 사람을 속였겠는가?[22]

이 시는 구봉이 첨지중추부사(僉知中樞府事) 김진려(金進礪)의 도움으로 면천(沔川)의 마양촌(馬羊村)에 우거한 1595년 이후의 작품으로 보인다. 수련에서부터 정확한 對와 비유를 확인할 수 있는데, 이것은 구봉이 즐겨 사용하는 구법이다. 수련에서 자신이 겪은 몇 번의 유배생활을 언

---

22) 《龜峯集》卷2, 〈五言律詩〉, 〈所居〉.

급하고 있다. 그러면서 '秦關'과 '楚水'라는 어휘를 사용하고 있다. 진관은 북쪽 경계인 熙川 등으로 유배된 것을 의미하고, 초수는 湖南으로 유배되었던 것을 말하고 있다.

이처럼 10여년의 세월을 남과 북으로 유배되어 곤란을 겪었지만, 함련에서와 같이 어느 곳에 가더라도 몸과 마음이 편안하였다고 하였다. 그것은 이미 외부의 환경이 구봉의 내면세계에 영향을 미칠 수 없는 상태에 이르렀음을 말해주는 것이다. 세상의 다른 사람들이 추구하는 부귀영화나 입신양명과 같은 것을 이루려는 욕심은 이미 잊었고, 자연 속에서 至樂을 찾는 법을 알았기 때문이다. 거기에 더하여 그 속에서 성현의 도를 깨닫고 실제로 누릴 수 있어 더 이상의 그 무엇도 필요하지 않은 상태에 이르렀던 것이다.

2) 음풍영월(吟風詠月)과 지족(知足)

구봉이 온갖 고난을 겪으면서도 마음의 안정을 얻고 평정을 이룰 수 있었던 것은 자연과의 교감이 있었기 때문으로 볼 수 있다. 구봉은 과업을 닦을 때부터 이미 성리의 학을 공부하였다. 유가 경전에 대한 공부는 유자에게 있어 가장 기본적인 것이었으며, 또한 科擧에서도 빼놓을 수 없는 과목이었기 때문이다.

고려말에 수용된 성리학은 조선 건국의 원동력이 되었으며, 이후 치국의 이념으로 자리 잡게 되었다. 특히 士林들이 중앙정계에 진출하기 시작하는 16세기부터는 道學으로 불리며 학문적 성격이 더욱 강하게 나타나게 되었다. 퇴계와 율곡은 대표적인 성리학자로서 인간 성정의 근원을 탐구하고 이론적으로 설명을 가하면서, 시에 있어서도 '음영성정(吟詠性情)'을 중시하게 되었다.

사람의 소리 가운데 精髓가 말이고, 詩는 말 가운데 또한 精髓이다. 詩는 性情에 근본을 둔 것으로서 거짓으로 꾸며서 이루는 것이 아니기 때문에 聲音의 높낮이가 자연스러움에서 나온다. 《詩經》300편은 人情을 곡진히 표현하고, 사물의 이치에 널리 통하고, 優柔하고 忠厚하여 性情의 바름에 귀착되니, 이것이 시의 본원이다.23)

　율곡의 이 언급은 주자의 "시라는 것은 뜻이 가는 바이니, 마음에 있으면 뜻이 되고 말이 나타나면 시가 되는 것이다. 정이 마음속에서 움직여서 말로 나타나는 것이다.(詩者, 志之所之也, 在心爲志. 發言爲詩, 情動於中而形於言.)"라고 하였던 〈詩經大序〉의 내용을 다시 한 번 확인하고 있는 것이다. 詩는 性情에 근본을 두고 있어서 거짓으로 꾸며 이룰 수 있는 것이 아니기 때문에 자연스러움이 가장 중요하다는 말이다. 그렇기 때문에 마음속에 우러나오는 것을 아무런 꾸밈없이 자연스럽게 나타내는 것을 중요하게 생각하였다. 이미 억지로 꾸미고 아름답게 갈고 닦는 것은 인위적인 것이요, 부자연스러운 것이 된다. 성리학자들이 추구하는 가장 자연스러운 것은 말 그대로 '한치의 틈도 없이 운행 하는 자연의 모습'이었다. 자연의 이치 속에서 인간의 이치를 발견하고 확인할 수 있었던 것이다. 퇴계는 그의 단가에서 "四時佳興이 사름과 흔가지라(〈陶山十二曲〉 중 〈제6곡〉)"라고 노래한 것이 바로 그것이다. 율곡도 또한 그의 〈高山九曲歌〉에서 朝夕으로 변하는 사계절 자연의 모습을 노래하며, 그 가운데서 도의 참 맛을 찾고 있다. 道學과 自然은 더없이 밀접한 관

---

23) 李珥, 《栗谷全書》卷13, 〈精言妙選序〉: 人聲之精者爲言, 詩之於言, 又其精者也. 詩本性情, 非矯僞而成, 聲音高下, 出於自然. 三百篇, 曲盡人情, 旁通物理, 優柔忠厚, 要歸於正, 此詩之本源也.

련을 지니고 있다.

〈봄철 한낮에 홀로 앉아〉

晝永鳥無聲　　낮 길어 새들 소리 없고

雨餘山更靑　　비 내려 산 더욱 푸르네.

事稀知道泰　　일이 적으니 도 큼을 알고

居靜覺心明　　거처 조용하니 마음 밝음을 깨닫네.

日午千花正　　한낮 되니 온갖 꽃들 활짝피고

池淸萬象形　　못 맑으니 만물의 모양 나타나네.

從來言語淺　　원래 말이란 얕은 것이라

默識此間情　　이 사이의 정을 말없이 간직하려네.24)

이 시에서 구봉은 자연 속에서 일체가 되어 살아가는 자신의 모습을
그려내고 있다. 여기에서는 이미 명리에 대한 관심은 잊은 지 오래다.
구봉의 특장인 수련부터 대장으로 구성하고 있다. 수련에서는 봄철이라
는 시간적 배경을 자연스럽게 묘사하고 있다. 밤이 길고 낮이 짧은 겨울
이면 아침 해가 늦게 뜨고, 저녁 해도 일찍 지기 때문에 창문가에서 지
저귀는 새 소리도 자주 들릴 수밖에 없다. 봄이 되어 해가 길어지면서
아침과 저녁의 시간이 많아 지면 새소리가 들리지 않는 시간도 길어지
게 되는 것이다. 새롭게 파룻파룻 돋아난 잎사귀에 봄비가 촉촉이 내려
먼지까지 모두 씻어 주니, 맑고 깨끗하고 싱그러운 봄 산의 모습이 구봉
의 눈에 비친 것이다.

---

24) 《龜峯集》卷2, 〈五言律詩〉, 〈春晝獨坐〉.

이와 같이 미묘하게 변화해 가는 자연의 움직임을 바라보며 구봉은 깨달음의 희열을 맛보게 되는 것이다. 끝이 없는 '연비어약(鳶飛魚躍)', '운영천광(雲影天光)'의 모습을 발견하게 되었으며, 말로 다 표현할 수 없는 자연과의 교감을 하였던 것이다.

〈그윽한 거처〉

春草上巖扉	봄풀이 바위 문에 돋아 오르는
幽居塵事稀	그윽한 거처엔 속세의 일이 드무네.
花低香襲枕	꽃은 낮아서 향기가 베개에 배어들고
山近翠生衣	산이 가까우니 푸른 기운 옷깃에 스미네.
雨細池中見	빗방울 가는 줄은 연못의 물에서 보고
風微柳上知	바람이 가벼운 것은 버들가지에서 아네.
天機無跡處	하늘의 기미는 자취 난 곳이 없지만
淡不與心違	담담하여 마음과 어긋나지 않네.25)

이 시도 산 속 깊이 머물고 있는 구봉과 그를 둘러싸고 있는 자연과의 교감을 잘 묘사하고 있는 시이다. 지금 속세에서는 참혹한 전투가 벌어지고 있으며, 조정에서는 서로 권력을 잡겠다고 중상모략과 비방을 서슴지 않고 있는 상황이다. 구봉도 그러한 상황의 한 가운데 있었던 사람이고, 그로 인해 큰 피해를 입은 인물이다. 그러나 그 결과 복잡한 속세를 떠나 자연 속에 살 수 있게 되었으며, 자연의 지락을 누릴 수 있었던 것이다. 그렇기 때문에 일찍부터 구봉은 원망이나 근심, 속세에 대한 미

---

25) 《龜峯集》卷2, 〈五言律詩〉, 〈幽居〉.

련을 가지지 않을 수 있었다.

구봉은 자연과 일체가 되어 있다. 방안에 누워 있어도 꽃향기가 베개에 배어들고, 푸른 산 기운이 옷깃을 물들인다는 함련의 묘사는 구봉과 자연 사이에 구분이 없다. "새벽 이슬 꽃 적시니 방울방울 향내나고, 주렴에 드는 산 빛 옷깃에 가득하네.(曉露濡花滴滴香, 入簾山色滿衣裳)"[26]라는 시에서도 이와 같은 모습을 확인할 수 있다. 그렇기 때문에 경련에서처럼 자연의 미미한 움직이나 변화까지도 볼 수 있는 것이다. 자연의 움직임은 자취를 남기지 않기 때문에 그 변화의 기미를 알아채기가 어렵다. 그러나 구봉처럼 자연과 내가 구분이 없이 일체가 되고나면 저절로 알 수가 있게 되는 것이다. 미련에서 말하고 있는 것처럼 하늘의 기미가 곧 나의 마음과 다르지 않기 때문이다.

〈滿足과 不滿足〉

- 전략 -

吾年七十臥窮谷	내 나이 칠십에 궁벽한 골에 누웠으니
人謂不足吾則足	남들은 부족하다지만 나는 만족하네.
朝看萬峯生白雲	아침엔 봉우리마다 이는 흰 구름을 보며
自去自來高致足	마음껏 가고 오니 높은 운치가 풍족하고,
暮看滄海吐明月	저물면 푸른 바다에 돋는 달을 보면
浩浩金波眼界足	넓고 넓은 금빛 물결 눈 앞에 펼쳐져 족하네.
春有梅花秋有菊	봄에는 매화 피고, 가을에는 국화 피어
代謝無窮幽興足	끝없이 피고 지니 그윽한 흥취가 족하네.

---

26)《龜峯集》卷1,〈七言絶句〉,〈曉詠〉.

一床經書道味深	책 상위의 경서는 도의 맛이 깊으니
尚友萬古師友足	만고의 성현을 벗하여 스승과 벗이 족하고,
德比先賢雖不足	덕은 선현에 비해 비록 부족하지만
白髮滿頭年紀足	흰머리 가득하여 나이는 족하네.
同吾所樂信有時	나와 함께 즐기는 것은 진실로 때가 있어
卷藏于身樂已足	몸 속에 갈무리하니 즐거움이 족하네.
俯仰天地能自在	천지간에 자유롭게 살아갈 수 있으니
天之待我亦云足	하늘이 나를 대함에도 또한 족하다 하겠네.27)

이것은 구봉의 시 중에서 그의 마음을 가장 잘 표현하고 있는 것이라고 할 수 있다. 인용의 첫 구에서 자신의 나이를 70이라고 하였다. 구봉은 1534년에 태어나서 1599년에 졸하였으니, 향년은 66세이다. 이로써 본다면 아마도 가장 말년에 지은 것으로 생각할 수 있으며, 그렇기 때문에 구봉의 삶을 온전히 담아내고 있다고 하겠다.

봉은 평생을 끊임없는 곡절을 겪으며 살아왔다. 그러나 모든 사건의 발단은 구봉 자신에 의해 생긴 것이 아니었다. 그렇기 때문에 더욱 억울하고 원망스러울 수가 있었다. 그러나 구봉은 이와 같은 불합리한 현실에 매이지 않았다. 세속에서 얻을 수 있는 즐거움을 다른 곳에서 찾았기 때문이다. 그것은 바로 自然과 道學이었다. 이 시의 앞부분은 자연에서 얻는 즐거움을, 뒷부분은 도학으로 얻는 즐거움을 서술하고 있다. 이러한 즐거움은 세속의 범인들이 알 수 있는 것이 아니다. 자연이 주는 즐거움은 아침과 저녁, 하늘과 바다, 구름과 달, 봄과 가을에 끊임없이 피

---

27)《龜峯集》卷1,〈七言古詩〉,〈足不足〉.

고 지는 꽃 등 모든 순간순간, 세상 곳곳마다 즐거움을 주지 않는 곳이 없다는 것을 말하고 있다. 이와 함께 구봉은 책상 앞에 앉아 성현들을 만나 그들과 시간을 초월하여 서로 도에 대해 토론하고 깨달음을 얻는 즐거움을 누릴 수 있어 만족한다고 하였다. 이처럼 자연에서 얻는 즐거움과 성현의 도를 공부하면서 얻는 즐거움을 마음속에 갈무리할 수 있어 또한 만족하다고 하였다. 그렇기 때문에 자신에게 유독 가혹한 고난을 주었다고 원망할 수도 있는 하늘에 대해서 오히려 공평하였다고 말할 수 있게 되었으며, 이도 또한 만족한다고 하였다.

구봉은 1599년 8월 8일 마양촌 우거에서 졸하였다.

혼연히 天得을 이루어 雕琢을 빌지 않고도 저절로 風雅의 뜻에 부합되었다. 맑고도 편협하지 않고, 기이하면서도 소리내지 않고, 즐거우면서도 방종하지 않고, 근심해도 원망하지 않고, 말은 가깝지만 생각은 멀며, 은미하면서도 드러나며, 풍요하면서도 절실하며, 언어가 간략해도 의미는 다함이 있다. 한 글자 한 구절이 모두 性情의 바름에서 나왔으며, 義理에 근원을 두고 있어 위와 아래가 함께 흐르는 절묘함에 뜻을 얻었고, 음과 양이 변화하는 모양에 흥을 부쳤으며, 빈천한 수렁에 있었지만 기운은 오히려 굳건하고, 생사의 지경에 엮여있었으나 시어는 더욱 평범하였으니, 德이 있는 사람은 반드시 훌륭한 말이 있다는 것을 믿게 되었다. 세상에서 시를 논하는 이들은 옛 시를 높이고 지금의 시를 낮게 평가하기 때문에 비록 아무리 이름난 시인의 좋은 작품이라도 흠집을 찾아내지 않을 수 없게 마련이다. 그러나 선생에 이르러서는 혀를 차며 모두 말하기를 "盛唐의 맑은 情調와 堯夫 邵雍의 자득함을 겸하고 있다."고 감탄을 한다. 선생께서 우연히 읊었던 시구가 이와

같으니, 그 고아한 기품과 심오한 도학과 두터운 수양의 정도를 가히 미루어 짐작할 수 있을 것이다.28)

이것은 구봉의 제자인 수몽(守夢) 정엽(鄭曄)이《구봉집》의 말미에 붙인 서문이다. 수몽은 구봉의 시를 혼연히 천득을 이루었기 때문에 저절로 풍아의 뜻에 부합된다고 하였다. 즉, 구봉의 시는 天地自然의 이치를 통해 깨달은 성리의 도를 바탕으로 하고 있기 때문에 자연스럽게 성정의 바른 뜻을 지니게 되었다는 것이다. 자연 순환의 자연스러운 이치를 깨닫고, 그 자연과 혼연히 하나가 되어 지락의 경계에서 얻는 만족감을 시문으로 나타낸 것이 바로 구봉 시의 특징이라고 할 수 있다.

4. 결어(結言)

구봉은 그동안 시문보다는 도학에 대한 공부에 열중하였으며, 이를 교육에 힘을 쏟아 기호학맥의 근간을 형성하는 초석을 놓았던 인물로 관심을 모았다. 그렇기 때문에 지금까지의 연구가 대체로 구봉의 도학에 편중되어 있었다. 그러나 구봉은 어릴 때부터 시문에 재능을 보였으며, 신분적 한계로 인해 겪었던 수많은 고난의 순간순간을 시로 표현하는 시인으로서의 풍모도 큰 의의를 지닌다고 하겠다.

---

28) 鄭曄,〈詩集後序〉,《龜峯集》卷10,〈附錄〉: 渾然天成, 不假彫琢, 而自契乎風雅之旨矣. 淸而不隘, 奇而不聲, 樂而不放, 憂而不怨, 邇而遠, 隱而顯, 豊而切, 約而盡. 一字一句, 皆出於性情之正, 根於義理之奧, 得意於上下同流之妙, 寄興於陰陽變化之態, 貧賤泥塗之中而氣猶健, 縲絏死生之際而語益平, 信乎有德者必有言也. 世之論詩者, 尊古而卑今, 雖名家大手, 無不求疵. 至於先生, 則吃吃嘖嘖, 咸曰盛唐之淸調, 堯夫之自得兼焉. 先生之偶發於吟詠詞句之間者若此, 則其稟氣之高, 造理之深, 所養之厚, 蓋可想矣.

구봉이 처음 이름이 알려지기 시작한 것은 바로 그의 시문으로부터이다. 그는 당시 주위의 사람들과 마찬가지로 과업을 닦는데 온 힘을 쏟았다. 구봉에게 있어 과거급제는 신분적 결함을 가지고 있었던 구봉의 가문을 바로잡는데 무엇보다 중요한 일이었다. 구봉은 시문을 짓고 경전을 공부하며 과거를 준비하였다. 그 과정에서 시문에 대한 구봉의 재능은 큰 성취를 이룰 수 있었다. 그러나 결국 서출의 신분이라는 한계를 넘지 못하고 과업을 포기할 수밖에 없었지만, 당시 과거를 준비하는 사람들이 구봉을 찾아 場屋의 문장을 공부하기 위해 구름처럼 몰려들기까지 하였다. 이처럼 구봉의 시문은 과업을 준비하는 과정에서 자연스럽게 형성되었으며, 그렇기 때문에 대장과 전고, 비유 등에 있어 규범성이 강한 면모를 보이게 되었다.

과업을 포기하면서 성리의 학문에 침잠하게 되었는데, 그의 학문은 율곡, 우계 등과 평생을 畏友로 교유하며 더욱 깊어지게 되었다. 구봉의 나이 27세에 沙溪 金長生이 가르침을 받기 위해 찾아왔으며, 金集, 鄭曄, 徐渻, 鄭弘溟, 金槃 등 수많은 제자들이 그의 문하에서 배출되었다. 구봉은 성리의 학문을 선생에게 배우지 않고 자득으로 깨우쳤다. 그는 천지의 운행과 자연의 이치를 세심하게 살피고 그 속에서 학문인 깨달음을 얻을 수 있었다.

구봉은 신분적 결함으로 인해 많은 고난을 겪으며 오랫동안 곤궁한 삶을 살 수밖에 없었다. 그러나 그는 자신에게 주어진 고난의 삶을 거부하거나 원망하지 않고 모든 삶의 순간순간을 의미 있게 받아들임으로써 가치를 스스로 만들어 냈다. 그는 특히 자연과 혼연하게 하나가 되는 즐거움을 깨닫게 되며, 자신의 삶도 자연의 일부분으로 인식을 하게 되었고, 결국 모든 고난의 삶을 만족스러운 삶으로 승화시킬 수 있게 되었다.

구봉 송익필 시의 시풍적 특징 고찰[1]

1. 머리말
2. 작시 배경과 시풍의 이중성
3. 시풍의 특징
4. 맺음말

1. 머리말

구봉 송익필(1534~1599)이 살았던 16세기 중반은 송시풍에서 당시풍으로 전이되던 시풍의 변환기였다. 조선전기 시단에 두루 유행하던 송시의 풍토는 16세기에 들어서서 송시의 고질적 병폐가 대두되면서 점차 당시의 풍토로 바뀌어 갔다. 이러한 시단의 풍토를 두고, 허균(許筠, 1569~1618)은 다음과 같이 말하였다.

시는 송에 이르러 망했다고 할 만하다. 소위 망했다는 것은 시의 언어가 망했다는 것이 아니라 시의 원리가 망했다는 뜻이다. 시의 원리는 상세하거나 완곡(婉曲)한 데 달려있는 것이 아니라 말은 끝났어도 뜻

---

1) 이 글은 구봉문화학술원 정기학술대회(2019년 10월 19일, 충남대 인문대학 문원강당)에서 발표하고, 한국사상문화학회,《한국사상과 문화》제100호, 2019에 게재되었다.
2) 충남대학교 교수.

은 이어지고, 가리키는 것은 가까우나 지취(旨趣)는 먼 것에 달려 있다. 의리(義理)의 문맥에 관계되지 않고, 언어의 적상(跡象)에 떨어지지 않는 것이 가장 좋은 시가 되는데, 당인(唐人)의 시가 종종 여기에 가깝다. 송대(宋代)의 작가가 많지 않았던 것은 아니지만 모두들 뜻을 다 드러내기를 좋아하고 용사에 힘썼다. 게다가 어렵고 괴로운 운자(韻字)로써 스스로 그 격조(格調)를 손상시켰다.3)

허균의 말을 근거로 볼 때, 송시는 의론(議論) 위주로 되어 있고, 전고(典故)를 많이 사용하여 용사에 힘썼으며, 기교를 위주로 한 형식적 압운을 중시하였음을 볼 수 있다. 송시풍은 율시(律詩)를 선호하고 형식적이고 수사적이며 의론적인 특징을 보이는데, 이에 대한 반발과 대안으로 당시가 등장하게 된 것이다. 당시(唐詩)는 자유로운 감정 표현을 중시하며, 함축적이고 낭만적인 시풍을 지향하였다. 일찍부터 시명(詩名)이 있었던 구봉은 당시풍을 따르려는 새로운 시경향이 대두되자 삼당시인(三唐詩人)과 궤를 같이하여 당시풍의 시를 창작하였다.

한편으로 성리학이 점차 발전하면서 문학에 있어서도 성리학의 철리적인 내용을 다룬 설리풍(說理風)의 시, 염락풍(濂洛風)의 시가 등장하게 되었다. 구봉은 과거공부와 함께 성리학에 뜻을 두고 성리학과 관련된 많은 서적들을 읽었다.

이러한 구봉의 학문과 문학의 영향이 구봉의 시에도 투영되어 나타난다. 죽서(竹西) 심종직(沈宗直)은 구봉의 시를 가리켜 "재료를 성당에

---

3) 《성소부부고》권4, 〈宋五家詩鈔序〉 "詩至於宋, 可謂亡矣. 所謂亡者, 非其言之亡也, 其理之亡也. 詩之理, 不在於詳盡婉曲而在於辭絶意續, 指近趣遠. 不涉理路 不落言筌 爲最上乘. 唐人之詩 往往近之矣. 宋代作者, 不爲不少, 俱好盡意而務引事, 且以險韻窘押, 自喪其格"

서 취했기 때문에 그 소리가 맑고, 의미를 격양에서 취했기 때문에 그 언어는 이치에 맞다."[4]고 하여, '재취성당(材取盛唐)', '의취격양(義取擊 壤)'으로 압축하여 설명하였다. 이것은 구봉의 학문과 문학이 구봉의 시 에 어떠한 형태로 영향을 미쳤는가를 짐작케 해주는 평어이다.

《구봉집(龜峯集)》에 전하는 구봉의 시는 450 수이다.《구봉집》1권과 2권에 실려 있는데, 시체별로 분류하여 수록하였다. 시기별, 연대별 분 류가 아닌 시체별 분류에 의해 수록되어 있으므로 각각의 시가 지어진 시기를 정확히 가늠하기는 쉽지 않다. 구봉집 1권에는 부(賦) 1편, 사언 시(四言詩) 1수, 오언고시(五言古詩) 28수, 칠언고시(七言古詩) 8수, 오언 절구(五言絶句) 39수, 칠언절구(七言絶句) 123수가 실려 있고,《구봉집》 2권에는 오언율시(五言律詩) 139수, 오언배율(五言排律) 8수, 칠언율시 (七言律詩) 100수, 칠언배율(七言排律) 3수가 실려 있다. 절구(絶句)가 162수, 율시(律詩)가 239수로 압도적인 비중을 차지하고 있음을 볼 수 있다. 시체(詩體)만으로 시풍(詩風)을 구분하는 것은 쉽지 않으나, 일반 적으로 당시(唐詩)는 절구(絶句)의 형태로 창작 되는 경우가 많았고, 송 시(宋詩)는 의론 중심으로 내용이 길어지다 보니 율시(律詩)의 형태로 창작되는 경우가 많았다.

필자는 구봉의 학문과 문학이 그의 시에 어떻게 투영되어 나타났는 지에 주목하였다. 필자는 시풍의 특징을 논하기에 앞서 구봉의 시풍 형 성에 근간이 되었던 학문과 문학적인 배경에 대하여 살펴보았다. 학문 에 있어서 구봉에게 지배적인 사상을 형성해 주었던 성리학에 대해 알 아보고, 성리학이 구봉의 시에 어떻게 영향을 미쳤는지 알아보았다. 또

---

4)《구봉집》권 10, 〈詩集後序〉"竹西云, 義取擊壤, 故其辭理, 材取盛唐, 故其響淸"

문학에 있어서 '시필성당 문필진한 [詩必盛唐 文必秦漢]'을 외쳤던 '의고
문가(擬古文家)'와 구봉의 문학과의 연관성을 살펴보고, 구봉의 문학적
성향 또는 시적 편향을 점검해보았다.

다음으로, 구봉이 연마한 학문과 문학이 시에 반영되어 나타난 특징
들을 분류하여 정리해 보았다. 이에 따라 구봉의 시가 형식면에서 당시
풍의 풍격 요소를 따르고, 내용면에서 송시풍에 가까운 이학의 설리(說
理)와 격양의 한정자락(閑情自樂)을 노래하고 있다는 것을 기준으로 시
작품을 분석해 보았다.

2. 작시 배경과 시풍의 이중성

구봉의 학통과 학문에 대해서는 그것을 증거 할 수 있는 자료가 충분
치 않다. 다만 구봉에 대한 몇몇 평어를 통해 그의 학문 연원과 학시의
전범을 유추해 볼 수 있을 뿐이다. 구봉은 시에 있어서는 성당의 시인
이백(李白), 문에 있어서는 진한의《춘추좌씨전(春秋左氏傳)》과《사기(史
記)》, 학문에 있어서는 송대의 성리학(性理學)을 기준으로 삼아서 문학
과 학문을 연마했는데, 다음 글에서 그 사실을 확인 할 수 있다.

선생은 과거 외에도 마음이 둘 곳이 있음을 알고 마침내 성리(性理)의
모든 서적을 가져다가 낮과 밤으로 강론하고 검토하였다. 그리하여 스
승의 가르침을 말미암지 않고도 낱낱이 (뜻을) 이해하고 얼음이 녹듯
이 (의심을) 해소하였다. 그의 글은《춘추좌씨전(春秋左氏傳)》과《사기
(史記)》5)를 위주로 하였고 시는 이백(李白)을 위주로 하였다. 그는 이

치를 논설함에 통투(通透)하고 쇄락(灑落)하여 막힘이 없는 경지에 이
르렀다.6)

윗글은 우암 송시열이 쓴 〈송익필묘갈(宋翼弼墓碣)〉이다. 구봉은 과거
공부에 매진하던 중에 성리학에 마음을 빼앗겨 성리학에 몰두하였다.
그는 별도의 스승을 두지 않고 독학으로 성리학을 공부하여 부단한 강
토(講討)를 통해 자득(自得) 하였다. 그가 특별히 관심을 두었던 책들은
《춘추좌씨전(春秋左氏傳)》과 《사기(史記)》였다. 시에 있어서는 당시(唐
詩), 그 중에서도 이백의 시를 위주로 하였다.

1) 시 창작의 학문·문학적 배경

구봉의 학문은 성리학에 기반을 두고 있다. 주돈이(周敦頤), 장재(張
載), 소옹(邵雍), 정이(程頤), 정호(程顥) 같은 성리학자들은 인간의 올바
른 심성수양과 천리에의 순응, 그리고 그에 따른 한정자락을 시를 통해
노래하였다. 송익필의 도학적 시풍은 성리학에 근거한 것으로, 그의 도
학적 태도가 그의 시속에 고스란히 녹아 있다.

구봉은 60세 되던 1593년(계사, 선조25)에 유배에서 풀려나자, 희천에
있는 상현서원(象賢書院)7)을 방문하였다. 조선조 도학의 태두(泰斗)로
일컬어지는 한훤당(寒暄堂) 김굉필(金宏弼, 1454~1504)과 정암(靜庵) 조

---

5) 《춘추좌씨전(春秋左氏傳)》의 저자 좌구명(左丘明)과 《사기(史記)》의 저자 사마천(司馬遷)
을 말한다.

6) 《구봉집》 권 10, 〈墓碣文〉 "先生, 知科擧之外 有用心處, 遂取性理諸書, 日夕講討, 不由師
承, 刀解氷釋. 其文主於左馬氏, 詩主於李白. 至其論說理致 則通透灑落, 無所礙滯."

7) 평안북도 희천군(현재의 양강도 희천시) 희천읍 읍하동에 있었던 서원이다. 1576년(선조
9년) 지방 유림의 공의(公議)로 김굉필(金宏弼)과 조광조(趙光祖)의 학문과 덕행을 추모
하기 위해 창건하여 위패를 모셨다.

광조(趙光祖, 1482~1519)를 참배하기 위해서였다. 구봉이 두 선생을 위하여 제문을 쓰면서 도학자로서의 심회를 토로했던 사실8)로 미루어 볼 때, 송익필은 김굉필(金宏弼)과 조광조(趙光祖)를 사숙(私淑)하면서 그들의 도학적 학풍을 계승했던 것으로 보인다.

성리학의 도통에 정통하여 '근세 도학(道學)의 조종(祖宗)'이라 불리던 김굉필은 수기치인(修己治人)을 직접 현실에서 실천으로 옮기는 것을 중시했다. 또한 조광조는 김굉필의 제자로서 정치의 이상을 공·맹이 제시한 인정(仁政) 내지 왕도정치(王道政治)에 두었다. 조광조는 성인 또는 철인이어야만 삼대의 지치(至治)를 이룰 수 있다고 보고, 도학을 숭상하는 마음으로 군주가 성현을 본받는다면, 마음이 바르게 되고 삼대의 지치를 이룰 수 있다고 하였다. 삼대시대로 돌아가야 한다는 조광조의 복고주의적 정치이념은 시대를 되돌려 옛날로 회귀하자는 것이 아니라 요·순·우의 선양(禪讓)의 심법(心法)을 체득하자는 말로 설명된다. 인정(仁政)을 위해 제위를 아들에게 물려주지 않고 덕이 있는 사람에게 물려주었던 요·순·우의 공평무사·공명정대한 정신을 숭상·계승하고, 그 정신을 현실 정치에 접목하여 위민·애민 정치를 실현하는 것을 치세의 목표로 삼았다. 구봉의 정치이념 역시 이 두 분의 정치이념과 뜻을 같이하였다. 구봉은 자신의 이념인 '지치(至治)'를 이루기 위해 가장 먼저 민생의 경제문제를 해결하고자 했다. 말로만 민생을 '부르짖는' 것이 아니라, 직접 실천하는 가운데 민생을 돌보려 노력하였다.

구봉의 도학적 경지는 율곡도 인정한 바 있다. 율곡은 과거시험장에서 과거에 응시한 사람이 천도(天道)에 관한 대책(對策)에 대하여 와서

---

8) 김창경,《구봉 송익필의 도학사상》, 47쪽 참고

질문을 하자 "송운장(宋雲長, 송익필)은 (학문이) 고명한 경지에 이른데다 박학다식하니, 그에게 가서 물어보는 것이 마땅하다."고 말하며, 구봉을 적극 추천하였다.9) 구봉은 경적(經籍)에 깊이 잠심하고 이치를 철저히 궁리하며 성리학에 몰두하였다. 그리고 그는 도학을 마음으로 본받아, 몸으로 실천하는 것을 가장 중시하였다.10) 이로 인해 구봉은 통찰력 있는 식견과 빼어난 논의로 율곡 이이, 우계 성혼과 동등한 위치에서 도학을 강론 할 수 있게 되었고, 학당을 열자 학도들이 나날이 늘어나 그들로부터 '구봉(龜峯) 선생'이라 추앙받게11) 되었다. 택당 이식은 구봉의 사변적이며 분석적인 학문태도를가리켜 '타고난 바탕이 철저하게 이해하고 정밀하게 분석하였으므로 사람들이 따라갈 수가 없다.'12)고 말하였다.

구봉은 '고도(古道)'에 뜻을 두었다. 고도(古道)를 자처하여 비록 공경귀인(公卿貴人)이라 하더라도 이미 벗으로 허락한 사이라면 모두 대등한 예로 대하여 자(字)를 부르고 벼슬로 부르지 않았다.13) 구봉이 학행(學行)과 덕행(德行)을 신분상의 서열보다 우선시했기 때문이다. 이러한 사고는 구봉에게 있어서는 신분을 초월하여 인재를 등용했던 요순시대의 정치에 대한 염원이며, 그 스스로 신분보다는 학덕이 중시되는 정치풍토를 만들고자 했던 강력한 실천의지의 표현이라 할 수 있다. 이것은

---

9) 《구봉집》, 권10, 〈墓碣文〉 "李先生嘗入場屋, 對天道策, 謂擧子來問者曰, 宋雲長高明博洽, 宜就而問之."

10) 《구봉집》, 권10, 〈詩集後序〉 "沈潛乎經籍, 體之於心, 驗之於身, 所期者第一等事."

11) 《구봉집》, 권10, 〈行狀〉 "某復從李珥成渾, 講論道學, 識見通透, 論議英發, 開門授徒, 學者日盛, 號稱龜峯某."

12) 《구봉집》, 권10, 〈行狀〉 "天資透悟, 剖析精微, 人所不及云者, 澤堂李公之言也."

13) 《구봉집》, 권10, 〈墓碣文〉 "先生以古道自處, 雖公卿貴人, 旣與之友, 則皆與抗禮, 字而不官.人多竊罵而亦不以爲意也."

조광조가 주장했던 삼대시대로의 회복, 곧 복고주의적 정치이념과도 일맥상통한다.

율곡과 우계 역시 구봉이 학술(學術)과 덕행(德行)이 뛰어남을 알고 의기투합하여 교분을 맺었고, 구봉과 더불어 의리를 논변하고 절차탁마함이 매우 돈독하였다.[14] 이렇듯 구봉이 신분적 한계를 초월하여 율곡, 우계와 더불어 '도의지교(道義之敎)'를 맺고, 교유할 수 있었던 것은 학행과 덕행을 신분적 출신보다 중시하여 상대방을 인정했던 세 사람의 개방적 사고에 기인한다고 하겠다.

구봉은 주자(朱子)가 지은 시에 깊은 관심을 보였다.

선배 유학자들이 지은 시 중에서 주자(朱子)가 지은 시가 가장 많은데, 주자의 시는 그야말로 (천하의 일에) 통하지 않는 것이 없다. 명도(明道)의 시는 청광(淸曠)한 풍격이 있었으나 전해지는 것이 많지 않았고, 이천(伊川)은 쓸데없는 언어[閑言語]를 지으려고 하지 않아서 그만 두었다. 후학들이 끝내 주자의 시를 배우지 않을 바엔 차라리 시를 아예 배우지 않는 것이 나을 것이다.[15]

이 글에서 구봉은 유학자들이 지은 시 중에서 주자의 시에 큰 가치를 두고 '주자의 시는 통하지 않는 것이 없다.'고 하였다. 주자는 송대의 유학을 집대성하고 체계화하여 주자학(朱子學)을 완성했다고 평가받는다. 송익필은 주자의 시에 '무불통지(無不通知)'한 성리학 원리가 구현되어

---

14)《구봉집》, 권10, 〈墓碣文〉"栗谷李先生 , 牛溪成先生, 知其有學術, 投分相交, 論辨義理, 切磨甚篤."

15)《구봉집》, 권4, 〈玄繩編 上〉"先儒之於詩, 朱子詩最多, 是所謂無所不通也. 明道詩淸曠, 而傳者無多, 伊川則以不欲作閑言語,止之, 後學終不能學朱子 則莫如不爲之爲得."

있음을 강조하며, 시를 배우려고 한다면 반드시 주자시를 배워야 하고, 주자의 시를 배우지 않을 바엔 차라리 시를 배우지 않는 편이 낫다고 주자의 시를 배우지 않는 후학들을 매도하였다.

구봉은 이천(伊川)이 시문을 가리켜 '쓸데없는 언어[閑言語]'라 치부하고, 제자들에게 시문 짓는 것을 권장하지 않았던 것에 대하여, 이천을 옹호하는 모습을 볼 수 있다. 이천(伊川) 문장이나 시문 등은 유교(儒敎) 본래의 심성도학(心性道學) 공부에 방해가 된다고 여겨서 이를 일삼지 않았다. 그러나 이것은 시문 자체를 배척한 것이 아니었다. 시문이 인간의 성정(性情)을 길러주는 힘을 가졌음은 말할 필요가 없었다. 그러나 당시의 유학도들은 과거공부에 필요한 글공부만을 일삼고 강산풍월(江山風月)을 읊조리는 데 전념하는 등 유학의 근본정신에서 멀어져있었다. 이천(伊川)은 이러한 시폐를 구제하기 위한 방편으로 이 말을 했던 것이다. 구봉 역시 시문을 지을 겨를이 없었을 뿐만 아니라 시문을 짓는 것을 좋아하지도 않았다.16) 그럼에도 불구하고 구봉이 지은 시편은 무려 450수나 되었다.

당시 사람들은 구봉의 시를 일컬어

'성당(盛唐)의 청조(淸調)와 요부(堯夫)의 자득(自得)을 겸하였다.'17)

라고 하였다. 요부(堯夫)는 송(宋)나라의 사상가 강절(康節) 소옹(邵雍)을 가리킨다. 소옹(邵雍)은 주역(周易)의 이치에 정통하였고 상수학(象數學)에 밝았다. 소옹(邵雍)은 성품이 온화하고 부드러웠고, 남의 구

---

16) 《구봉집》 권 10, 〈詩集後序〉 "其於文墨舊娛 不暇爲也 亦不屑爲也"
17) 《구봉집》, 권10, 〈詩集後序〉 "咸曰盛唐之淸調, 堯夫之自得兼焉."

설수에 오르내리지 않고 평범하게 사는 것을 행복으로 여겼다. 그는 가난했음에도 초탈한 삶을 살았고, 평민들과 더불어 함께 즐기는 삶을 추구하였다. 특히 그의 시문은 백거이(白居易)에 근원을 두었으므로, 시풍이 백거이처럼 평이(平易)하였다. 송오의 시풍은 송대(宋代)의 시를 논리화(論理化)·산문화(散文化)하는 데 지대한 역할을 했다고 평가되고 있다. 소옹은 낙양(洛陽)에 살면서 자기 집을 안락와(安樂窩)라 하고 스스로를 안락선생(安樂先生)이라 자호하였다. 직접 농사를 지으며 격양시(擊壤詩)를 지었는데,《이천격양집(伊川擊壤集)》에 수록되어 있다.

소옹(邵雍)의 시는 태평성대의 백성이 근심 없이 평화롭게 즐기는 모습을 노래하였다. 한거자락(閑居自樂)과 안분지족(安分知足)을 주된 정서로 표현하였다. 특히 그가 지은 〈청야음(淸夜吟)〉18)은 자연현상에서 진리의 본체와 작용을 깨달아 즐기는 자득(自得)과 자락(自樂)의 경지가 잘 드러났다고 평가 된다. 이 시는《성리대전(性理大典)》에도 실려 있는데,《성리대전(性理大典)》에는 이 시를 평하여 '경치를 빌어 성인(聖人)의 본체청명(本體淸明)함을 나타내고, 인간의 욕심 같은 속진(俗塵)을 해탈(解脫)했다.'라 하기도 하였다.

구봉의 문학은 '시에 있어서는 성당, 문장에 있어서는 진한 [詩必盛唐文必秦漢]'을 부르짖었던 '의고문가(擬古文家)'들의 경향을 따르고 있다. 구봉은《좌전(左傳)》과《사기(史記)》를 문장의 전범으로 여겼다. 구봉이 문장지학(文章之學)으로 삼았던《춘추좌씨전(春秋左氏傳)》과《사기(史記)》는 주로 선진 양한, 곧 진한 고문가들이 문장의 전범으로 삼아 공부

---

18) 소옹,《격양집》, 〈淸夜吟〉 "달은 하늘 한복판에 이르고, 맑은 바람이 수면에 불어올 때, 이런 맑음의 의미를, 깨닫는 사람 적으리.[月到天心處, 風來水面時, 一般淸意味, 料得少人知]."

하던 책으로 구봉의 문장이 그 뿌리를 진한고문에 두고 있음을 짐작케한다. 송시열의 문평, 시평 또한 이러한 사실을 뒷받침해주고 있다.

> 문장은 좌씨(左氏, 좌구명(左丘明)) · 사마씨(司馬氏, 사마천(司馬遷))의
> 문장을 위주로 하였고, 시(詩)는 이씨(李氏, 이백(李白))의 시를 위주로
> 하였다. 이치를 논하고 설명함에 있어서는 환하게 꿰뚫어 속 시원하게
> 해주었다.19)

당송고문에 반대하여 육조시대 이전, 곧 진한 이전의 문체로 돌아가야 한다고 부르짖었던 진한고문가들은 진정한 의미에서의 고문이란 '옛 글과 똑같이 짓는 것'이라 주장하였다. 이들은 당송고문가들이 성률과 대우만을 고집하며 형식위주의 변려문에 집착하는 것을 보고 효용적이며 자유로운 문체, 곧 육조 이전의 문장을 배워야 한다고 하였다. 이것은 문학에 있어서 선진시대로의 완전한 복귀, 곧 육조시대의 문장체를 고스란히 계승하자는 것이 아니라 당시의 문학적 폐단을 개혁하기 위한 하나의 방편으로 제기된 것이었다. 이들은 '문장은 반드시 진한 이전의 것을 배워야 하고, 시는 반드시 성당의 것을 배워야 한다.[文必秦漢 詩必盛唐]'고 주장하였다. 그것은 선진 양한의 문학 형식, 내용, 정신 가운데에서 시대에 적합한 요소들을 계승하여 창조적인 문학으로 발전시키기 위한 것이었다. 이들 진한고문가들은 선진시대 문학으로의 복고를 외치며 문단의 폐단을 극복하고 시대에 맞는 문학세계를 추구하였다.

그러나 시대를 거슬러 형식, 내용, 정신에 있어서 수천 년 전의 글과

---

19) 《구봉집》, 권10, 〈墓碣文〉 "其文主於左馬氏, 詩主於李白, 至其論說理致, 則通透洒落, 無
所礙帶, 學者帖帖於前者, 終日不絶."

똑같이 짓는다는 것은 사실상 불가능한 일이었고, 결국 그들의 문장은 지나친 모방(模倣), 고색(古色), 고향(古香)에 치우치게 되었다. 후대인들은 그들의 문체를 '옛 것을 본뜬 문체'라 하여 '의고문(擬古文)'이라 비평하고, 그들을 가리켜 '의고문가(擬古文家)'라 부르게 되었다.

우리나라의 경우, 조선 선조 때부터 영·정조까지 약 200년 안팎으로 이러한 의고문이 성행하였는데, 최립(崔岦)과 신유한(申維翰)이 대표적인 진한고문가이다. 구봉은 일찍부터 시로 명성이 높았고, 이산해·최경창·백광홍·최립·이순인·윤탁연·하응림과 함께 '팔문장(八文章)'으로 불리었다.20) 이들 중 최경창과 백광홍은 '삼당시인(三唐詩人)'으로 불릴 정도로 당시(唐詩)풍의 시 창작에 주력했던 시인이었고, 최립은 의고문가 중의 한 사람이었다. 구봉은 이들과 대등하게 '팔문장가'의 반열에 있었다. 그런 만큼 구봉의 시문에 있어서 삼당시인의 영향과 의고문가의 영향은 배제할 수 없을 것으로 생각한다.

구봉의 의고적(擬古的)인 문장 경향은 '요순시대(堯舜時代), 즉 '삼대지치(三代之治)'를 정치적 이상으로 삼아 그 덕을 현실정치에 구현하려 했던 경세관과 무관하지 않다. 이 점에서 구봉이 진한 고문을 배워 문장 속에 담고자 했던 것은 진한의 문체가 아니라 진한(秦漢)이전의 문장들이 담고 있는 덕, 곧 고덕(古德) 이라 볼 수 있다.

2) 당풍과 송풍의 이중적 시풍

어느 한 시대를 살았던 어느 한 작가의 작품을 논하는데 있어서 특정한 어느 한 시풍만을 거론하는 것은 실상에 부합하지 않을 수 있다. 같

---

20) 《구봉집》, 권10, 〈行狀〉 "翼弼初有詩名, 與李山海 · 崔慶昌 · 白光弘 · 崔岦 · 李純仁 · 尹卓然 · 河應臨等 號八文章."

은 시대에도 다양한 시풍이 존재할 수 있고, 한 작가에게도 다양한 시풍이 나타날 수 있다. 구봉의 시 역시 이와 마찬가지이다.

구봉의 시에는 당시(唐詩), 그 중에서도 성당(盛唐)의 시, 성당의 시 중에서도 이백(李白)의 시가 가지고 있는 요소들이 다분히 발견된다. 그것은 송익필이 이백의 시를 학시의 전범으로 삼아 시 창작을 하였기 때문이다. 성당시에는 당 현종 개원 원년(713년)부터 숙종 상원 2년 (761년) 까지 약 48년간에 걸쳐 당나라 최고의 번성기와 전란을 함께 겪었던 부침의 흔적이 시에 반영되어 나타난다. 따라서 성당의 시는 전대의 시에 비해 더 다양한 내용과 감정표현, 개성적인 시어, 그리고 소재와 재제의 폭이 넓다고 할 수 있다. '시필성당(詩必盛唐)'의 기치를 내세웠던 명대 전후칠자(前後七子)들은 성당의 핵심 시인을 두보(杜甫)와 이백(李白)으로 보았다. 특히, 전후칠자(前後七子) 중에서 하경명(何景明)은 작시의 모범을 시의 종류에 따라 달리하였는데, 가행체(歌行體)나 근체시(近體詩)의 경우에는 이백과 두보를 비롯한 성당의 시인은 물론이고 초당의 여러 시인들을 본받아야 한다고 하였다. 고체시의 경우는 한·위(漢·魏)의 시를 기준으로 삼아야 한다[21]고 하였다. 후칠자인 왕세정(王世貞)은 '성당은 시에 있어서 기운이 완전하고, 소리는 쟁쟁하여 화평하며, 색이 고와서 아름답고, 힘은 잠잠하지만 웅장하고, 뜻은 융화되었으나 흔적이 없다. 그러므로 성당의 시를 준칙으로 삼아야 한다.'[22]고 하였다. 허균과 홍만종 역시 《성수시화(惺叟詩話)》와 《소화시평(小華詩評)》에서 좋은 시의 기준을 성당시로 보았다.

---

21) 차주환, 《중국시론》, 서울대학교출판부, 2003, 304쪽 참조

22) 왕세정, 《엄주사부고》 권65, 〈徐汝思詩集序〉 "盛唐之於詩也, 其氣完, 其聲錚以平, 其色麗以雅, 其力沈而雄, 其意融而無迹. 故曰盛唐其則也."

구봉은 성당의 시인 중에서도 이백의 시 풍격을 추구하였다. 감각적이고 주정적인 성당의 시풍을 추구하면서도, 특히 인간 내면의 호방한 자유정신을 풍부한 정감과 유려한 기법으로 풀어낸 이백의 시풍을 좋아했던 것이다. 이백의 시는 감정에 충실하며 낭만성, 서정성을 띄고, 세상일에 마음을 두지 않고 사물에 구애됨 없는 장부의 호탕한 의기를 표현했다고 평가받고 있다.

다른 한편으로 구봉의 시에는 송시적 경향을 지닌 시, 곧 염락풍의 시와 함께 격양풍의 시를 다수 존재한다. 그것은 구봉이 성리학에 지대한 관심을 가졌고, 구봉의 시가 주자의 시와 소옹의 시의 영향을 받았기 때문이다. 성리학은 고려 말에 성리학이 수용된 이후로 학문 분야는 물론 문학과 사상 등 사회 전반에 걸쳐 힘을 발휘하였다. 이에 따라 시풍에 있어서도 송시풍이 좀 더 우세한 경향을 보여 왔다. 구봉 송익필이 활동했던 조선 중기는 의론 중심의 송시풍 시, 설리 중심의 염락풍 시가 주정적인 당시풍으로 전이되는 시기였다. 송익필의 시 저변에는 송시가 갖는 의론적인 요소, 용사 등이 존재하고, 그 내용에 있어서 도학 내지는 구도를 다룬 염락풍적인 시 작품들이 많은 편이다. 특히 구봉 송익필은 주자시 계통의 성리학적 설리시와 소옹시 계통의 격양시적 면모가 많이 엿보인다.

상촌 신흠(申欽)은 송익필의 시를 논평하여 다음과 같이 말하였다.

상촌이 또 그의 시를 논하여 말하기를 "재료는 성당에서 취했기 때문에 그 소리가 맑고 뜻은 격양에서 취하였기 때문에 그 말은 이치에 맞았다. 화평하고 넉넉한 뜻은 곤궁하거나 귀양살이 하는 상황에서도 잃지 않았고, 여유롭게 탐구하여 충분히 체득하는 즐거움이 바람 · 꽃 ·

눈·달 사이에서 유유자적하는데 있었다. 시운(時運)의 변화를 편안히 여기며 순응하여 희노애락(喜怒哀樂)이 침입할 수 없는 사람에 가깝다고 할 것이다."라고 하였고, 또 말하기를 "버들 우거지니 푸른 기운 뚝뚝 떨어질 듯[柳深煙欲滴], 연못 맑으니 해오라기 날기를 잊은 듯.[池淨鷺忘飛]'이라는 구절은 남보다 탁월하다. 단지 '맑고 화려한 [清葩]' 격조만을 귀하게 여길 것이 아니니, 사물의 이치 또한 저절로 깨닫는 경지에 도달했다 할 것이다." 라고 하였다.23)

윗글에서 상촌 신흠은 송익필의 시가 성당의 재료를 써서 맑은 소리를 내고 있으며, 격양에서 뜻을 취했기 때문에 이치에 맞는 어사를 구사하고 있다고 평하였다. 구봉은 곤궁한 상황에서도 시운의 변화를 편안하고 너그럽게 수용하였고, 유유자적하는 가운데 여유롭게 자연 속에서 사물의 이치를 탐구하고 체득하였다. 그러한 과정에서 구봉 자신도 자연 속에서 자연스럽게 사물의 이치를 깨닫는 경지에 도달 할 수 있었다. 그리고 그 경지는 성당의 청파(清葩)한 격조와 격양의 사리(辭理)한 어조로 시 작품 속에 구현되었다.

송익필에 대한 정엽의 또 다른 평어는 송익필의 이러한 문학적, 학문적인 경향을 잘 설명해 주고 있다.

혹 만년에 사물에 감응하고 회포를 표현했거나, 혹 나그네로 떠돌아다니며 위급했던 때에 행적을 기록하고 다른 사람과 주고받은 것들은

---

23) 《구봉집》, 권10, 〈行狀〉 "象村之又其論詩, 則以爲材取盛唐. 故其響淸, 義取擊壤, 故其辭理 和平寬博之旨, 不失於羈窮流竄之際, 優遊涵泳之樂, 自適於風花雪月之間, 其庶乎安時處順, 哀樂不能入者矣. 又曰, 如柳深煙欲滴, 池淨鷺忘飛之句, 度越諸人, 非徒淸葩可貴, 理亦自到."

'천성(天成, 하늘의 솜씨)'과 혼연히 일체가 되었으니, 조탁(彫琢)을 빌리지 않더라도 저절로 풍아(風雅)의24) 뜻에 합치되었다. 맑으면서도 편협함에 이르지 않았고, 뛰어나면서도 자랑하는데 이르지 않았고, 즐기되 방탕한데 이르지 않았고, 근심하되 원망하는데 이르지 않았다. (뜻이) 가까운 듯 하면서도 심원하고, 숨어있는 듯하면서도 드러났고, 풍부한 것 같으면서도 절제되고, 간단이 요약한 듯 하면서도 그 뜻을 다하여, 한 글자 · 한 구절이 모두 올바른 성정(性情)에서 나오고, 심오한 의리(義理)에 뿌리를 두고 있다. (천지만물과 더불어) 위아래로 함께 흘러 각각 제자리를 얻는 묘한 경지에서 뜻을 얻고, 음양으로 변화하는 형세에 흥을 부쳤으니, 빈천의 진흙탕 속에서도 기운은 오히려 굳건하였고, 생사를 알 수 없는 옥중에서도 어조는 더욱 화평하였으니, 덕이 있는 사람은 반드시 말이 있다는 말이 사실이구나. 세상의 시를 논하는 사람들은 옛 것은 높이고 지금 것은 낮추어, 비록 훌륭한 문장가의 솜씨 좋은 작품이라 하더라도 흠을 찾지 않는 경우가 없는데, 선생에 대해서는 입이 닳도록 칭찬을 아끼지 않으며, 하나같이 말하기를 "성당(盛唐)의 청조(淸調)와 요부(堯夫)의 자득(自得)을 겸하였다."고 한다. 선생께서 시어와 시구를 읊조리는 중에 무심코 시로 표현한 것이 이와 같았다면, 그의 타고난 바탕이 고매하고, 이치를 터득함이 심오하고, 수양한 바가 두터웠음은 짐작할 수 있을 것이다.25)

---

24) 풍아(風雅): 국풍(國風)과 대아(大雅), 소아(小雅)라는 뜻으로, 《시경(詩經)》을 가리킨다.

25) 《구봉집》, 권10, 〈詩集後序〉 "然或於晚年, 感物寓懷, 或於羈旅顚沛之中, 紀行酬人者, 渾然天成, 不假彫琢, 而自契乎風雅之旨矣. 淸而不隘, 奇而不聲, 樂而不放, 憂而不怨, 邇而遠, 隱而顯, 豐而切, 約而盡. 一字一句, 皆出於性情之正, 根於義理之奧, 得意於上下同流之妙, 寄興於陰陽變化之態, 貧賤泥塗之中, 而氣猶健, 縲絏死生之際而語益平, 信乎有德者必有言也. 世之論詩者, 尊古而卑今, 雖名家大手, 無不求疵. 至於先生, 則吃吃嘖嘖, 咸曰盛唐之淸調, 堯夫之自得兼焉. 先生之偶發於吟詠詞句之間者若此, 則其稟氣之高, 造理之

이 글은 정엽이 송익필의 시를 극찬한 것으로, 구봉의 시가 일체의 조탁(彫琢)을 필요치 않은, '천성(天成, 하늘의 솜씨)'과 하나가 된 천연의 자연스러운 경지에 이르렀음을 강조한다. 공자는 《시경》의 〈관저장(關雎章)〉을 가리켜 '즐겁지만 음란한데 이르지 않았고, 슬프지만 상하는데 이르지 않았다.[樂而不淫 哀而不傷]'²⁶⁾고 하였다. 정엽은 감정 절제의 이상적 경지를 제시했던 공자의 말을 인용하여, 구봉의 시가 희노애락(喜怒哀樂)의 지나친 감정에 치우치지 않은 점, 즉 구봉이 '감정의 객관적 거리유지'에 성공하였음을 높이 평가한 것이다.

'성당(盛唐)의 청조(淸調)'와 '요부(堯夫)의 자득(自得)'으로 표현된 구봉의 시풍은 타고난 자질과 심오하게 터득한 이치, 두터운 인격수양의 산물이라 할 수 있다. 상촌 신흠이 "타고난 품성이 매우 고매하였고 문장 또한 고상하였다."²⁷⁾고 한 것은 송익필이 천부적으로 고매한 인품을 지녔으며, 그 인품이 문장 속에 녹아 높은 경지의 문학작품을 생산할 수 있었음을 강조하는 말이다. 정엽(鄭曄)은 구봉의 시적 재능을 가리켜 '선생은 일곱 여덟 살 때부터 글을 지었는데, 써낸 말이 번번이 사람들을 경탄케 하였다. 문장이 아계 이산해·율곡 이이 등 여러 사람과 대등하다고 일컬어졌다. 그러나 그의 시 풍격이 청상(淸爽)하고 기절(奇絶)하였으므로 홀로 등단하게 되었다.'²⁸⁾고 하였다. 어려서부터 문장에 재능이 충만했던 송익필은 당대의 문장가들과 어깨를 나란히 하였고, 시에 있어서는 대등함을 넘어 따라 올 수 없는 '맑고 시원한 기상[淸爽]'과 '개성 있고

深, 所養之厚, 盖可想矣."

26) 《시경》, 〈關雎章〉 "關雎, 樂而不淫, 哀而不傷."

27) 《구봉집》, 권10, 〈行狀〉 "天稟甚高, 文章亦高云者, 象村沈文貞公之言."

28) 《구봉집》, 권10, 〈詩集後序〉 "先生自七八歲, 凡下筆, 語輒驚人. 與李鵝溪李栗谷諸人, 幷號爲文章, 而其詩格之淸爽奇絶, 先生獨登壇焉."

빼어난 풍치[奇絶]'를 이루어 독자적인 시세계를 형성하였다.

구봉의 시는 형식면에서는 성당의 맑은 격조를, 내용에 있어서는 성
리학의 철학적 의리와 격양의 안분지족의 뜻을 담고 있다. 형식에 있어
서 성당의 격조를 지니고 내용에 있어서 격양의 이학[이학의 설리(說理)
와 격양의 한정(閑情)]이 반영된, 이러한 이중적 시풍은 구봉의 시가 여타
의 시들과 구분되는 중요한 특징이라 할 수 있다.

3. 구봉 송익필 시의 시풍 경향

1) 성당(盛唐)의 격조(格調)

① 청상기절(淸爽奇絶)의 풍격(風格)

구봉의 시가 차지하는 당시풍으로서의 성격은 '청(淸)' · 성당(盛唐) ·
이백(李白) 세 단어로 귀결된다. 구봉의 시는 당시 중에서도 성당시를
따랐다. 성당의 시인 중에서 이백(李白)의 시를 특히 좋아했고, 이백 시
의 '청(淸)'한 풍격을 내면화하였다. 구봉의 작품 중에는 이백의 시풍을
모방한 시와 함께 이백의 시를 차운한 시29)가 다수 발견되는데, 이것은
구봉의 '이백(李白) 취향'을 보여주는 것이다.

이백의 삶과 구봉의 삶은 닮은 부분들이 많다고 할 수 있다. 이백(李
白)은 출세욕과 명예욕이 상당했던 인물로 정치에 참여하는 등 관리로
서의 길을 가기를 원했었다. 과거시험을 쳤으나 양국충과 고력사 사이

---

29) 〈次謫仙韻〉,〈次謫仙感興韻〉,〈寓羊馬寸曉次李白談玄韻〉,〈覽李謫仙四皓墓詩有感〉,〈流離
中用謫仙韻 五首〉,〈獨坐寓中用李白韻〉,〈覽李謫仙過四皓廟詩有感〉,〈次李白山樽韻〉〈次李
白愁鏡〉 등 13수는 모두 이백의 시를 차운한 작품이다.

에 벌어진 의견 충돌로 결국 합격하지 못하였고, 잠시 관직에 올라 나랏일을 하기도 했으나 정치적으로 크게 출세하지 못하고 결국 궁을 떠나야 했다. 이백은 인생의 절반 이상을 유랑을 하며 생활하였고, 만년에는 세속을 떠나 유랑하던 중에 종숙(從叔)의 집에 머물다가 사망하였다.

구봉 역시 일찍부터 정치적 포부가 컸다. 구봉은 시에 있어서는 '산림삼걸(山林三傑)'로, 문장에 있어서는 '팔문장가(八文章家)'로 일컬어졌다. 구봉은 향시(鄕試)를 거쳐 25세 경에 별시(別試)에 합격하였다. '요순시대(堯舜時代)의 정치, 곧 '삼대지치(三代之治)를 정치적 이상으로 삼고, 그 이상을 현실 정치에 구현하려 하였으나, 가문에 구애되고, 분당정치의 희생물이 되어 뜻을 이루지 못하였다. 세상의 허물을 안은 채 끝내 신분의 틀에서 벗어나지 못하고, 포부를 가슴에 묻어야 했다. 또한 유배와 유랑으로 반평생을 떠밀려 다니며 안착하지 못한 채 곤궁하게 살았다. 결국 세상을 등지고 안분지족을 노래하며 살다가 충청도 면천(沔川) 마양촌(馬羊村) 어느 지인의 집에서 운명하였다.

구봉의 이백(李白) 취향은 그가 사용한 시어, 낭만적 시풍, 맑은 탈속의 경지로 설명할 수 있다. 특히, 이백의 시에 주로 보이는 술, 달, 강, 물, 바람, 학, 신선, 여행, 이별 등과 같은 소재가 그대로 송익필의 시에서 자주 등장한다. 이것은 '재료를 성당에서 취했으므로 그 울림이 맑다.[材取盛唐, 故其響淸]'고 했던 심종직의 시평과도 일치되는 부분이다. 또한 방랑 생활을 하며 탈속과 자연을 소재로 쓴 시에서는 이백의 '표일(飄逸)'과 '낭만(浪漫)'이 엿보인다.

구봉 시에 내포된 성당(盛唐), 이백의 시풍과 '청(淸)'의 발현에 대해 살펴보자.

〈냇가에서〉

長風吹夕霞　긴 바람이 저녁노을에 불어오고
微月動川華　희미한 달빛은 물결에 반짝이네
白露落高樹　맑은 이슬이 높은 나무에 떨어지니
香生幽谷花　깊은 골짜기에 그윽한 꽃향기 풍기네30)

이 시는 시인이 시상을 전개하는 방식이 전적으로 감각적인 이미지
에 의존하고 있다. 시의 주요 재제로 등장하는 긴 바람[長風] 부터가 감
각적인 시어이고 고월(古月), 저녁노을[夕霞], 작은 달[微月], 냇물[川
華], 맑은 이슬[白露], 높은 나무[高樹]등도 시각, 촉각, 청각을 자극하는
단어들이다. 이 제재들을 뒷받침하는 동사인 '불어오다', '반짝이다', '떨
어지다', '풍겨오다' 등과 호응을 이루어 시를 매우 감각적으로 만들어준
다. 이렇게 감각적으로 이미지를 구사하는 것은 당시풍 시의 주요한 시
작법 중의 하나이다.

이 시는 또 '송익필 시는 이백을 위주로 하였다.[詩主於李白]' 고 했던
송시열의 시평을 가장 잘 설명해주는 시이기도 하다. 송익필은 이백(李
白)의 시에서 그의 청상(淸爽)한 시풍과 함께 시어를 빌려다 썼다. 이백
의 시 〈사마장군가(司馬將軍歌)〉 중에서 '미친바람이 옛 달에 불어와 몰
래 장화대를 훔쳐 희롱하네. [狂風吹古月 竊弄章華臺]'31)라는 구절과

---

30)《구봉집》, 권1, 〈川上〉
31) 이백,《이태백집》권3,〈司馬將軍歌〉"狂風吹古月 , 竊弄章華台. 北落明星動光彩 , 南征
　　猛將如雲雷. 手中電擊倚天劍 , 直斬長鯨海水開. 我見樓船壯心目 , 頗似龍驤下三蜀. 揚兵
　　習戰張虎旗 , 江中白浪如銀屋. 身居玉帳臨河魁 , 紫髯若戟冠崔嵬. 細柳開營揖天子 , 始
　　知灞上為嬰孩. 羌笛橫吹阿嚲回 , 向月樓中吹落梅. 將軍自起舞長劍 , 壯士呼聲動九垓. 功
　　成獻凱見明主 , 丹青畫像麒麟台."

〈영왕동순가(永王東巡歌)〉의 '장풍에 돛 올린 듯 기세를 되돌리기 어려우니, 바다가 요동치고 산이 기울어져 오랑캐가 꺾이네.[長風挂席勢難迴 海動山傾古月摧]'32)라는 구절에서 착안하여 '장풍(長風)'과 '고월(古月)'33)이라는 시어를 빌려온 것이다. 이 시는 긴 바람[長風], 저녁노을[夕霞], 작은 달[微月], 냇물[川華], 맑은 이슬[白露], 높은 나무[高樹]가 어우러져 깊은 골짜기에 꽃향기로 피어나는 고요한 정취를 읊었다. 부드럽게 불어오는 바람은 하늘 멀리 넓고 길게 저녁노을을 펼쳐 놓고, 작은 달은 은은한 달빛을 형성하여 시내의 잔물결 위로 반짝거린다. 맑은 이슬이 숲속 나뭇가지와 나뭇잎에 내리면 숲은 온통 그윽한 꽃향기로 진동한다. 물아일체(物我一體), 자연과 시인이 하나가 되는 순간이다. 의경을 이루는 각각의 자연물을 하나의 골짜기 속에 가두어 세속과 단절된 맑고 고요한 호흡으로 깨어나게 한다. 그야말로 달밤의 낭만이 맑게 살아나는 청풍(淸風)의 시이다.

다음으로 꽃, 달, 술, 학이라는 시어를 소재로 속세를 벗어난 정서적 거리를 표현한 탈속(脫俗)의 시를 살펴보기로 한다.

〈술을 마주하고 읊다.〉

有花無月花香少　꽃만 피고 달이 없으면 꽃향기 옅게 느껴지고
有月無花月色孤　달만 뜨고 꽃이 없으면 달빛은 쓸쓸하게 느껴지리
有月有花兼有酒　달도 뜨고 꽃도 피고 거기에 술까지 겸한다면

---

32) 이백, 《이태백집》 권3, 〈永王東巡歌十一首〉, 〈其八〉 "長風挂席勢難廻, 海動山傾古月推. 君看帝子浮江日, 何似龍驤出峽来."

33) 고월(古月): 호(胡)를 가리키는 은어이다. 청(淸) 나라 고염무(顧炎武)는 이 시구에 나오는 고월(古月)이 분명 호(胡)를 가리킨다고 하였다. 《日知錄》, 〈李太白詩注〉

王喬乘鶴是家奴　왕교가 학을 타는 것은 종을 부리는 것과 같으리[34]

이 시 역시 꽃과 달이라는 감각적인 시어를 통해 시각과 후각의 이미지를 잘 살렸다. 게다가 '달의 부재는 꽃향기가 엷게 느껴지게 하고 꽃의 부재는 달빛이 쓸쓸하게 느껴지게 한다'는 감각적인 묘사를 통해 꽃과 달의 공존이 가져오는 증폭된 감정의 시의(詩意)를 나타내고 있다.

이 시에서 꽃과 달과 술은 신선의 경지에 이르게 하는 요소들이다. 동한(東漢)의 왕교(王喬)는 섭 현령(葉縣令)에 부임한 뒤에 매월 삭망(朔望) 때마다 신발 한 짝에 신술(神術)을 부려 한 쌍의 물오리로 변하게 하여 타고 다녔다.[35] 꽃과 달과 술의 조건만 갖추어 진다면 이미 신선의 경지에 이른 것이니, 도술을 부려 학을 타며 신선 행세를 하는 왕교(王喬)의 경지와 비교할 것이 아니다. 이 시는 달을 사랑하고 술을 사랑했던 이백의 낭만적인 풍도를 떠올리게 하는 시로서, 세속과 완전히 단절한 채, 꽃이 활짝 핀 달밤에 시주를 즐기는 구봉의 자족한 생활을 엿볼 수 있다.

〈운암(雲庵)에서 벗의 시에 차운하다.〉

連宵寒雪壓層臺　밤새도록 내린 찬 눈이 층대에 수북이 쌓였건만

---

34) 《구봉집》, 권1, 〈對酒吟〉
35) 왕교(王喬): 왕교는 현종(顯宗) 때 섭(葉)의 영(令)이었는데 신술(神術)이 있었다. 즉 매월 삭망(朔望) 때면 섭현에서 조정(朝廷)으로 갔는데, 황제가 그가 자주 오는 것은 보았으나 그가 타고 온 거마(車馬)를 보지 못한 나머지 이상하게 여겨서 사람을 시켜 몰래 지켜보게 하였더니, 그가 올 때면 한 쌍의 물오리[雙鳧]가 동남쪽에서 날아오므로 그물을 쳐서 잡게 하였다. 그런데 그것은 물오리가 아니고 곧 한 짝의 신발이었으며, 그 신발은 일찍이 황제가 상서 관속(尚書官屬)들에게 내려 준 것이었다고 한다. 《후한서》, 권82上, 〈방술열전(方術列傳)〉, 〈왕교(王喬)〉

僧到何山宿未廻　스님은 어느 산에서 주무시는지 돌아오지 않네

小榻香消靈籟靜　작은 탑상엔 향불 잦아들고 바람소리 고요한데

獨看晴月過松來　소나무 스쳐 온 맑게 갠 달을 홀로 바라보노라36)

　　속세를 벗어나 자연 속에서 한가로움과 자유를 마음껏 즐기며 살아
가는 신선사상과 탈속에서 오는 진정한 평화가 느껴지는 시이다. 소나
무 사이를 비추는 맑고 고고한 달은 속세의 미련이 더 이상 존재할 수
없는 완전한 탈속을 상징적으로 보여준다. 이 시는 〈학산초담(鶴山樵
談)〉에 〈산설(山雪)〉이라는 다른 제목으로 전해지는데, 허균은 이 시를
두고 '송익필은 시를 잘 지었는데, 구격(句格)이 맑고 뛰어났다.'37)라고
하였다. 또 우계 성혼은 '승려가 어느 산에 가서 자고 돌아오지 않는
가.[僧到何山宿未回]'라는 시구를 가리켜 '진세(塵世)를 깨끗이 초월하였
다.'고 말하며, 구봉의 시에서 '청광(淸曠)한 기운'을 본받고자 하였다.38)

〈저물녘 남계(南溪)에 배를 띄우다〉

迷花歸棹晚　꽃에 홀렸으니 돌아가는 배 늦어지고

待月下灘遲　달 기다리니 여울 내려옴이 더디구나

醉裏猶垂釣　취중에도 여전히 낚싯대는 드리우니

舟移夢不移　배는 흘러가도 꿈은 그대로라네.39)

---

36) 《구봉집》, 권1, 〈雲庵次友人韻〉

37) 허균, 《성소부부고》, 26권, 〈鶴山樵談〉 "宋翼弼者亦能詩…句格淸絶."

38) 《우계연보보유》, 제 1권, 〈答問〉

39) 《구봉집》, 권1, 〈南溪暮泛〉

이 시를 가리켜 허균은 청상기절(淸爽奇絶)하다고 일컬었다. 꽃에 취하고 술에 취해 달빛 쏟아지는 배안에서 홀로 낚싯대를 드리운 채 꿈속에 빠져드는 장면을 표현하였다. 꽃향기, 달빛, 여울 물소리, 배, 낚싯대, 술, 꿈 등을 통해 몽환적인 분위기를 형성한다. 이백의 낭만적이고 표일(飄逸)한 시풍에 근접한 시라 할 수 있다.

〈꿈에 지은 시〉

夢裏逢仙子	꿈속에서 신선을 만나
相持酌紫霞	서로 부여잡고 자하주를[40] 마시네
香分贈月桂	향기는 분분하게 월계수에서 풍겨오고
碧亂渡銀河	푸른빛은 현란하게 은하수를 건너오네
筆健傾天瓠	굳센 필치는 하늘 술잔을 기울게 하고
詩淸發雪葩	맑은 시풍은 눈꽃을 피우게 하네
東來流水急	동쪽으로 올수록 물살이 빠라지니
但恐早廻槎	다만 배를 일찍 돌리게 될까 걱정일세[41]

이 시는 구봉이 꿈속에서 지은 시를 보충하여 지은 시[42]라고 기록해 놓았다. 이백의 낭만적 정서를 오롯이 느낄 수 있는 시이다. 전체적으로 회화적이며 감각적 이미지의 구사가 뛰어난 시이다. 월계수의 향기, 은하수의 푸른빛이 후각과 시각을 자극한다. 화려한 이미지의 감각적인

---

40) 자하주(紫霞酒): 자하는 선궁(仙宮)을 가리킨 것으로, 전하여 선인이 마시는 좋은 술, 선주(仙酒)를 의미한다.

41) 《구봉집》, 권2, 〈夢詩〉

42) 《구봉집》, 권2, 〈夢詩〉 "上一句枕上所補, 其餘夢中作."

구사는 감각적인 성당시의 풍격을 유감없이 발휘한다. 구봉이 성당의 시인 이백의 낭만적 정서와 시 정신을 계승하였음을 확인할 수 있는 시이다.

구봉 시가 갖는 개성적 시풍은 바로 이백의 표일(飄逸)과 호방(豪放)한 시풍을 몸소 체득하여 만들어 낸 맑은 시풍, 곧 청상기절(淸爽奇絶)이라 할 것이다.

2) 격양(擊壤)의 이학(理學)

① 순천궁리(順天窮理)의 의취(意趣)

몽고 침입 이후에 본격적으로 도입되기 시작한 성리학은 시풍에도 많은 영향을 끼쳤다. 송시는 재도적 관점에서 시에 접근하여 '문으로 시를 쓴다.[以文爲詩]'라 할 만큼 의론(議論)적 면모를 보였고, '학문을 시로 쓴다.[以學問爲詩]'고 할 정도로 학문(學問)적인 면모를 보이게 되었다. 또한 기교중심의 형식적 압운이 강조되고 대우를 엄격히 지키며 율시위주의 시 창작에 치중하였다. 이러한 주지적·형식적인 시 창작은 자유로운 감정 표현이 제한되었는데, 송시풍의 이러한 경향에 성리학적 사고가 더해진 것이 바로 설리시(說理詩)·염락풍(濂洛風)의 시이다. 염락풍의 시는 내용상 도학시(道學詩)로 일컬어지며, 이 점에서 일반적인 송시와 구분되기도 한다. 이러한 도학시(道學詩)들은 주로 심성 수양을 중시하는 유학자들에 의해 지었다.[43]

구봉의 학통을 계승한 구봉의 제자 김장생(金長生, 1548~1631)은 구봉의 시문이 스스로 도학을 숭상하여 수양하는 가운데서 나왔음을 분명

---

43) 변종현, 〈포은 한시에 나타난 수양과 성찰〉,《포은학연구》제2집, 246쪽 참조

히 하였다.

시는 성정에 근본하여 접촉하는 사물에 따라 마음이 감동되어 나오는
것이므로 선악을 가릴 수 없음이 분명하다. 그 사람의 시를 낭송하고
그 사람의 글을 읽으면서도 그의 사람됨을 알지 못한다면 말이 되겠는
가. 선사(先師, 송익필)께서는 평소 성현들의 책을 읽고, 정주(程朱)의
학문을 강설(講說)하셨다. 소학(小學)으로써 몸가짐을 삼았고, 문사(文
詞)는 다만 그 나머지 이로 여길 뿐이었다. 그의 시는 고아(高雅)하고
간일(簡逸)한데, 유연(悠然)히 스스로 마음으로 터득하였다. 모두 학문
(學問)하는 가운데서 나온 것으로 음풍영월(吟風詠月)하는 자들은 그
만분의 일도 비슷할 수 없을 것이니, 참으로 덕이 있는 사람이라야 할
수 있는 언어이다.44)

성정론(性情論)에 근거하여 시문(詩文)에는 지은 사람의 인격이 반영
되어 있다고 하였는데, 구봉의 인격적 완성도를 높이 칭찬하는 말이다.
곧 언행이 일치된 구봉의 성리학적 품성이 구봉의 시에 녹아 있다는 말
이다. 또한 고아(高雅)하고 간일(簡逸)한 풍격을 지닌 구봉의 도학자적
경지는 내적인 수양 없이 음풍영월(吟風詠月)만을 일삼는 사람들이 따
라갈 수 없음을 강조하였다.
주자의 학문을 따르고 주자의 시를 배우고, 한훤당(寒暄堂) 김굉필(金
宏弼)과 정암(靜庵) 조광조(趙光祖)의 도학사상을 계승한 구봉의 시에는

---

44)《구봉집》권 10, 〈詩集後序〉"詩本性情, 隨感而發. 其善惡之不可掩, 昭昭也. 誦其詩讀其
　　書, 而不知其人, 可乎. 先師平日讀聖書, 講說程朱, 以小學自律, 文詞特其緖餘耳. 迹其
　　詩, 高雅簡逸, 悠然自得, 皆自學問中出. 非吟風詠月者之所可髣像其萬一, 信有德者之言
　　也."

그의 성리학적 세계관을 유추해 볼 수 있는 설리시(說理詩)들이 다수 존재한다. 구봉은 자연현상 속에서 발견한 천도와 대자연의 이치를 시로 풀어내기도 하고, 천도에 순응하여 살아가는 인간적인 모습을 시로 엮어 내기도 하였다.

먼저 자연의 현상을 관찰하고, 그 속에서 발견한 천도(天道)를 노래한 시를 살펴보도록 한다.

〈달을 보며 읊다〉

雲斂千峰靜	구름 걷히니 일천 봉우리 고요하고
江空夜氣淸	텅 빈 강엔 밤기운이 청명하도다
孤懸惟一照	외로이 걸려 오직 똑같이 비춰주니
悵望却多情	처량하게 바라보다 문득 다정해지네
天上無圓缺	천상에는 둥글고 이지러짐이 없건마는
人間有晦明	인간에만 밝음과 어두움이 있구나
寧從高樹隱	차라리 높은 나무를 좇아 숨을지언정
莫許衆星爭	뭇 별들과 다툼을 허락하지 말지어다45)

이 시에서 '달'은 상징적인 대상이다. 높이 떠올라 만인이 우러러 볼 수 있으며 변함없이 떠오르는 본체에 초점을 맞추었을 때의 달은 진리를 표상하며, 차고 기우는 상황에 따라 본성을 온전히 보존한 맑고 밝은 최상의 정신세계를 가리키기도 하고, 외물에 의해 침식당한 본성으로 그려지기도 한다.46) 이 시에서는 원초적인 달의 표상은 애당초 둥글고

45)《구봉집》, 권2,〈對月吟〉

46) 명평자,〈우계 시의 상징적 심상 고찰〉,《한국사상문화학회》제86집, 2017. 52쪽 참조

이지러짐이 없는, 사심 없이 만물을 똑같이 품어주고 비춰주는 초월적 대상이다. 단지 인간의 시각에서만 명암(明暗)과 시비(是非)와 원결(圓缺)이 존재한다. 구름과 나뭇가지에 가려진 달을 보며 밝음과 어둠을 논하고, 구름과 나뭇가지를 탓한다. 사실 사물의 본성을 이해한다면 시비의 다툼이 존재할 수 없는 것이다. 다음 시는 똑같은 속성을 가진 달을 다른 관점에서 바라본 시이다.

〈달을 바라보며〉

未圓常恨就圓遲　둥글지 않을 때는 늘 더디 둥근 것이 한스럽더니
圓後如何易就虧　둥근 뒤에는 어찌하여 저다지도 빨리 이지러질까
三十夜中圓一夜　서른 번의 밤 중에 둥근달은 단 하룻밤뿐이니
百年心事摠如斯　백년 인생의 마음과 일이 모두 이와 같도다[47]

이 시는 '달'의 영휴(盈虧)를 통해 인생사의 덧없음, 곧 인생무상(人生無常)을 드러내고 있다. 서른 밤의 미완성의 달과 단 하룻밤의 완성의 달은 '영(盈)은 짧고 휴(虧)는 길다'고 하는 달의 속성을 보여준다. 달의 영허성쇠(盈虛盛衰)는 일정한 주기성을 띤다. 인간의 삶 역시 굴신(屈伸)과 기복(起伏)을 반복한다. 자연현상과 인간의 삶의 공통적인 현상이다. 그러나 달은 영휴(盈虧)가 반복적으로 순환하는 영속적, 지속적인 대상임에 비해 인간의 삶은 다시 되돌릴 수 없는 찰나의 물거품과 같다. 이것이 또 인간의 심사(心事)와 자연현상의 차이점이다. 여기서 유한한 인간이 갖는 무상감(無常感)은 한없이 확장된다.

---

47) 《구봉집》, 권1, 〈望月〉

〈고요함 속에서〉

看盡千山掩竹扉	온 산을 두루 둘러본 뒤 사립문 닫고 있으니
靜中眞得老何疑	고요 속에 참으로 깨달으니
	늙은이가 무얼 의심하랴
只爲分內當爲事	다만 분수 안에서 마땅히
	해야 할 일을 할 뿐이지
莫問人知與不知	남들이 알아주고 알아주지 못하고는
	물어보지 말라
天理洞觀無厚薄	천리(天理)를 환희 꿰뚫어보면
	후박의 차별이 없으니
世情休問有公私	세정(世情)에 공사의 분별이 있는지
	물어보지 말라
白鷗與我相忘久	흰 갈매기와 나는 서로를 잊은 지 오래되었으니
兩兩連群立釣磯	쌍쌍이 계속 무리를 지으며
	낚시터 위에 서 있네48)

이 시는 천리(天理)와 세정(世情)을 대비시켜서 인욕(人慾)을 없애버리고 궁극적으로 천리(天理)를 회복해야 함을 역설한다. 천리(天理)는 하늘로부터 부여받은 인간의 착한 본성을 말하고, 인욕(人慾)은 본질적으로 악(惡)을 가리킨다. 천리(天理)는 인의예지(仁義禮智)의 총명(總名)이며 인륜의 강상(綱常)이다. 천리(天理)는 공평무사하므로 애초에 후박(厚薄)의 차별이 존재하지 않는다. 천리는 지극히 순수한 마음으로, 선

---

48)《구봉집》, 권2, 〈靜中〉

의 근원이다. 그러나 세정(世情)은 인욕(人慾)이 사이에 끼어들기 때문에 공(公)과 사(私)의 구분이 없을 수 없다

구봉은 물아(物我), 공사(公私), 후박(厚薄)을 분별하는 인욕을 경계를 넘어 선한 본성을 회복하여 천리의 경지에 올라야 한다고 주장한다. 그리고 '흰 갈매기와 나는 서로를 잊은 지 오래되었다.'는 말로서 스스로 사물과 나를 분별하지 않는 물아일체(物我一體)의 경지에 있음을 말하고 있다.

〈하늘〉

君子與小人	군자와 소인이
所戴惟此天	이고 사는 것은 하늘이지만
君子又君子	군자는 또 군자라서
萬古同一天	만고토록 똑같은 한 하늘이요
小人千萬天	소인은 하늘이 천개이니
一一私其天	일일이 하늘을 사사롭게 여겨서라
欲私意不得	사사로이 하려다 뜻을 얻지 못하면
反欲欺其天	도리어 하늘을 속이려 들고
欺天天不期	하늘을 속이고도 기약해주지 않으면
仰天還怨天	하늘을 우러러 도리어 원망하네
無心君子天	무심한 것은 군자의 하늘이요
至公君子天	지극히 공정한 것도 군자의 하늘이니
窮不失其天	곤궁할 때도 천리를 잃지 않고
達不違其天	영달하더라도 천리를 어기지 않는다
斯須不離天	잠깐의 시간도 천리를 떠나지 않으니

所以能事天	이 때문에 하늘을 섬길 수 있는 것이다
聽之又敬之	하늘을 따르고 또 하늘을 공경하여
生死惟其天	생사는 오직 하늘에 달려있는 것이니
旣能樂我天	이미 나의 하늘을 즐기고 나서
與人同樂天	남과 함께 천리를 즐기리라[49]

이 시에는 천도(天道)를 공경하며 천리(天理)를 따르는 것을 넘어 천리(天理)를 즐기며 살겠다는 구봉 송익필의 이상적인 도학자적 태도가 잘 나타나 있다. 오언고시(五言古詩)의 형식을 빌리고 천(天)이라는 운자에 따라 시적인 전개를 이어갔으나, 사실상 도학의 이치를 조목조목 설명한 한편의 산문을 읽는 듯한 느낌을 준다. 천(天)은 천리(天理)요, 천도(天道)를 말한다. 이 시는 군자의 관점에서 인식되는 하늘(天)과 소인의 관점에서 인식되는 하늘(天)을 비교·대조의 방법으로 설명하였다.

모든 사람이 똑같이 받들고 있는 하늘[天]이지만 군자에게는 천리(天理)이고, 소인에게는 사욕에 따라 달라지는 자기만의 하늘(其天)이다. 군자의 하늘은 '영원토록 변하지 않는 하나의 진리로서의 하늘[萬古同一天]'이다. 군자가 추구하는 하늘은 '의식의 동요가 없는[無心]' 하늘이고 지극히 공정[至公]한 하늘이다. '무심(無心)'은 초자연적인 무의식의 세계, 진리의 세계이고, '지공(至公)'은 광명정대하고 공평무사한 세계이다. 군자의 하늘은 잠시라도 떠난다거나 '궁달(窮達)'에 의해 마음을 바꿀 수 있는 대상이 아니다. 곧, 섬기고[事], 따르고[聽], 공경해야[敬] 할 대

---

49) 《구봉집》, 권1, 〈天〉

상, 생사(生死)를 주관하는 절대적이며 유일한 대상이다. 시대가 달라져도, 세상이 바뀌어도, 사람이 달라져도 절대로 바뀔 수 없는 만고불변의 진리이기 때문이다.

반면에 소인의 관점에서 인식하는 하늘은 '하나하나가 사사로운 그만의 하늘[一一私其天]'이다. 소인에게는 하늘은 사욕에 따라 다르게 인식되므로, 천명의 사람이 있으면 천개의 하늘이 존재한다. 소인의 하늘은 '의식에 따라 움직이는[有心]' 하늘이고, '지극히 사사로운[至私]' 하늘이며, '궁달(窮達)'의 여하에 따라 속일 수도 있고 원망할 수 있다. 인간의 의식이 지배하는 그만의 하늘인 것이다.

이 시는 구봉의 순천(順天) 의식과 도학 실천의 의지를 잘 나타내고 있다. 그리고 송익필이 천리(天理)를 따르고 공경하며 그 안에서 자락(自樂)하는 군자 또는 성인을 학문의 목표로 삼고 있음도 확인할 수 있다.

〈천리(天理)를 즐기다〉

惟天至仁　　오직 하늘이 지극히 인자하니

天本無私　　하늘은 본디 사사로움이 없다.

順天者安　　천명에 순응하는 자 편안하고

逆天者危　　천명을 거스르는 자 위태로우니

痾癢福綠　　질병에 걸리든 복록을 누리든

莫非天理　　하늘의 이치가 아닌 것이 없다.

憂是小人　　근심하는 이는 소인이고

樂是君子　　즐기는 이는 군자이다

君子有樂　　군자에게는 즐거움이 있을 뿐

不愧屋漏	옥루(屋漏)50)에도 부끄러움이 없다.
修身以俟	몸을 닦고서 천명을 기다릴 뿐
不貳不夭	두 마음 품지 않고 아첨하지 않는다.
我無加損	내가 더하거나 덜 수가 없으니51)
天豈厚薄	하늘이 어찌 후박(厚薄)이 있으리요
存誠樂天	성심(誠心)을 보존하고 천도(天道)를 즐기니
俯仰無怍	천지간에 부끄러울 것 없도다.52)

이 시는 성리학의 기본 개념과 함께 성리학의 구체적인 수양방법을 제시하고 있다. 이 시에서 하늘(天)은 의미상 천명(天命), 천리(天理), 천도(天道)로 해석될 수 있다. 하늘(天)이 공평무사(公平無私)한 것을 인(仁)이라고 한다. 하늘의 이치, 곧 천명을 거스르게 되면 질병과 같은 위

---

50) 옥루(屋漏): 방에서 가장 은밀한 곳으로서, 가장 어두운 서북쪽의 으슥한 방구석을 가리킨다. 대개 이곳은 신주(神主)를 안치하는 장소이다. 옥루에 부끄러움이 없다는 것은 방에 은밀히 혼자 있을 때에도 양심에 거리끼는 일이나 생각을 하지 않는다는 말이다. 《시경》〈억(抑)〉에 "그대가 군자를 사귈 때의 용모를 보면, 얼굴빛을 온화하게 하면서 무슨 잘못이 있지나 않을까 조심한다마는, 그대가 홀로 집에 있을 때를 보더라도 오히려 방의 모퉁이에서조차 부끄러움이 없게 해야 할 것이다.〔視爾友君子 緝柔爾顔 不遐有愆 相在爾室 尚不愧于屋漏〕"라는 말이 나온다.

51) 내가 더하거나 덜 수가 없으니〔我無加損〕: 《이정유서(二程遺書)》권2상(上)의 생지위성장(生之謂性章)에 대한 정명도(程明道)의 해설에 이 내용이 상세히 나온다. 주희가 지은 《맹자정의(孟子精義)》권11의 〈생지위성장〉에도 같은 내용이 실려 있다. 〈생지위성장〉은 《맹자집주(孟子集註)》〈고자 상(告子上)〉 3장을 말한다. 《근사록(近思錄)》〈도체(道體)〉에도 소개되어 있는데, 관련 내용을 소개하면 다음과 같다. "이 이(理)는 하늘이 명한 것이다. 이에 순응하여 따르는 것이 도(道)이고, 이를 따라 닦아서 각각 자기 분수를 취하는 것이 교(敎)이다. 천명(天命)에서부터 교(敎)에 이르기까지 내가 더하거나 덜 것이 없으니, 이것이 바로 순 임금이 천하를 소유하고도 간여하지 않은 이유이다.〔此理天命也 順而循之則道也 循此而修之 各得其分則敎也 自天命以至於敎 我無加損焉 此舜有天下而不與焉者也〕" 여기에서 순 임금이 간여하지 않았다는 것은 오직 본연(本然)을 따를 뿐 사지(私智)를 개입시키지 않았다는 뜻이다.

52) 《구봉집》, 권2, 〈樂天〉

태로운 상황에 이르게 된다. 천명에 순응하여 살아가는 것이 복을 받는 편안한 길임을 보여준다. 천명에 대한 순(順)·불순(不順) 여부에 따라 인간의 길흉화복(吉凶禍福)이 결정된다. 모든 것이 하늘의 이치 아닌 것이 없다. 천리(天理)가 이러함을 알기 때문에 군자는 모든 인위적인 판단을 배재하고 즐겁게 천명(天命)을 받아들인다. 그러므로 군자에게 있어 더 이상의 아무런 근심도 있을 수가 없다. 하늘의 인격에 동화되어 천리 안에서 즐기는 한, 양심에 부끄러운 일조차 존재할 수가 없다.

이(理)는 하늘이 명한 것으로 천리(天理)이다. 이에 순응하여 따르는 것을 도(道)라고 하는데 이것이 바로 천도(天道)에 순응하는 것이다. 천도를 따라 닦아서 각각 자기 분수를 맞게 살아가는 것을 교(敎)라 한다. 천명(天命)에서부터 교(敎)에 이르기까지, 그것을 주재하는 것은 하늘(天)이다. 인간이 여기에 더하거나 덜 수 있는 것은 아무것도 없다. 인간은 그저 존성(存誠)과 거경(居敬)53)의 자세로 수신(修身)과 수양(修養)을 일삼고, 후박(厚薄)이 없고 지공무사(至公無私)한 하늘[天]에 그 명[天命]을 기다릴 뿐이다.

성(誠)이 바로 천리(天理)이므로 성심(誠心)을 보존한 채 천도(天道)를 즐기는 경지에 이르도록 힘써야 한다. 이 경지가 바로 성인군자(聖人君子) 이니, 천리(天理)와 동체(同體)가 되었다면 하늘을 우러러 보고, 땅을 굽어봄에 한 티끌만큼도 부끄러울 것이 없게 된다는 것이다. 구도자(求道者)의 바른 자세가 이 한편의 시 안에 다 담겨 있다고 말할 수 있겠다.

이렇듯 성리학(性理學)은 구봉 시의 내용을 관통하는 중요한 이론이

---

53) 존성(存誠)과 거경(居敬): 존성(存誠)과 거경(居敬)은 정자와 주자의 학설 가운데 나오는 성경(誠敬)을 말하는데, 정주학(程朱學)의 중요한 수행 방법이다. 존성은 성실함을 보존하는 것이고, 거경은 몸가짐을 조심하여 삼가는 것을 말한다.

라 할 수 있다.

② 자족자락(自足自樂)의 한정(閑情)

성리학에 경도 되었던 구봉 송익필은 김굉필과 조광조가 주장하는 도학정치와 삼대시대의 덕에 의한 정치를 '삼대지치(三代之治)'라 표방하여 정치의 목표, 정치의 이상으로 삼았다.

> 형께서 이미 문형(文衡, 대제학)을 맡았고, 또 장차 정승이 될 거라 들었습니다. 문형의 책임은 유학을 일으켜 세우는데 있으니, 어찌 훌륭한 글 솜씨만을 숭상하여 세상의 요구에 따르기만 하겠습니까? 삼대(三代) 이래로 유자(儒者) 중에 정승이 된 사람이 없었으니, 이 때문에 삼대 이래로 더 이상 삼대의 치(治)가 없었던 것입니다. 유자가 만약 정승이 된다면 어찌 삼대의 다스림이 없겠습니까? 유자를 귀하게 여기는 까닭은 모든 나아감과 물러남을 반드시 그 도(道)로써 하고, 터럭만큼도 이익을 꾀한다거나 공을 따지려는 마음이 없기 때문입니다. 삼대의 사업을 자기의 소임으로 여기지 않을 바에는 감히 그 지위에 있어서는 안 될 것입니다.[54]

이 글에서 알 수 있듯이 송익필은 유학자가 정승의 반열에 올라 삼대시대의 도(道)를 가지고 공평무사(公平無私)를 원칙으로 삼아, 삼대시대에 이루었던 지극한 정치, 곧 지치(至治)를 실현해야 한다고 주장하였

---

54) 《구봉집》, 권5, 〈현승편 下〉, 〈答叔獻書〉 "聞吾兄旣典文衡, 又將卜相, 文衡之任, 重在扶植斯文, 豈但尙詞華應世求而已. 且三代以下, 未見以儒作相者, 三代以下, 更無三代之治故也. 儒若作相, 則豈無三代之治. 所貴乎儒者, 一行一止, 必以其道, 無一毫謀利計功之念. 不以三代事業爲己任, 則不敢在其位."

다. 삼대지치는 요순의 지극한 어진정치를 말한다. 조광조가 지치(至治)로 표방했던 왕도(王道)가 바로 삼대지치(三代之治)이다. '격양(擊壤)'은 최상의 자락(自樂)과 자족(自足) 그리고 한정(閑情)의 표현이다. 늙은이 젊은이 할 것 없이 걱정 근심을 하지 않고 평화롭게 사는 세상, 모두가 제 나름의 낙(樂)을 얻는 세상, 그것이 삼대지치(三代之治)요, 구봉이 추구하는 이상적인 세상이다.

구봉의 시에서는 소옹(邵雍)의 격양시(擊壤詩)에 보이는 안분(安分)·무욕(無慾)·탈속(脫俗)·자한(自閑)의 분위기를 종종 발견할 수 있다. 몸은 비록 세속에 묻혀 있지만 마음만은 인간세상을 벗어난 '심자한(心自閑)'의 경지이다.

심종직(沈宗直)은 송익필의 시를 평하여 "뜻을 격양에서 취했기 때문에 그 언어는 이치에 맞았다.〔義取擊壤, 故其辭理〕"[55]고 하였다. 송익필의 시에서는 이학(理學)의 의취와 함께 '격양(擊壤)'의 지극한 자락(自樂)을 찾을 수 있다. 자족(自足)과 자락(自樂)을 통해 보여주는 한정(閑情)은 선계(仙界)에 대한 동경과 지향으로 나타나기도 한다.

〈산중에서〉

山上泠泠水　　산위엔 맑은 물이 졸졸 흐르지만

出山爲濁泉　　산을 나가면 흐린 샘물이 되고.

山中鹿爲友　　산속에선 사슴으로 벗을 삼으나

山外塵滿天　　산 밖은 먼지가 천지에 가득하네.

功利聲何及　　공리(功利)와 성명(聲名)이 어찌 미치리요

---

55)《구봉집》권 10,〈詩集後序〉"竹西云, 義取擊壤, 故其辭理, 材取盛唐, 故其響淸"

琴樽道自玄	거문고와 술 있으니 도(道)는 절로 깊어지네.
草閑朝露濕	한가로운 풀 위에는 아침 이슬 촉촉하고
花靜午禽眠	고요한 꽃 위에는 낮 새가 잠을 자네.
怳忽人間夢	황홀한 인간사는 한바탕의 꿈이니
逍遙物外仙	속세 밖 선계에서 유유자적 한다네.
身生秦漢後	몸은 비록 진한(秦漢)의 뒤에 생겼으나
神合禹湯先	정신만은 우탕(禹湯) 이전에 합한다네.56)

　정신세계의 경지를 인간계(人間界)와 신선계(神仙界)로 이분화하여 나타낸 시이다. 산을 경계로 산의 바깥쪽에 있는 인간계(人間界)는 흐린 샘물[濁泉], 먼지 가득한 하늘[塵滿天]로 묘사된다. 인욕(人慾)에 오염된 탁한 세상이다. 공리(功利)와 성명(聲名)의 유혹은 달콤하고, 인간사는 황홀하지만 그것은 한바탕의 무상한 꿈에 불과하다.

　이와 반대로 산의 안쪽, 곧 신선계(神仙界)에는 졸졸 흐르는 맑은 물[泠水], 벗이 된 사슴 [鹿爲友]으로 묘사된다. 천도(天道) 안에서 자락(自樂)하는 세상이다. 공리(功利)와 성명(聲名)을 다툴 일 없이 거문고를 타고 술잔을 기울이며 안분지락(安分之樂)의 도(道)를 즐기는 삶이다. 한가로운 풀 위에 촉촉이 내린 아침 이슬, 고요한 꽃 위에서 걱정 없이 잠자는 낮 새는 속세 밖 선계의 평화롭고 여유로운 정경이다. 그 속에서 유유자적하며 '우탕(禹湯)' 이전의 이상적인 태평성대를 꿈꾸는 사람이 바로 구봉 자신이다. 〈산중(山中)〉이라는 이 시의 제목은 구봉자신이 신선계(神仙界)에 속해 있다는 점을 강조한다. 몸은 비록 진한(秦漢)보다

---

56) 《구봉집》, 권1, 〈山中〉

뒤에 태어나 공리(功利)와 성명(聲名)을 다투는 현실세계에 있지만, 구봉의 정신세계는 삼대지치(三代之治)와 삼대지덕(三代之德)을 숭상하고 있는 것이다.

〈여관의 맑은 새벽〉

幽人自無夢　유인(幽人)은 스스로 잠들지 못하고

雨過虛堂寒　빗줄기 지나간 빈 방은 찬 기운 도네.

花濕明新旭　이슬 젖은 꽃은 아침 해에 빛나고

竹低多遠山　나직한 대나무는 먼 산에 많구나.

塵心窮處盡　먼지 낀 마음은 궁벽한 곳에서 다 사라지니

眞味靜中看　도의 참된 맛을 고요한 가운데서 보게 되네.

半世交遊事　반평생 동안 교유하며 지낸 일들이

浮雲聚散間　뜬구름이 모였다 흩어지는 사이에 있었구나.57)

　자연 속에서 도(道)를 즐기며 살아가는 은자(隱者)의 삶을 형상화 한 시이다. 욕심을 버리고 속세를 벗어나 안분지족하는 유인(幽人)은 더 이상 세속적인 꿈을 꾸지 않는다. 세속과 멀리 떨어질수록 세속의 욕심과 속세에 대한 미련은 점점 사라져 간다. 이슬에 젖은 꽃을 비춰주는 아침 햇살, 먼 산에 나직하게 우거진 나지막한 대나무들, 모두 고요함 속에 소리 없이 존재하는 물상들이다. 빗줄기가 훑고 간 텅 비고 쓸쓸한 방 안에서 구봉은 도의 본체와 마주하게 된다. 고요함 속에서 찾은 진리의 참 맛, 그것은 인간사의 유한함과 인생의 무상함에 대한 발견이다.

----

57)《구봉집》, 권2, 〈旅館淸曉〉

〈한가로운 중에〉

世遠始知無毀譽　속세에서 멀어지자 비로소

　　　　　　　비방과 칭찬 없음을 알게 되고

山深方信有神仙　산 깊은 곳에 있다 보니

　　　　　　　바야흐로 신선이 있음을 믿게 되네

白首都忘天下事　허옇게 센 머리로 천하의 일을

　　　　　　　모두 잊어버린 채

一瓢高臥月中眠　한 표주박 물을 마시고 달빛 안고

　　　　　　　높이 누워 잠을 자네58)

이 시는 속세와의 거리에 비례하여 얻게 되는 마음의 편안함을 표현하였다. 세속에 담은 발이 깊을수록 비방과 칭찬도 많아지게 된다. 산이 깊을수록 세속과는 멀어지고 비방과 칭찬에서도 멀어지게 된다. 단표누항(簞瓢陋巷)하는 궁벽한 산속의 초라한 살림이지만 마음만큼은 천하를 모두 소유한 듯 한정자락(閑情自樂)하는 신선이 된 것이다. 안빈낙도(安貧樂道)하는 구봉의 모습이 엿보인다.

〈홀로 누워〉

閑居耽獨樂　한가로이 지내며 혼자의 즐거움에 빠지니

林外曠幽期　숲 밖에서 했던 그윽한 약속 부질없도다.

窓靜歸雲盡　창가는 고요하고 구름은 다 돌아가니

沙明落照移　깨끗한 모래 위로 저녁노을 옮겨가네.

---

58) 《구봉집》, 권1, 〈閑中〉

性隨天色淡　　성품은 하늘빛을 따라 담백해지고

心與水聲遲　　마음은 물소리와 함께 침착해지네.

高枕羲皇上　　복희시대로 올라가 한가로이 누웠으니

安危莫問時　　안위에 대하여 물어볼 때가 아니라네.59)

이 시에서 숲 속[林]은 구봉의 정신적 소요의 공간이며, 세속과 단절된 평화의 공간이다. 숲 속[林] 세계 안에서 홀로 한거자락(閑居自樂)의 즐거움에 심취한 구봉은 숲 밖[林外], 속세에서 추구했던 경세의 꿈을 잊고 삼대지치(三代之治)의 무한한 지락(至樂)을 향유한다. 본성은 하늘을 닮아 점점 담백해지고, 마음은 고요 속에 점점 그윽해진다. 고요 속에 정신세계는 시대를 거슬러 태초의 복희시대(伏羲時代)로 옮겨 간다. 인류의 기원으로 전설 속에 전해오는 복희의 시대는 구봉의 인식 속에서 태평성대로 자리 잡고 있다. 구봉의 의식이 천도(天道)에 일치되어 복희시대(伏羲時代) 안에서 머무는 한, 구봉은 천리(天理)에 순응하고 천도(天道)를 즐기는 상태가 되어 해탈의 경지에서 노닐게 된다.

다음은 극치의 한정자락(閑情自樂)을 표상한 〈족부족(足不足)〉 시의 일부이다.

〈만족과 불만족〉

樂在有餘無不足　　즐거움은 넉넉한 마음에 있으니

　　　　　　　　부족함이 없게 되고

憂在不足何時足　　근심은 부족한 마음에 있으니

　　　　　　　　어느 땐들 만족하리요

---

59)《구봉집》, 권2, 〈獨臥〉

安時處順更何憂	시운을 편안히 여기고 순리에 따르거늘
	무엇을 더 근심하리
怨天尤人悲不足	하늘을 원망하고 사람을 탓하는 것은
	부족함을 슬퍼해서라네
求在我者無不足	나에게 있는 것을 구하면 부족함이 없으련마는
求在外者何能足	밖에 있는 것을 구하니 어찌 만족할 수 있으리
一瓢之水樂有餘	한 표주박의 물을 마시고도
	즐거움은 남음이 있건만
萬錢之羞憂不足	만 전(萬錢)짜리 음식을 먹어도
	부족함을 근심한다네
古今至樂在知足	예로부터 지극한 즐거움은
	만족함을 아는데 있었고
天下大患在不足	천하 사람들의 큰 걱정은
	부족하다 여기는데 있었네60)

칠언고시(七言古詩)체로 쓴 이 시는 늘 만족해하며 현실을 즐기는 군
자의 마음자세와 늘 만족할 때가 없이 전전긍긍하는 소인의 마음자세를
조목조목 예를 들어 논리를 전개하고 있다. 대조를 통해 '만족(滿足)에
대한 설'과 '불만족(不滿足)에 대한 설'을 펼쳐 나간다. 막힘없이 논리를
풀어내며, 안빈락도(安貧樂道)에 가치를 두고 사욕에 이끌리는 소인을
비판하고 군자의 마음자세를 추켜세운다. 군자의 삶에 목표를 두고 안
분지족(安分知足)하는 삶을 추구하는 구봉의 인생철학이 담겨있는 시이

---

60) 《구봉집》, 권2, 〈足不足〉

다. 앞에서 제시한 시에 이어지는 〈족부족(足不足)〉의 다음 구절을 보도
록 하자.

…………

吾年七十臥窮谷	내 나이 일흔에 심산궁곡에 누웠으니
人謂不足吾則足	사람들은 부족하다하나 나는 만족하네
朝看萬峯生白雲	아침이면 일만 봉우리에 피어오르는
	흰 구름을 바라보며
自去自來高致足	자유자재로 오가는 고상한 정취에 만족하고
暮看滄海吐明月	저녁이면 푸른 바다가
	밝은 달을 토해내는 것을 바라보며
浩浩金波眼界足	넓고 넓은 금빛물결이 눈앞에 펼쳐짐에 만족하네
春有梅花秋有菊	봄에는 매화가 피어있고
	가을에는 국화가 피어있어
代謝無窮幽興足	끝없이 번갈아 피고 지는
	그윽한 흥취에 만족하고
一床經書道味深	평상에서 경서 읽으니 도(道)의 맛이 깊어가고
尙友萬古師友足	옛날을 거슬러 벗 삼으니 스승과 벗에 만족 하네
德比先賢雖不足	덕은 선현과 비교해볼 때 비록 부족하겠지만
白髮滿頭年紀足	백발이 머리에 가득하니 나이만큼은 충분 하네
同吾所樂信有時	내가 함께 즐길 것은 진실로 그 때가 있기에
卷藏于身樂已足	몸에 거둬 두었으니 즐거움이 이미 충분 하네
俯仰天地能自在	천지를 우러르고 굽어봄에 자유자재로 했으니
天之待我亦云足	하늘이 나를 대함도 또한 만족스럽다 하겠네[61]

이 시는 자연을 벗 삼고 경서를 친구 삼아 도(道)를 즐기는 최상의 만족감을 표현하였다. 구봉은 이 시에서 만족과 불만족의 근원은 자가 자신에게 달려 있음을 시사한다. 세속의 기준에 있는 사람들은 항상 부족함에 쫓기며 공명과 영달을 추구하며 살아간다. 그러나 주어진 삶에 만족하며 살아가는 사람에게는 공명과 영달이 마음 안에 존재하지 않는다. 갈등과 번민의 원천적인 요소, 곧 인욕 그 자체가 없기 때문이다. 부족함의 원천이 제거되었기 때문에 애당초 부족함을 느낄 수가 없는 것이다. 책을 통해 시대를 거슬러 훌륭한 스승과 벗을 만나고, 자연 안에서 대자연의 이치에 순응하며 살아가는 삶이 가장 이상적인 삶이 될 수 있다.

이렇듯 안분(安分)·무욕(無慾)·탈속(脫俗)·자한(自閑)은 구봉 시의 내용을 구성하는 또 하나의 중요한 측면이라 할 것이다.

4. 맺음말

구봉 송익필(1534~1599)은 시에 있어서는 '산림삼걸(山林三傑)'로, 문장에 있어서는 '팔문장(八文章)'으로 불릴 만큼 시재(詩才)와 문장력(文章力)이 뛰어난 인물이었다.

필자는 구봉의 시를 분석하면서, 구봉의 학문과 문학이 그의 시에 어떻게 투영되어 나타났는지에 대하여 살펴보았다. 본문의 내용을 정리하면 다음과 같다.

---

61)《구봉집》, 권2, 〈足不足〉

'재료를 성당에서 취했다.[材取盛唐]'·'시는 이백의 시를 위주로 하
였다. [詩主於李白]고 했던 평어와 같이, 구봉은 성당시(盛唐詩), 그 중에
서도 이백의 시를 학시의 전범으로 삼았다. 따라서 구봉의 시에서는 감
각적인 이미지를 중시하며, 주관적인 정감을 표출하며, 묘사를 통해 시
의를 전달하고, 자연시, 낭만시적 경향을 보이는 성당시의 풍격을 발견
할 수 있다. 특히, 이백의 시에 주로 보이는 술, 달, 강, 물, 바람, 학, 신선,
여행, 이별 등과 같은 소재가 그대로 구봉의 시에서도 자주 보인다. 또
한 방랑 생활을 하며 탈속과 자연을 소재로 쓴 시에서는 이백의 '표일
(飄逸)'과 '낭만(浪漫)' 그리고 '청상기절(淸爽奇絶)'의 경지가 엿보인다.
구봉이 표면적으로 '문장은 반드시 진한 이전의 것을 배워야 하고, 시는
반드시 성당의 것을 배워야 한다.[文必秦漢 詩必盛唐]'고 주장하지는 않
았더라도, 구봉은 시에 있어서는 성당의 풍격을, 문장에 있어서 진한을
따르는 의고문가들과 문학적 궤도를 함께하고 있다.

구봉의 시에서는 이학(理學)의 의취와 함께 '격양(擊壤)'의 지극한 자
락(自樂)을 찾을 수 있다.

성리학(性理學)은 구봉 시의 내용을 관통하는 중요한 이론이다. 주자
의 학문을 따르고 주자의 시를 배우고, 한훤당(寒暄堂) 김굉필(金宏弼)과
정암(靜庵) 조광조(趙光祖)의 도학사상을 계승한 송익필의 시에는, 그의
성리학적 세계관을 유추해 볼 수 있는 설리시(說理詩)들이 다수 존재한
다. 구봉은 자연현상 속에서 발견한 천도와 대자연의 이치를 시로 풀어
내기도 하고, 천도에 순응하여 살아가는 인간적인 모습을 시로 엮어 내
기도 하였다.

내용상 중요한 비중을 차지하는 구봉시의 또 다른 요소는 격양시
(擊壤詩)적 면모이다. '격양(擊壤)'은 최상의 자락(自樂)과 자족(自足) 그

리고 한정(閑情)의 표현으로서, 모두가 걱정 근심없이 평화롭게 각자의 낙(樂)을 누리며 사는 세상, 곧 구봉이 추구하는 삼대지치(三代之治)의 이상적인 세상이다. 구봉의 시는 '요부(堯夫)의 자득[堯夫之自得]'·'뜻을 격양에서 취했다.[義取擊壤]'고 평가 되는데, 구봉의 시에서는 소옹(邵雍)의 격양시(擊壤詩)에 보이는 안분(安分)·무욕(無慾)·탈속(脫俗)·자한(自閑)의 태도를 찾아볼 수 있다.

이상에서 살펴본 바, 구봉의 시는 표현 형식에 있어서 성당(盛唐)의 풍운(風韻)을 따르고 있으며, 내용에 있어서 성리학적 설리(說理)와 격양(擊壤)을 노래하는 시풍의 이중적 면모를 지니고 있다고 할 수 있다.

부록1.【구봉 송익필 학술연구 자료 목록】

(2020. 02. 29일 현재)

〈실록 및 문집류〉

- 《조선왕조실록(宣朝修正實錄)》20卷, 선조19年(1586 丙戌 / 명 만력(萬曆) 14年) 10月 1日(壬戌),〈주학 제독관으로 제수된 조헌이 붕당의 시비와 학정의 폐단을 논한 상 소문①〉
- 《조선왕조실록》, 宣修 20卷, 19年(1586 丙戌 / 명 만력(萬曆) 14年) 10月 1日(壬戌) 4 번째 기사 ,〈주학 제독관으로 제수된 조헌이 붕당의 시비와 학정의 폐단을 논한 상소문⑤〉
- 《조선왕조실록》, 宣祖 22卷, 21年(1588 戊子 / 명 만력(萬曆) 16年) 1月 5日(己丑) 1번 째 기사,〈조헌의 상소를 소각하고 내리지 않았는데 거기에 실린 동·서 각인들의 관계와 행실〉
- 《조선왕조실록》, 宣修 23卷, 22年(1589 己丑 / 명 만력(萬曆) 17年) 12月 1日(甲戌) 11 번째 기사,〈송익필 형제의 추문을 형조에 전교하다〉
- 《조선왕조실록》, 宣祖 23卷, 22年(1589 己丑 / 명 만력(萬曆) 17年) 12月 16日(己丑) 2 번째 기사 ,〈송익필·송한필 형제를 체포하여 추고하라고 전교하다〉
- 《조선왕조실록》, 宣祖 25卷, 24年(1591 辛卯 / 명 만력(萬曆) 19年) 12月 1日(癸巳) 2 번째 기사,〈다시 송한필을 국문하다가 이성에 유배하고 송익필은 희천에 유배하 다.
- 《조선왕조실록》, 宣祖 25卷, 24年(1591 辛卯 / 명 만력(萬曆) 19年) 10月 21日(癸丑) 2 번째 기사,〈헌부가 사대부의 집에 드나들며 시비를 논한 사노 송부필·송익필· 송한필의 죄를 청하다〉〉
- 《조선왕조실록》, 仁祖 8卷, 3年(1625 乙丑 / 명 천계(天啓) 5年) 2月 20日(己亥) 4번째 기사,〈병조 판서 서성, 부호군 정엽 등이 망사 송익필의 신원을 청하다〉
- 《조선왕조실록》, 顯宗改修實錄 20卷, 9年(1668 戊申 / 청 강희(康熙) 7年) 12月 5日 (己巳) 4번째 기사,〈현감 홍백순의 마을에 정표하고 당상직을 추증하다〉
- 《조선왕조실록》, 英祖 2卷, 卽位年(1724 甲辰 / 청 옹정(雍正) 2年) 12月 17日(丙戌) 3 번째 기사,〈정진교 등의 상소로 친행한 뒤 내시가 혼백을 받들어 내어 혼전의 정 결한 땅에다 매안하다〉
- 《조선왕조실록》, 英祖 74卷, 27年(1751 辛未 / 청 건륭(乾隆) 16年) 12月 11日(癸卯) 3

번째 기사, 〈고 봉조하 김유경에게의 추증 · 정려와 서기 · 송익필에의 추증 등을 논의하다.〉
- 《조선왕조실록》, 正祖 6卷, 2年(1778 戊戌 / 청 건륭(乾隆) 43年) 8月 1日(戊午) 2번째 기사, 〈서얼의 상서 치록을 요구하는 삼남 유생 황경헌 등의 상소〉
- 《조선왕조실록》, 고종 38년 신축(1901, 광무 5) 12월 27일(기미, 양력 2월 5일), 〈孔子를 대성선사로 고쳐 쓸 것 등의 의견을 진달하는 봉상사 제조 김태제의 상소.〉
- 《홍재전서(弘齋全書)》,정조, 卷之 제171권, 일득록(日得錄) 11, 〈인물(人物) 1〉 (직제학(直提學) 신 박우원(朴祐源)이 을사년(1785, 정조9)에 기록한 것이다.)
- 《홍재전서(弘齋全書)》,卷之제173권, 일득록(日得錄)13, 〈인물(人物) 3〉
- 《연려실기술》제18권, 〈선조조 고사본말(宣祖朝故事本末)〉,선조조의 명신, 송익필(宋翼弼)
- 《연려실기술》제13권, 선조조 고사본말(宣祖朝故事本末), 동서(東西) 당론(黨論)이 나누어지다 (구봉에 대한 평가, 시대적 배경)
- 《연려실기술》제13권, 〈선조조 고사본말(宣祖朝故事本末)〉,〈동인(東人)의 용사(用事)〉
- 《연려실기술》제8권, 〈중종조 고사본말(中宗朝故事本末)〉,〈신사년 안처겸(安處謙)의 옥사《기묘당적보》와《황토기사(黃兎記事)》를 합쳐 기록하였다〉
- 계갑일록 《계갑일록(癸甲日錄)》, 우성전(禹性傳) 지음, 〈선조16년, 1583, 만력11년 계미, 8월16일 을축〉
- 《우계집(牛溪集)》속집(續集) 제4권, 〈간독(簡牘)〉,〈조여식(趙汝式) 헌(憲)에게 보내다〉
- 《우계집(牛溪集)》, 〈우계연보보유(牛溪年譜補遺)〉제1권, 〈덕행(德行)〉
- 《우계집(牛溪集)》속집(續集) 제5권, 〈간독(簡牘)〉,〈이경로(李景魯) 희참(希參) 에게 보내다〉
- 《우계집(牛溪集)》속집(續集) 제4권, 〈간독(簡牘)〉,〈조여식(趙汝式) 헌(憲)에게 보내다〉
- 《우계집(牛溪集)》속집(續集) 제2권, 〈간독(簡牘)〉,〈송운장(宋雲長) 익필(翼弼) 에게 보내다〉
- 《우계집(牛溪集)》與宋雲長書丁丑十一月 ; 송운장(宋雲長)에게 보낸 편지 정축년 12월, 인성왕후(仁聖王后)의 상이 있었다.
- 《우계집(牛溪集)》答宋雲長書 己卯十二月
- 《우계집(牛溪集)》제6권, 〈잡저(雜著)〉,〈은아전(銀娥傳)〉

- 《栗谷先生全書》, 卷之二十九, 〈經筵日記〉二
- 《栗谷先生全書》, 卷之三十七, 〈附錄 五〉, 〈祭文 二〉 (율곡에 대한 송익필(宋翼弼)의 제문(祭文))
- 《栗谷先生全書》卷之三十七, 附錄五, 〈挽辭(二)송익필〉, 1814년(율곡에 대한 송익필의 만사)
- 《사계전서(沙溪全書)》제27권, 가례집람(家禮輯覽), 상례(喪禮); (구봉예학)
- 《사계전서(沙溪全書)》제41권, 의례문해(疑禮問解) ○제례(祭禮)시제(時祭); 〈지자(支子)가 스스로 제사 지낼 수 있는 경우〉 (구봉예학)
- 《沙溪全書》제43권, 〈附錄〉, 〈年譜〉; ○구봉(龜峯) 송익필(宋翼弼) 선생에게 나아가 종학(從學)하였다. 경신년(1560, 명종15) 선생 13세 조.
- 《사계전서(沙溪全書)》제44권, 부록(附錄), 연보(年譜)
- 《사계전서(沙溪全書)》제46권, 부록(附錄), 거의록(擧義錄), 정묘년(1627, 인조5); 송이창(宋爾昌)
- 《사계전서(沙溪全書)》제48권, 부록(附錄), 행장(行狀), 송시열(宋時烈)지음
- 《사계전서(沙溪全書)》제2권, 서(書), 구봉(龜峯) 송 선생(宋先生)께 올림(성리학, 인심도심설)
- 《사계전서(沙溪全書)》제1권, 소(疏), (스승의 억울함을 풀고자 논변하는 소 을축년 2월 ○병조 판서 서성(徐渻), 대사헌 정엽(鄭曄), 청천군(菁川君) 유순익(柳舜翼), 제용감정(濟用監正) 심종직(沈宗直)이 연명(聯名)으로 올림)
- 《사계전서(沙溪全書)》제49권, 부록(附錄), 묘지명(墓誌銘) [김상헌(金尙憲)]
- 《사계전서(沙溪全書)》제49권, 부록(附錄), 신도비명(神道碑銘) (장유(張維) 지음)
- 《사계전서(沙溪全書)》제49권, 부록(附錄), 시장(諡狀), 송준길(宋浚吉) 지음
- 《상촌선생집》제28권, 신도비명(神道碑銘) 11수, 관찰사 강공 신도비명(觀察使姜公神道碑銘)
- 《상촌선생집》제37권, 제발(題跋) 19수, 귀봉의 시 뒤에 쓰다[書龜峯詩後] (구봉의 한시, 시풍)
- 《석담일기(石潭日記)》卷之上, 율곡, 만력 이년 갑술(萬曆二年甲戌) 1574년(선조 7)
- 《계곡선생집(谿谷先生集)》제3권, 잡저(雜著) 76수, 장유(張維)지음, 송귀봉의 현승편 뒤에 쓰다[書宋龜峯玄繩編後],
- 《계곡선생집(谿谷先生集)》제12권, 〈묘갈(墓碣) 16수(首)〉, 〈가선대부 행 첨지중추부사 오위장 김공 묘갈명(嘉善大夫行僉知中樞府事五衛將金公墓碣銘) 병서〉
- 《계곡선생집(谿谷先生集)》제14권, 비명(碑銘) 8수(首), 〈사계 김선생 신도비명(沙溪

金先生神道碑銘) 병서〉

- 《청음집》, 제37권, 〈행장(行狀) 6수(六首)〉, 〈판중추부사 서공 성(徐公渻)의 행장〉
- 《청음집》, 卷之 제30권, 〈묘갈명(墓碣銘) 14수(十四首)〉, 〈영천 군수(榮川郡守) 송후 이창(宋侯爾昌)의 묘갈명 병서〉
- 《청음집》, 卷之 제14권, 〈상량문(上樑文) 2수(二首)〉, 〈사계서원(沙溪書院) 상량문 (진잠(鎭岑)에 있다)〉
- 허균, 《성소부부고(惺所覆瓿藁)》 제26권, 부록 1, 학산초담(鶴山樵談)

(구봉의 한시, 시풍)

- 《송자대전(宋子大全)》 제172권, 묘갈명(墓碣銘), 구봉 선생(龜峯先生) 송공(宋公) 묘 갈(墓碣)
- 《송자대전(宋子大全)》 부록(附錄) 제15권, 어록(語錄) 2, 정찬휘(鄭纘輝)의 기록
- 《송자대전(宋子大全)》 부록(附錄) 제10권, 연보(年譜) 9, 숭정(崇禎) 59년 병인. 선생 80세
- 《송자대전(宋子大全)》 제212권, 어록(語錄), 사계 선생(沙溪先生) 어록
- 《송자대전(宋子大全)》 제208권, 행장(行狀), 사계(沙溪) 김 선생(金先生) 행장
- 《송자대전(宋子大全)》 제207권, 행장(行狀), 중봉(重峯) 조 선생(趙先生) 행장
- 《송자대전(宋子大全)》 제182권, 묘지명(墓誌銘), 신독재(愼獨齋) 김 선생(金先生) 묘 지명 병서(幷序)
- 《송자대전(宋子大全)》 제137권, 서(序), 《수몽집(守夢集)》 서
- 《송자대전(宋子大全)》 제130권, 잡저(雜著), 《율곡별집(栗谷別集)》의 정오(訂誤), 《태 극문답(太極問答)》을 주자(朱子) 문하(門下)의 《옹계록(翁季錄)》에 모방함
- 《송자대전(宋子大全)》 제67권, 서(書), 박화숙(朴和叔)에게 보냄 - 신유년(1681) 12 월 14일⇒ 태극문답에 대한 우암의 평가
- 《송자대전(宋子大全)》 제31권, 서(書), 송명보(宋明甫)에게 답함 - 신해년(1671)
- 《신독재전서(愼獨齋全書)》 제8권, 묘표(墓表), 죽은 아우 참판(參判) 반(槃) 의 묘표
- 《한수재선생문집(寒水齋先生文集)》, 부록(附錄), 〈잡저(雜著)〉, 황강문답(黃江問答), 〈 한홍조(韓弘祚)] 영숙(永叔)은 바로 한홍조인데 예산(禮山)에 살았다〉
- 《연암집》 제3권, 〈공작관문고(孔雀館文稿)〉, 〈서얼 소통(疏通)을 청하는 의소(擬疏)〉 (구봉에 대한 평가, 시대적 배경)
- 《오주연문장전산고》, 〈經史篇 4, 經史雜類2, 其他典籍〉, 〈小華叢書辨證說〉
- 《임하필기(林下筆記)》 제23권, 〈문헌지장편(文獻指掌編)〉, 〈중국의 사신이 천도책 (天道策)을 알아보다〉

- 《청성잡기》 제3권, 〈성언(醒言)〉, 〈큰 인물들의 위용〉; 영원군(寧原君) 홍가신(洪可臣)과 아우 홍경신(洪慶臣)의 송구봉(宋龜峯) 일화.
- 《청성잡기》 제3권, 〈성언(醒言)〉, 〈전화위복〉
- 《택당선생 별집(澤堂先生別集)》, 제15권, 〈잡저(雜著)〉, 〈추록(追錄)〉
  안방준, 《혼정편록(混定編錄三)》 권3, 갑신년(1581, 선조 17) 5월, 〈대사헌 정철(鄭澈)이 차자를 올렸는데〉
- 《기축록》, 하(己丑錄下), 황혁, 〈기축년 겨울 광주 진사 정암수 등이 사류를 무함한 소(己丑冬 光州進士丁岩壽等誣陷士類疏)〉
- 《청장관전서》, 卷之 제53권, 〈이목구심서 6(耳目口心書 六)〉〈구봉 후세평가〉
  명곡 최석정, 《明谷集》, 卷之 十五, 〈疏箚〉, 〈陳宁官求才之方箚〉
- 《구봉선생집(龜峯先生集)》 송익필(宋翼弼)/《토정유고(土亭遺稿)》 이지함/《고청유고(孤靑遺稿)》 서기/《우계집(牛溪集)》 성혼/《율곡전서(栗谷全書)》 이이/《송강집(松江集)》 정철/《중봉집(重峯集)》 조헌/《풍애집(楓崖集)》 안민학(安敏學)/《사계유고(沙溪遺稿)》 김장생/《청음집(淸陰集)》 金尙憲/《충암집(沖庵集)》 김정(金淨)/《수몽선생집(守夢先生集)》 정엽/《약봉유고(藥峯遺稿)》 서성/《상촌집(象村集)》 신흠/《기암집(畸庵集)》 정홍명(鄭弘溟)/《계곡집(谿谷集)》 장유(張維)/《고죽유고(孤竹遺稿)》 최경창/《신독재전서(愼獨齋全書)》, 김집/《병계집(屛溪集)》 윤봉구/

〈단행본〉

《한국사상논문선집 89권 - 성혼 · 송익필》, 불함문화사, 1999.
《牛溪 龜峯 兩先生文庫》, 성혼 ; 서일원 共著, 서울: 雅盛文化社, 1976.
《세 분 선생님의 편지글》, 이이 ; 성혼 ; 송익필 [공]지음 ; 임재완 옮김, 서울: 三星文化財團 호암미술관 학술총서, 2001.
《李浚慶, 盧守愼, 金麟厚, 李之菡, 奇大升, 宋翼弼 外》, 이준경, 同和出版公社, 1972.
《鄭澈 · 宋翼弼 (外)》; 三唐派詩人(外) 정철, 불함문화사, 2002.
《成渾 宋翼弼》, 송익필, 불함문화사, 1999.
《타고난 멍에를 짊어지고 산 철학자》, 이종호, 일지사, 1999.
조남권 · 이상미 공역, 《송구봉시선집》, 박이정출판사, 2003.
이상미, 《학이 되어 다시 오리 -구봉 송익필 시세계-》, 박이정출판사, 2006.
김창경, 《구봉 송익필의 도학사상》, 책미래, 2014.
구봉문화학술원 편저, 《잊혀진 유학자 구봉 송익필의 학문과 사상》, 구봉문화학술총서 제1집, 책미래出, 2016.

구봉문화학술원 편저,《구봉 송익필 학문, 기호유학에서의 위상》, 구봉문화학술총서
　　제2집, 책미래出, 2018.

〈학위논문〉

- 강구율,《龜峯 宋翼弼의 詩世界와 詩風 研究》, 慶北大學校 大學院 국어국문학 고전
　　전공, 박사학위논문, 2002.
- 배상현,《조선조 기호학파의 禮學思想에 관한 연구 – 송익필, 김장생, 송시열을 중
　　심으로》, 고려대학교 대학원, 박사학위논문, 1991.
- 한기범,《사계 김장생 신독재 김집 禮學研究》, 충남대학교 대학원, 박사학위논문,
　　1991.
- 김창경,《구봉 송익필 도학사상 연구》, 충남대학교 대학원, 동양철학전공 ,박사학
　　위논문, 2011.
- 유기영,《구봉 송익필의 詩 연구》, 고려대학교 교육대학원, 한문교육전공 ,석사학
　　위논문, 1985.
- 송혁수,《龜峯 宋瀷弼의 詩文學 研究》, 조선대학교, 한문교육전공, 석사학위논문,
　　1999.
- 김용식,《구봉(송익필)의 心性觀에 대한 연구》, 고려대학교 대학원 철학과, 석사학
　　위논문, 1981.
- 홍웅표,《龜峯 宋翼弼 研究》, 忠南大學校 敎育大學院 , 사회교육전공, 석사학위논
　　문, 1993.
- 최영성,《구봉 송익필의 思想研究 – 性理學과 禮學의 關聯性을 中心으로 –》, 성균
　　관대학교 대학원, 석사학위논문, 1992.
- 문정자,《구봉 송익필 시문학 연구》, 단국대학교 대학원, 석사학위논문, 1989.
- 최영희,《宋翼弼 詩의 心象과 靜의 문제》, 고려대학교, 석사학위논문, 2003.
- 이상미,《龜峯 宋翼弼 詩 研究》, 성신여자대학교 대학원, 석사학위논문, 1997.
- 김민정,《龜峯 宋翼弼의 濂洛風詩 研究》, 경남대학교 교육대학원, 석사학위논문,
　　2007.
- 이소정,《龜峯 宋翼弼의 禮學思想 研究 – 祭禮를 중심으로》, 成均館大學校 大學院,
　　석사학위논문, 2001.

〈일반논문〉
- 강구율,《구봉(龜峯) 漢詩에 나타난 盛唐의 정조 연구》, 한국사상문화학회,〈한국사

상과 문화〉 제10집, 2000.

- 강구율, 〈귀봉(龜峯) 송익필(宋翼弼)의 생애와 시세계의 한 국면〉, 동방한문학회, 《동방한문학》 제19집, 2000.

- 강구율, 〈구봉 송익필의 생애와 문학세계〉, 구봉문화학술원, 《구봉문화학술원 학술총서》 제1집, 2016.

- 강구율, 〈구봉詩에 나타난 강절詩 양상과 그 의미〉, 구봉문화학술원, 《구봉문화학술원 학술총서》 제2집, 2018.

- 고영진, 〈송익필과 김장생 · 김집 예학 연구〉, 구봉문화학술원, 《구봉문화학술원 학술총서》 제3집, 2020.

- 곽신환, 〈송익필의 《태극문》 논변〉, 충남대학교유학연구소, 《유학연구》 제33집, 2015.

- 금장태, 〈구봉송익필의 人間과 思想〉, 원광대 종교문제연구소, 《한국철학종교사상사》, 1990.

- 김경호, 〈구봉의 이기심성론; 수파와 수월 은유를 중심으로〉, 충남대학교유학연구소, 《유학연구》 제50집, 2020.

- 김동희, 〈구봉의 묘합적 사유 -퇴계와 율곡의 묘합적 사유와의 비교-〉, 구봉문화학술원, 《구봉문화학술원 학술총서》 제3집, 2020.

- 김문준, 〈구봉과 사계 김장생의 학문전승〉, 구봉문화학술원, 《구봉문화학술원 학술총서》 제2집, 2018.

- 김봉희, 〈구봉 송익필 詩의 연구〉, 《漢文學論集》, 2000.

- 김선원, 〈송익필(宋翼弼)과 공인(恭人) 남원 윤씨〉, 대한지방행정공제회, 《지방행정》, 2001.

- 김성언, 〈귀봉 송익필의 한시에 나타난 격양 이학의 의미〉, 한국한시학회, 《한국한시 작가연구》, 2001.

- 김익수, 〈우암(尤庵) 송시열(宋時烈)의 직철학(直哲學)과 교육문화〉, 한국사상문화학회, 《한국사상과 문화》, 2008.

- 김창경, 〈龜峯 宋翼弼의 性理學에 대한 철학적 검토〉, 한국사상문화학회, 《한국사상과 문화》 제54집, 2010.

- 김창경, 〈구봉 송익필의 도학적 수기론〉, 충남대학교유학연구소, 《유학연구》 제24집, 2011.

- 김창경, 〈龜峯 宋翼弼의 道學的 修己論〉, 충남대학교 유학연구소, 《유학연구》 제24집, 2011.

- 김창경,《三賢手簡》을 통해서 본 구봉·우계·율곡의 道義之交와 學問交遊 – 구봉을 중심으로〉, 충남대학교 유학연구소,《유학연구》제27집, 2012.
- 김창경,〈다양한 색깔의 유학 –고청 서기와 구봉 송익필-〉, 충청남도역사문화연구원,《내포문화총서》권3, 2015.
- 김창경,〈구봉 송익필 직(直)사상의 기호유학에서의 전승연구〉, 한국동서철학회,《동서철학연구》제78호, 2015.
- 김창경,〈구봉, 우계의 도의실천연구 –은아전을 중심으로-〉, 우계문화재단,《우계학보》제34호, 2016.
- 김창경,〈고청 서기와 구봉 송익필 선비정신의 본질과 의의〉, 한국동서철학회,《동서철학연구》제80호, 2016.
- 김창경,〈龜峯 宋翼弼의 율곡학설 비판에 대한 연구〉, 한국사상문화학회,《한국사상과 문화》제93집, 2018.
- 김창경,〈龜峯 宋翼弼 학문의 전북지역 유학발전 영향에 관한 연구〉, 한국사상문화학회,《한국사상과 문화》제100집, 2019.
- 김현수,〈畿湖禮學의 形成과 學風: 栗谷·龜峯의 特徵과 傳承을 중심으로〉,《儒學研究》25, 충남대유학연구소, 2011.
- 명평자,〈구봉 송익필 시의 시풍적 특징 고찰〉, 한국사상문화학회,《한국사상과 문화》제100집, 2019.
- 문정자,〈구봉 송익필의 시세계〉, 근역한문학회,《한문학논집》, 1991.
- 박학래,〈구봉 송익필에 관한 연구 현황 및 과제〉, 충남대학교유학연구소,《유학연구》제36집, 2016.
- 배상현,〈송익필(宋翼弼)의 문학과 그 사상〉, 한국한문학회,《한국한문학연구》, 1982.
- 배상현,〈구봉 송익필(宋翼弼)과 그 사상에 대한 연구〉, 동국대학교 경주대학,《논문집 제1집》, 1982.
- 裵相賢,〈宋翼弼의 生涯와 詩文學〉, 애산학회,《애산학보》제5집, 1987.
- 배상현,〈雲谷 宋翰弼의 思想과 詩文學攷〉,《한국사상과 문화》창간호, 한국사상문화학회, 1998.
- 성태용,〈구봉 송익필의 철학사상〉, 구봉문화학술원,《구봉문화학술원 학술총서》제1집, 2016.
- 손흥철,〈구봉 송익필〈태극문〉의 태극에 관한 연구〉, 경사대학교남명학연구소,《남명학연구》제51집, 2016.

- 손흥철, 〈구봉과 율곡의 학문과 교유〉, 동양철학연구회, 《동양철학연구》 제93집, 2018.
- 안병학, 《송익필의 시세계와 정의 (靜) 의미》, 고려대학교 민족문화연구원, 〈민족문화연〉구, 1995.
- 어강석, 〈龜峯 宋翼弼의 自得과 知足의 詩世界〉, 구봉문화학술원, 《구봉문화학술원 학술총서》 제3집, 2020.
- 유지웅, 〈기호성리학 계승1세대학자들의 구봉성리학 수용양상〉, 충남대학교유학연구소, 《유학연구》 제36집, 2016.
- 이상미, 〈송익필(宋翼弼)의 문학관(文學觀)〉, 한국한문고전학회(구.성신한문학회), 《한문고전연구(구.성신한문학)》, 2006.
- 이상미, 〈구봉(龜峯) 송익필(宋翼弼)의 道家的 성격고찰(性格考察)〉, 한국한문고전학회(구.성신한문학회), 《한문고전연구(구.성신한문학)》, 2007.
- 이선경, 〈구봉과 우계의 학문과 교유〉, 한국공자학회, 《공자학》 34호, 2018.
- 이소정, 〈구봉 송익필의 이기심성론 연구 – 예학과의 연관성을 중심으로 -〉, 한국철학사연구회, 《한국철학논집》, 2001.
- 이영자, 〈구봉 송익필의 경세사상〉, 한국철학사연구회, 《한국철학논집》 59권, 2018.
- 이정훈, 〈전북지역 전승 송구봉 설화의 현황과 그 의미〉, 국어문학회, 《국어문학》 제67권, 2018.
- 이종성, 〈구봉 송익필의 도가사상에 나타난 이상적 인격과 삶의 지평〉, 새한철학회, 《철학논총》 제94집, 2018.
- 이향배, 《《비선귀봉선생시집》의 비평에 대하여〉, 어문연구학회, 《어문연구》제72권, 2012.
- 임준성, 〈구봉의 시 세계-詩話類와 老莊 취향 중심〉, 동아인문학회, 《동아인문학》 제33호, 2015.
- 정태희, 〈구봉의 서예연구-三賢手簡을 중심으로-〉, 한국사상문화학회, 《한국사상과 문화》 제81집, 2016.
- 조성욱, 〈사회적 영향에 의한 지명 변화의 원인과 과정 -전북 진안군 지명을 사례로-〉, 한국지역지리학회, 《한국지역지리학회지》, 2007. (운장산 지명관련 연구)
- 진성수, 〈구봉 송익필의 수양론 연구〉, 동양철학연구회, 《동양철학연구》제87집, 2016.
- 최영성, 〈구봉 송익필의 학문 · 사상과 한국유학사에서의 위상〉, 우계문화재단,

《우계학보》 제23호, 2004.

- 최영성, 〈우계와 구봉 송익필〉, 우계문화재단, 《우계학보》 제30호, 2011.
- 하지영, 〈구봉(龜峯) 송익필(宋翼弼)의 예 담론과 그 의미 -서모(庶母) 논쟁을 중심으로-〉, 동방한문학회, 《동방한문학》, 2007.
- 한기범, 〈구봉 송익필의 예학사상〉, 한국사상문화학회, 《한국사상과 문화》 60, 2011.
- 한의숭, 〈성혼과 송익필의 〈은아전(銀娥傳)〉 서술 양상과 그 의미〉, 민족문학사학회, 《민족문학사연구》, 2004.
- 황의동, 〈역경 속의 진유 구봉 송익필〉, 구봉문화학술원, 《구봉문화학술원 학술총서》 제1집, 2016.
- 황의동, 〈기호유학의 산실 파주와 구봉 송익필〉, 구봉문화학술원, 《구봉문화학술원 학술총서》 제2집, 2018.
- 황인덕, 〈전설로 구현된 송구봉의 인물상과 그 의의〉, 충남대학교인문과학연구소, 《인문학연구》 제54집, 2015.

부록2. 구봉 송익필의 주요 연보(年譜)

	연대	구봉선생 사적(事蹟)	역사적 참고 사항
1세	1534, 갑오(甲午), 중종29년	2월10일(음) 부친 송사련(宋祀連)과 모친 연일 정씨(延日 鄭氏) 사이에서 4남 1녀 가운데 3남으로 한성에서 출생	
6세	1539, 기해(己亥), 중종34년	아우 한필(翰弼) 출생	
7세	1540, 경자(庚子), 중종35년	'산가모옥월참차(山家茅屋月參差)'라는 시(詩)를 지음	뒷날 이이, 최립, 백광훈, 윤탁연, 이산해, 이순인 등과 함께 팔문장가(八文章家)로, 또한 김시습, 남효온과 함께 시(詩)의 산림(山林) 삼걸(三傑)로 일컬어짐
?	연대미상(未詳)	향시(鄕試)에 급제함	
?	연대미상(未詳)	창녕 성씨(昌寧 成氏)와 혼인	
21세	1554, 갑인(甲寅), 명종9년	우계·율곡과 도의지교(道義之交)를 맺음 〈율곡연보〉	이 시기에 사암(思庵) 박순(朴淳)·송강(松江) 정철(鄭澈) 등과도 함께 도의지교(道義之交)를 맺어 도학(道學)을 강마(講磨)함
25세	1558, 무오(戊午), 명종13년	율곡과 아우 한필과 별시(別試)에 응시 합격. 이때에 사관(史官)이었던 이해수(李海壽)에 의해 서얼은 과거를 응시할 수 없다는 이유로 과거금지(停擧)를 당하게 됨	시험과제인 "천도책(天道策)"의 해답에 대하여 율곡이 구봉을 추천하여 선비들 사이에 문장과 학식이 알려지기 시작함
27세	1560, 경신(庚申), 명종15년	구봉으로 돌아와 후학을 가르치기 시작. 사계 김장생이 종학(從學)하기 시작함. 〈사계연보〉 우계로부터 중절(中節) 부중절(不中節)에 관한 견해를 질문 받음	이때부터 구봉선생이라 불리어졌음. 장소는 지금의 파주시 교하읍 심학산(尋鶴山) 자락, 옛 지명은 심악산(深岳山)구봉(龜峯) 자락

	연대	구봉선생 사적(事蹟)	역사적 참고 사항
31세	1564, 갑자(甲子), 명종19년	우계의 부친인 청송(聽松) 성수침(成守琛)의 만사(輓詞) 지음	
33세	1566, 병인(丙寅), 명종21년	안당(安瑭)이 신원(伸冤)되어 복권(復權) 됨	문정왕후(文定王后)가 죽자 훈구세력들 쇠락, 사림세력들이 정권진출 전환기가 찾아옴 그로 인해 안당이 신원 됨
36세	1569, 기사(己巳), 선조2년	부친 송사련의 무고로 일어난 신사무옥(辛巳誣獄)에 대한 추국이 시작됨	
42세	1575, 을해(乙亥), 선조8년	부친 송사련 죽음. 죽은 안당에게 정민(貞愍)라는 시호가 내려짐	동서붕당이 뚜렷해짐. 남명(南冥) 조식(曺植, 1501~1572) 죽음
44세	1577, 정축(丁丑), 선조10년	율곡의 서모(庶母) 위차(位次)에 대한 예(禮)논변을 주고받음. 율곡의《격몽요결》에 대해 잘못된 점을 논변함	
45세	1578, 무인(戊寅), 선조11년	우계에게 출처에 관해서 '처변위권(處變爲權)'을 권함	토정(土亭) 이지함(李之菡, 1517~1578) 죽음
46세	1579, 기묘(己卯), 선조12년	율곡이 쓴《소학집주》에 대하여 잘못을 고치라고 권함. 우계의 부탁으로《은아전》을 지음	
47세	1580, 경진(庚辰), 선조13년	김장생과 '인심도심설(人心道心說)'에 대해 논변 함 율곡의《순언》에 대해 비판함	
48세	1581, 신사(辛巳), 선조14년	율곡에게 삼대지치(三代至治)의 정치를 실현해야한다고 강조함	
50세	1583, 계미(癸未), 선조16년	율곡이 '계미삼찬' 사건으로 동인 박근원 등에게 탄핵 당하자, 우계에게 도와주도록 당부함	
51세	1584, 갑신(甲申), 선조17년	도우(道友)인 율곡 죽음. 〈제율곡문〉을 지어 율곡의 죽음을 애도	
53세	1586, 병술(丙戌), 선조19년	안당의 아들 안처겸이 신원(伸冤)되고, 부친 송사련의 관작이 삭탈됨.	동인들은 대사간 이발과 대사헌 이식을 통해 심의겸을 논죄할 때, '율곡과

	연대	구봉선생 사적(事蹟)	역사적 참고 사항
		이어서 70여인의 식솔들은 노비로 환천 되어 뿔뿔이 흩어지게 됨. 정철의 도움으로 전라도 광주에 피신 함	우계는 심의겸의 친구로서 조정을 어지럽힌 장본인'이라고 탄핵함. 이때 율곡 제자 이귀(李貴)가 스승의 죽음에 대한 억울함을 상소했는데, 문장과 논리가 정연해서구봉선생이 기초한 것이라 간주하여 동인들이 선생을 '서인(西人)의 모주(謀主)'라 공격하기 시작함
54세	1587, 정해(丁亥), 선조20년	중봉 조헌이 선생에 대한 신원소를 올렸으나 무위로 그침	
55세	1588, 무자(戊子), 선조21년	중봉 조헌이 선생에 대한 신원소를 올렸으나 무위로 그침	조헌이 구봉선생과 고청 서기를 군사로 추천 함
56세	1589, 기축(己丑), 선조22년	'정여립(鄭汝立)의 난(亂)'이 일어남. 광주에서 한성으로 올라와 왕명으로 구속 됨	정여립의 난 여파로 기축옥사 일어남. 처리과정에서 선생과 아우 송한필 에의한 조작사건이라 모함 받음. 이에 연관해 조헌이 또 다시 구봉형제의 무죄와 이산해와 동인들에 대한 상소를 하자, 동인들의 화를 더욱 사게 되었고, 배후자라고 하여 선조가 체포령 내림
57세	1590, 경인(庚寅), 선조23년	구속에서 풀려남	
58세	1591, 신묘(辛卯), 선조24년	정철의 세자 책봉문제에 관련하여 연루됨. 선생은 스스로 충청도 홍산현(鴻山縣, 현재의 충남 부여군)에 자수, 형조(刑曹)로 압송. 10월 북인(北人) 정인홍 등이 사헌부 간관을 사주하여 구봉형제의 논죄를 주청함, 12월 선생은 평안북도 희천(熙川), 아우 송한필은 전라도 이성(利城)으로 유배	정철이 왕세자 책봉문제에 연루되어 실각하고 유배되었고, 구봉선생도 연관하여 유배 길에 오름

	연대	구봉선생 사적(事蹟)	역사적 참고 사항
59세	1592, 임진(壬辰), 선조25년	유배생활, 4월 임진왜란 발생.명에 따라 명문산으로 피신	조헌 의병장으로 전사
60세	1593, 계사(癸巳), 선조26년	유배에서 풀려남. 평북 희천에 있는 상현서원에서 한훤당 김굉필 정암 조광조 참배	도우(道友)인 송강 정철 죽음
61세	1594, 갑오(甲午), 선조27년	중형(仲兄)송부필(宋富弼)과 아우 송한필(宋翰弼)이 잇달아 죽음	
63세	1596, 병신(丙申), 선조29	충청도 면천(沔川) 마양촌(馬羊村)의 첨추(僉樞) 김진려(金進礪)의 집에서 우거(寓居)하게 됨	
65세	1598, 무술(戊戌), 선조31년	《가례주설》을 지음	도우(道友)인 우계 성혼 죽음. 부인 창녕성씨와 사별함
66세	1599, 기해(己亥), 선조32년	아들 취대에게 〈현승편〉을 엮게 함. 8월 8일 마양촌의 우사에서 운명함. 문인들과 인근의 유림들이 당진현(唐津縣) 북면(北面) 원당동(元堂洞)에 장사 지냄	
	1622,임술(壬戌), 광해14년	문인 심종직이〈비선구봉선생시집(批選龜峯先生詩集)〉5권1책 간행.	
	1624, 갑자(甲子), 인조2년	스승에 대한 억울함을 풀고자 제자 김장생, 김집이 갑자소(甲子疏)를 올림	
	1625, 을축(乙丑), 인조3년	정엽·서성·유순익·김장생 등이 망사(亡師)에 대한 신원회복에 대한 상소문 올림	
	1717, 정유(丁酉), 숙종43년	이종신 등 2백여 인의 성균관 유생(儒生)들이, 적서(嫡庶)의 차별과 서얼(庶孽)을 금고(禁錮) 시키는 것에 대하여 상소 올림	
	1720, 경자(庚子), 숙종46년	김장생 후손 김진옥(金鎭玉)이 묘표(墓表)를 세움. 병계(屛溪) 윤봉구(尹鳳九)가 묘소 옆에 제각 입한재(立限齋)를 건립함	
	1724,갑진(甲辰), 영조즉위년	정진교 등의 유생들이 상소 올림	

연대	구봉선생 사적(事蹟)	역사적 참고 사항
1745, 을축(乙丑), 영조21년	이주진 등의 유생들이 상소 올림	
1751, 신미(辛未), 영조27년	충청도관찰사 홍계희가 조정에 〈청포 증장(請褒贈狀)〉을 올림	
1752, 임신(壬申), 영조28년	구봉선생 사후(死後) 153년 만에 천 민에서 면하여 신원(伸寃)되고, '통덕 랑행사헌부지평'에 추증 됨	
1762, 임오(壬午), 영조38년	구봉선생 사후(死後) 163년 만에 김 장생의 현손 김상성 《구봉선생집(龜 峯先生集)》11권5책 간행.	
1778, 무술(戊戌), 정조2년	삼남(三南)의 유생(儒生) 황경헌 외 3천 2백 72인이 상소 올림	
1874, 갑술(甲戌), 고종11년	유생들의 서얼허통(庶孽許通) 주장하 는 상소 올림	
1910, 경술(庚戌), 순종4년	문경(文敬)의 시호를 받고, 정이품(正 二品) 규장각(奎章閣) 제학(提學)에 추증 됨. 〈순종실록〉	
1991, 신미(辛未)	파주시 교하읍 산남리 183-3번지 심 학산자락에 봉우(鳳宇) 권태훈(權泰 勳)이 구봉선생의 유허비(遺墟碑) 세 움 (산남리 주민들에게 전해지는 본래 송구봉선생 이 살던 집터자리에, 그 뒤로 궁녀(宮女)가 살았었다는 산남 리 175번지 유역에서 30여m 떨어진 곳에 유허비 세워짐)	

龜峯文化學術院

주소: 세종시 보듬4로111, 1904-602 / 우 30097
연락처: 010-8819-9712(김창경)
메일: ryusu4@hanmail.net

구봉 송익필의 학문적 지평

발행일 | 1판 1쇄 2020년 3월 20일

편저자 | 구봉문화학술원(전 구봉송익필선생기념사업회)
편집인 | 김창경
주 간 | 정재승
교 정 | 홍영숙
디자인 | 배경태
펴낸이 | 배규호
펴낸곳 | 책미래

출판등록 | 제2010-000289호
주 소 | 서울시 마포구 공덕동 463 현대하이엘 1728호
전 화 | 02-3471-8080
팩 스 | 02-6008-1965
이메일 | liveblue@hanmail.net

ISBN 979-11-85134-58-1 93130

이 도서의 국립중앙도서관 출판예정도서목록(CIP)은 서지정보
유통지원시스템 홈페이지(http://seoji.nl.go.kr)와 국가자료종합
목록 구축시스템(http://kolis-net.nl.go.kr)에서 이용하실 수 있
습니다.(CIP제어번호: CIP2020009796)